Rires d'homme
entre
deux pluies

Claude Duneton

Rires d'homme
entre
deux pluies

roman

Bernard Grasset

PARIS

Et, à grands coups, tel un ivrogne, il vomit toute son enfance, dans le secret de la nuit indulgente aux honteux, en retenant ses hurlements et en raidissant tous ses muscles, comme une bonne qui accouche en mordant son mouchoir dans le grenier d'une maison bien tenue.

Alexandre VIALATTE, *Les fruits du Congo.*

Moi, ma tasse, c'est un taxi au bord de la mer. Je me repasse cette course en bagnole sur la côte anglaise, un dimanche soir en décembre, entre Brighton et Newhaven. La lune avait surgi au-dessus des landes, ronde et cuivrée, toute proche sur l'horizon court. Une lune immense c'était, jaillie des tufs bosselés en disque plein qui montait parmi les lampadaires... Un astre un peu effrayant sur la nuit bleutée. Carolina se pressait contre moi, elle criait : « The moon ! The moon ! »... On se penchait pour mieux voir, on s'aplatissait sur le siège pour se dégager du ciel. Carolina riait : « Look at the moon ! »...

Et la terre finissait là, en traversin brodé, piquée de réverbères orange...

Dans les amours les plus blafardes, les coups du cœur très mal branchés, il y a toujours un moment comme ça, un laps parfait où tout bascule, où la vie est belle à crier !... Ça fait comme un paquet d'espoir après, on attend que ça recommence. On se repasse le film, dans le vide des jours foirés — plus tard, quand l'histoire est barrée en couille, qu'il ne reste que les yeux pour pleurer, on se remémore les gaietés... Ce soir d'hiver que je raconte, les voitures glissaient leurs phares blancs au bord des gazons anglais, en files serrées, ondulantes. C'était l'heure où les familles rentrent de leurs promenades, celle des pubs illuminés aux fenêtres tièdes qui rougeoient dans les carrefours, leurs en-

seignes peintes bien détachées sur les frontons. La mer
courait de l'autre côté, elle apparaissait par plaques, en
reflets d'acier, dans les accidents de la falaise... Et tellement
qu'on s'aimait, au fond de cette caisse, qu'on faisait qu'un
seul paquet, Carolina et moi, sur la banquette arrière. Un
amas vivant, les mains dans les mains, les genoux mêlés. On
était qu'un seul tas, cuisse à cuisse, avec une énorme envie
retenue dans l'émotion, émerveillés par la beauté fluide du
paysage. On répétait : « The moon ! Look at the moon ! »...
Et la planète est belle aux humains !...
    Le type au volant conduisait sans un murmure. Il se
faufilait à gestes précis le long de la route, coupait les
virages au cordeau avec des accélérations brusques pour ne
pas nous faire rater le bateau. Ça nous faisait des secousses
énormes de tendresse, et la bagnole c'est bien pour ça... Il
avait dit : « Twenty minutes » pour la course ; c'était suffisant pour attraper le dernier ferry de Dieppe, mais il ne
fallait pas traîner. Il avait annoncé « Ten pounds » aussi,
un forfait. Je les avais, un billet dans ma poche, en plus de
la monnaie. Tout ça baignait absolument... J'ai glissé ma
main sous les fesses rondes et légères de Carolina ; je sentais
le liseré de sa petite culotte sous la toile tendue de ses jeans,
ça me faisait du bien aux phalanges. Elle suçait mes lèvres, à
coups légers, je buvais le parfum de sa bouche à elle ; on
vibrait des orteils à la nuque d'un désir content qui n'avait
plus qu'à attendre.
    Nous avions eu froid dans le train de Londres ; j'avais
tenu ses pieds sous mon pull-over pour la réchauffer. Ça
crée un état de sensibilité suraiguë ce genre de geste — une
intimité pleine de flashes roses à dire sur les régions qu'on
traversait, tout ce qu'on voyait, les murs de brique, les
maisons jolies, les hangars délabrés le long de la voie ferrée,
et ces tours coniques, bizarres, dans les champs du Sussex,
qui sont des séchoirs à houblon. Dans la traversée des villes
nous avions des aperçus de boutiques, des enfilades de rues
enguirlandées dans des perspectives de Christmas approchant. Ça faisait sonner Noël dans nos têtes, comme une
mise en panache de nos sentiments. Je serrais doucement les

pieds de Carolina sur mon ventre, j'écoutais sa voix qui faisait une musique de mots bousculés.

Elle me parlait d'elle. Elle s'engageait dans des récits en coq-à-l'âne sur son passé. Elle me racontait la famille où elle était au pair au début, à Hampton Court dans la banlieue, où se trouvent un château et un labyrinthe. Des gens aisés, avec une maison grandiose sur trois étages, elle me décrivait... Elle m'apprenait les noms des petites filles qu'elle gardait, gentilles mais un peu tristes. Ces gens d'ailleurs n'étaient pas gais. Ils dégageaient une curieuse atmosphère, d'indifférence et d'agressivité. Elle avait eu du mal à s'habituer... Et puis elle avait fini par avoir trop de travail chez eux — la mère qui n'était jamais là, qui lui laissait tout faire, peu à peu, la vaisselle, le ménage, en plus du soin des fillettes ! Carolina était restée deux mois, mais à bout de nerfs sur la fin. Elle les avait plaqués là un samedi soir où ils commençaient à se taper sur la gueule. Elle était partie sans rien, sans réclamer ses gages de la semaine, et même d'autre argent que la femme lui devait, en arriéré. Elle avait fait une bise aux enfants dans leur chambre pendant que les cris redoublaient en bas, le bruit des meubles brisés dans le living. Et la petite Deborah s'était mise à pleurer en silence, disant : « Will you be back, Carolina ? »... C'était affreux, mais elle avait trop horreur de la violence.

Ensuite elle avait zoné quelque temps chez des musiciens qu'elle connaissait, à Clapham. Des mecs un peu barges qui squattaient la villa du père de l'un d'entre eux. Elle vivait de petits boulots, serveuse dans des shops-gargotes, des fabriques à hambourgers. Là aussi ç'avait été des salades... Mais elle s'était fait des amis. Maintenant elle parlait anglais, bien, ça lui servirait dans des emplois à Paris, sans doute. De toute façon elle ne regrettait pas, c'était une fameuse expérience — et que de temps perdu au lycée ! elle me disait. Elle se rendait compte... Mais elle en avait marre Carolina, à présent, des Anglais, des Anglaises. Elle en avait plein les tétons, c'était son mot. Et ses seins étaient riches et ronds sous son pull-over rouge. Elle me disait la chance qu'on avait de s'être trouvés, nous deux. Elle sortait vite ses

pieds de leur logette et venait me rouler un bécot, furtive-
ment, dans le wagon vide. Puis elle se rasseyait en face,
reblottissait ses orteils sur mon estomac, au chaud.

Nous nous étions rencontrés la veille, dans une fête chez
des copains à Gloucester Road. On était restés dans cette
maison pour la nuit, après avoir bu et fumé très tard. Nous
avions dormi côte à côte sur des coussins, avec plein
d'autres gens autour, en nous tenant la main. Et là elle avait
décidé de rentrer : « J'en ai ma claque, pas toi ? »... J'étais
comme un cheval de bois qui a donné sa langue au chat, un
truc comme ça. Elle avait dit : « Je viens avec toi à Paris !
Tu veux bien que je t'accompagne ? »... On s'était longuement cajolés, puis on avait pris la résolution de partir dès le
jour — pourquoi attendre ? Le temps de récupérer son sac
et deux ou trois affaires en plus...

Ce dimanche, nous l'avions passé à glander dans le West
End, à dire au revoir aux lieux qu'on connaissait, à sillonner
des parcours familiers blottis à l'avant des bus panoramiques
jonchés de mégots. Nous étions allés à Notting Hill qui est
si chevillé de mes souvenirs, sans rien faire que frôler les
vitrines plates des magasins fermés, entrer dans des pubs
sans importance. Nous avions passé au « Sun in Splen-
dor », au coin de Portobello, qui fut choisi « pub de l'année » vers 1966, je pense — et je ne sais pas pourquoi cette
niaiserie m'est restée en mémoire... On s'était baguenaudés
du côté de Leicester Square. La ville nous paraissait étrangère maintenant que nous collions l'un à l'autre, renfermés
sur des gentillesses, des attentions de débutants. Et pourtant nous avions du mal à quitter Londres, nous lambi-
nions... Nous avions déjeuné en touristes dans une pizzeria
déserte, à côté des cinémas. Puis nous étions descendus
tranquillement vers Trafalgar ; des Japonais mitraillaient les
pigeons.

C'est là que j'ai perdu une dent, en traversant Charing
Cross. J'ai senti quelque chose de dur dans ma bouche tout
d'un coup ; un truc solide, la grosseur d'un bonbon. C'est
une impression étrange quand on est sûr de ne rien avoir
absorbé depuis un long moment. Je triturais le mystère sur

ma langue, c'était inquiétant. Je le collais au palais sans trop
bouger les mâchoires : c'était lisse comme une olive, résis-
tant comme un noyau de prune... Ma bouche s'était emplie
de salive, elle était comme enceinte de ça.

— A quoi tu penses ? m'avait dit Carolina. A penny for
your thoughts, non ?...

J'ai secoué la tête, elle s'est plantée devant moi :

— Tu n'es pas content de partir ?... Tu voudrais rester
plus longtemps, dis ?

J'ai fait signe que non, non, non !...Elle s'inquiétait vite,
je l'ai prise dans mes bras pour la rassurer, avec un baiser
derrière l'oreille — que j'étais heureux comme ça, et même
enthousiaste !... En arrivant à la gare de Charing Cross je
me suis éclipsé vers les toilettes. Mince alors !... Une dent !
J'ai craché dans ma main une grosse molaire, avec ses racines monstrueuses, d'arbre. Ça faisait paléontologie, en
sorte, cet os grisâtre, agrémenté d'un vieux plombage noirci
qui occupait presque toute la couronne. Quand diable
m'avait-on collé ce paquet de métal dans la bouche ? Dans
quelle ville ?... J'essayais d'identifier le dentiste qui s'était
acharné là-dessus — je sentais bien le trou à présent, le vide
laissé dans la gencive du haut, à l'arrière... A quel moment
de mon existence j'avais eu ces douleurs d'enfer, ces élancements dans la tête qui m'avaient conduit chez l'auteur de
cette sculpture ? Et comment peut-on perdre une dent sans
rien sentir, sans le moindre dérangement ? A trente-six
ans !... Ça me donnait un coup de flip, soudain. Était-ce un
signe ? Un avertissement du destin, cette désintégration
sournoise de mon corps ?

J'ai essayé de m'examiner le gosier dans la glace crapo-
teuse et fêlée sur le carrelage du mur ; mais la lumière était
mauvaise, et il est entré un type en pardessus, avec une
casquette verte, ce qui m'a gêné dans mes contorsions. J'ai
rangé ma dent au fond de la poche de ma veste, après l'avoir
enveloppée dans un bout de papier — ça m'aurait chagriné
de m'en séparer là, dans ces pissotières à l'odeur de désodo-
rant aigre ; je ne pouvais pas simplement jeter aux latrines
ce morceau de moi... Je suis demeuré un instant à observer

mon visage qui n'était pas très bien rasé, à tâter mes rides, à voir si les plis de mon cou s'étaient creusés davantage. Il paraît qu'à partir d'un certain âge on ne reconnaît plus sa propre image dans le miroir ? Freud aurait dit, un jour : « Qui est donc ce vieux monsieur dans ma robe de chambre ? »...

L'odeur âcre et sucrée des « Gents » m'incommodait — une senteur de grésil comme avaient les cabinets autrefois, dans les écoles publiques... J'ai repensé à ce rêve qu'une fille a fait, une fois : qu'elle m'avait perdu, et qu'elle me retrouvait, vieux et sale, des années plus tard, endormi sur un banc. Elle m'emmenait chez elle pour me nettoyer ; elle m'apportait à manger... J'ai souvent pensé au rêve de cette fille.

Trois jeunes types au crâne rasé s'étaient installés dans l'enfilade des pissotières blanches ; ils défaisaient les bra-guettes de leurs cuirs cloutés avec des précautions de de-moiselles. J'ai vu tout à coup leur crâne sans peau, l'os ivoire dessous, à nu, strié de ces lignes en dents de scie des squelettes. J'imaginais ces jeunes mecs musculeux en dé-charnés cadavres, ça m'a donné la gerbe... J'ai l'habitude ; de temps en temps je vois les gens se friper autour de moi, pourrir sur pied. Dans ces cas-là il vaut mieux que je m'agite. Je me concentre sur un objet, vite, du solide... J'ai contemplé la boule de cuivre luisante qui servait de poignée à la porte épaisse, massive, dont la laque verte s'écaillait. J'ai eu envie d'avoir un de ces boutons de porte chez moi, un jour.

Dans le taxi je regardais la nuque un peu raide du conducteur tandis que nous approchions du port dans une succession de roundabouts compliqués. Nous glissions de bretelles en doubles voies qui semblaient repartir vers la campagne, et qui tournaient soudain en rues étroites, où les maisons avaient tiré leurs rideaux pour la nuit.

Le type a grommelé quelque chose. J'ai fait :

— Beg your pardon ?

— You'll be in time for the boat.

J'ai dit que oui, merci, c'était splendide ! Il avait conduit comme un chef, on serait à l'heure au poil. On aurait même le temps de prendre les billets pour la traversée... Je me suis demandé s'il s'attendait à un pourboire aussi, une prime de vitesse en plus du prix convenu ? Mais il a dit encore que le temps était clair, et que la mer serait calme, en manière de bonnes paroles à ceux qui vont se risquer sur les eaux.

La lune avait rétréci ; elle s'était décollée des champs. Elle passait du cuivre à l'or blanc... Carolina glissait sa main sur ma figure ; je lui mordillais les doigts, je léchais le creux de sa paume. Elle chantonnait. Elle s'était mise à fredonner cette chanson que sa copine avait chantée à la fête, le soir. C'était l'histoire d'un petit garçon qui donnait une fleur à une fille dans un parc... « A little boy gave me a flower, a flower he had picked for me » — c'était une chanson de leur groupe, bien douce. « When he stretched out his arm, he was the first little boy to mean me no harm »...

Carolina s'est mise à chanter ça, et j'ai senti qu'elle avait confiance. Elle se laissait conduire par moi. La nuit se tournait en promesse, en aurore, si j'ose dire... Les falaises se découpaient à l'est en masses arrondies. Un phare clignotait dans le ciel vivant, étoilé ; il faisait de l'œil aux mouettes. Carolina s'abandonnait contre moi, toute molle — et je ne savais pas où je la conduisais. On conduit toujours les gens vers des temps dégueulasses, au bout du compte. Il ne faut guider personne. Ils pourraient protester, les gens qu'on aime, dire que maldonne, en fin de parcours. Ils auraient le droit ! Ils pourraient, au dernier virage, se retourner et nous haïr.

Mais là, ce soir de décembre, il y avait eu ce moment sublime de respiration et d'aise, parce qu'on s'en allait, qu'on avait loué cette caisse à Brighton et qu'on était seuls au monde, avec chauffeur !... Avec la mer au bout, plate, qui nous attendait. Nous étions au bord d'un continent, à l'envol... Un beau morceau d'amour à vif, comme ça, dans l'émotion de nos corps tendus dans ce taxi sous la lune.

Et toujours, dans les amours les plus merdiques, il arrive des moments, je crois, venus du hasard, qu'on appelle des bonheurs perdus, et qu'on redéfile... Encore maintenant, j'entends, son rire, Carolina — comme des clochettes de glace dans le froid des temps. « The moon ! The moon ! »...

Ça me fait remonter une sorte de râle dans la gorge, quand je repasse la séquence pour moi tout seul ; l'approche d'un vieux sanglot... J'aime assez. A cause de la fumée venue de cette flamme sans feu, plus tard, au bout de cette histoire morte.

J'aime bien, mais ça n'arrive plus très souvent. Le film pâlit, à force. Les couleurs passent, il s'amenuise au fil des ans. Il s'effiloche lui aussi... Le film, peu à peu, s'efface. L'usure lasse.

Première partie

1

A Paris, ce matin-là, l'air était gris, les chats dans les gorges. Et ce putain de quai, à Saint-Lazare, qui n'en finit jamais d'arriver vers la ville! A croire que nous terminions la route à pied... Nous avions des lourdeurs, le dos battu d'avoir dormi, au bout de la nuit blanche, mal tassés dans le train de Dieppe — avec ce sentiment flottant que les choses nous échappaient à peine débarqués sur la terre ferme. Nous avancions dans les odeurs de ferraille qu'ont les gares, dans l'air fade et froid qui baigne ces lieux publics bien balayés. Des frissons nous couraient sur la nuque, en plongeant vers les souterrains, nos sacs au bout de nos mains.

A la sortie du métro, place Saint-Georges, nous avons rencontré Clément. Il descendait la rue d'un pas raide, le regard lointain; c'est lui qui est tombé sur nous, plutôt, au coin de l'arrondi, devant la fondation Dosne... Il a ouvert la bouche toute grande:

— Ah!... Te voilà? il a fait.

La surprise de me voir!... En effet j'étais un peu en avance sur l'horaire. Le temps de comprendre, de réfléchir, de si bon matin, si c'était lui qui déraillait?... Et aussi, je n'étais pas seul?... Clément s'est ressaisi, puis il a fait quelque chose de bizarre: il a écarté les bras comme un Christ, brutalement, à la manière du cinéma muet, dans un élan de bienvenue! Ce faisant, il a failli gifler une fille qui passait juste derrière, avec une poussette d'enfant... Elle a fait un

écart, en disant : « Hé, hé ! Ho ! »... La poussette est sortie
du trottoir, et le petit môme cahoté s'est mis à braire sous
son passe-montagne vert.

Ça faisait un peu accrochage sur la voie publique, et
Clément a balancé des salamalecs à la fille pas contente, des
« Mille pardons, madame ! Excusez ! »... Il brandissait ses
regrets en courbettes — « Avec votre petit enfant si gentil,
si joli ! »

— C'est à cause de mon copain, là ! Voyez : cet imbécile.
Il revient d'Angleterre, de Londres ! Je suis saisi, vous
comprenez. C'est de sa faute à lui, faut l'engueuler !...

La maman ne l'écoutait pas ; elle avait atteint la grille au
pied de la statue, au centre de la place. Elle se penchait pour
moucher l'enfant... On a rigolé, mais pas franchement. L'air
glacé nous piquait au visage. Clément nous réveillait, mon
pote — Clément Thiafarel, dit Le Tiaf de son nom courant.
Nous partagions le même logis — des galères et des moments d'aise. C'était un complice, Le Tiaf — dit « Le Piaf »
par assonance... Même des fois je l'appelais Moineau : un
joli patronyme qui convenait à la fois à son gabarit de
gringalet et à son humeur insouciante.

Clément m'a donné des grandes tapes sur l'épaule,
comme si on ne s'était pas vus depuis des années — et ça ne
faisait qu'une semaine que j'étais parti. Tout en gesticulant,
il regardait Carolina en coin ; il restait comme deux ronds
de flan de me voir débarquer avec une nénette ! Sans que
j'aie prévenu, sans savoir ni lard ni cochon... Du coup, il en
faisait des tonnes dans l'avantageux, sourire gracieux ! Je
lisais dans son regard, par habitude, les questions qui lui
venaient : Où est-ce que je l'avais rencontrée celle-là ? Dans
le train ? Sur le bateau ?... Son âge aussi : il comptait pas sur
ses doigts mais presque ! — Au fait, elle causait pas, elle
était anglaise ou non ?...

Carolina avait pris ma main ; elle appuyait sa joue sur
mon épaule, à cause de la fatigue, mais aussi pour ne pas
disparaître dans ces retrouvailles de vieux compagnons...

J'ai fait les présentations :

— Voilà Clément, dont je t'ai parlé... Carolina. C'est
Carolina...

Je me sentais en porte-à-faux de langage ; je voyais Le Tiaf qui roulait dans sa tête une phrase de bienvenue en langue étrangère. J'ai ajouté avant qu'il se mette en frais :

— Te fatigue pas, elle est parisienne !

Il a tout de même pris son air cérémonieux, s'inclinant pour serrer la main. Sa prime jeunesse de garçon d'hôtel lui avait laissé des manières, le syndrome du coup d'échine : mais alors depuis qu'il fréquentait des Asiatiques, il avait renchéri dans les façons ! C'étaient des inclinaisons de tout le buste, des hochements de courtoisie — il disait bonjour comme un guignol.

Je me suis aperçu qu'il avait une vilaine bosse au-dessus de l'œil droit ; une blessure sanguinolait dans les poils du sourcil, comme si on lui avait haché l'arcade.

— Qu'est-ce que t'as là, Tiaf, tu t'es battu ?...

Il s'est fendu bruyamment la pêche ; cette idée le valorisait terriblement :

— Oui, oui !... Tu sais quoi ? J'ai cogné un flic. Un grand ! Deux fois plus grand que moi !

Il riait en brèves saccades, comme un sac de noix, les yeux rivés sur ma fiancée, toujours... Il faut dire que son coquart lui faisait une drôle de binette ! Je me rendais compte à présent : l'arcade était gonflée, avec une zone violacée autour de la paupière, sur le front.

— Non, sans blague, qu'est-ce que t'as foutu avec ton œil ?

— Je me suis payé un réverbère.

Il a ricané d'un air désolé, mal à son aise... Il marchait calmement sur le trottoir, tout à l'heure, en pensant à des trucs — « Tu sais que je pense beaucoup ! »... Et puis boum ! Voilà !... Le récit était bref : il était rentré dans un poteau sans faire gaffe.

C'était bien lui ! On ne pouvait pas se méprendre... Il en convenait tout seul, plus du tout faraud :

— Je change pas, hein ?... Tu as beau partir en voyage, faire des jolies connaissances : tu reviens, je suis toujours le même !

Carolina m'a pressé la main. Je lui avais parlé de Clé-

ment, en effet, sur le ferry... J'avais tiré un portrait de mon
« room-mate » tellement lunaire — elle me faisait savoir, du
bout de ses doigts, que je n'avais pas menti en le décrivant.
J'étais presque content qu'il ait fait ça, mon camarade,
comme une preuve de ce que j'avais raconté sur lui d'hilarant...

— Tu n'as rien mis sur ta bosse ?

Non, il avait juste lavé la plaie à l'eau fraîche, dans les
toilettes d'un café. Il s'en foutait... Le fait est qu'il baladait
dans l'existence, outre sa courte taille, une indifférence qui
faisait plaisir à voir ! Il s'est tout de suite insurgé : est-ce que
nous avions l'intention de lui passer une radio de la tête,
pour un bobo ?... Pourquoi pas le Samu ?

Carolina s'était approchée, elle posait un doigt léger sur le
caillot, tâtait autour la peau gonflée. Elle a décrété qu'il
fallait soigner ça — mettre une compresse... Avions-nous de
l'eau Dakin, au moins ?...

— De l'eau de quoi ?

Le Tiaf s'étonnait, sincèrement ! Est-ce que j'avais vu
passer cet article, par hasard, dans notre « cabinet de toilette » ?... Il me prenait à témoin qu'elle délirait un peu, ma
copine. D'où elle sortait ?...

— Nous ne vivons pas dans le luxe, nous. Nous n'avons
pas plusieurs sortes d'eaux ! Il t'a pas expliqué, le gentleman ?

Il me désignait, le ton surpris, grognant que le malenten-
du, alors, allait être immense :

— L'Anglais, là, il t'a pas dit ?... Si jamais tu vas là-haut,
tu vas comprendre !

Il indiquait curieusement le ciel, d'un bras tendu !... En
vérité il lui montrait la direction de nos fenêtres, l'angle des
toits des rues La Bruyère et Notre-Dame-de-Lorette.

— Tu vois : là-haut !...

Il jubilait à présent, que j'aie pu lui raconter des craques,
qu'on pétait dans la soie. « Elle va être déçue ! », il disait...
Il mimait le reproche à mon égard, que je n'aurais pas dû !
Il savourait la tête qu'elle allait faire mon invitée, en découvrant notre taudis... Il l'avertissait :

— Tu vas être déçue !

J'avais froid. La rue en pente draine les courants d'air qui montent vers Montmartre ; le coin du trottoir devenait intenable malgré les bouffées d'haleine tiédasse que nous envoyait la bouche du métro. Je me disais qu'il aille au diable !... J'avais envie d'un grand café. De me couler dans un lit, ensuite, avec Carolina contre moi — ses genoux dans mes jambes et son odeur partout...

Mais ma fiancée a insisté pour qu'on passe d'abord dans une pharmacie. On ne pouvait pas laisser notre camarade dans cet état-là ! Elle protestait, qu'il risquait des maux innombrables, des infections ravageuses de santé — sans parler du tétanos ! Était-il seulement vacciné ?... Carolina avait soudain récupéré sa fraîcheur, sa vaillance ; Clément n'osait plus la contrarier.

La pharmacie du carrefour était fermée le lundi. Nous nous sommes retrouvés tous les trois en haut de la rue Henri-Monnier, à l'angle, avec une demoiselle en blouse blanche qui pansait notre ami. Deux putes bavardaient devant la vitrine, sur le trottoir, tassées dans leurs fourrures d'où dépassaient les bas résille... La pharmacienne n'était pas loquace ; elle regardait tout le temps dehors, entre deux tampons de ouate, intriguée par la rue Frochot. Carolina lui a fait remarquer qu'un point aurait été bienvenu pour éviter la cicatrice, non ? Elle demandait, elle quêtait son avis... Mais la fille a haussé les épaules, disant que pour ça il fallait voir un médecin.

Clément se laissait tripoter, docile, dans l'officine surchauffée. Il m'a souri... J'ai senti qu'il voulait me confier quelque chose ; cet instant d'apaisement où il était pris en charge lui semblait propice. Il a murmuré d'une voix détachée :

— Au fait, je t'ai pas dit : on n'a plus d'eau.

— Où ça ?...

— Dans les robinets ! Ça coule plus du tout...

Son habitude de m'avertir des emmerdes en léger différé... Pour ne pas heurter ma sensibilité. Là, sous le bras parfumé de la fille, il me parlait doucement :

— Les tuyaux ont dû geler, en bas, je sais pas quoi. Ils ont coupé l'eau ça fait deux jours.

Hé! ça devenait grandiose!... J'ai donc pensé bien vite aux excellents préceptes des philosophes anciens, selon lesquels l'homme qui revient de voyage doit imaginer sa maison détruite, son fils enlevé par des Barbares, sa femme morte ou conduite en esclavage!... Ainsi tout ce qui ne sera pas arrivé de fâcheux en son absence lui réjouira le cœur... Je me suis réjoui, donc, que l'immeuble n'avait pas péri dans les flammes, qu'on ne signalait aucun tremblement de terre, et que le quartier, à part ça, n'avait pas souffert des bombardements...

J'ai demandé au Tiaf:

— Comment tu fais pour le café?

— Ben, j'en fais pas.

C'était l'évidence! Savoir limiter ses désirs... La sagesse est une denrée gréco-romaine, comme la lutte. D'ailleurs Clément qui était en veine a ajouté qu'il ne restait plus de café... Il voulait en acheter, manque de pot, il n'avait plus un radis! « L'autre con » ne l'avait pas encore payé... Il désignait un employeur fantôme, qui lui confiait des petits boulots de temps à autre — le bonhomme lui filait des rendez-vous évasifs, des espoirs qui foiraient... Mon camarade a pris un air contrit: s'il avait su que je revenais aujourd'hui, il se serait arrangé. Au moins pour le café!...

— J'en aurais trouvé un paquet. Je ne pouvais pas deviner.

Il voulait dire qu'il l'aurait chouravé à Monoprix. En somme, c'était moi qui étais fautif de rentrer sur un coup de tête, trois jours plus tôt que prévu! C'est ce qui ressortait de sa logique.

Les doigts finement manucurés de la pharmacienne lui ajustaient une bande de sparadrap en travers du sourcil. Le pansement lui fermait la paupière en dessous, avec une grosse touffe de coton... Voilà: il s'est admiré dans la glace d'un présentoir à pastilles, disant qu'après tout il aurait pu naître borgne.

A mon étonnement, la séance de rafistolage était gratuite.

Le pharmacien, à la caisse, m'a expliqué qu'il pouvait vendre des paquets entiers de coton hydrophile, mais qu'il ne détaillait pas les tampons en vrac, pour l'instant! Ni les bouts de sparadrap... Il regardait ailleurs, dans la rue, en me parlant... Une pharmacie n'était pas un endroit où on laisse un pourboire, comme un garage ; je l'ai remercié aussi chaleureusement que son indifférence le permettait. La demoiselle aussi, si dévouée!... Clément s'est joint à moi, naturellement, de toute sa gratitude personnelle — et Carolina de même, qui avait eu l'idée de venir!... On a remercié comme des bêtes, jusque sur le seuil.

Le Tiaf avait un air drôle en sortant ; il cherchait la marche du bout de son pied. Il a tâté la profondeur du trottoir, puis il a regardé au loin, la tête un peu renversée... Une voiture de police arrivait lentement de la rue Victor-Massé. Elle s'est arrêtée en face de nous, dans le renfoncement, sous le vitrail du Théâtre en Rond. Des hommes en civil sont descendus, ils se sont dirigés vers la brasserie Frochot...

Le pharmacien et son aide, qui semblaient guetter un incident depuis l'heure du café-croissant, se sont avancés en vitrine pour suivre la trajectoire des policiers. Les trois types marchaient sans hâte ; les deux prostituées se taisaient...

Carolina me tirait par la main. Elle a dit :

— Viens, allons-nous-en !

Et je me suis souvenu qu'elle ne supportait pas la violence.

Elle était tout excitée en montant les étages. L'idée du refuge lui plaisait — le nid tranquille, au sixième, tout en haut des branches !

— Habiter sous les toits, c'est le pied !

C'était aussi le mollet, en l'occurrence ! Avec les sacs, il y fallait bien toute la jambe et la cuisse. On s'accrochait à la rampe comme des alpinistes...

De fait, l'appartement consistait en un séjour de petite taille, assez tarabiscoté, qui provenait de la réunion de deux anciennes chambres de bonne. Il s'y ajoutait une autre pièce, indépendante, conçue jadis comme un grenier... Les précédents locataires avaient aménagé les angles : un coin-cuisine, à l'endroit le plus obscur, offrait la place d'une seule personne debout. Ce réduit était équipé d'un réchaud à deux brûleurs, de quelques étagères pour l'indispensable, et d'un vieux réfrigérateur taille basse qui faisait un bruit de batteuse chaque fois qu'il se déclenchait. L'intérieur du frigo tenait lieu de placard, le dessus servait de table pour poser les ustensiles — les tasses, les croûtons de pain, le train quotidien d'un ménage mal tenu. Pour l'instant il hébergeait aussi le téléphone, juché à la va-comme-je-te-pose au milieu de soucoupes. Notre vieux combiné noir, nous l'avions rendu mobile par un fil aussi long que celui d'un aspirateur.

A l'opposé, côté fenêtre, se trouvait le cabinet de toilette, doté d'un lavabo petit, blanc, fêlé, et surmonté d'une glace aux trois quarts ternie d'auréoles. Le luxe un peu étonnant, c'est que ce coin possédait un bidet, placé tout contre la fenêtre, dont les carreaux du bas avaient été peints d'une couche de peinture blanche opaque. Et surtout, il existait un chauffe-eau à gaz, tout rond, un modèle de musée dessiné jadis par Chaffoteaux et Maury ! Comme nous n'avions pas d'évier dans la cuisine, le lavabo et le bidet servaient également pour la vaisselle. Ils débordaient présentement d'assiettes sales, de casseroles gluantes, mêlées aux blaireaux et aux vieilles lames de rasoir rouillées.

Le Tiaf m'avait prévenu avant de s'éclipser, en bas, devant la porte : « C'est pas très en ordre là-haut »... Un euphémisme à lui qui m'avait fait redouter le pire. D'autant qu'il avait insisté, sans doute par charité — pour éviter un choc déplaisant chez ma fiancée nouvelle :

— Si j'avais su, j'aurais fait le ménage !... Je te jure, j'aurais tout briqué, nickel !

Il ricanait de son outrecuidance : depuis deux ans que nous logions dans la soupente, personne n'y avait passé le moindre plumeau. Nous ne possédions pas même un balai ! Aussi les moutons accumulés faisaient tapis sous les meubles — nous n'osions plus déplacer les chaises qui avaient pris leurs marques au sol : une couche de poussière épaisse, bien tassée, laineuse.

— J'aurais même fait ton lit, tu sais ! avait continué Clément d'un air faussement servile.

Il en rajoutait pour la bonne mesure, je devais m'attendre aux pires horreurs ! Il se balançait à l'asiate, avec son tampon sur l'œil...

— Normal, hein, puisque j'ai couché dedans !... Je me caillais les miches dans l'autre pièce. Je sais pas à Londres, mais ici il a fait vachement froid ces jours-ci !

J'avais donc eu assez la trouille, dès le seuil de la porte. J'observais Carolina en douce... Mais tout de suite elle s'était empressée d'une fenêtre à l'autre. Elle se penchait contre les vitres, avide de vue — et dans un sens, pour ses retrouvailles avec la ville le paysage tombait à pic.

— C'est génial ! On se sent vraiment à Paris !

Elle me pressait les mains, je posais mon bras autour de sa taille... Nous jouions à « monte-là-dessus, tu verras Montmartre ! »... Pour une fois c'était vrai :

— On voit le Sacré-Cœur !... Dis donc, vous êtes vachement bien !

C'était gentil de regarder dehors... Devant le radiateur à gaz, à l'entrée, il y avait des caleçons qui séchaient, des boîtes de conserve bâillaient sur ce qui aurait dû être ma table de travail. Et partout des chaussettes, des bouquins, des godasses, un manche de pioche — je ne sais pas pour quelle raison — et des journaux en pagaille ! Dans tous les sens les canards, ouverts, déployés de toutes leurs pages, sur le lit, par terre, sur les chaises... A croire que Clément avait sérieusement entrepris de repeindre la turne, de gratter les plafonds !

J'ai entraîné ma fiancée dans l'autre pièce : la curieuse mansarde en cul-de-sac, de forme vaguement triangulaire, qui était séparée du reste de l'appartement par un vrai mur épais, une vraie porte... Car cette chambre-là constituait d'une certaine façon le chapeau de l'immeuble qui est construit en angle resserré entre la rue Notre-Dame-de-Lorette et la rue La Bruyère... Dans les étages inférieurs, où les plafonds étaient normaux et les murs à la verticale, cette disposition enviable, plein sud, fournissait sûrement une superposition de pièces originales et plaisantes. Des petits salons, sans doute, tout égayés de fleurs, j'imaginais bien, de plantes vertes... Mais ici la pièce se trouvait dotée d'un plafond grand comme une poêle à frire, forcément ! Avec des parois inclinées à soixante degrés au moins, lesquelles se rejoignaient en faisceau au sommet du mur de refend à la manière d'une toile de tente. Ça ressemblait à tout : un entonnoir renversé, une cloche à fromage — l'abside d'une petite chapelle délabrée, à la rigueur ! Ou le cul d'un four lorsqu'il faisait nuit !... La surface utilisable au sol dépendait un peu de la taille des occupants. Les plus petits pouvaient s'avancer de plusieurs pas sans avoir à baisser la tête : ils disposaient de la sorte d'un plus grand espace utile. Des enfants auraient été à l'aise, et pendant les quelques jours où nous avons hébergé un lapin, la bestiole s'est sentie au large. Il sautillait jusqu'à l'extrême limite du plancher, inaccessible à l'homme !

A part ça, la chambre était claire, illuminée même, à cause de ses trois fenêtres — une sur chaque rue, au levant et au couchant, la troisième qui terminait l'encoignure sur l'avant, en plein soleil de midi... Les chiens-assis, sur lesquels étaient disposées ces ouvertures à hauteur normale, élargissaient d'autant l'espace habitable. Sous un certain aspect ils faisaient penser à des pare-brise — et l'impression générale du local pouvait aussi être celle d'une proue de navire qui dominait les toits de la pente vers l'église Notre-Dame-de-Lorette !...

Ainsi, nous surplombions l'arrêt du bus 74, et la place Saint-Georges, en dessous, ronde, avec la colonne effilée en

son centre, coiffée du buste de notre vieil ami Sulpice
Guillaume Chevalier — qui malheureusement nous tournait
le dos ! Chevalier est connu autrement, par son nom d'artiste : Gavarni, dessinateur génial... En son honneur, nous
avions du reste baptisé la chambre : « Salle Gavarni ».
C'était le lieu de Clément, avec son matelas dans le coin, par
terre, ses bouquins, ses dessins, son barda...

Carolina était aux anges :

— Ah que c'est beau !... Qu'est-ce que c'est les dômes,
là-bas ?

— Le Val-de-Grâce... Le Panthéon, un peu à droite.

Nous lui faisions l'effet de privilégiés, mon camarade et
moi, de jouir d'un séjour aussi urbainement situé. Au point
que je m'étonnais moi-même de son engouement... A ce
moment, j'ignorais tout de ses panoramas à elle, les visions
familières de ses demeures d'avant. Je ne pouvais rien deviner... Heureusement. Si j'avais su je l'aurais lourdée, peut-
être. Si j'avais été sorcier, je l'aurais jetée, avec tact, mais
séance tenante !... Avec lâcheté. Là, je ne savais rien d'elle,
Carolina, je m'amusais de la voir s'extasier. Elle disait
qu'aux beaux jours ce devait être superbe, toutes ces maisons, ces toits sous le soleil ! Alors j'étais décidé à voir. Nous
attendrions le printemps !

Dans l'enthousiasme, elle a voulu ouvrir une fenêtre,
pour contempler la rue, en bas... J'ai retenu son geste :

— Non, fais gaffe ! Elles sont pourries.

Je lui ai montré : le bois rongé par les intempéries ne
tenait que par l'opération de Notre-Dame — celle de Lorette évidemment, la nôtre !

— Tu vois, la Sainte Vierge s'occupe de tout dans cette
rue. Elle protège même nos carreaux !

Justement, la fenêtre d'angle se trouvait la plus éprouvée.
Exposée plein sud, à tous les chauds et froids du siècle, elle
n'était plus que l'ombre d'une fenêtre. Ses vitres grelottaient
sur des résidus de montants, des traverses tellement ver-
moulues qu'on voyait le jour aussi à travers le bois !... La
moindre tentative d'agiter la vieille espagnolette risquait de
faire s'effondrer l'ensemble sur le bord du toit.

Lorsque Clément, l'année d'avant, avait repeint la pièce, il avait tenté le maximum pour colmater ces ouvertures. Il rafistolait les crevasses au mastic, s'escrimait sur des enduits qu'il disait imperméables — et qu'il payait à prix d'or dans des boutiques spécialisées dans le ravalement des bateaux. Ça avait coûté une fortune, mais le vent continuait d'entrer comme chez lui...

— N'empêche ! disait Carolina sur le ton fier d'une agence immobilière pressée de conclure : ça a beaucoup de caractère, tu sais !

J'ai posé mes mains sur ses hanches, mes lèvres sur sa nuque. On s'est caressés suavement, debout dans la cloche. Nous nous retrouvions un peu, après Dieppe. Après le quai frileux de la rade où l'eau clapotait dans l'ombre du navire. Nos enlacements sur la passerelle de nuit.

Carolina répétait :

— Oh Ferdinand !... Ferdinand...

Le premier soir, à Gloucester Road, je lui avais fait croire que je m'appelais Ferdinand... Un copain nous avait présentés — les deux Français de la fête. J'avais un peu picolé, j'ai dit : « Appelle-moi Ferdinand »... Je trouvais ça très class sur le moment, vachement cinéphile. Presque aventureux !... Un clin d'œil dans ma tête ! Ensuite elle s'était rendu compte que ce n'était pas mon vrai prénom — mais nous avions continué. Elle trouvait ce baptême joli... Depuis deux jours, je commençais à m'y faire aussi : j'entrais dans sa vie, comme ça, un peu vierge.

Nous nous sommes pelotés passionnément. Ma fiancée disait :

— Qu'est-ce que je suis heureuse d'être ici, avec toi, Ferdinand !...

Nous allions commencer quelque chose, n'est-ce pas ? Diriger nouvellement nos vies de ce poste de pilotage au cœur de Paris. L'avenir s'ouvrait sur la bonne pente — une impression qu'on avait !... Ce n'était pas faux, en somme. Sauf que nous n'imaginions pas à quel point elle serait raide, la pente !... Carolina se blottissait contre ma poitrine — et c'était bon de l'avoir ainsi, présente.

Malheureusement, la salle Gavarni n'avait aucun chauffage ; au bout d'un moment nous avons préféré repasser à
côté, où le poêle dégageait une température convenable. J'ai
fermé la porte de communication, afin qu'il fasse tiède, pour
le moment où nous allions nous déshabiller dans le coin de
mon plumard en bataille... J'ai fait chauffer de l'eau d'Évian
pour le café — des provisions que nous avions achetées en
bas, chez le Tunisien de la rue Henri-Monnier, avant de
monter.

Puis j'ai mangé, seul, deux madeleines avec de la confiture... Carolina n'avait pas faim. Elle a juste mordu trois
miettes pour me plaire, dans l'une de mes bouchées. Elle
m'a fait des remarques sur les aliments caloriques : le sucre,
les pâtisseries en général ! Elle marquait une sorte de répro-
bation : que je me vautrais dans la gourmandise !... D'ailleurs il me semblait qu'elle était devenue un peu triste, tout
à coup, à me voir mâcher. Je n'ai pas osé entamer une
troisième madeleine.

Nous avons bu un grand bol de café ; je commençais à
lorgner du côté du lit, à cause du coup de barre qui me
gagnait avec toute cette agitation matinale. Carolina tournicotait, son bol au creux de ses mains fermées, comme pour
se réchauffer. Elle était devenue un peu pâle, je trouvais ;
elle se raidissait, vaguement distante... Elle avait l'air assez
mal dans son assiette, toute en tension, sans l'abandon ordinaire de la fatigue.

Elle s'est assise à la table, les jambes croisées. Elle feuilletait une revue de cinéma que Clément avait laissée traîner,
sans quitter son bol. Elle s'est plongée dans un article sur un
cinéaste russe, comme si c'était le type qui l'intriguait le
plus au monde ! Le journal titrait : « Andrei Roublev, le
peintre d'icônes »... J'avais une impression désagréable
d'absence tout à coup, de vide. Le sentiment que quelque
chose était en train de tourner à l'eau de boudin...

Je me disais que j'aurais peut-être eu raison de la prévenir ! De lui expliquer ma situation précaire — esquisser au
moins une description du foutoir dans lequel je l'invitais...
Il faut dire que de revoir les lieux d'un œil frais, après huit

jours d'absence, me donnait un petit choc à moi aussi. Et
j'avais oublié l'odeur !... Le radiateur à gaz, de gros calibre,
en fonte émaillée, dispensait en permanence une odeur douceâtre dans tout l'espace. Ce relent de combustion était dû,
sans doute, à ce que nous n'avions jamais fait ramoner la
cheminée ; mais je n'y ai pas pensé à l'époque.

Cette lourdeur dans l'air respirable alarmait énormément
nos visiteurs occasionnels ; ils croyaient tout de suite à une
fuite de gaz. Les plus craintifs s'imaginaient que tout allait
sauter d'un moment à l'autre et devenaient terriblement
inquiets sur leur visage ; les plus raisonnables prétendaient
que c'était un miracle si on ne nous retrouvait pas as-
phyxiés, Thiafarel et moi, par les beaux matins blêmes de
ces nuits d'hiver... Pourtant non : ça marchait. Il y avait
juste cette odeur indéfinissable, légèrement écœurante, d'haleine confinée, que nous avions fini par trouver naturelle.

Bien sûr, je ne pouvais pas prévoir la coupure de flotte
qui achevait de rendre le logis pitoyable ! Pourtant quelques
détails vrais, présentés avec humour, auraient préparé mon
amie. Elle avait l'air de regretter Londres, au bout du
compte...

Je me suis fait très caressant pour demander si elle était
déçue, finalement ?

— Non. Pourquoi ?

Elle tournait les pages de la revue, se penchant avec une
attention exagérée sur une photo qu'elle détaillait.... Elle
s'est mise à fredonner « A little boy gave me a flower » —
mais seulement l'air, sans les paroles.

— Tu ne veux pas te coucher ?

Elle ne savait plus... Si, sans doute. Elle se sentait un peu
zombie. J'ai dit que moi aussi, c'était normal après nos
déambulations ! J'ai commencé à retaper le lit ; c'est-à-dire à
dénouer les couvertures, à dégager les draps enfouis entre le
mur et le sommier. Il aurait fallu les changer : je n'en avais
pas d'autres... Tout ça devenait un peu moche. Je n'avais
même plus tellement de désirs ; juste l'envie de fuir, d'oublier dans le sommeil.

— On devrait dormir un peu, j'ai dit. Ça nous ferait du
bien.

Elle a enlevé son pull, mais c'est tout. Quand je l'ai embrassée elle m'a dit :

— Tu sais, tu piques un peu...

Sûr que je devais être une vraie râpe... Ce qui nous aurait fait du bien, c'est un grand bain fumant — je veux dire « moussant » ! Au moins une forte douche, qui nous aurait redonné du ressort... En vrai, ce qui nous aurait fait du bien, c'est d'arriver dans un endroit calme, un appartement à moquette qui aurait donné sur un jardin ! Deux pièces claires, aérées, munies de hautes croisées, de rideaux épais. Après toutes ces tribulations, ma fiancée aurait pu s'étendre sur de la haute laine bouclée, s'allonger sur un sofa de cuir souple... J'avais lu un bouquin comme ça : la pièce du fond serait une chambre à coucher sans meubles, sauf un grand lit campagnard, garni de coussins, d'oreillers brodés. La salle de bain, attenante à la chambre, bien chauffée, nous tendrait sa baignoire ovale au milieu de plantes grimpantes, avec des robinets en col de cygne, un grand miroir orientable, une paire de rasoirs anglais, des flacons, des brosses à manche de corne, des éponges... Et j'aurais demandé à Carolina : « Veux-tu que je te fasse couler un bain, ma chérie, pour te délasser ? » Elle se serait dévêtue bien vite, elle aurait plongé toute nue dans l'eau tiède où j'aurais mis plein de produit à mousse. Et moi après... J'aurais ôté mon peignoir d'un gracieux mouvement d'épaules je me serais glissé auprès d'elle dans la flotte odorante. — Tout ça nous aurait fait du bien, en effet, après tant d'errance. Après nos lassitudes du chemin de fer... Nous aurions pu dire ensemble à la caméra plongeante, d'un ton enjoué : « Jacob-Delafon ! » ou des trucs ; avec des sourires de faïence !...

Là, Carolina, elle hésitait à se mettre à poil. Elle avait l'air de chercher quelque chose.

— Où sont les vécés ?

— Ah ! Il faut ressortir...

Je l'ai accompagnée à l'autre bout du couloir, à droite de l'escalier... J'ai préféré lui montrer directement laquelle des portes, dans le dédale, était le closet. Et comment accrocher le fil de fer, à l'intérieur, si elle le souhaitait, qui servait de loquet. Je lui ai confié le rouleau de papier que nous gardions sous la main, dans la cuisine...

Finalement on s'est endormi comme ça, sans faire l'amour, trop lassés. En bas, les cris des bagnoles nous ont bercés... J'avais oublié les stridences du carrefour — ce croisement de sens uniques avec la rue Henri-Monnier qui descend de Pigalle, Lorette qui monte vers Blanche, et la rue La Bruyère qui vient déverser son lot sur le tout. Les voitures arrivaient à fond sur cette plaque d'aiguillage ; elles bloquaient les freins. Ça crissait, ça dérapait, parfois ça cognait. On entendait les éclats de tôle, la nuit, le verre qui se brisait sous les fenêtres du 33 ! Le son s'élève : il se propulsait sous notre avant-toit. On aurait dit que les bagnoles freinaient dans la chambre, que c'était le lit qu'elles évitaient... En période de cauchemars, quand les moteurs rugissaient sur les digestions pénibles, on avait des visions d'épouvante, des poursuites d'horreur !...

Deux ou trois fois Carolina a poussé des cris. Elle s'est accrochée à mon bras dans un sursaut... Je lui massais doucement le cou, l'épaule, à doigts légers, à mi-sommeil. Je lui murmurais : « C'est rien, t'en fais pas... It's alright, love. » Je calmais de mon mieux ces petits orages, ces montées d'enfer que soulève le vent des villes.

Le téléphone nous a réveillés vers six heures ; la nuit était tombée. J'ai crapahuté hors du lit à tâtons pour saisir l'appareil dans le noir. J'ai dû ramper jusqu'à la cuisine. C'était la copine à Clément qui appelait. — Non, il n'était pas là... Il devait y avoir eu une salade entre eux, car elle l'avait attendu tout l'après-midi. Oui, j'étais revenu. Très bien, oui... Il rentrerait sûrement ce soir, Clément, je lui dirais qu'elle avait appelé.

Le trottoir en face luisait sous les réverbères. Il avait commencé à pleuvoir... Carolina s'était levée. Elle regardait dehors, debout contre la fenêtre qui l'éclairait tout entière de reflets jaunes.

Elle a dit qu'elle voulait partir.

Elle avait besoin d'une douche, elle se sentait gluante et mal dans son corps. Elle voulait se laver les cheveux... Des choses qui n'étaient guère envisageables dans mon campement. Nous avons bu le reste de la bouteille d'Évian, juste le fond qui restait, pour nous rafraîchir... Elle n'était pas fâchée, non, c'était bien. Elle n'était ni furieuse ni rien. Molle, simplement molle... C'est vrai qu'elle ne se sentait plus tout à fait la même, elle l'admettait. Partir était une chose, arriver, une autre. Elle ne se sentait pas vraiment arrivée non plus — encore en péripétie de voyage, plutôt... Je la sentais inquiète, en réalité, tendue vers une étape dont je ne connaissais ni le but, ni la fin.

Simplement elle allait me laisser son sac, si je voulais bien.

— Je peux ?... Je ne me sens pas le courage de trimbaler tout ça dans le métro.

Elle continuerait donc en métro. Où ça ?... Je n'ai pas voulu demander. En fait, cela me regardait à peine. Elle allait à ses accointances, étaient-ce mes oignons du tout ?... J'ai seulement cru deviner que sa destination n'était pas toute proche, et même, à certains indices, un peu en banlieue.

Elle a défait son sac pour récupérer des choses qu'elle voulait emporter : sa trousse de toilette, quelques sous-vêtements, des petits paquets... Nous avons mis tout ça dans une musette en toile que je lui prêtais, avec une courroie pour l'épaule. Ce serait commode et léger, elle était contente... Je me sentais, moi aussi, soulagé. J'avais envie de me retrouver à présent, de faire le vide. Je voulais changer de longueur d'onde. — En outre, il n'aurait pas été mauvais que je me remisse au turbin, sans tarder. J'allais m'organiser une petite soirée bien calme, pour moi tout seul.

Maintenant qu'elle partait Carolina regagnait de la tendresse : elle manifestait des regains d'effusion sur un fond de
langueur sans gaieté. Elle a passé sa main dans mes cheveux, posé sa joue sur mon épaule.

— Ferdinand, je n'oublierai jamais ces deux jours.

Ça faisait vaguement adieu comme phrase. J'ai eu le cœur
serré. J'ai pensé à la lune, immense, qui s'était levée sur les
tufs, là-bas, de l'autre côté... Tout cela a commencé à me
paraître lointain, pas vraiment vrai.

J'ai dit, doucement :

— Je m'appelle pas Ferdinand.

— Je sais... Mais j'ai envie que tu restes comme ça, tout
neuf. Tu veux bien ?

Elle a sorti son tube à lèvres contre les gerçures ; elle se
tartinait la bouche, avec méthode.

— Moi non plus je m'appelle pas Carolina. Mon nom
c'est Viviane.

Je le savais — j'avais dévisagé son passeport. Un coup
d'œil m'avait suffi, je lui ai dévidé ses prénoms dans l'ordre,
du ton de celui qui annonce les résultats du tiercé :

— Viviane, Caroline, Marthe... Gonthier !

— Ben dis donc !

Je lui en bouchais un coin ! Sincèrement, elle était sciée
que j'aie eu à ce point l'œil en faucille. Mais elle argu-
mentait :

— J'aime pas Viviane. J'ai horreur. Je te raconterai...

Cela promettait des revoyures, des causeries au coin du
feu — qui sait, des confidences sur l'oreiller ?... De nouveau
j'aurais voulu qu'elle reste. Il m'est passé un désir... Mais
elle a saisi son barda d'une main, et glissé la courroie de la
musette sur l'épaule ; elle m'a demandé très gentiment si je
l'accompagnais jusqu'au métro ?

— Ça te fait remonter, aussi ? C'est bête...

J'ai expliqué que de toute façon j'avais besoin de faire
quelques emplettes.

— Tu ne descends pas exprès pour moi, alors ?

Elle a boudé pour rire, et on a ri... Tout à coup, nous
avons éclaté. Franchement la pêche, subite ! La frite reve-

nue pour la première fois depuis Dieppe... Depuis ce gag que nous avions fait en montant dans le train : il y avait un couple d'Anglais assis tout seuls dans le wagon vide ; nous avons prétendu avoir réservé ces places-là, précisément, qu'ils occupaient. C'était absurde... Quand ils ont commencé à bouger, nous avons dit : « Non, restez ! C'était pour rire... Please ! »...

Avant de franchir la porte j'ai posé un doigt sur le nez de Carolina — un courant est passé entre nous. Elle s'est élancée contre moi de toute sa force. Dans la violence du mouvement la musette m'est entrée directement dans le ventre, et ça m'a fait mal... Mais je l'ai serrée à mon tour. On repalpitait... Nous nous sommes fait des mimis joyeux, nous esclaffant de rire, les larmes aux yeux.

Dehors la pluie tombait fine, droite, froide comme des aiguilles. Nous avons couru nous mettre au sec en dévalant les marches du métro Saint-Georges, qui a l'aspect tranquille d'un abri souterrain, voire d'une simple entrée de garage. C'est un des rares endroits où le métro passe à vue, comme un train, derrière une arche. Ça fait un peu village, on n'y croise pas grand monde, surtout en hiver. Les rames chargent à Pigalle, déchargent à Saint-Lazare, ou vice-versa. Saint-Georges est un arrêt pour riverains, aménagé dans les sous-sols d'un théâtre... Ça pourrait être un décor.

Carolina s'est acheté un carnet, au guichet ; elle avait recommencé à parler d'abondance, en me tenant la main, à s'affairer. Je la sentais crispée sur ce bord de départ. Nous nous sommes rendu compte que c'était la première fois que nous nous séparions depuis notre rencontre : depuis Gloucester Road — deux jours entiers que nous prenions nos aises avec l'existence. Elle disait : « Tu te rends compte ! Il me semble que ça fait des semaines »... Elle me cajolait. Le guichetier m'a fait vaguement bonjour d'un battement de paupière, car il me connaissait de vue.

— Qu'est-ce que tu vas faire ce soir ? a demandé Carolina d'un air doux.

J'ai haussé les épaules, je ne savais pas. J'allais peut-être me remettre au travail, je verrais.

— Comment tu vas faire pour manger ?

Elle se faisait du souci pour moi à présent... Et elle ? Vers quelles agapes courait-elle si fort ? Elle n'avait rien avalé depuis la veille à midi, au Leicester ! C'était un peu étrange... Mais je ne voulais pas dire « Et toi ? » Ça m'ennuyait d'y penser. Quelqu'un l'attendait peut-être avec un festin, avec du champagne ?

Nous nous sommes distribué des bisous. C'est elle qui m'appellerait — demain, sans faute ! Moi, je n'avais pas droit au téléphone de l'endroit où elle se rendait... Ce n'était pas trop pour me plaire ; ce sans-laisser-d'adresse me donnait la sensation que tout m'échappait, que je pouvais ne jamais la revoir. Bien sûr elle laissait son sac, en promesse, en gage de retour... Et alors ? Si elle allait tomber en panne sur le chemin ? On connaît des sacs qui ont attendu des années, puis qui ont péri dans des caves... Elle a passé le tourniquet ; elle s'est éloignée vers le quai pour être prête.

Je me suis placé contre la balustrade de l'escalier, après les portes de verre côté sortie. Carolina restait en vue au milieu de l'arcade, sous la pancarte MAIRIE-D'ISSY. On s'est envoyé encore des baisers secrets du bout des lèvres. J'ai lancé :

— Take care of yourself !

Ça n'était pas très compromettant... Juste le sentiment de notre intimité baladeuse encore tout étourdie du bateau. Elle a souri, et crié pour le mouvement de la mer, si loin, du merveilleux voyage qui n'arrivait pas à finir :

— You too !...

Nos voix résonnaient sous les poutres en fer rivetées, énormes, genre pont suspendu. Ça m'a fait bizarre de penser que nous étions sous un théâtre. Je me suis appuyé à la balustrade, afin d'improviser Juliette au balcon ! Toutes les séparations des amants du monde... Je dégoisais au petit bonheur, en bribes, la voix coulée :

— C'est le rossignol, my love, ce n'est pas l'alouette qui a chanté...

Elle m'a fait signe qu'elle ne comprenait rien du tout ! En mime, les deux mains sur les oreilles, elle secouait la tête...

Le guichetier était sorti de sa cabine vitrée, un type maigre, plutôt avenant — toujours le même quand je passais. Il aurait été causant si on avait causé... Il faut dire qu'il me voyait souvent avec des copines ; depuis deux ans, il était tout de même venu un peu de monde à Lorette. Quelquefois on s'embrassait, bien, bien, avec mes visiteuses, longuement. Son quai servait assez couramment d'embarcadère à Cupidon ! Cela à des heures diverses, et surtout creuses, où il avait le loisir de mater...

Le grondement de la rame s'est fait entendre. Carolina s'est agitée, elle a crié dans l'urgence :

— Ferdinand !... Tu penses à moi ?

Il y avait du pathétique dans sa voix. Déjà la première voiture glissait derrière l'arche, elle s'envolait.

— Tu m'oublies pas, hein ?...

Alors j'ai bondi : une des portes « sortie » étant restée coincée ouverte, j'ai déboulé à fond — avec un signe au chef ébahi, que c'était pas grave ! Je reviendrais... J'ai cavalé juste au poil entre les portes coulissantes du wagon de tête. Carolina en est restée bouche bée ! Voilà : je partais ! Avec elle... C'était une bonne façon de ne pas l'oublier, non ?...

Elle a ri d'abord, en secouant la tête de droite et de gauche que la blague était exquise ! Elle goûtait la désinvolture... Puis elle a eu comme une crispation. Elle m'a serré la taille, elle s'est blottie sous mon menton... Les gens regardaient, l'air comme à l'ordinaire ; ils lorgnaient puissamment au-delà des vitres les parois du tunnel. Carolina a grogné quelque chose en se frottant à moi ; j'ai penché mon oreille, elle pleurait. Elle disait : « Je suis heureuse que tu aies fait ça, Ferdinand ! Heureuse ! Mais je ne peux pas t'emmener. » Elle m'a serré encore plus fort, avec une sorte de tremblement, j'ai dû m'accrocher à la barre verticale pour ne pas qu'on vacille ensemble. A la station Lorette j'ai pris son visage dans mes mains, il était plein de larmes. Elle m'a embrassé les poignets :

— Je t'assure, c'est impossible que tu viennes.

Ça faisait un peu mélo sous les néons de la rame... Elle n'avait pas l'air d'en rajouter. Des gens sont montés ; des bureaux des assurances, cravatés. Ils nous ont poussés dans le coin, contre les strapontins. Carolina s'essuyait les yeux du gras de la paume — elle me suppliait en même temps de la laisser, de la croire, qu'elle me reviendrait... Elle a cherché un Kleenex dans son sac et dit qu'elle m'aimait beaucoup.

Alors bon, puisqu'on était copains comme ça, en vibrations chouettes après tout, je lui ai fait comme le bon petit *little boy*, un baiser sur la joue, et je suis descendu à Trinité, qui s'appelle aussi Estienne-d'Orves. J'ai cligné de l'œil, le pouce levé. J'ai attendu que le métro reparte...

Ça me faisait un drôle de nœud dans le cou quand je l'ai vue disparaître parmi les autres corps debout — j'ai remis le pouce en l'air, que tout allait bien, très bien... Alors, tout de suite j'ai repensé à la phrase d'Épictète : « Si tu aimes une marmite, dis-toi "C'est une marmite que j'aime" ; si elle se casse tu n'en seras pas troublé »... C'était un conseil du *Manuel*, composé par ce philosophe au premier siècle après Jean-Claude, comme dit un copain. C'est vrai, ça paraissait efficace. J'ai réussi à sourire.

En changeant de quai pour remonter vers Saint-Georges, je me répétais : « C'est une marmite que j'aime, c'est une marmite que j'aime »... Ça m'a donné faim ! Je me suis souvenu que je n'avais rien avalé de la journée, pratiquement. Tout en marchant je me suis mis à fredonner : « C'est une marmite qu'il me faut ! Oh oh oh ! »... Je me sentais un peu barge, avec l'impression que les gens me fixaient bizarre, et cette impatience en moi, toute en fringale...

J'ai commencé à les voir tous le crâne dépouillé, sur le quai, en attente. Ils avaient des orbites creuses, et des trous à la place du nez !...

*
**

Clément est rentré transi de pluie après avoir soupé chez

des amis japonais, à l'autre bout de la planète. Il est arrivé
vers onze heures : j'ai entendu ses pas feutrés dans le corridor... Il a ouvert la porte à gestes prudents, tournant la clef
sans heurt, sans bruit, pour ne pas déranger les amoureux
au nid.

J'étais assis à la table. Il était surpris :

— T'es tout seul ?

Il humait l'air comme l'ogre la chair fraîche, et son pansement gorgé d'eau battait curieusement de l'aile. Il s'est blotti
sur le poêle, à côté de la porte, les mains en coque.

— Tu bosses ?...

J'ai acquiescé. En fait, je me replongeais dans l'atmosphère du bouquin que j'étais en train de traduire — ma
précieuse occupation depuis plusieurs semaines. Un boulot
inespéré qu'un ami généreux m'avait procuré pour soulager
ma dèche. Pas énormément payé, sans doute, mais, étant
donné le marasme et la rareté de ce genre de job, cela tenait
du coup de pot phénoménal... En plus, le livre était marrant : il racontait l'histoire de Ronald Biggs, l'un des voleurs
du Train postal, en Angleterre. Ce braquage du siècle avait
fait rigoler le monde entier au cours de l'été 1963. Le récit
d'un hold-up élégant, parfaitement doré, comme on n'en
avait jamais vu dans l'histoire de l'Indélicatesse, n'occupait
qu'une partie de l'ouvrage ; le reste consistait en un reportage sympathique et minutieux sur la vie de Ronald Biggs.

Si l'histoire était passionnante, la traduction n'était pas
précisément du gâteau — du moins pour moi qui n'étais que
traducteur d'occasion... Je passais un temps monstrueux sur
l'atlas, à suivre les déplacements de l'homme le plus traqué
du monde, dans des coins obscurs d'Australie, des régions
écartées du Brésil ! Toutes ces pérégrinations conduisaient
le récit aux limites des langages honnêtes, dans des contrées
aborigènes avec des oiseaux sans nom, des arbres qui exis-
taient à peine... Souvent je lisais ma prose à Clément ; il
discutait du pour, du contre. Le fait que ces gens vivaient
vraiment, que Biggs était plus ou moins en danger à Rio de
Janeiro — les journaux parlaient de lui de temps à autre —,
tout cela nous stimulait. Nous étions devenus des familiers

de « Ronnie », Le Tiaf et moi, nous en parlions comme d'une relation personnelle.

Justement, penché sur le poêle, mon camarade attendait quelques confidences nouvelles que j'étais censé rapporter de ma virée à Londres. J'en avais profité pour faire un saut jusqu'à la prison de Wandsworth, l'endroit d'où Biggs s'était évadé dans des conditions rocambolesques — audacieuses pour l'époque! Il avait fait amener un haut camion de déménagement derrière les murs du pénitencier. Ce coup d'éclat l'avait rendu mondialement célèbre! J'avais vu cette enceinte, de mes yeux — j'avais aussi rencontré l'auteur du livre, un journaliste appelé Colin Mackenzie, lequel m'avait parlé des derniers développements policiers et juridiques, et aussi de la famille Biggs au présent : sa femme demeurée en Australie, sa maîtresse au Brésil, le bébé qui était né d'elle... Cette naissance inespérée avait sauvé le père de l'extradition vers la Grande-Bretagne, au cours d'un procès épique!...

Clément grillait de curiosité ; il avait fait réchauffer le reste du café, et nous échangions nos impressions sur les chances qu'avait Ronnie de s'en sortir définitivement. Nous avons parlé de la vie à Rio, de la misère du peuple brésilien en général — un domaine où Le Tiaf possédait des lueurs. Car mon camarade s'intéressait à tout ce qui concernait les pays étrangers. En fait, il passait son temps à parcourir la planète un périodique à la main.... Il épluchait journellement les gazettes économico-politiques, dont il extrayait des nouvelles effarantes sur la marche du monde — qu'il vous recrachait au moindre prétexte, toutes crues, entre la poire et le fromage! Il sortait soudain sa voix de violoncelle pour s'indigner d'une magouille quelque part, un racket au Venezuela, un attentat en Éthiopie. Il s'indignait de la CIA, de plein de choses... En même temps il se réjouissait pleinement de révoltes sournoises qui étaient en train de couver quelque part, qui allaient éclater dans un coin précis du tiers monde. Au quart de poil informé, lui...

Cela créait même un chagrin entre nous : il me trouvait fâcheusement ignare dans ces domaines, d'une nullité qui l'affligeait... Certains jours, il entreprenait de véritables cours de rattrapage, une sorte de formation accélérée en diplomatie internationale ! Il aurait aimé se sentir mieux écouté — comme tous les jeux de société la politique a besoin d'être partagée... Je finissais très vite par l'écœurer. J'étais trop nul, décidément ! La tare totale — ne serait-ce qu'en géographie : toujours à confondre les pays lointains, et même proches, l'Iran, l'Irak, Cahin et Caha !... Clément souffrait pour de bon de mon ignorance, et, secrètement, il me méprisait pour mon je-m'en-foutisme planétaire. Typiquement français, disait-il, comme travers ! Ah, l'œil torve lorsqu'il parlait de la France ! Cette bande de crétins congénitaux, nos compatriotes, lui donnaient des rictus mauvais... Il prononçait « français » comme une insulte.

Nous avions donc battu un peu la forêt vierge, et nous étions lancés sur le problème des dictatures en Amérique du Sud, lorsque Le Tiaf, qui farfouillait dans le recoin-cuisine, a dit d'un ton triomphal :

— Excuse-moi, ça n'a pas de rapport, mais tu as vu les confitures ?... Tu pourras pas dire : j'y ai pas touché !

Il était content de lui, car l'habitude de rapiner mes confiotes était un sujet de querelle fréquente entre lui et moi. J'essayais de me constituer une réserve, une provision de pots différents que je récoltais au hasard des boutiques, les épiceries, les boulangeries quelquefois... J'aimais en avoir six ou sept sortes en permanence ; c'était mon luxe personnel ces confitures, elles coûtaient cher, et j'en usais très parcimonieusement. Au début, ce salaud de Clément tapait dedans sans regarder ! Il me félicitait même, les premiers temps : il comparait, il commentait l'éventail des saveurs, les cuissons, à pleines cuillères à soupe !... Il me conseillait, ce fumier, et me vidait un pot en trois séances !... Nous avions eu des mots. Notre cohabitation avait même failli capoter à cause de cela ; puis, après quelques fulminantes engueulades, il avait été mis au clair que les confitures n'entraient pas dans la communauté des provisions de bouche : il n'avait pas le droit d'y toucher sans mon autorisation, particulièrement en mon absence.

Depuis lors il avait changé ses façons ; seulement j'étais

obligé de le surveiller, car il dégommait mes sucreries en
loustic, dos de la cuillère, avec infiniment de tact... Plusieurs fois j'avais dû remettre les pieds dans le plat! Il
raclait délicatement une mince pellicule dans chacun des
pots, de sorte que le larcin n'était pas visible au premier
coup d'œil. Simplement, le niveau baissait de manière in-
sensible ; un beau jour le pot se trouvait vide, on ne savait
pas pourquoi... Il était allé jusqu'à suivre les creux déjà
tracés par ma propre cuillère, afin de ne pas modifier le
paysage en surface! — Tout cela ne venait pas d'un mauvais
fond : c'était des vraies manières de pauvre qu'il avait, Clément, humble et sournois par conséquent.

Enfin ce coup-là, il avait résisté, en effet, malgré la semaine d'absence. Il me montrait... J'ai dit qu'à l'œil, à
travers le verre, il semblait avoir tâté de la poire — la poire
avait baissé légèrement. Mais ça restait très convenable!
Aucun pillage, je lui faisais mon compliment. J'ai dit :

— Chapeau!... Belle résistance! — Attends voir?... La
cerise aussi, il en manque un chouïa, non?

Il a dénié furieusement! Il s'étranglait d'indignation subite : là alors!... J'étais un fameux salopard si j'allais l'ac-
cuser à tort maintenant! — J'ai dit, okay, c'était pour plaisanter... Il continuait à grogner, maussade ; je lui ai
demandé s'il n'avait pas une petite faim? Moi, j'avais en-
glouti trop tôt une boîte de saucisses aux lentilles de chez
Cassegrain, il me venait un creux. J'ai dit : « Pas toi? »...
Nous avons décidé de nous faire des crêpes — il restait un
peu de lait, et j'avais acheté six œufs.

Le journaliste anglais, Mackenzie, m'avait aussi entretenu
de curieuses pratiques de l'imbroglio brésilien ; la sorcellerie
semblait avoir joué un rôle dans le procès de Biggs. Au
cours de son enquête, il avait assisté lui-même à une séance
d'envoûtement, et il m'avait décrit ces danses vaudoues,
appelées *macumbas*, qui durent toute une nuit sous la hou-
lette d'un sorcier indien... Je racontais au Tiaf pendant que
je préparais la poêle à frire — c'étaient des choses qui nous
faisaient rêver. Clément fouettait la pâte dans le saladier,
rajoutant du lait : il me soutenait que la transmission de

pensée, qui sert d'agent à ces fonctions bizarres, est un phénomène ancien comme le monde, toujours utilisé par les hommes... Il avait pris sa voix caverneuse pour me parler des sociétés disparues — me décrivant « l'homme archaïque » à la façon de quelqu'un qui a bien connu les ancêtres de l'humanité.

— Ils étaient moins inhibés que nous, pour des tas de raisons ! La télépathie a probablement été un moyen de communiquer ordinaire et naturel !

Cela pouvait expliquer, selon lui, le rôle dominant du sorcier dans les civilisations anciennes. Le « sorcier », étant celui qui détient les « sorts », mais aussi celui qui « devine » !

— Hein ?... Il devine comment, à ton avis ? Celui qui est « sorcier » ?

Par télépathie, selon toute vraisemblance !... Nous avons refait du café, car la soirée tournait au débat d'idées. Nous examinions si les sociétés dites primitives ne puisaient pas à des sources désormais interdites à l'homme moderne, dont la perception est brouillée ? Ne serait-ce que par le langage !

— Nos civilisations en sont arrivées à utiliser la parole d'une façon immodérée ! grognait Clément.

Il en était quelque peu rageur !... Il en voulait à nos sociétés à nous, nos mœurs gourdes — surtout en Occident ! Il me citait Lévi-Strauss : « La plupart des cultures que nous appelons primitives usent du langage avec parcimonie ; on n'y parle pas n'importe quand et à propos de n'importe quoi »...

La pâte devenait onctueuse, très fluide : nous avions ajouté un filet de rhum qui restait au fond d'une bouteille... Comme toujours, nous prenions le relais devant le réchaud afin de manger les crêpes très chaudes, au fur et à mesure qu'elles cuisaient. On les enroulait, après avoir étalé un trait de confiture sur toute la longueur du diamètre, au couteau, bien uniformément — ce qui est la manière la plus savoureuse de procéder, en même temps qu'elle évite le gaspillage.

Nous avons disserté longtemps sur les possibilités incalculables qu'offrait le monde. Nous en sommes venus à évoquer les tables tournantes, et les grands phénomènes parapsychologiques. Nous allions passer aux preuves de l'existence de Dieu, lorsque je me suis aperçu qu'il était trois heures du matin, et que j'avais sommeil. Clément s'est mis en devoir de poursuivre la soirée selon ses aises...

Au moment de se retirer, il a dit :

— Elle est repartie chez elle, ta copine ?

J'ai dit que peut-être bien, oui... Que je n'étais pas sûr. Que c'était un peu un mystère, cette nana. Je n'avais aucune idée de l'endroit où elle était allée...

— Elle a un mec ?

— J'en sais rien, Tiaf.

Je lui ai expliqué que c'était comme ça, bon, une rencontre, Carolina, mais bon... Elle était un peu flippée sans doute. — Eh, au fait : Clémentine avait téléphoné vers les six heures !... Il était au courant, il l'avait eue entre temps. Ça n'avait plus d'importance.

On s'est dit bonsoir.

Je n'avais même pas pensé à ça ! Qu'elle pouvait avoir un mec... Je veux dire, je ne l'avais pas envisagé sérieusement. Il ne m'était pas apparu qu'elle était rentrée chez son ami, tout simplement. Son mari, qui sait ?... Après tout je ne savais rien d'elle.

J'ai pissé dans le lavabo, parmi la vaisselle sale, parce qu'il était tard et qu'on verrait demain. J'avais la flemme d'affronter le corridor gelé. Quand est-ce qu'ils allaient remettre la flotte ?...

Pendant que je me déshabillais, un truc est tombé de la poche de ma veste, qui a roulé sous la chaise. Je l'ai ramassé... C'était ma dent ! J'ai eu comme un vent de panique, un violent mal d'amour au creux de mon ventre. J'ai failli me jeter sur le lit, tel quel, me mettre à pleurer, presque... Au lieu de ça je suis allé dans l'autre pièce, montrer à Clément. Il était calé dans son pieu, avec le *Monde diplomatique*, ses grosses lunettes en travers du nez, un peu de guingois à cause du tampon de ouate... J'ai frissonné. La température de la chambre me glaçait le dos — je me suis dit qu'il devrait mettre un bonnet de nuit! Un bonnet de coton blanc, comme on voit sur les vieilles gravures.

J'ai raconté au Tiaf l'histoire de la petite grosse molaire qui dit au revoir à sa maman la gencive, et qui se fait la paire en douce, la salope!... La monstruosité de la chose. Ce qu'on croit le plus attaché à soi — pfuit! fragile!

Il a voulu la toucher. Il la retournait entre ses doigts comme un expert qui estime un bijou — j'ai dit qu'il devrait la dessiner : « Portrait d'une dent mâchelière », par Clément Thiafarel. J'ai dit aussi :

— Y en a qui perdent leurs cheveux, moi, je deviens chauve de la mâchoire!

Nos petites misères... Nous étions un peu à égalité, lui et moi, d'une certaine façon ; avec son coquart affligeant, c'était œil pour dent!

J'ai dit encore :

— Tu sais quoi, Clément?... On vieillit. Il va falloir faire quelque chose.

Il m'a regardé d'un air doux... Il était embarrassé de son canard étalé qui prenait toute la place sur le lit ; il a échappé ma dent sur les pages. Elle glissait dans les plis, insaisissable... La pluie battait en rafales contre la fenêtre ouest : je voyais suinter l'eau par les fentes. Je me demandais comment il n'attrapait pas la crève dans cette piaule glacée! Je lui ai parlé des bonnets de coton, avec une calotte pointue et un pompon, qui pendent toujours d'un côté de la tête dans les dessins de Blanche-Neige et les sept nains.

Je me suis dit que je manquais légèrement de tact, à lui parler des nains... Vu sa taille, à Clément. Mais il rigolait. Justement il avait son rire saccadé de lutin. Il m'a rendu ma molaire... Il lui tardait de reprendre sa lecture, je le sentais : les rapports d'influence sur la planète. Ses Mille et Une Nuits à lui...

Je suis allé dormir dans la chaleur du poêle — dans son odeur aussi. Je me sentais comme une bête d'étable.

2

Carolina ne m'avait pas appelé le lendemain. J'avais déjà ruminé son silence, relu plusieurs pages d'Épictète, et fait une croix sur nos amours. Clément m'avait vu maussade toute la journée, vaguement studieux, avec le *Manuel* ouvert sur un coin de la table, Ronald Biggs sur l'autre coin, et aucun goût pour les deux. Il avait fait ce commentaire : « C'est dommage, elle avait l'air gentille… Moi elle m'avait tapé dans l'œil ! » Il se croyait probablement cruel, le pauvre imbécile !

J'avais feuilleté la presse, les programmes des films en première exclusivité. Je manquais tout à fait de concentration, mais c'était normal après un voyage.

Elle a appelé seulement le jour suivant, au début de l'après-midi. J'étais en train de dégager la vaisselle sale du bidet, car la flotte était revenue subitement dans la matinée ; ça avait failli provoquer une inondation, le robinet étant demeuré ouvert… J'avais eu du mal à rallumer le chauffe-eau pourri, et je maudissais Moineau qui s'était tiré comme un malpropre en me laissant tout ce bordel — sans produit vaisselle. En même temps que je récurais les assiettes où la crasse s'était incrustée comme une céramique honteuse, je me récitais ce sage précepte du *Manuel* : « Ne demande pas que les événements arrivent comme tu le veux, mais contente-toi de les vouloir comme ils arrivent, et tu couleras une vie heureuse »… Il y avait une note dans l'édition

Guillaume Budé, stipulant que Platon fait la même recommandation, dans les *Lois*.

Quand le téléphone a sonné, je venais de décider que
Carolina n'avait jamais existé. J'ai fait celui qui, ah ! ne
s'attendait pas à son appel.

— Ah ! Carolina, oui !... Comment vas-tu ? Qu'est-ce que
tu deviens ?

Elle avait dormi tout ce temps, disait-elle. Elle se réveillait... Sa voix était pâteuse, en effet ; j'ai tout de suite
imaginé qu'elle avait passé sa nuit avec un amant. La luxure
la plus débridée — et j'avais beau faire, ça m'était difficile
de le « vouloir » ainsi. La question du Tiaf m'avait trotté
dans la tête : « Elle a un mec ? »... A la longue ça m'avait
paru évident. Bien sûr qu'elle avait un mec ! Sa conduite
était inexplicable autrement — j'étais joli garçon avec mes
images, mes balades. « The moon ! » Ah oui, vraiment ! —
Et je ne savais pas pourquoi mais je voyais un jeune type
dégingandé, en chemise de soie, longues mains racées,
grandes dents blanches quand il riait la bouche ouverte : ah !
ah ! ah ! ah !... Beau timbre de rire d'homme. Le genre actif,
publicitaire... Ils avaient dû avoir une nuit agitée ! Au bout
de plusieurs mois d'absence, ça méritait.

J'avais la haine. Je trouvais qu'elle aurait pu me mettre au
parfum, au moins. Ç'aurait été plus honnête ! J'en avais rien
à cirer, au fond, mais tout de même : qu'est-ce que ça
signifiait tout ce cinéma ? J'avais les boules, affreusement. Je
me disais que les gonzesses, décidément... J'étais un peu
distant au téléphone.

De son côté Carolina avait dormi comme un sabot, soi-
disant. Je lui ai demandé si elle avait reçu beaucoup de
galoches, pour la peine ?... Elle ne comprenait pas :

— Qu'est-ce que tu veux dire ?

Et c'est vrai que je fais des jeux de mots assez cons dans
l'ensemble. Surtout sous l'empire de la colère, mais même...
Elle m'a demandé si moi ça allait, et j'ai répondu que oui, en
pleine forme ! Que j'avais pris une douche et des croissants
chauds — et comme il était vers les trois heures, j'ai ajouté
d'un ton mielleux : pour le déjeuner, du lapin ! « Du lapin

Grand Veneur », qui est un truc qui doit pas exister. J'ai dit que je travaillais d'arrache-pied, que ma traduction avançait — ça faisait standing je trouvais, « ma traduction » ! Des fois que son minet aurait été un peu débile, ça rétablissait l'équilibre... En un mot je sous-entendais que je n'avais guère eu le temps de penser à elle ! J'étais devenu mec de mec en deux nuits — un enragé, un dynamique. Pire que le Jules avec qui elle avait couché, la petite conne !...

— Je te trouve distant, Ferdinand, elle a dit.

J'ai dit que c'était parce que j'étais loin. Alors la distance ça fait toujours ça sur le téléphone. « Long distance call, you see »...

— Je te trouve changé.

J'ai dit qu'en effet j'avais mis une chemise propre — et c'était un gros mensonge parce que justement je me demandais comment j'allais faire pour avoir du linge frais dans toute cette merde... Enfin j'ai demandé si elle, ça allait ? Et j'avais déjà posé la question au moins trois fois sans m'en rendre compte.

Alors Carolina m'a demandé si je ne voulais plus la voir. Si j'étais fâché ? J'ai répondu qu'elle ne manquait pas d'audace de me planter là dans mon grenier panoramique, avec vue sur tous les mausolées de Paris, et de prétendre que c'était moi qui rompais les échanges.

— Tu aurais voulu que je reste ?

Là, je ne savais plus quoi dire. J'ai fait :

— Ben, oui, ç'aurait été bien.

On parlait toujours pas si on allait se revoir ou non. Je me suis débrouillé, en tirant sur le fil du téléphone, pour aller fermer le robinet d'eau chaude que j'avais laissé couler dans ma précipitation.

Elle a dit :

— Tu m'as manqué.

J'ai pensé : « manquer la cible, rater son coup »... Et par association d'idées que j'avais même pas tiré — mais là je sombrais dans les bassesses, les grossièretés cyniques qu'il vaut mieux garder par devers.

— J'ai pensé à toi tout le temps, Ferdinand.

Elle avait une petite voix gentille, penaude. Elle avait dormi ou pensé à moi ?... Ça n'était pas clair, mais ça ne collait pas véritablement avec ses nuits d'amour battant — mes hypothèses. Le coït chantant !... Ou bien elle mentait comme une arracheuse, ou alors il y avait autre chose. J'ai observé un grand silence. Tellement grand que j'entendais son souffle, et des bruits de ferraille derrière, des objets raclants non identifiés. Pas précisément évocateurs du château du Bois dormant... Elle a demandé au bout d'un moment :

— Tu es là ?

— Oui.

— Qu'est-ce que tu fais ? Tu veux pas me parler ?

— Ben si, je t'écoute.

— On dirait pas. Tu es avec quelqu'un ?

— Non.

— Si, tu es avec une fille.

— Ben non ! Elle est forte celle-là !... Et toi où tu es, là ?

— En banlieue.

— Ah bon.

— Je suis à Nanterre.

J'ai dit :

— C'est la faute à Voltaire.

Et c'était tellement bête qu'elle n'a pas relevé. Elle a observé un grand silence... Mon frigo, à côté, s'est mis à trembler. Quand il se déclenchait il trépignait de toute sa carcasse, et les ustensiles dessus dinguaient avec ! Les cuillères, les tasses en équilibre, entraient en vibration dans un cliquetis d'enfer... Puis j'ai entendu Carolina qui pleurait. Elle m'a fait, d'une voix pleine de tension :

— Tu es méchant.

Ça l'a fait éclater en sanglots de me dire ça. Elle hoquetait... J'étais embêté.

— Écoute Carolina, pleure pas... Moi aussi j'ai pensé à toi. J'ai pas dormi d'abord. J'ai pensé à toi toute la nuit.

Je mentais pour ramener un peu de tendresse dans cette communication débile... Je me suis écarté autant que j'ai pu du frigidaire et j'ai dit que j'avais envie qu'elle soit avec moi tout le temps — et que j'avais regardé la lune se lever sur les toits de Paris...

— Mais évidemment, ici, c'est pas très beau, je te comprends.

— Tu parles si je m'en fous! qu'elle a fait en reniflant. Que ce soit beau ou pas, j'en ai rien à foutre.

Ça paraissait sincère... Puis, tout à coup, elle s'est mise à me parler, très vite. Elle m'a dit qu'elle avait un trou dans l'existence — au point que j'ai cru un dixième de seconde qu'elle avait une balle dans le corps, un coutelas, un truc, et qu'elle était pendue au fil, sanglante... Mais non. Elle disait qu'un vide affreux se creusait à l'intérieur d'elle. Elle avait peur de s'y perdre, d'y sombrer, que ce gouffre lui donnait le vertige... Elle m'a parlé pendant dix minutes d'une seule haleine, disant qu'elle avait passé trois jours avec moi où tout était plein. Tout était solide et fort. Trois jours sans peur, elle disait — je ne pouvais pas savoir ce que ça signifiait, trois jours sans peur! A cause de moi, grâce à moi, elle avait vécu trois jours de bien-aise. Et là, maintenant, j'avais l'air de l'envoyer chier... Elle se sentait très malheureuse.

J'ai dit qu'il fallait qu'on se voie! Qu'il y avait *Nous nous sommes tant aimés* qui passait au Saint-André-des-Arts. Un film italien d'Ettore Scola, que je ne voulais pas manquer. Avec Vittorio Gassman... Et qu'on pourrait aller à la séance de six heures si elle était d'accord?

— Tu veux bien?

A six heures elle pouvait pas. C'était encore plein d'inconvénients que je ne savais pas. Mais à huit heures, oui, c'était possible — elle devait pouvoir s'arranger... S'arranger de quoi, je me le demandais! Comment pouvait-elle avoir des occupations si chevillées en débarquant après cinq ou six mois d'absence? Des engagements, comme ça, à la flan — au saut du lit, si j'avais bien compris?... Mais bon!

— Peut-être que tu peux pas, toi, à huit heures? demandait-elle.

— Si, si!... Ça ira!

J'ai dit que c'était super. Que ça me donnait le temps de

finir la vais... la page que j'étais en train de traduire. Et deux ou trois bricoles en plus... Très actif, moi. Pas de problème. Décideur en diable, très engagé dans le concret, dans la vie. Je l'attendrais à la Boule d'Or après sept heures, c'était facile.

— Quand tu es sur la place Saint-Michel et que tu regardes la fontaine, la Boule d'Or c'est un des cafés sur la droite, au milieu.

On a conclu parfait comme ça : à sept heures et demie au plus tard. Il risquait d'y avoir une queue au cinoche... Sa voix avait repris du timbre et du chien, une vitesse de croisière qui me faisait du bien à l'oreille. Elle a demandé gentiment :

— Et Clément, il va mieux, son œil ?

Ah oui !... Elle redevenait intime, un souci d'entre nous. Oui, ça avait l'air d'aller, Clément. Il n'avait plus son pansement en tout cas. Il avait dû le perdre — l'accrocher aux branches en flânant dans un parc ! J'ai dit :

— Carolina...

— Oui ?

— Rien... J'ai très envie de te serrer dans mes bras.

Après le film on a erré un peu dans le quartier. On s'était repris la main en marchant vers Buci ; il faisait frais mais clair, sans pluie. C'était beau l'histoire de ces trois types et de cette nana. La vie aussi était comme ça, provisoire, avec ses folies, ses hontes, ses orgueils. Ses regrets. Un enchaînement d'évidences qui se poussent. — Et le dernier arrêt sur image ! Gassman qui plonge dans sa piscine... On ne sait pas bien ce que sont les gens, n'est-ce pas ? Jamais ! Même ceux qui ont été nos intimes...

Nous devisions à petits mots, sans nous presser, chargés d'étrange. Carolina, ça lui avait plu énormément ce film. Elle me donnait des petites pressions de sa main en marchant.

On s'est embrassés au carrefour de l'Odéon, près de la statue. Je l'ai enlacée au milieu des gens qui se hâtaient ; la bouche du métro les avalait comme des sauterelles. Elle frémissait, elle me serrait sous mon paletot, ses mains nouées, violentes. Elle avait mis une robe à fleurs, longue et ample, mais en tissu léger de printemps, un imperméable qui n'avait pas l'air chaud, et une longue écharpe bleue. Ses cheveux étaient tirés en arrière, tenus par un élastique, ce qui dégageait son cou au-dessus de l'écharpe... Je sentais ses cuisses entre mes jambes. Je n'osais pas lui demander si elle avait froid.

Nous devions parler maintenant nous deux ; il le fallait. Nous avions besoin d'échanger deux ou trois raisons de se voir et d'être ensemble, parce que je commençais à m'y paumer. J'ai pensé que ce serait bien d'aller manger un morceau ; il était dix heures et demie passées... Elle voulait bien qu'on aille quelque part, et ça lui était indifférent, l'endroit. Il y avait un peu de vent sur la place, elle a eu un frisson ; je lui ai frictionné le dos, et donné un baiser sur la nuque.

Le choix du lieu n'était pas vaste, les restaurants du quartier étaient tous au-dessus de mes cordes. En fait il n'y avait de convenable que le petit couscous de la rue Xavier-Privas : La Belle Étoile, dans le renfoncement. Un endroit douillet pour discuter, j'y allais souvent à certaines périodes — le meilleurs couscous de Paris dans les petits prix. Et familial comme gérance : le fils avait succédé au père derrière le comptoir...

— Ça te dirait de manger un couscous ?

— Oui, n'importe quoi pourvu qu'on soit au chaud.

On s'est enfilé la rue Danton en disant qu'on n'emportait pas sa patrie à la semelle de ses souliers et qu'il valait mieux bouffer à La Belle Étoile que dormir avec les chevaux de bois — ça faisait du non-sens... Carolina a dit en riant que j'étais un peu fou dans mon genre. Elle portait des chaussures basses, avec des socquettes blanches par-dessus son collant qui me donnaient envie d'être heureux. Alors, puisque j'étais fou, j'ai imité Vittorio Gassman — devant L'Alsace, j'ai aidé une voiture à reculer dans la rue Haute-feuille. Je faisais des gestes vifs, à l'italienne, et j'ai dit au type qui conduisait : « Mais je vous connais, vous ! »... Et

Carolina m'a tiré par la manche : c'était une bagnole allemande, immatriculée derrière le Rhin !

En traversant le boulevard Saint-Michel, elle m'a expliqué que ce genre d'exubérance n'était plus totalement
drôle... Un humour démodé. Elle m'a dit ça très gentiment,
en m'observant du coin de l'œil, si elle pouvait se permettre.
Mais elle était catégorique : ça faisait vachement ringard ces
démonstrations sur la voie publique ! Très années soixante
comme feeling ! L'époque de tous ces barjos qui jouaient à
être heureux en faisant les pitres... Nous étions fin 76, non ?
— Ah bon !... Je me suis senti merdeux de ce siècle qui
allait si vite, et nous sommes entrés dans la rue Saint-
Séverin que l'on venait de paver à neuf.

Nous marchions en formation serrée, hanche à hanche,
parmi les fantômes en cheveux qui jouaient les passants
paumés. On voyait des ombres graves qui glandaient chez
Maspero, à La Joie de Lire... Carolina m'a demandé si je
connaissais Maspero, le bonhomme qui s'appelait comme
ça ? J'ai dit non : c'était sans doute un mythe des temps
modernes, mais personne n'était sûr s'il existait vraiment...
Eh bien elle l'avait aperçu, elle, pas plus tard que la veille,
dans un reportage à la télé ! Elle a dit qu'il était très beau. Il
ne parlait pas ni rien. Il répondait même pas aux questions
du journaliste ; il souriait, le visage tendu. A un moment il
avait dit : « Oui, oui »... C'était marrant. Le reporter insistait comme un malade, il a reposé dix fois sa question, et
Maspero avait fini par lâcher : « Je vous ai déjà répondu
oui. » Il avait eu un petit rire insolent, puis il était sorti de
l'image... Il avait les yeux très bleus. J'ai dit que tous les
mythes avaient les yeux bleus — même Jésus-Christ dans
ses photos antérieures au XIXe siècle.

Les boutiques s'étaient mis Noël aux balcons, déjà en
guirlandes blanches, rouges, papiers d'étain scintillants.
Elles s'étaient épinglées de torsades, touffes de houx très
vert, de cocardes. Les hautes broches à barbaque transpi-
raient dans les vitrines où les hâteurs gréco-maghrébins en
tenue de cuisine taillaient des lamelles d'agneau. L'odeur se
répandait dans la rue, mêlée aux senteurs d'épices des éven-

taires de pains-bagnats gorgés de thon, de piments rouges... Un cracheur de feu opérait dans l'angle de la rue de la Harpe pour un cercle maigrelet de badauds encapuchonnés ; c'était réfrigérant de le voir nu jusqu'à la ceinture, malgré les flammes de sa torche. Deux clochards gesticulaient, lui criaient leurs encouragements rauques. Ils profitaient de l'attroupement pour faire la manche aussi, à leur compte... « T'as pas un p'tit franc, mon frère ? » Ils s'approchaient en douce, la main juste sortie contre la hanche, à voix basse tout à coup : « Le spectacle est gratuit mais faut financer les spectateurs, hein ! Moi, tu comprends, j' sais pas chanter »...

A La Belle Étoile il faisait tiède, parfumé. Carolina s'est glissée sur la banquette et a enlevé son écharpe ; puis elle s'est réchauffé les mains dans les miennes, par-dessus la petite nappe rouge. La salle était pleine, le serveur nous avait coincés au bout de la rangée des tables, à côté du passe-plat. J'ai tout de suite commandé une bouteille de médéa, qui est un vin fort et fruité. Un vin causant... Nous avons jeté un coup d'œil sur le monde autour, qui mangeait dans un bruit de murmures. A côté de nous un couple finissait son dessert ; les deux demeuraient silencieux, chacun pour lui-même dans sa saveur, mystère et banane flambée... Nous nous sommes regardés très fort, nous deux, dans les yeux fixement, et Carolina a fait une chose. Elle s'est penchée pour embrasser mes mains. Elle a laissé sa joue un moment contre mes doigts, elle a dit : « C'est comme à la pizzeria, tu te souviens ?... L'autre jour. Don't you remember ? »... Et elle a dit que c'était notre deuxième fois dans un restaurant — qu'on avait changé de capitale, c'est tout ! Ça me paraissait loin mais loin, ce dimanche à Londres ! Si loin que nous avions déjà nos vieux souvenirs... On a encore parlé du film. *Nous nous sommes tant aimés*, c'était un beau titre. Ça allait superbement à l'histoire de ces gens — et, peu peu, par glissements, j'ai fait dévier nos bâtons rompus sur son histoire à elle... J'avais décidé de lui faire éclaircir un peu la donne sur son passé récent.

A mesure que la table s'est chargée de semoule, d'une soupière de bouillon fumant, j'ai appris qu'elle avait travaillé dans des bureaux, avant. Elle avait tenu divers emplois, tout de suite après le Bac, elle en parlait gaiement... Elle disait « une époque de ma vie » ; on aurait cru qu'elle avait trente ans à la manière qu'elle évoquait ces périodes, ces ères lointaines, révolues, enfouies. Une époque où elle écoutait beaucoup de musique... J'ai fini par comprendre qu'elle avait été liée à un groupe de musicos dans la banlieue nord. Des dingues ! Ils donnaient des concerts dans les foyers, les maisons des jeunes — ça marchait, ils avaient un sillage... Carolina chipotait de la fourchette en parlant ; elle avait avalé deux cuillerées de semoule, trois lambeaux de courgette — elle faisait semblant de se gaver...

Il est apparu qu'elle avait vécu un temps avec un musicien du groupe. Toujours à une époque très agitée, incertaine comme la préhistoire qui se compte en cailloux. Un temps d'espoir assez sublime, de rêves fous... J'ai cru saisir qu'il y avait même eu un disque, jadis, entre le miocène et Georges Pompidou. Et puis ?... Carolina frissonnait. Elle s'intéressait au reste de sa brochette à peine entamée. Il avait l'air de s'être produit un bouleversement, une éruption, peut-être un plissement — quelque chose de plus étonnant qu'une simple cassure. Toujours est-il qu'elle avait décidé de foutre le camp. Pas vraiment sur un coup de tête, non : « après mûre réflexion ». Elle disait ça ; elle ne supportait plus la vie telle qu'elle se présentait — et elle avait une crispation pour évoquer cet intenable qui faisait surgir des plis sur son visage. Des ombres, aux endroits où naîtraient des rides, plus tard... Partir ! Mais pour aller où ? Elle ne savait pas. L'essentiel était de partir, de mettre de la distance... Un jour elle avait tout plaqué — c'était l'été dernier. Avec le beau temps qu'il faisait : ras le bol ! Elle s'était d'abord réfugiée chez une copine, puis elle avait rencontré un couple qui allait en vacances dans le Sud — et c'est fou ce qu'on rencontre de gens quand on part ! J'avais remarqué ?... Un couple avec des enfants petits, ils lui avaient proposé de partir avec eux en Provence pour garder les mômes, mais pas tout le temps — moitié copain, logée nourrie. Et donc, là-bas, elle avait rencontré des Anglais. Sur le plateau d'Albion, c'était drôle !... En discutant avec eux elle avait eu l'idée de passer la Manche.

Elle me parlait de la Provence, d'un petit village Saint-Quelque-Chose où il faisait bon vivre dans les champs de lavande. Sa voix s'était animée d'ondes de plaisir, elle revenait sans cesse sur ce bel été où elle s'était sentie si bien. Ils logeaient dans une grande maison, immense, que la famille louait au village, avec plein de moutons autour — et des mouches ! Elle n'avait jamais vu autant de mouches... Les vieilles maisons étaient belles, solides, entêtées. Elle avait bronzé. Elle me parlait du soleil sur sa peau, et des balades le soir, à la fraîcheur de la nuit tombée, avec les enfants, dans le silence de la terre. En plus de tout, les gens là-bas étaient adorables ! Les gens du lieu, avec qui elle causait sur les chemins de cette autre planète... J'arrivais mal à la faire revenir aux années de banlieue. Je suspectais des emmerdes pas ordinaires, mais j'étais incapable de situer où. Carolina demeurait évasive, obstinée comme une maison d'Albion.

Nous avions de nouveaux voisins de table ; un autre couple s'était installé après notre arrivée — des bavards. La femme surtout, très intense, boulimique de paroles... Nous laissions traîner une oreille à présent, dans nos blancs. Leur conversation n'était pas piquée des hannetons : ils dialoguaient sur la Sainte Vierge. Mais très sérieusement... C'était curieux. La femme était lancée dans un récit animé, elle relatait des choses surprenantes : la Sainte Vierge lui parlait beaucoup, à elle personnellement. Elle la rencontrait souvent... On se regardait. Au début, on croyait que c'était une blague, que ces gens répétaient un texte de music-hall !

— Ça me rappelait l'irréel du café-théâtre où j'étais allé une fois... Mais non : « La Vierge m'a dit » par-ci, « La Sainte Vierge m'a conseillé » l'instant d'après... La nana se rengorgeait, sa figure rayonnait de conseils pareillement privés. « Elle m'a promis que je le verrai bientôt ! Elle m'a dit : "Aie confiance" »... C'était mieux que l'incertitude, notre voisine était contente ! Elle a secoué ses cheveux raides :

— C'est gratifiant !...

Elle parlait comme ça, en mots de maraude, piqués dans
des bureaux import-export... Lui approuvait, digne, direct,
précis : « Oui, c'est gratifiant », il a dit.

Cette fille avait pourtant l'air normale ; un peu avide
seulement. Pas tout à fait la trentaine, légèrement bouffie de
visage et de corps — d'ailleurs elle possédait un coup de
fourchette assez divin ! Ils se descendaient un « couscous
royal » tous les deux, un monceau de bidoches diverses à
eux offertes sur des plats débordants — les merguez, les
carrés d'agneau en méchoui luisant... Le sidi-brahim aussi,
en grandes rasades ! Le mec mâchait sans arrêt, le visage
respectueux, tout à l'écoute ; il grognait une phrase de
temps en temps, entre deux bouchées. Le front haut, les
lunettes basses, il hochait la tête, pour bien montrer que lui
aussi baignait dans l'état de grâce... Il avait un ticket avec
l'Immaculée !

Du reste nous apprenions des nouvelles fantastiques — et
on aurait réellement cru un sketch ! Sauf qu'ils ne montraient aucun souci d'auditoire, nul coup d'œil à droite ni à
gauche, bien chaudement dans leur trip, droit dans la semoule... A un moment la fille a raconté que le Paradis était
en travaux — son terme exact : « en travaux de rénova-
tion ». Il était fermé, provisoirement. Il s'agissait de travaux
importants, une modernisation complète — « intégrale »...
Une information spéciale de Notre-Dame. Ce serait beau
après ! Jésus Marie ! Quelle splendeur nous allions avoir !...
Mais il y avait beaucoup à faire. La réouverture était prévue
pour l'an 2000 — il y aurait une grande fête pour l'inauguration solennelle, à Pâques... C'était étrange. Cette réorgani-
sation géante du Paradis était même trop décalée pour nous
faire rire... On s'est chuchoté simplement, avec Carolina,
pour ramener nos pieds sur terre. Nous avons blagué merdeux, qu'ils ne manquaient pas d'air d'amener la Vierge
dans un restaurant arabe !

Carolina était liée à une urgence. Elle avait certaines
choses à régler depuis son retour. On croit qu'on s'en va, me
disait-elle, et que tout s'aplanit pendant notre absence : pas

du tout. Ou alors il faudrait fuir à l'autre bout du monde, et ne jamais revenir... Nos genoux se touchaient sous la table étroite, je voyais l'heure passer. Je me disais que nous allions finir la nuit à Lorette, il n'y avait pas de raison. Et puis il vient un moment où les métros s'arrêtent, où il n'y a plus de trains pour les banlieues. Aussi, j'ai insisté pour qu'elle prenne un dessert. Je faisais durer. Mais Carolina, son problème urgent, c'est qu'elle devait retrouver du travail. Elle avait passé plusieurs coups de téléphone dans l'après-midi — pour ça qu'elle n'avait pas pu venir plus tôt au cinéma. Elle avait obtenu un rendez-vous pour demain matin, neuf heures. Quelqu'un pour qui elle avait déjà travaillé dans le passé — il fallait qu'elle soit en forme pour cette reprise de contact ! On se tenait la main par-dessus la table ; elle me faisait comprendre qu'elle allait sauter dans le dernier train pour Nanterre — la faute à personne. Ce rendez-vous était super-important — de toute façon elle avait des choses à prendre là-bas avant le rencart... Son sac, elle le laissait à Lorette, si ça ne me gênait pas. Ça la rassurait de savoir qu'il était là-haut, avec moi.

Maintenant la table à côté était vide. Les archanges s'en étaient allés le plus naturellement du monde, après avoir payé la note, Dieu merci — chacun sa part — sans miracle. Le cuisinier était accoudé au passe-plat, le front luisant ; il bavardait en arabe avec le serveur, désœuvré, tranquille...

On est partis.

Je l'ai quittée sur un baiser, à Saint-Lazare. Je me disais que Paris était couvert de saints et de saintes — le Bon Dieu avait dû y habiter un jour, c'était pas possible autrement... Ça ne m'avait jamais frappé avant.

Le lendemain il faisait maussade et ciel gris. Clément s'était arraché du lit de bonne heure, exceptionnellement, en proie à une insomnie matinale qui ne lui était pas familière. Il dessinait dans sa pièce, mais comme la salle Gavarni demeurait plutôt glaciale malgré la porte de communication ouverte en permanence, il tournicotait beaucoup. Il se glissait contre le poêle pour se chauffer les mains, les pieds... Il n'arrêtait pas d'aller et de venir comme un chien invité à un pique-nique.

De mon côté j'avais du mal avec Ronald Biggs et sa suite ; je me demandais si ces gens méritaient tant de soins et de patience, et si ça n'était pas un boulot nul, finalement, à tous points de vue ! J'ai refait du café, parce que Le Tiaf, à force de bouger, avait tout sifflé.

Je commençais à m'ennuyer pour de bon, lorsqu'un grand pas lourd a fait craquer le parquet du couloir... C'était Nicolas, mon vieux pote ! Il tombait comme mars en carême dans la chienlit de mon cœur, si je puis dire. Nicolas Nireug, dit « le Grand » à cause de sa taille, et parfois « Nini », par initiales. Je le connaissais depuis des années ; nous nous étions rencontrés sur le plateau du Larzac, aux temps chauds où il y fabriquait des images.

Nireug était cinéaste, et avait le cœur sur la main. Sa tête, elle, était pleine d'idées remuantes ! Nous avions ri ensemble, en sympathie, sur ces terres où je ne faisais que passer ; il nous était resté le projet assez vague de collaborer un jour à quelque entreprise filmée. On se voyait souvent, mais la plupart du temps c'était moi qui lui rendais visite, car il frisait le double mètre, avec un corps à l'avenant — à Lorette, par conséquent, tout était un peu bas pour lui. Il aimait le grand air, les espaces, se sentant à l'aise sur les plateaux, heureux dans les plaines ! Il évitait le plus possible d'être confronté à nos plafonds étriqués de mansardes... Bien sûr il ne faisait aucun reproche, quand, par hasard, il passait — mais je voyais à sa façon de s'asseoir dès qu'il entrait : il me touchait la main, puis immédiatement il se posait sur la chaise la plus proche. S'il se déplaçait c'était avec circonspection, comme on fait dans une caverne ; il se réduisait. Il parlait bas... Lui qui aimait à faire sonner sa voix dans les conversations, qui écartait subitement ses longs bras sur un sujet d'enthousiasme ! Chez nous il murmurait, presque — il était hors cadre, en géant malheureux. En général nous descendions tout de suite prendre un pot en bas, au Floris — surtout l'hiver où notre air confiné, la chaleur du poêle l'incommodaient franchement... Il était du reste l'un des plus farouches opposants à notre système de chauffage. Il prédisait des catastrophes lugubres : « Un de ces matins, on vous retrouvera sur le dos comme des rats morts ! »...

Ce jour-là j'étais donc assez étonné de voir la haute stature de mon camarade se courber dans l'encadrement de la porte. Il a grommelé, en rigolant jaune :

— Ça pue toujours autant chez toi, c'est épouvantable !

Il était coiffé d'une énorme casquette à carreaux qu'il a ôtée pour se rabaisser... Alors ? J'étais revenu d'Angleterre ?... Lui-même rentrait d'un périple en Algérie — un voyage de travail qu'il avait effectué pour le cinéma, et dont il rapportait plein d'images chaleureuses... Comme il se trouvait dans le quartier, il était monté à l'improviste !...

— Je te dérange pas ? Tu étais en plein boulot ?

J'ai dit que non, bien au contraire !... Clément est accouru, cérémonieux. C'était toujours assez cocasse de les voir en présence, ça me rappelait les gravures de l'Ogre et du Petit Poucet... Nicolas plissait sa casquette dans sa main — j'ai vite proposé d'aller boire un canon au café, avant qu'il ne s'étiole.

Au Floris nous avons bavardé en paix. J'ai raconté Londres en deux mots. C'était bien... Je n'ai pas fait mention de Carolina, elle était encore trop intime. Lui, il avait circulé pas mal : Alger, Annaba, Sétif... Il avait vu des choses. Il avait séjourné presque une semaine à Tlemcen, et m'a parlé de cette ville rouge, aux frontières du Maroc, dont l'influence demeurait profondément ancrée dans la culture arabe traditionnelle. Il m'a parlé d'un hôtel fantastique qui était en train d'être construit par l'architecte Pouillon : un bâtiment à la fois luxueusement moderne et bien intégré à l'esprit de la ville, aux mânes du lieu.

A Tlemcen Nicolas avait été témoin d'une scène étonnante, à laquelle il n'avait cessé de penser depuis son retour. Un jour il avait observé un vieil Arabe qui crachait sur un lézard! Le bonhomme possédait une habileté fascinante : il me racontait... Le vieux était assis sur un petit mur, et il y avait des rapiettes qui venaient se chauffer au soleil ; alors il les chassait en leur crachant dessus, comme ça, par jeu, pour se distraire... Le type était d'une adresse vraiment stupéfiante! Il mollardait, immobile, sans un geste, juste le mouvement des lèvres : plaff ! en plein sur la bête !... Mais attention : à trois mètres ! Hallucinant !... Nireug avait posé sa casquette sur la table, à côté de nos cafés ; il s'agitait sur sa chaise, tellement il revivait tout cela, les bouts des pieds grinçaient sur le carrelage de la salle... Parce que la précision, d'accord, mais fallait voir le projectile ! Alors là, pardon : le vrai glaviot d'avant-guerre ! Compact ! Une huître !... Il aurait voulu le filmer. Un artiste de l'expectoration, il n'avait jamais vu ça nulle part !... Ça supposait au moins soixante années d'entraînement intensif, une maîtrise pareille. — Manque de pot, il n'avait pas de caméra à sa disposition, ni possibilité de s'en procurer une. Il avait juste pris quelques photos et bavardé avec l'indigène...

Nicolas avait renversé son grand corps sur le dossier de la chaise, le poing fermé devant lui sur le formica ; il m'assurait qu'on ne trouverait plus quelqu'un comme ça chez nous, la chose était certaine. Ce sens aigu de la balistique buccale avait irrémédiablement disparu de nos contrées policées... Même là-bas, une telle faculté se perdait : une nation jeune, qui s'animait :

— Dans quelques années ce sera fini !

Et pourtant ! Il n'y avait encore pas si longtemps, les gens crachaient beaucoup, en France comme ailleurs... Je devais me souvenir ? Mon enfance dans les montagnes du Puy-de-Dôme : j'avais dû en connaître des glavioteurs ! Des vieux et même des vieilles, non ? Si je faisais un petit effort de mémoire...

— Quand on réfléchit, c'est un fait pas si ancien. Même à Paris !

Il se rappelait très bien, lui, en tout cas, les Parisiens de jadis crachant dans les caniveaux. A Paris tout le monde crachait quand il était môme !... D'ailleurs, les fameuses pancartes avaient disparu des lieux publics, depuis peu : DÉFENSE DE CRACHER... N'est-ce pas, dans les mairies, les commissariats, les autobus : partout cette interdiction officielle ! Pas pour des prunes !... Le métro ! Ah oui, tiens : les wagons du métro...

— Je les revois encore, dans les anciennes rames ! Tu te rappelles ?... Ça amusait les étrangers. Alors, ça fait quoi que les anciens wagons ont été retirés de la circulation. Deux ans ?... Un peu plus ? Si ça se trouve, il en reste encore quelques-uns sur certaines lignes !

Par conséquent nous parlions là d'un phénomène assez récent... Et les crachoirs !... Dans les bistrots, avant ! Il avait connu ça, lui ! A Montmartre, tous les vieux rades avaient encore le crachoir plein de sciure à un bout du comptoir, par terre ! Un usage courant jusqu'en cinquante-quatre, cinquante-cinq, dans ces eaux-là... Terminé ! Il fallait le reconnaître, le monde occidental ne crachait plus.

— C'est pour ça qu'ils boivent autant de pastis : ils ont la bouche sèche ! Ils s'arrosent les muqueuses au perniflard !

On riait... La patronne était sortie de ses cigarettes pour se dégourdir les jambes ; elle débarrassait les tables. Elle s'est approchée ; nous étions pratiquement seuls dans le bistrot à cette heure creuse de la matinée — elle me savait voisin, au ciel !... Nous lui avons posé la question, pour les crachoirs, si elle les avait connus ? — Mais non ! Elle l'avait entendu dire par les vieux, bien sûr, mais quant à elle, elle était dans le métier depuis trop récemment ! Elle se récriait gentiment, avec des mines, tout de même, qu'elle était trop jeune, non ?... Elle prenait des moues de répugnance : quelle horreur ! Elle était du nord de l'Aveyron, et avait connu les auges à cochons, certes, mais l'idée des crachoirs la révulsait !... Son visage rose fonçait au rouge d'indignation.

Nous avons musardé longtemps sur ce problème qui tracassait Nicolas : que font les gens de leur salive ?... Est-ce qu'ils l'avalent, ou bien faut-il conclure qu'ils en produisent moins qu'autrefois?... Des hectolitres de bave en moins! Tous les jours! Dans une ville de moyenne importance! — Était-ce un effet de l'éducation? Hum!... De la vie moderne, de quoi?.... Il revoyait son bonhomme en burnous, la tête savamment entortillée dans un linge, la lèvre ornée de fines moustaches : son jet parfait! La gueule des rapiettes surprises par l'attaque! C'était marrant!... Désopilant même! Notre rigolade faisait hausser le sourcil du garçon qui rinçait les verres, au zinc.

Je me promettais d'en discuter avec Clément ; parfois il sortait des informations instructives, des résultats d'enquêtes de ses lectures journalières. Ça me faisait penser à la soirée à venir, à la nuit qu'il faudrait prendre du bon côté... Je me regardais rire dans la glace, derrière Nicolas. Je me suis trouvé bête ; ça m'a rendu encore plus triste.

Elle est revenue le dimanche, au petit matin. Je dormais encore... J'ai perçu des grattements à la porte, près de mon lit — des grincements sur le plancher du couloir. Puis il y a eu des coups vifs, frappés en urgence. J'ai ouvert les yeux... Cette agitation se mêlait à mes suspicions de la veille, embourbées de sommeil. J'avais passé une partie de la nuit sur ma traduction, dans une atmosphère trouble d'angoisse et de poursuite : l'homme du Train postal était traqué. Je m'étais endormi sur mes personnages inquiets, guettant l'arrivée de la police fédérale australienne...

Alors Carolina a cogné plus fort derrière la cloison — j'ai entendu son souffle apeuré : « Ferdinand!... Ferdinand! »... J'ai bondi. « Ouvre-moi, vite! » disait sa voix, et elle faisait comme une plainte. J'ai pensé « agression »! J'ai

défait le verrou — elle s'est précipitée sur moi, follement...
J'étais à poil : j'ai reçu toute la fraîcheur du dehors sur ma
peau. Et Biggs, planqué chez un ami à Melbourne, faisait
un drôle de mélange avec cette frayeur...

Elle m'a entouré la taille de ses bras glacés, et j'ai crié :
« Aïe ! »... Je me suis réveillé, moi-même, de peur, tout à
fait. Carolina tremblait, elle bégayait entre ses dents :

— Referme la porte, referme la porte !

Mais qu'est-ce qu'elle faisait là, si tôt, Carolina ?... Et
quelle heure était-il ? Il faisait noir... Elle m'a fermé la
bouche avec sa main : « Ne dis rien ! »... Nous étions vachement clandestins — elle écoutait à la porte si des pas montaient l'escalier, elle était bouleversée.

Quand nous avons été tout à fait certains du silence, elle a
dit :

— Oh Ferdinand, il y avait une folle en bas qui voulait
m'empêcher de monter ! Elle m'a poursuivie...

Alors j'ai compris qu'elle avait rencontré Alphonsine...
J'ai expliqué que non, ce n'était pas grave, seulement la
concierge ! Et ça a refait plein de sécurité et de bien-être
dans la chambre... Alphonsine n'était pas méchante, mais
elle se levait tôt. Elle sortait de sa loge à bout d'insomnie,
bien avant l'aube. Elle errait dans sa vieille robe de chambre
à fleurs délavée, en proie à ses fantasmes familiers, ses
vraies souffrances... Elle pouvait être alarmante dans ses
délires, en effet, comme ça, en bigoudis hirsutes, gesticulant
ses vieux démons. Parfois elle criait même un peu — quand
elle avait ses crises, sa figure devenait d'une pâleur farine.
Avec les traces de son maquillage ravagé, d'accord, elle
faisait sorcière de conte de fées.

— J'ai cru qu'elle allait se jeter sur moi !

Carolina frissonnait comme un jeune frêne au vent, et son
imperméable était un truc abominable en matière plastique
glaciale au toucher. Je me faisais solidaire et câlin :

— Mais non, elle est gentille. Elle délire un peu, quoi...

Tout de même Alphonsine avait dû forcer la note ce
matin. Un chouïa de bargerie nouvelle, sans doute... Carolina faisait des efforts pour calmer ses tremblements nerveux.

Elle prenait des inspirations fortes, en immenses soupirs...
Mais surtout elle était consternée d'avoir aussi lamentable-
ment raté son entrée. Elle avait voulu me faire une surprise !
Pour sa nouvelle venue à Lorette, elle avait pensé monter
doucement, le cœur battant, à cogner sans rien dire jusqu'à
ce que j'aie ouvert, mystère... Se jeter dans mes bras, enfin !
Avec la trouille au dernier moment que je ne sois pas seul —
elle me disait. Que je sois couché avec une autre fille,
l'horreur !... Elle avait pris le risque, et voilà ! L'autre folle
avait tout fait rater... Elle était au bord des larmes.

Mais aussi, il y avait la fatigue ; elle ne s'était pas couchée
de la nuit. Elle avait promené ses peurs de bar en bar, dans
Paris, pour réfléchir, pour faire le point sur sa vie. Elle
s'était donné jusqu'au matin pour débattre ce pile ou face où
j'étais fort en cause. Elle avait terminé son errance noctambule au buffet, à Saint-Lazare... Tout à l'heure — elle
sentait que le jour allait venir —, elle avait mis au point son
petit numéro dans sa tête : me surprendre, carte jouée.
Perdue, gagnée ?... A présent elle était effondrée. Avec
l'autre, là, en bas, harpie sauvage... Elle s'est mise à pleurer.

— Mais voyons Carolina, la surprise, elle y est !

Je lui caressais les yeux avec mes lèvres, je lui berçais sa
déception. Tout à fait injuste !... Dans l'autre pièce Clément
ronflait comme un fauve gavé de lecture ; je suis allé fermer
la porte pour assourdir ses envolées — tant pis s'il gelait
derrière... Je me faisais plein de tendresse encore, et
combien j'étais étonné !... une apparition si soudaine — et
vachement content aussi ! Ému... J'ai enlevé son manteau de
pluie qui s'était réchauffé à ma peau et collait maintenant à
mon ventre. Carolina a ôté son pull, qui était le rouge, celui
de notre voyage... Elle s'est débarrassée de ses chaussures
d'un tour de chevilles, puis elle s'est glissée dans mon lit
tout habillée.

Je commençais à me les cailler à m'agiter tout nu, avec le
chauffage que j'avais réduit pour la nuit. Je me suis glissé
contre elle, et je nous ai couverts jusqu'aux cheveux... Carolina se détendait contre moi. Quand nous avons eu chaud,

j'ai enlevé son corsage pour sentir sa peau qui était tiède.
Puis j'ai dégrafé son jeans et repoussé le tout jusqu'à ses
pieds. On s'est serrés bien fort comme on avait envie, em-
plis d'une lassitude qui faisait du bien, jusqu'au bout de
l'aube, des lueurs blanches qui grandissaient derrière la
fenêtre.

Quand on s'est réveillés, vers midi, il y avait des bruits de
casserole à côté ; Clément remuait des bols sur les étagères.
Je lui ai crié :

— C'est gentil d'apporter un jus à son camarade.

Il est venu passer sa tête à la cloison, et Carolina s'était
enfouie sous les couvertures — Clément a fait :

— Ah bon !... Je ne savais pas.

En effet il ne savait pas qui était caché sous le drap. Il
regardait autour de lui, souriant comme un automate. Puis,
d'un coup de menton, il a montré le pull-over rouge sur la
chaise :

— J'ai déjà vu ce tricot quelque part, est-ce que je me
trompe ?

Et Carolina, soulagée que Le Tiaf n'ait lancé aucun
« bonjour Suzanne », ni « salut Maria ! », a crié de dessous
les linges :

— Sans sucre pour moi le café.

Nous avons fait salon, nous dans le lit, avec nos bols, Le
Tiaf en face, sur la chaise. On a parlé d'Alphonsine, de
l'effroi qu'elle avait causé à Carolina. Clément disait qu'elle
entrait dans une période plus agitée qu'à l'ordinaire, notre
concierge... Elle avait ses phases. Il l'avait entendue hurler
au Juif dans la soirée — son cri de guerre ! Car il y avait
dans l'immeuble voisin, mais côté rue La Bruyère où donnait l'unique fenêtre de la gardienne, en bas, une toute
petite boutique, séparée de la loge par le mur du bâtiment.
Alphonsine prétendait que le propriétaire de cette échoppe
était d'abord un Juif, ensuite une crapule qui essayait de
récupérer l'espace de sa loge à elle, pour agrandir son magasin... Ce Juif odieux, avare et malfaisant — Juif à l'ancienne ! — lui faisait toutes les crasses pour l'obliger à

décamper! Une situation bien tragique, qu'elle prenait à gros le cœur, surtout la nuit!... Il ne lui faisait que des chienneries, ce Juif abominable — il passait ses nuits à taper contre le mur mitoyen pour l'empêcher de dormir. Elle entendait les coups qui résonnaient dans sa tête — elle ne pouvait plus fermer l'œil! Elle s'affaiblissait, à ce régime, elle s'étiolait... Les nuits où les bruits, sous son crâne, devenaient obsédants, elle ouvrait sa fenêtre toute grande, derrière, et hurlait dans la rue : « Le Juif! Le Juif!... Enculé!»... Le son montait entre les façades, nous récupérions l'écho de ces inconvenances dans la salle Gavarni. Nous avions peur qu'elle s'attire des ennuis. Des slogans pareils, à pleins poumons, n'étaient pas naturels, même au bénéfice de l'âge... On essayait de lui expliquer que c'était fort démodé ; un tout petit peu interdit par la loi, même : « On va vous entendre, madame Alphonsine, vous devriez faire attention! Si vous criez aussi fort vous risquez d'être dénoncée »...

— Dénoncée? Je voudrais bien voir ça qu'il me dénonce!

Elle prenait les choses du haut de sa paranoïa : « Je suis Française, moi, monsieur!»... Nous avions mis quelque temps à comprendre sa logique interne : à « dénoncer », elle pensait « Gestapo », un truc comme ça. Elle se rebiffait, qu'elle n'avait rien à craindre! Elle agitait sa main devant sa figure, l'index tendu : elle était française, de Châteauroux!... Être venue du cœur de l'Indre — longtemps avant la Débâcle, imaginez-vous! — représentait une manière de quintessence de la francité... « Française à cent pour cent!» elle hurlait. « Je peux le prouver!»... Elle gueulait ça à tout hasard, contre les ombres menaçantes dont on ne sait jamais si elles sont bien évanouies — surtout la nuit, quand les ombres reviennent :

— Et mon mari, il s'est battu pour la France! Il s'est battu, monsieur!...

L'autre volet de son diptyque : elle était veuve d'un harki dont elle honorait périodiquement la mémoire. Nous ne l'avions pas connu, Clément et moi, mais elle nous avait montré les décorations, dans la chambre : « Il était arabe, mais il a fait la guerre pour les Français!... On lui a donné une médaille. Il était blessé de guerre, mon mari »... Ils avaient habité ici ensemble, dans cette pièce mal éclairée de trois mètres sur quatre, mal aérée, qui sentait l'échalote. Mais toujours Alphonsine revenait à son mouton expiatoire : le Juif mitoyen!... « Il veut me foutre à la porte, comprenez, le salopard! » — On essayait de la rassurer, de dire qu'il ne pouvait rien contre elle! Mais elle haussait le menton ; elle se méfiait bougrement — cherchait-on à lui monter le bobéchon? Serions-nous avec lui, par hasard?... Elle voyait des espions partout! Des émissaires envoyés dans l'immeuble pour l'épier... Elle avait décidé de ne pas se laisser conter des sornettes!

Nous expliquions tout ça à Carolina pour redonner aux choses des proportions plus douces — mais elle lui en voulait de lui avoir fait si peur. Ce matin la concierge était sortie de sa loge comme un diable pour lui jouer une petite scène de son répertoire : « Attendez!... Où est-ce que vous allez? »... Puis le ton ricanant de celle qui y voit plus loin que le bout de son nez : « Vous êtes avec lui, hein? »...

— J'ai cru qu'elle parlait de toi!...

Elle s'était avancée jusqu'au bas de la rampe, le visage hagard, pour crier des saletés... On rigolait : Alphonsine était une brave femme. Clément jurait qu'elle ne toucherait pas un cheveu de quiconque! Mais Carolina, rien que d'y penser, en avait encore des sueurs froides :

— Tu imagines! J'ai failli m'évanouir... Demande à Ferdinand!

Le Tiaf a fait une drôle de tête. Il ne comprenait pas.

— A qui?...

Je ne lui avais rien dit de mon changement de baptême.

— A moi.

— Tu t'appelles Ferdinand maintenant?

Il était sidéré... Il en restait la bouche ouverte, le menton pendant. Ma fiancée a dit :

— Ben quoi!... Ça lui va bien, non?

Elle s'était calée dans l'angle du mur, le drap tiré sur ses épaules. Clément s'est mis à s'agiter — il la trouvait bien bonne! Il faisait le type qui suffoque, battant l'air devant son visage :

— Hou!... Houlà, l'autre!... Ferdinand, dis donc! Tu te fais pas chier!

Il sautillait sur sa chaise. Ça lui paraissait si cocasse!

— Ferdinand, hein? En effet, ça te va pas mal!

Alors il s'est présenté lui-même, avec cérémonie, très penché :

— Moi, c'est Pierrot!... Je me présente : Pierrot le Fou! Vous connaissez? Le dingue! Hi hi!...

Il s'est renversé son bol de café sur le ventre, tellement il se poilait... Ça faisait son dimanche.

On a passé la journée comme ça, à glander. On s'est fait griller des tartines sur le gaz, en buvant du café. Clément s'est mis à dessiner... Il était dans une période « petits arbres à la plume ». Il travaillait avec l'application d'un miniaturiste, penché sur sa planche à dessin. Depuis qu'il donnait dans l'asiate, il plaçait la planche sur ses genoux, dans la position du lotus. Ça lui permettait de s'installer par terre, à côté du poêle, au lieu de se geler les doigts dans sa pièce.

Carolina lisait des magazines sur le lit ; on avait l'air d'un dimanche anglais... Dehors il pleuvait des chats et des chiens — la flotte giclait par rafales. Les bourrasques battaient la petite place Toudouze, au-dessus, elles noyaient la fontaine Wallace. Nos fenêtres résistaient tout juste ; elles prenaient l'eau par endroits, surtout salle Gavarni où des flaques se formaient sur le plancher, comme des pipis de chat, et même de chien!... Mais le poêle sifflait sa chaleur régulière, il faisait bon chez nous.

En fin d'après-midi, je me suis remis une heure ou deux à ma traduction. Non seulement je n'avais pas trop de temps à perdre, vu la lenteur avec laquelle j'avançais dans les pages, mais je voulais régler le départ de Biggs qui restait en suspens — il était en train de s'enfuir de Melbourne pour des climats moins malsains. Après avoir passé trois mois terré chez un vieux pote, à éplucher les brochures touristiques du monde entier, il s'était embarqué sur un paquebot

de luxe pour une croisière à Panama, avec le passeport de
son camarade. Il se dorait au soleil sur le pont, fraternisait
avec ses compagnons de cabine — des étudiants joyeux
drilles, qui, plus tard, le dénonceraient!... Pourtant, malgré
son insouciance, il refusait de descendre à l'escale de Sydney
pour aller pinter avec les autres dans les bars du port. Ses
nouveaux copains le traitaient de « piss-weak », et ça me
posait un problème... Piss-weak, « pisse-faible », n'avait aucun sens en français. « Pisse-froid » signifiait autre chose.
Je me creusais pour trouver une équivalence, je ne trouvais
pas... J'ai demandé à Clément :
— Comment tu dirais ça, toi, « piss-weak »?
Il n'avait aucune idée. Carolina non plus... J'avais interrompu leurs activités, on s'est gratté la tête ensemble, à la
recherche d'une injure française tournant dans la région du
bas-ventre. Ça ne devait pas manquer!... Nous sommes
tombés d'accord assez vite sur « couille molle » qui rendait
le sens, si j'osais dire, à trois poils près! Ça nous a démarré
une discussion sur les symboles de virilité dans les deux
langues — « pisse faible », comme si à l'inverse, le courage,
la vigueur, pouvaient être matérialisés par un jet de pisse
dru et puissant!... Le jet du mâle, la marque du territoire!
« Couille molle » nageait dans les mêmes eaux ; pourquoi
molle, y avait-il des couilles plus dures que d'autres?... Ah!
mais il s'agissait d'une vieille injure probablement.
« Couille », autrefois, devait désigner les affaires —
« bite, » sans aucun doute, le service trois pièces!...
Carolina nous a expliqué que pour les petites filles ces
termes qu'elles entendaient demeuraient longtemps mystérieux. Elle avait cru, personnellement, que la « couille »
était le zizi des garçons ; la même chose que « nouille », elle
pensait. C'était intéressant, nous faisions débat d'idées à la
mode! Et Le Tiaf a voulu citer Barthes, mais on a dit :
« Non eh! ça suffit comme ça! »... Il a eu un sourire
pincé ; il méprisait notre volonté de ne pas savoir.
Nous en étions là de nos réflexions, lorsqu'un petit pas
s'est fait entendre dans le couloir. C'était Clémentine qui
venait voir Clément... Elle ne s'appelait pas vraiment Clé-

mentine, mais je l'avais baptisée comme ça au début de leur rencontre parce que personne ne m'avait dit son nom. Clément, Clémentine ! Ça faisait pendant, et, fruit pour fruit, il faut dire qu'elle n'avait pas tellement la pêche cette nana... C'était une fille excessivement maigre de partout, plate comme une planche à voile, et fragile à la limite du cassable. Cette minceur ascétique me gênait terriblement — je ne voyais que le squelette sous la peau. C'était gai comme compagnie !... Mais entièrement dans les goûts du Tiaf : il ne supportait pas les rondeurs chez les femmes. Nous avions des soirées entières là-dessus ! Je le traitais de pédé ! Et parfois de nécrophile — ce qui devait être sa tendance profonde bien qu'inavouée : il aurait dû draguer dans les cimetières.

Donc, ce dimanche, Clémentine qui n'avait que la peau sur les os ne faisait que passer. Un mot à Clément... Elle était nerveuse, encore plus inquiète que d'habitude, et visiblement gênée de nous interrompre. Ils se sont retirés aussitôt dans l'autre pièce, et Le Tiaf a refermé la porte derrière eux. J'ai pensé qu'ils allaient avoir frisquet, et j'ai rejoint Carolina sur le lit. Je glissais ma main sous son pull, sur son ventre... Mais elle demeurait tendue — intriguée par l'idylle de nos camarades. Cette fille paraissait vraiment très jeune ! Elle l'avait trouvée assez jolie malgré son tourment...

J'ai raconté que Clément était avec elle dans une relation pas simple, assez psy dans l'ensemble. Clémentine était au Conservatoire de musique, elle jouait du luth : une occupation principale qui lui laissait peu de loisirs. Ils se voyaient deux-trois fois la semaine, toujours pour des conciliabules secrets, ou des caresses extrêmement silencieuses — et de temps en temps il déjeunait avec elle à la cantine du Conservatoire, ce dont il était très fier. Pour le reste elle habitait chez ses parents, un couple de bourgeois d'âge mûr, retraités et tristes, auxquels Clément n'avait naturellement pas accès. Il les avait aperçus une fois, de loin, à la terrasse d'une brasserie — il les appelait les « Vieux Lares ».

— Tu crois qu'ils vont baiser ? a dit Carolina, amusée.

Ça m'aurait étonné... Mais nous ? On pouvait !... Je faisais semblant, satyre sur couche ! Je nous roulais sur le plumard en poussant des petits cris de plaisir pour faire croire ! Carolina criait que j'arrête. Elle me couvrait la bouche, essayait de m'étrangler le mieux possible. Elle jurait que j'étais intenable et que je ferais mieux de songer à ma traduction en plan... Mes truands en cavale ! Ils allaient se sauver !... Je n'en fichais pas une ramée, couille molle que j'étais !

Clémentine est ressortie au bout d'une demi-heure, elle avait les yeux rougis... Elle nous a dit au revoir d'une voix mourante, et Clément est allé l'accompagner au métro. Alors, à cause de Biggs sur l'océan Pacifique, qui se dorait les miches en paquebot, nous avons parlé croisière — et comme ce serait bien de nous embarquer aussi, un jour, sur un navire plus gros que n'importe quel ferry au monde. Aller n'importe où... L'essentiel était de partir, larguer les amarres ! La destination restait subsidiaire. Ce pourrait être les antipodes, justement, les paysages de mon héros. Une balade à Sydney, Australie : voilà qui serait plaisant ! Ou bien New York !... J'avais des copains à New York qui pourraient nous loger. Du côté de la Sixième Avenue, Manhattan...

On s'est raconté ce qu'on ferait à New York, nous deux. Peut-être que nous irions plus loin ! Nous prendrions des autobus pour visiter les plaines, des grands autocars comme dans *Macadam Cow-boy*... J'avais un ami en Caroline du Sud, aussi ; il travaillait dans un hôtel au bord de l'océan. Il y avait là-bas des champs de tabac où les Noirs chantaient des mélopées en sarclant... On pourrait remonter ensuite passer l'hiver à Montréal ! — On se faisait un circuit, en prévision ; cette idée d'aller glander à Montréal nous enchantait vraiment ! Il n'y avait qu'à trouver les sous — un joint quelconque pour traverser l'eau... De son côté Carolina avait connu des Finlandais, à Londres — ils lui avaient laissé leur adresse. Leur pays ressemblait au Québec pour le climat, les bonshommes de neige... Ils lui avaient montré des paysages magnifiques, en diapos. Et la Finlande, bien sûr, ce n'était pas la porte à côté, mais au moins c'était au bout des terres — presque en continuité ! Qui dit « terre » dit « bagnoles »... On pouvait y aller en stop, en Finlande, quasiment à pied sec si l'on avait réellement envie...

Carolina me parlait d'Helsinki au bord de la Baltique, et nous allions préparer nos bagages lorsque Clément est remonté. Il avait accompagné sa copine jusqu'aux Boulevards pour trouver un café ouvert. J'ai dit que ça n'avait pas l'air d'être particulièrement la frite aujourd'hui, Corridor ?... Elle avait des soucis, nous a confié Clément : toujours les mêmes, des conflits avec ses parents. Elle avait eu une scène très dure avec eux, hier midi — il nous résumait. Sa mère l'avait giflée, à table, et elle avait balancé son assiette au plafond, dans le lustre... Elle s'était barricadée dans sa chambre, après. Un merdier !... Le Tiaf avait une voix de circonstance, genre concerné, très « travailleur social ». Mais il avait du mal à s'empêcher de rire, parce que Corridor ayant refusé de sortir, son père s'était mis à genoux devant la porte de sa chambre. Il disait qu'il allait mourir là, comme Jésus, si sa petite fille ne venait pas le relever !... Un pathos pas possible. Ah il était gratiné, le paternel !

— Elle devrait se tirer ! a dit Carolina qui ouvrait des grands yeux... Pourquoi vous l'appelez Corridor ?

Facile à dire ! Pour se tirer il fallait un minimum de ressources : elle n'avait aucun moyen de gagner sa vie pour l'instant... Corridor ? — Non, c'était une blague... A vrai dire — on se regardait —, le gag nous paraissait atroce tout à coup, devant témoin. On a dit : « C'est rien ! un petit nom gentil »... Et ma fiancée qui avait senti notre gêne insistait pour connaître le private joke.

— Vous l'appelez bien Corridor pour quelque chose ?

— Demande-lui... disait Clément. C'est une invention à lui, là, comment tu l'appelles déjà ?

Il se marrait, l'enflure... Il ponçait Pilate que ça n'était pas ses oignons cette obscénité vaseuse.

— Demande à Ferdinand !... C'est son humour, c'est pas le mien.

Et Carolina me fixait d'un œil tellement inquiet que j'ai dit :

— Ben quoi, un corridor, on le traverse...

— Et alors ?

— Alors rien. T'as vu comment elle est épaisse ?

Elle nous a traités de salauds... Qu'on avait l'air gentils, comme ça ? En fait, nous étions des sales *male chauvinists :* des cochons de « machos », comme disaient les Américaines... On la traverse ! Hein ? Pauvres cons ! C'était une façon de parler des filles !... Ah ça nous allait bien de nous poser en philosophes, pour disserter sur les symboles de nos quiquettes ! Ah les mecs ! Quels écœurants !... Des obsédés comme les autres nous étions, pas mieux.

On en prenait pour nos rhumes, et je la prenais dans mes bras... Et l'autre enflé qui l'approuvait, pour se démarquer lâchement, pour faire semblant que j'étais seul en cause :

— T'as raison, engueule-le ! C'est un goujat ! Il insulte ma copine.

Carolina renaudait sans rire, elle me repoussait. Elle ne voulait plus avoir de commerce avec moi, du tout !... Jamais !

— Sale type !... Tu iras tout seul en Finlande, je trouverai quelqu'un d'autre.

On s'est roulés sur le lit de bagarre, elle me pinçait. Elle me battait le dos de ses poings... Et Clément a demandé depuis quand on allait en Finlande ? Il était pas au courant... On lui a dit on t'emmerde, et qu'on était bien tranquilles quand il n'était pas là !...

J'ai promis de ne plus dire de bêtises, jamais. Ni de choses sexistes, même pour rire — d'ailleurs c'était jamais drôle ! Et pour Corridor je recommencerais pas — enfin, pour Clémentine. Et j'ai reçu une gifle encore, mais pas fort... Ami, ami.

Et, comme le soir tombait doucement, nous avons décidé de nous faire une petite sieste, pour accompagner la chute.

Vers huit heures la pluie avait cessé ; j'ai proposé une

virée au La Fayette. Le Général La Fayette, au second
carrefour après l'église Notre-Dame-de-Lorette, était à cette
époque-là l'un des quatre établissements de Paris où l'on
vendait de la Guinness à la pression... Les trois autres étant
le Harry's Bar, depuis toujours, trop chic pour nous ! une
brasserie au Châtelet, trop anonyme — et depuis peu de
temps un troquet à frites fort sympathique qui s'était ouvert
à Port-Royal, c'est-à-dire au bout du monde... Le La
Fayette, à deux pas, avec ses murs pannelés de hautes
boiseries, ses glaces arrondies à l'ancienne, ses banquettes
de belle imitation cuir, avait tout pour nous attirer. Nous y
allions sur un coup de blues, avec Le Tiaf, en voisins,
chaque fois que les finances nous le permettaient — et la
pinte de Guinness à vingt-deux francs nous obligeait à une
modération angélique.

Quand nous sommes entrés, il était encore tôt ; la soirée
commençait, nous avions le choix des places. Nous nous
sommes installés au fond de la salle, la dernière table dans
l'angle de la cloison. Une étagère suspendue au plafond
portait un fourgon miniature, chargé de fûts, attelé de
quatre chevaux avec cocher et postillon en gilets rouges...
Carolina s'est calée dans le coin, sur la banquette, moi à côté
d'elle, et Clément en face. Il adossait sa chaise à la cloison
pour contempler le paysage.

La serveuse traînait la patte ; ça ajoutait quelque chose
d'antique et de vrai au décor du cervoisier : une note discrète de taverne début de siècle... Du reste elle était souvent
malgracieuse dans les commandes, et quand elle s'est approchée de notre table, elle a demandé à Clément de ne pas se
balancer sur sa chaise... Et que si, elle l'avait bien vu se
balancer ! Elle n'était pas aveugle ! — Et ne pas appuyer le
dossier contre la cloison... Le Tiaf a fait la gueule à cause
du ton grognon. Nous avons dit que la pauvre femme devait
souffrir dans ce métier, avec ses jambes douloureuses...
Pour ça qu'elle était à cran. Il refusait sa compassion, il
disait qu'elle lui rappelait sa mère... C'était une triste référence.

— Tu la vois souvent ? a demandé Carolina, candide.

— Ma mère ? Jamais ! J'ai pas l'esprit de famille.

Cela faisait une dizaine d'années qu'il n'avait pas pris de ses nouvelles. En général il évitait toute allusion à cette femme sauvage qui l'avait nourri de gnons et de tornioles, en lui prédisant l'échafaud à la moindre contrariété ! Existait-elle encore ?... Sans doute ! Quelque part, dans Paris... Il possédait même une vieille adresse, dans le quartier du Temple, où elle devait mitonner une retraite quelque peu avinée, après avoir usé le plus clair de son âge à laver des sols carrelés dans les hôpitaux de l'Assistance publique. Cependant Le Tiaf avait beaucoup voyagé depuis sa dernière visite... Comme personne ne savait où il habitait lui-même, il pouvait y avoir eu de désolantes funérailles ; il n'en aurait pas eu vent.

Une pareille insouciance fascinait ma fiancée... Nous entamions nos chopes de Guinness mousseuse et noire ; elle s'est mise à harceler Clément sur sa vie, son enfance. Chaque fois qu'il abordait le sujet, il ramait terriblement pour sortir quelques réminiscences brumeuses, sans lien entre elles. Il ne disposait que d'un vaste fouillis de lambeaux de passé, sans dates, des morceaux de souvenirs qu'il donnait épars, sans préséance ni chronologie. La seule chose qui lui restait d'à peu près cohérent, c'était un tableau fugitif de ses premiers âges, vers cinq ou six ans... Il était certain d'avoir séjourné quelque temps chez des paysans, à la campagne — il ne pouvait dire où, ni combien de temps. Simplement sa petite sœur était alors avec lui et ils habitaient une ferme... La preuve : il y avait des animaux, plein de bêtes paisibles. Il se rappelait, des chiens, des chats, d'autres aussi, des animaux énormes, fascinants et doux, qu'il ne pouvait décrire avec précision, mais qui avaient de fortes chances d'être des vaches.

L'autre aspect de ce séjour relativement heureux — et qui avait contribué à lui fixer la mémoire ! — c'est qu'il y avait énormément de choses à manger chez ces paysans. Des pommes de terre, à discrétion, des plâtrées de patates !... Ce devait être la première fois de sa jeune existence qu'il mangeait entièrement à sa faim. — Au vu de l'âge, en compa-

rant, nous pouvions conclure que cet épisode gourmand se
situait autour de la Libération ; une époque où les enfants
nécessiteux de la Capitale avaient été placés par l'Assistance
publique chez des nourrices. On envoyait les bambins se
refaire une santé de topinambours !

Après cette lueur, Clément ne possédait de souvenirs
véritables qu'à partir du moment où il avait grandi aux
Orphelins d'Auteuil. Là, il était sûr du lieu, de l'entourage... Il en sortait tous les dimanches pour se taper le
chemin à pied jusqu'à l'Hôtel-Dieu, où sa mère était le plus
souvent de service. Il quittait le pensionnat pour les couloirs
de l'hosto où il passait sa journée en compagnie de cette
femme maussade qui l'engueulait entre deux coups de torchon !... Le soir, il regagnait Auteuil en flânant le long des
berges de la Seine — et ça c'était bien !... Il regardait les
embarcadères, les péniches qui glissaient sous les arches des
ponts. Il prenait son temps pour rentrer rue La Fontaine,
goûtant cette petite fête à lui seul... Une embellie solitaire
où personne ne lui criait dessus d'aucune façon. Il s'oubliait
— hardi au point de faire des bonjours aux chalands. Et
c'était beau, le fleuve, quand c'était le printemps, avec les
herbes, au bord...

On se fendait la pipe — tout ça était si pitoyable !... Au
La Fayette, ils servaient des saucisses et des frites, aussi,
pour accompagner les breuvages. Nous avons commandé
une tournée de saucisses, parce que les infortunes de Clément nous donnaient la dalle... Lui aussi, rétrospective-
ment ! Il se rattrapait, raflait dans l'assiette !... On lui a fait
remarquer que ça n'était pas une raison pour boulotter
toutes les frites... On plaignait ses agriculteurs nourriciers
— ils avaient dû être rudement soulagés à son départ !...

Carolina s'intéressait vivement aux enfances malheureuses, je me rendais compte. Elle relançait sans cesse des
questions de détail — elle exigeait des circonstances dont la
précision effarait Le Tiaf.

— Et ta petite sœur, qu'est-ce qu'elle est devenue ?

— Ma petite sœur ?...

Il n'en savait rien. Elle avait dû grandir... Tous ces gens

avaient disparu de sa vie. Ils s'étaient égarés, un à un, sans qu'il le sache — à force de changements, de trimbalements d'un coin à un autre. Ils s'étaient perdus !... Lui, il avait eu son certificat d'études, à quatorze ans, aux Orphelins d'Auteuil. Après ça, ben, ils l'avaient placé en apprentissage !... Grouillot, dans un hôtel. Là encore, il en avait reçu des taloches ! Mais il avait appris le métier de serveur... Ainsi, de fil en aiguille, en sautant des années dont il ne se rappelait absolument rien, il s'était retrouvé barman. A dix-neuf ans. A Pigalle. Il avait oublié ce qui l'avait conduit là.

Mais alors le monde s'était ouvert à lui, dans ce bar... Parmi une foule d'autres choses, il avait découvert que l'humanité parlait bien d'autres langues que la sienne ! Il venait des Américains, des Allemands, des n'importe quoi, à Pigalle... On y faisait des javas polyglottes, en ce temps-là, jusqu'au petit jour. Et il y pissait du dollar... Comme il lui venait pas mal de pognon en pourboires, dont beaucoup en devises étrangères, il avait dû s'initier au change — ce qui décrotte les esprits les plus gourds. Clément s'était mis à apprendre l'anglais, par jeu... A cause de ces Amerloques époustouflants, joyeux, qui le faisaient rire... Jusqu'à cette époque, il convenait qu'il avait été quasiment muet — là, il s'était mis à discuter, de petites choses d'abord, avec ces étrangers qui de toute façon savaient beaucoup moins de français que lui. Ça lui avait donné du courage. En se déliant la langue, il avait pris du goût pour la lecture, ayant remarqué que les gens qui avaient lu étaient étonnants par toutes les choses qu'ils savaient... Ainsi, il avait dissipé quelques brumes. Il s'était loué une piaule aussi, dans le quartier, pour mener sa vie de jeune homme. Il s'achetait des disques, et des bouquins ! Il s'était payé un nécessaire à dessin, s'étant souvenu qu'à Auteuil on lui avait toujours trouvé un joli trait... Doucement, il se lançait. Au point que dans l'été il avait fait la saison à Deauville, en extra, au Casino. Une belle situation à pourliches également — une clientèle friquée qui gratifiait à coups de biftons. Et puis, à Deauville, il avait vu la mer... Toute cette eau plate l'avait confondu d'admiration. Il ne s'était jamais imaginé un pay-

sage pareil : la Seine sans le bord en face, le fleuve infini...
Dès qu'il avait un moment libre il allait marcher sur la
plage. Il matait les jolies baigneuses, de loin.
Peu à peu le La Fayette s'était empli d'une foule assez
dense : à présent les tables étaient toutes occupées. Des gens
se pressaient le long du bar arrondi, devant la rangée des
pompes à bière en cuivre rouge, avec leurs sept grosses
poignées de porcelaine. La serveuse boitillait inlassablement
entre les rangées de buveurs assis, elle se frayait un chemin
entre les corps debout, avec son plateau chargé, de bien
meilleure grâce qu'on aurait pu croire... Elle lançait même
quelques saillies de sa voix aiguë, nasillarde. — Clément
rêvait à ces jours pleins de soleil ; il s'est avalé une grande
lampée de Guinness en pensant à la mer.
Je lui ai dit que c'était juste après ça qu'il était arrivé des
merdes.
— Le coup des flics, tu sais bien...
Je savais, par les récits antérieurs... Je l'aiguillais, pour le
régal de ma fiancée inlassable, aux aguets, à la manière d'un
bon guide qui connaît son public et devine quels seront ses
morceaux favoris. On visitait la cervelle à Clément! Je
disais : « Par ici ! »... Lui, il fronçait les sourcils :
— Oui, c'est après! Quand je suis revenu à Paris.
Carolina avait remonté ses jambes sous elle, pliées sur la
banquette, elle attendait la suite — ça faisait Mille et une
nuits... Les coudes sur la table, les mains sous le menton,
elle fixait le conteur :
— Vas-y Clément, raconte.
— Hé! mais dis... Elle est bonne! C'est pas un conte de
fées! Ils m'ont mis en taule.
Il protestait pour rire... Il a saisi la dernière frite sur
l'assiette, il l'a secouée devant ses yeux :
— Ils m'ont mis hors d'état de nuire!
— Qui ça?
— Ben les flics, tiens!
C'était vers la fin de l'été, en septembre, ou bien plus
tard... Avant Noël en tout cas, il ne savait plus. Il était
retourné à son boulot, à Pigalle, depuis pas mal de temps.

Un soir qu'il arrivait pour prendre son service au bar, deux policiers l'attendaient. Ils l'avaient conduit au commissariat, comme ça, sans fournir de détails.

— C'était le commissariat central, tiens, pas loin d'ici, je me souviens ! Rue Chauchat... C'est par là, en bas...

La précision qui faisait mouche, tout à coup, il était ravi ! Il y avait comme une coïncidence épatante dans ce retour de la mémoire !...

— Et alors ?

Un type s'était mis à l'interroger... Il l'avait fait parler de Deauville. Clément ne savait trop quoi lui raconter — il lui avait dit deux mots de la plage, du Casino. Comme l'autre insistait, demandait les activités pendant ses loisirs, il avait confié qu'il aimait bien voir évoluer les bateaux... Le commissaire lui avait brusquement envoyé une grande tarte dans la figure en vociférant des menaces !... Il se souvenait de ses paroles exactes parce que sur le moment il n'avait pas compris : « Les bateaux ! hurlait le type. Ça te connaît, hein, les bateaux ?... Tu te fous de ma gueule, en plus, petit minable ! »... Et Clément se demandait pourquoi cet homme se fâchait si fort pour des bateaux — à ce moment-là, disait-il, il s'était senti devenir idiot. Il redevenait incapable de penser, de comprendre, incapable de tout, comme avant... Il avait régressé en quelques secondes : plouf ! Plus rien, éteint !... Son bon sens avait disparu comme si le type avait soufflé dessus ! Il n'avait même plus envie de savoir pourquoi il était là, ni qu'est-ce qu'on voulait de lui. Il n'avait plus rien dit du tout, et le bonhomme l'avait abandonné, en fin de compte.

Au matin deux agents étaient venus le prendre. Ils étaient partis ensemble à la gare Montparnasse. Ils lui avaient passé des menottes, puis ils étaient montés dans un train. Clément leur avait demandé où ils l'emmenaient ? Ils avaient répondu « qu'il verrait bien »... Puis les deux flics avaient bavardé entre eux dans le compartiment où personne d'autre n'était entré. C'était une journée comme une autre, ils parlaient de leurs enfants, des carrières de l'avenir, pour les jeunes... Clément s'était fait la réflexion que jamais personne n'avait

dû parler de son avenir à lui devant quelqu'un... Personne
ne s'était demandé ce qu'il ferait dans l'existence. Il les
trouvait sérieux et sympathiques de réfléchir ainsi sur leurs
enfants... Il ne les avait dérangés qu'une seule fois, pour
aller aux toilettes ; l'un d'eux l'avait accompagné, celui qui
tenait la chaîne des menottes. Devant la porte il lui avait
dit : « Dépêche-toi, petit »...

Dans le wagon Clément regardait défiler les champs, la
campagne, les petites villes dont les noms passaient trop vite
pour être lus, et qui ne lui disaient rien s'il arrivait à
déchiffrer une plaque. Ils avaient roulé deux, trois heures,
puis ils avaient débarqué dans une gare... Là il avait
commis une erreur : il n'avait pas pensé à lever les yeux vers
les panneaux pour savoir le nom de l'endroit. Il était tellement gêné par les regards des gens, sur le quai. Il regardait
ses pieds... Ils avaient donc traversé cette ville inconnue,
qui lui paraissait neuve, et ils étaient arrivés face à un grand
bâtiment qui ressemblait, disait Le Tiaf, à un château fort
du Moyen Age, tout blanc... Ça lui était resté dans l'œil
cette image. Ils sont entrés — comme dans un rêve... Il se
souvenait qu'il avait soif, qu'il avait sommeil — il n'osait
plus rien demander à personne. Il s'était laissé inscrire,
fouiller, placer dans une cellule... Il ne saisissait pas bien : il
se croyait vaguement dans une salle d'attente — ou peut-
être une sorte d'hôpital à cause des murs. Il attendait qu'on
vienne le chercher, le conduire ailleurs — on voulait sans
doute lui montrer quelque chose... C'est après, vers midi,
qu'il a commencé à comprendre — quand on a apporté la
bouffe. Ça lui a fait un déclic, parce qu'il avait vu la chose
dans un film, au cinéma. Avec la gamelle, il s'est dit tout à
coup qu'il était en prison !...

Les jours avaient passé, une semaine, puis deux, sans
apporter rien de neuf... On lui donnait à manger, on le
faisait sortir en promenade dans la cour — au bout de
quelque temps il avait demandé des livres, on lui avait
donné des livres !... Il passait ses journées à lire, il ne s'en
faisait pas. Il attendait, sans impatience, il ne savait pas
quoi... Il avait fini par apprendre qu'il se trouvait à Caen —

mais ça ne lui disait rien du tout cette ville à l'époque. Pire :
il n'avait pas saisi la première fois... Il avait demandé à un
gardien : « Où est-ce qu'on est ici ? »... L'autre avait répondu : « Caen ». Et Clément avait compris « Quand ? ». Il
avait dit : « Ben, maintenant. Où c'est qu'on est maintenant ? »... Le type avait secoué la tête et lui avait tourné le
dos. A quelques jours de là il s'en était ouvert à un autre
détenu, à la promenade ; il avait risqué à nouveau sa question. Le camarade lui avait expliqué que Caen était une ville
quelque part, loin de Paris, comme Tours, ou Marseille,
mais qu'elle s'appelait « Caen »... Aimable ce garçon, il lui
avait demandé s'il savait lire, et lui avait écrit le nom — les
jours suivants, quand il arrivait pour la promenade il levait
un doigt en l'air et répétait : « Caen ! Caen !... Les cancans
de Caen ! »... Un jour il n'était plus revenu.

On se tordait de rire. Clément aussi, à évoquer sa vie
antérieure... Il goûtait à présent sa propre saveur ! Une
sorte d'autodégustation... Notre gaieté intriguait deux types
assis à la table à côté, qui devisaient sereinement les yeux
dans les yeux entre deux paires de lunettes. Ils nous lançaient des regards. Carolina dépliait et repliait ses jambes :

— C'est fou cette histoire ! Ils t'ont gardé longtemps ?

— Trois mois.

Bien sûr il avait eu le temps de gamberger !

— Trois mois !

Disons à peu près, à quelques semaines en plus ou en
moins. Au début, il lui revenait ces histoires de captivité, de
déportés, qui circulaient encore à l'époque : ces gens qu'on
arrêtait pendant la guerre, et qui disparaissaient. L'idée
l'effleurait qu'il y avait peut-être eu une autre guerre, et
qu'il ne l'avait pas su... Il se demandait, certains jours.
Peut-être que dans cette guerre-ci on arrêtait les gens qui
n'avaient pas de père, ou une mère trop grosse — ou simplement les anciens orphelins d'Auteuil ?... A part ça il n'était
pas plus mal qu'ailleurs. Il lisait. Il était en pension de
nouveau, une sorte d'orphelinat pour grandes personnes.
C'était comme une destinée personnelle.

Pourtant, un jour, dans le bureau du directeur de la prison, il avait appris qu'il était inculpé, pour vol. Il n'avait pas bien saisi... Le directeur lui avait parlé gentiment, il avait expliqué, brièvement, qu'il avait participé à un cambriolage — il ne savait ni où, ni quand — ni Caen ! — ni comment... Puis on l'avait sorti de la prison. Des gendarmes l'avaient conduit à la gare en voiture — et c'était bien Caen ! cette fois il avait vérifié. Ils lui avaient remis un billet de chemin de fer, gratuitement. Puis il avait refait le trajet inverse — mais seul, sans menottes. Il avait revu les champs, les petites villes à rebours, et il lui semblait bien que les arbres, à présent, portaient des feuilles... Il avait abouti à Montparnasse, puis il était retourné directement à son bar, à Pigalle. Sa place était prise, depuis longtemps. Alors il était passé à sa piaule : le propriétaire l'avait relouée, à quelqu'un d'autre. Il lui avait rendu ses affaires qu'il avait conservées dans une grande valise — sauf le tourne-disque, les disques et les bouquins, qu'il disait n'avoir jamais vus... En même temps il lui avait remis une lettre officielle qui était arrivée tout récemment pour lui : sa convocation pour le service militaire ! Il n'était même pas en retard pour la date. Voilà ! Après ç'avait été l'armée. Une belle période de sa vie : l'Afrique !... Le Sahara... Là c'était agréable !

Clément est allé pisser, et nous avons commandé deux autres pintes pour fêter la libération de notre camarade... Carolina n'avait plus soif — elle boirait dans la mienne. Je lui ai résumé le mot de l'énigme qui l'intriguait, et que Le Tiaf avait découvert pendant son service : des objets provenant d'un cambriolage avaient été trouvés dans la chambre qu'il occupait à Deauville, après son départ. L'enquête avait abouti à lui, puis les vrais auteurs du casse avaient été retrouvés, appréhendés : on avait alors relâché le présumé coupable sans bruit, le plus discrètement possible, pour qu'il n'y ait pas de vagues. Oh, ce n'était pas ce bon petit jeune homme qui allait créer des embrouilles !...

Carolina était scandalisée. Elle s'est appuyée sur mon épaule, toute à sa rêverie d'injustice... Je regardais la vieille photographie accrochée sur la boiserie, dans son cadre, côté rotonde, au-dessus de la porte « Privé » qui faisait suite à celle des WC. La photo montrait la façade du La Fayette au temps jadis, avant ou après la Première Guerre mondiale sans doute. On voyait la terrasse avec ses tables rondes et un serveur debout, à moustaches, serré dans un gilet noir. Un long tablier blanc lui tombait sur les chevilles... Au-dessus de la photo, posés sur la corniche du plafond, un alignement de plateaux ronds portant les réclames des bières. Il y avait la Trappiste, la Chimay, des tas de cervoises inconnues, venues du monde entier. Le plateau de la Double Diamond offrait son slogan laconique : « You know where you are with D-D » — Pas de surprise avec la D-D !... Avec la Guinness non plus d'ailleurs ! Je savais à quoi m'attendre... Je commençais à chauffer de l'intérieur. Une douce vapeur dans la tête... J'ai bu une longue rasade mousseuse. L'arrière-goût de réglisse titillait ma gorge.

Je regardais Carolina. Elle était jolie contre moi. Les mèches de ses cheveux s'embroussaillaient sur sa tempe. Sa joue luisait — roulez jeunesse !... J'ai serré sa taille avec mon bras, et j'ai pensé, comme malgré moi : « Ne t'enorgueillis jamais d'un avantage qui ne t'appartient pas. Si ton cheval, tout fier, venait te dire "Je suis beau", ce serait supportable ; mais toi, quand tu dis avec orgueil : "J'ai un beau cheval", sache que tu t'enorgueillis d'un bien qui n'appartient qu'au cheval »... Je me disais que j'étais déjà bourré pour me réciter des choses pareilles...

Puis Clément est revenu des chiottes. De toute façon j'avais oublié la suite.

La semaine avant les fêtes, Nireug m'avait téléphoné, un matin de bonne heure. Il voulait me voir, assez vite si je

pouvais... Il m'appelait toujours aux aurores, fier de son
habitude rurale, qu'il avait prise dans les bergeries du Larzac, de se lever au point du jour. Il donnait des rendez-vous
pour discuter affaires à des six heures et demie du matin,
sans sourciller ! Il pensait que moi aussi... Chaque fois il
m'arrachait au sommeil — j'avais du mal à saisir ce qu'il me
racontait.

Là, Nicolas s'était montré quelque peu agité : il avait un
projet !... Mais bouche cousue ! Il ne voulait me parler de
rien au téléphone — il préférait que je vienne. D'abord, il
avait des choses à me montrer... Une idée formidable, disait-il, lui était venue ! Mais une idée à débattre... Il piquait
ma curiosité. Une illumination subite ! Mais il trouvait indispensable de m'expliquer de vive voix... Aussi, j'avais
décanillé comme en urgence, vers dix heures trente, une fois
parfaitement réveillé.

Mon camarade habitait un deux pièces agrandi, dans un
coin discret du seizième arrondissement, vers Auteuil. Son
séjour, situé plein sud au cinquième étage, avec balcon, était
clair et accueillant... Nireug disposait en outre d'un couloir
servant d'entrée, d'une chambre d'assez bonne taille dans
laquelle il avait installé son piano, et d'une petite cuisine
dont le frigidaire débordait dans l'entrée. Pour un homme
seul, il était au large, dans un logement éloigné de tout luxe,
assez encombré même, par des bahuts, des bouquins, des
boîtes de pellicule rondes en fer-blanc — il y en avait des
piles, entassées parmi des caisses !... Cependant il jouissait
d'un vécé indépendant qui pouvait servir de débarras aux
accessoires, et d'une salle de bain minuscule taillée dans un
placard.

J'étais content d'arriver chez Nireug ; il s'y trouvait
souvent des connaissances, des gens pleins d'intérêt, aux
vies bien lestées, qui passaient... Lui-même proposait tout
de suite son entrain, sa vivacité — il ouvrait sa porte, il
montait ses bras en l'air, vers le haut du chambranle :
« Quelle bonne surprise ! La Tuile !... Justement, je pensais
à toi ! »... Pourtant, ce jour-là il m'a regardé curieusement
sur le pas de la porte, étonné de me voir arriver à vide, les
mains dans les poches :

— Tu n'as pas ton sac de plage?...

D'habitude, en venant, j'apportais mon linge, car je profitais d'aller chez lui pour me laver... Il avait une petite douche pas bien méchante, recueillie par une baignoire sabot — il avait fixé la pomme très haut, naturellement, sous le plafond, ce qui produisait un arrosage d'enfer aux alentours, si l'on faisait couler trop fort!... Il était indispensable de régler le débit au plus faible, juste un filet d'eau à dégoutter — même ça c'était malaisé, car les robinets, coincés par le tartre, la rouille, s'ouvraient tout fort ou point du tout. On aurait dit des robinets à crans : dès qu'on tournait d'un millimètre, prudemment, ils envoyaient une giclée d'eau bouillante, ou glaciale, selon... Ce n'étaient donc pas des ablutions très mondaines, chez mon pote, mais j'avais le plaisir de me nettoyer à fond.

— Qu'est-ce qui t'arrive? a fait Nicolas en me précédant au salon. Est-ce que tu serais propre, Thuilier?...

Il demandait si je m'étais lavé une fois pour toutes chez les Anglais? Lessivé à vie?... Nous avons blagué. Le grand Nini s'agitait dans la pièce ; il ne parlait plus de son idée lumineuse... Il farfouillait nerveusement sur la table encombrée de livres, de revues, de gros volumes et de papiers noircis de sa petite écriture serrée... Il marchait : il est même passé sur son balcon, comme pour vérifier les bacs à fleurs dans lesquels il faisait pousser des plantes aromatiques — il cultivait son persil, son cerfeuil, sa ciboulette! Pour la cuisine, exclusivement... Il regardait le ciel, un peu trop dégagé pour l'époque de l'année : que les herbes n'aillent pas geler!...

Puis il a proposé qu'on mange un morceau — sur le pouce. Il n'était pas loin de midi, j'avais bien une petite faim?... Justement il possédait un pâté superbe, que des amis lui avaient rapporté du Jura ! — Lui-même ne rentrait jamais d'un voyage sans un souvenir, un trophée gustatif... Ce pouvait être un fromage particulièrement laitier, d'une région où l'on s'y connaissait à fabriquer le fromage ! Ou bien un saucisson, un confit, d'une facture spécialement artisanale : « J'ai ramené un saucisson, tu vas le goûter : tu

m'en diras des nouvelles ! Une pure merveille ! »... Il en
donnait la provenance, au canton près : un arrière-pays oublié de la science, où l'on affinait la cochonnaille en secret
depuis des siècles ! Il fournissait le principe de la recette —
le tour de main unique dans la préparation, un détail transmis par des vieilles femmes en jupons de plomb, qui fondait
l'excellence, l'originalité du produit : « Thuilier : nulle part
dans toute l'Auvergne on ne fabrique un saucisson comme
celui-ci ! »...

Là, c'était du pâté... Il a apporté du pain avec — une
petite croûte ! Et pour accompagner, une bouteille de vin
blanc de Mareuil qu'il sortait du frigo — un petit vin,
certes, mais très fruité. Il provenait de propriétaires-éle-
veurs en Anjou, chez qui il l'avait goûté... Tout en parlant,
Nireug poussait des papiers ; il faisait de la place sur un coin
de la table, pour l'assiette, les verres...

C'est en mangeant qu'il m'a reparlé de son bonhomme de
Tlemcen — grand traqueur de lézards à la face d'Allah ! Il y
songeait, me disait-il, depuis notre dernière conversation, au
café... La production des glandes salivaires lui était apparue
tout à coup comme l'une des activités fondamentales de
l'espèce humaine... Sa régression apparente dans le monde
moderne — nous en avions parlé ! — lui donnait une envie :
il voulait faire un film là-dessus !

Nireug s'était levé, de nouveau fébrile, un quignon de
pain à la main. Il brandissait son couteau — un Laguiole
marqué de l'abeille, poli par les ans... Il retapait dans le
fond du pâté.

— Voilà : nous devrions écrire un scénario ensemble ! Le
genre reportage, réflexion sur les mœurs...

Il voyait bien un documentaire de création pour la télévision — un truc qui toucherait à la fois à l'Histoire, à la
sociologie... Une durée d'une heure, par exemple. Il y avait
parfaitement la matière !

— Si tu es d'accord je vais en parler à des producteurs.

Il pouvait se faire recommander par un gros manitou de
sa connaissance pour proposer la chose à une chaîne... Bien
sûr, ce n'était pas pour tout de suite, mais il fallait prendre

les devants — le temps que ces messieurs se décident !
C'était des champions de l'eau qui coule sous les ponts, les
gens de la télé !... Et puis lui, Nicolas, il devait d'abord
terminer le film qu'il avait entrepris, dont la mise en train
prenait bonne tournure.

En attendant, ce projet l'avait hanté depuis sa visite — le
fait, sans doute, que nous avions parlé, brassé les souvenirs... Il avait commencé à réunir un début de documenta-
tion. Oh ! juste un embryon !... Plus tard, il faudrait élargir
considérablement, faire appel à des scientifiques. Nous aurions besoin de l'avis des médecins, des endocrinologues...
Un magnifique sujet ! « La théorie du crachat » !...

— Nous ne l'appellerons pas comme ça, bien entendu ! Il
faudra trouver un titre plus accrocheur : « L'Art du Grail-
lon » !

On se fendait la pêche !... Nous retournerions à Tlemcen,
retrouver le vieux glaireux ! Le Maître du jet de salive !...
On organiserait un concours avec ses copains, pour la caméra ! On se marrerait !... « Le Petit Glavioteur Illustré » ?...

— On se met au boulot quand tu veux ! disait Nicolas.

Il me citait des tas de coutumes symboliques : cracher par
terre pour appuyer un serment, une promesse — les mômes
le faisaient encore couramment... Il avait saisi des bouquins, il s'enflammait. Chez les anciens Grecs le crachat
servait à se protéger des sorciers, des envoûtements... Il
s'intéressait aux Grecs à présent, il me citait Théocrite — il
ne reculait devant rien : « Trois fois sur ma poitrine je
crache, afin de me garder des charmes, pour éloigner de ma
personne les enchantements »...

— Hein ! Qu'est-ce que tu en dis ?... Sacré Théocrite !

Il a refermé le livre en laissant une marque pour retrouver
la page.

— Tu vois le travail ? Le type, il se crache dessus tous les
matins ! Splash !... C'est dégueulasse !

Il éclatait de son rire énorme qui roulait en cascade — un
rire diatonique, si l'on peut dire, à la façon des vieux accor-
déons qui ne font pas la même note selon que l'on tire ou
que l'on pousse le soufflet. Nireug riait convulsivement en

reprenant son souffle — ça rendait des sons bizarres de
coqueluche, des sortes de hululements de joie !

— T'imagines ?... Plaf ! sur le plastron !... Les mouches
devaient s'y mettre !

Il se relance à l'idée des mouches bourdonnantes, il se
gondole, toujours en deux tons... Il monte la gamme !

— En tous les cas, c'est pas dur à illustrer !... Là, on
tient une heure, mon camarade. Facile !... On tient le crachoir là-dessus quand ils veulent !

Très vite ses fous rires le faisaient pleurer. Il se frottait
les yeux avec vigueur, s'enlevait les larmes à pleins doigts...
On a trinqué ! Car, sérieusement, il s'agissait là d'un thème
de réflexion véritablement contemporain. Sous l'apparence
triviale il se cachait bel et bien des choses profondes à dire
sur la société actuelle... Il suffisait d'observer autour de
nous : parce que le crachat, d'accord — mais le « moucher »
non plus n'était plus ce qu'il fut jadis !

— Avant, les gosses étaient tout le temps morveux ! Ils se
baladaient avec des chandelles sous le nez. De nos jours
c'est rarissime !

L'éducation ne pouvait pas tout expliquer. L'hygiène non
plus... Du reste les gens ne portent pratiquement plus de
mouchoirs sur eux — ah ! nous avions là un aspect intéressant : l'historique du mouchoir !... Nireug est allé prendre
un crayon, il fallait noter ça, car les idées ne repassent pas
toujours. Il a écrit sur une feuille, en gros : « L'Histoire du
mouchoir à travers les âges ».

En élargissant le sujet, nous passions aux glandes nobles,
les testicules par exemple... Qui pouvait affirmer que la
production de sperme ne s'était pas ralentie chez l'homme
ces derniers temps ? Depuis le siècle dernier, admettons...
Comment prouver que l'éjaculation était identique aujourd'hui à celle que l'on avait connue il y a cent ans ?...
N'est-ce pas ? Sujet épineux ! Et chez la femme ? Nous passions en revue : les nourrices — avaient-elles autant de
lactation que naguère ?... Nous n'en savions rien !

— Surtout si l'on considère que les mères donnaient le
sein à leurs nourrissons pendant un an ou plus ! Maintenant,
ça dure trois, quatre mois — pour celles qui le font !

Sans compter que ces petits mouflets d'antan se nourrissaient exclusivement de lait maternel — y avait-il autant de
lait, à présent, dans les doudounes de nos compagnes?...
Nous doutions...

— Il faudrait ouvrir une enquête!

— Madame, permettez-moi de soupeser tout ça, c'est
pour un sondage.

A mesure que l'après-midi avançait nous tâchions d'élaborer, au moins, un début d'hypothèse : qui diminuait l'activité de nos glandes, grosses ou petites?... Fallait-il chercher
du côté d'une sorte d'interdit — un surmoi collectif qui
freinerait les sécrétions? Ou du côté de l'alimentation, du
bruit, des diverses nuisances?...

Nireug avait lu quelque chose à propos de savants qui
étudiaient l'« encéphalisation » des espèces animales : il pa-
raîtrait que le mode de vie — l'alimentation — influerait sur
la grosseur, ou du moins sur les capacités du cerveau d'une
même espèce, chez les chiens, les loups, les écureuils...
Intéressant, non?... Car, disions-nous, si l'environnement
agit sur l'encéphale, pourquoi n'aurait-il pas une influence
sur le régime glandulaire des mammifères supérieurs que
nous sommes?... Le stress, la vie moderne, le pétard conti-
nuel des moteurs!...

En y réfléchissant, Nicolas me confiait qu'à son avis les
filles mouillaient moins qu'avant... Je voyais, n'est-ce pas,
ce qu'il voulait dire? — Il n'était pas certain : il lui semblait... selon sa propre expérience, limitée en nombre aussi
bien que dans le temps! A certains indices les filles lui
paraissaient plus sèches, pendant l'action. — Je n'avais pas
vraiment d'opinion... Cependant Nicolas me faisait remarquer que dans certains textes érotiques anciens, du XIXe
siècle en particulier, la femme produisait des écoulements à
n'en plus finir lorsqu'elle entrait en jouissance — des vraies
rivières de foutre, selon les auteurs!...

— Elles inondaient la couette, mon vieux!... Va trouver
ça à présent!

Est-ce que j'avais vu, moi, des filles qui coulaient de la
sorte?... Lui, jamais! — Bref cela entrait dans une théorie

générale des sécrétions, et ça nous plaisait bien d'en parler. On descendait le mareuil comme du petit-lait, en réfléchissant à tout ça.

— Faudrait lancer une vaste enquête dans les pays sous-développés!... Qu'est-ce que tu en penses? On irait baiser dans le tiers monde pour comparer?...

— Le coït du CNRS, dis donc!

Nous n'en pouvions plus de bonne humeur! Le grand Nireug hoquetait de nouveau de son rire à surprises... « Et on n'a pas parlé des pleurs!» gémissait-il en s'essuyant les yeux de gaieté. Il est allé chercher une autre bouteille de mareuil au frais...

La tête me tournait un peu, j'ai descendu un verre d'un trait.

— Tu vois, faisait Nicolas, même là, tu ne craches pas dessus.

Nous avons continué à déconner jusqu'au soir, puis mon camarade m'a fait un brin de conduite, jusqu'au métro...

J'avais tout de même pris une douche, en vitesse, avant de partir — c'était à peine suffisant pour me remettre la tête d'aplomb, toute bouillonnante de blanc fruité.

3

Le soir de Noël, Clément et moi avons donné une réception. Le genre intime, sans falbalas, naturellement ! — mais nous avions passé la matinée à faire un brin de ménage dans la piaule, un dégagement de moutons. C'était la tonte ! disait Clément... J'étais allé emprunter un balai à Alphonsine, en bas, et aussi sa pelle à ordures.

Bien aimable elle était en cette veille de fête, peinte à neuf... Car elle se maquillait toujours comme en 40, la concierge, du rouge aux pommettes — et alors les lèvres ! Elle se dessinait un vrai cœur autour de la bouche, un cœur avec des ailes qui lui remontaient sous les narines. Avec son visage maigre, ses frisettes en l'air, sa bouche en cerise, elle faisait très « Occupation allemande »... Elle avait achevé cet autoportrait vers la trentaine, il n'était pas question qu'elle y retouchât ! Ne pas déroger au bon goût de sa jeunesse, aux délicatesses du temps des escapades, des bicyclettes sur les chemins fleuris d'avant la Débâcle, vers Châteauroux... Ses robes aussi, assez courtes, à petites fleurs, avaient un relent maquisard.

Elle entrouvrait la petite fenêtre sur son intérieur, d'un coup sec. Au moindre bruit, battement de la porte d'entrée, elle apparaissait au fenestron protégé par deux barreaux de fer qui donnait sur sa minuscule cuisine : « Qu'est-ce que c'est ? »... Elle jetait un œil rapide dans le hall, toujours comme si la Gestapo ne tenait qu'à un fil — puis elle

changeait de créneau. Elle ouvrait à demi la porte de la loge
pour vous parler ; elle avançait d'un pas sur son seuil, et à
certaines heures, quand elle distribuait le courrier, des
odeurs de ragoût sortaient avec elle : « Attendez ! Je vous
donne votre lettre, ça m'évitera de monter. »

Elle avait donc été charmante en cette veille de Noël, qui
était aussi un peu l'avant-veille des étrennes, il faut bien le
dire... Elle m'avait fait entrer dans son logis fort encombré,
ce qui constituait une marque d'estime. Son grand lit était
fait proprement, couvert de son dessus en dentelle bien tiré,
avec les coussins assortis. Une énorme poupée rose, pleine
d'atours, se tenait assise en haut du traversin au milieu de sa
robe à volants. Alphonsine m'avait prêté sa pelle comme un
trésor, avec un beau balai à poussière :

— Vous me les rendrez ! Je sais qu'avec vous je peux
avoir confiance.

J'avais promis juré : je les lui rapportais sans faute avant
midi !... Nous n'en avions que pour un instant de notre petit
ménage. Un tout petit dépannage, sans plus !

Elle était tout de même intriguée par cette demande inhabituelle qui trahissait notre pénurie d'outillage. Eh quoi !
Depuis deux ans ?... A y regarder de près, le soupçon de
moustache qui pointait sous la couche de rouge à lèvres se
hérissait :

— Avec quoi est-ce que vous balayez ?

Elle se permettait, n'est-ce pas ! Un petit sondage... Elle
me lorgnait en dessous, l'œil discrètement ironique... Mais
j'avais ma réplique prête : nous avions un vieil aspirateur, il
était en panne depuis quelques jours, malheureusement.

C'était logique, et presque vrai : il y avait bien un aspirateur cylindrique dans un coin, un très vieux machin en
110 volts, dissimulé sous un caisson de fenêtre... Il devait
être en panne, effectivement. Il n'avait jamais marché depuis notre arrivée. Alphonsine et moi avons échangé quelques paroles aigres à l'adresse de ce matériel électrique
moderne qui n'avait plus de solidité aucune... Cependant
pas un mot, ce matin-là, de son Juif contigu, le bourreau de
ses nuits. Elle avait les yeux clairs, la bouche détendue — le

fils de Sion, c'était probable, respectait lui aussi la trêve des confiseurs.

Par conséquent, avec Le Tiaf, nous nous étions activés comme des Jésus pour améliorer l'aspect de notre soupente. Clément avait nettoyé le lavabo comme jamais, à la lessive Saint-Marc, le bidet aussi. Il avait astiqué les robinets, faisant réapparaître les pastilles dessus, le rouge et le bleu du chaud et du froid. Tout ça brillait... Nous nous apercevions avec étonnement qu'une fois décrassées ces commodités présentaient un air d'antiquité pas désagréable à voir. Du coup il avait fait la glace à fond, le porte-savon, l'étagère à flacons, et nous avions installé des serviettes propres sur les barres. L'ensemble avait pris l'aspect d'un présentoir à brocante... Le coin-cuisine récuré de la même façon, le frigo essuyé, les étagères rangées — c'était Byzance !...

La salle Gavarni avait été l'objet de tous nos soins. Le Tiaf s'était débrouillé pour emprunter un radiateur à gaz butane que des amis de la banlieue proche lui avaient proposé pour les fêtes... Ça avait été dur de hisser le tout jusqu'au toit mais nous faisions des essais de chauffage depuis la veille : ça marchait. Le radiateur, relié à une bouteille par un tuyau flexible, sifflait légèrement, mais la température était magnifique. Ainsi nous pouvions utiliser cette pièce, plus claire, pour notre souper — sans compter la question du coucher, car Clémentine devait passer la soirée avec nous. Aiguillonnée par les conseils de Clément, elle s'était décidée à faire faux bond à sa famille dans un sursaut d'indépendance que nous avions jugé héroïque. Nous serions deux couples, par conséquent, et nous souhaitions donner à nos fiancées une impression d'intimité douillette... Pour cela il fallait pouvoir fermer la porte de communication sans que personne soit pris par les glaces.

Les jours précédents Clément avait fauché du houx, de-ci de-là, au hasard des étalages pavoisés : une vraie glane de feuilles à piquants. Il avait ramassé des fausses branches dans le lot, en plastique, à boules rouges, qui tombaient des stands de poisson... Nous en avions accroché à chacune des fenêtres, ainsi que des bouquets au plafond, suspendus à des fils qui les maintenaient à des hauteurs différentes. Ça faisait gai...

De mon côté j'étais allé acheter des bougies de couleur à la quincaillerie, à l'angle de la rue des Martyrs ; j'avais pris des nappes en papier par la même occasion, avec des serviettes assorties. En remontant, je m'étais arrêté au Monoprix pour chouraver quelques guirlandes, des trucs argentés dont ils avaient orné le magasin — surtout les bacs de congelés qui étaient entourés de paillettes d'argent, façon givre. Nous avons fixé nos décorations un peu partout, sur les murs, sur la porte, avec du scotch et des punaises. Nous nous donnions des conseils, prenant du recul autant que possible, pour mieux juger — on déplaçait les branches, on recollait, en étalagistes soucieux du bel effet...

Nous avions confectionné des pancartes, aussi, pour y inscrire des pensées. J'avais raconté à Clément le couple branché sur la Vierge, le soir au restaurant, et l'histoire du paradis « en travaux », réparé pour l'an 2000. Nous avons décidé de faire une banderole, en collant des feuilles bout à bout, et nous avons inscrit cette prière en calligraphie : « Faites que je ne meure pas avant l'an 2000, après y aura un paradis »... Nous l'avons clouée autour de l'entonnoir, en demi-cercle — ça faisait l'allusion chrétienne de notre fête, le côté pieux. Sur la porte du couloir aussi, à l'entrée, nous avions collé un écriteau avec du houx dans les angles, qui disait : « Merry Christmas ! », et en dessous : « Bienvenue à la Crèche ». A notre idée ça insinuait une petite astuce plaisante pour les filles.

Quand tout cela a été achevé, nous avons viré ma machine à écrire, mes papiers, pour passer la table dans la salle du banquet. Ce ne fut pas de la tarte, car la porte de communication s'était avérée trop étroite, il avait fallu la glisser de traviole, sur chant, les pieds devant... Comme le mur était épais, elle était restée coincée. Le Tiaf avait failli avoir un pouce écrasé sur une secousse que j'avais donnée pour que ça passe ! Il m'avait injurié que j'étais complètement taré, pauvre mec ! J'avais répliqué qu'il était vraiment trop manche par moments, et que c'était pas possible d'être aussi

gland !... Puis nous avions placé la table au centre de la
partie haute du chapiteau, avec la nappe et des feuilles de
vrai houx éparses dessus. Après quoi nous avons collé les
bougies sur des goulots de bouteilles vides que nous avions
enveloppées dans du vieux papier cadeau. L'ensemble était
devenu coquet, en fin de compte — les lieux avaient acquis
un air pimpant qui nous plaisait... Nous avions retapé nos
lits, très soigneusement, pour finir.

— C'est dingue le travail que ça donne ! disait Le Tiaf.

On était crevés... On s'est tapé un coup de vin blanc pour
se remonter, en avance sur la fête. J'en avais pris cinq
bouteilles pour être certain de ne pas manquer — de l'Estra-
miner — que j'avais mises à rafraîchir, bien rangées dans le
réfrigérateur. Nous avions prévu des huîtres en entrée —
Clément devait aller les acheter à la dernière minute, au
moment où les poissonniers bradent les fonds de cageots,
dans la dernière ligne droite avant le réveillon... On pré-
voyait quatre douzaines — on hésitait : seulement trois nous
paraissait mesquin... J'avais acheté une provision de crevettes bouquets pour servir avec du riz, en plat principal —
du riz complet. C'était une idée de Carolina, elle adorait ce
riz-là, très sain, disait-elle. Elle devait arriver à l'avance
pour le préparer elle-même selon une recette spéciale. Ensuite il y aurait une salade, et je m'étais fendu d'un gâteau
de chez Bourdaloue, le meilleur pâtissier de Paris, en bas, à
côté de l'église. Une sacrée claque à notre budget, évidemment, mais on fête Noël, ou on se couche !...

Vers six heures j'avais eu la visite d'un copain, Jean-
Michel Valais. Il passait en coup de vent, aux nouvelles,
dire bonjour... Il voulait me montrer un texte aussi, une
page qu'il avait rédigée, dont il désirait faire une annonce,
une sorte de tract qu'il devait imprimer cette nuit même...
C'était assez confus comme histoire, je ne saisissais pas bien.
Il semblait agité comme tout — il était sur un coup, un
projet d'envergure, mystérieux pour l'instant. Il voulait mon
avis sur l'efficacité de sa prose.

En attendant il visitait notre installation, il se marrait :

— Dites donc, c'est nickel chez vous !

Je lui ai expliqué que nous attendions du monde. Des copines... Nous étions sur un coup, nous aussi, d'un autre genre. Un petit complot de tendresse... Jean-Michel humait l'air de l'appartement, il s'émerveillait hautement : cet évier brillant ! Il ne l'avait jamais connu dans cet état — et pourtant il connaissait très bien l'ancien locataire, ça faisait longtemps qu'il venait ici... Il nous charriait ! Dans la salle Gavarni il a éclaté de rire. Ah ! nos guirlandes !...

— Ça me rappelle chez ma grand-mère quand j'étais môme !

Il regardait tout, il tâtait le houx, il était écroulé ! Il a demandé si j'étais allé le cueillir dans la campagne, dans ma province natale : « Comment c'est déjà ton patelin ? Les Monts d'Auvergne, c'est ça ? »... Pour la légende : « Après y aura un paradis », il a fallu lui expliquer. Au bout d'un temps il a conclu :

— Félicitations les mecs !... Si, sincèrement. Bravo pour le goût de chiottes ! Elles ont quel âge vos morues ?

Il se foutait de notre gueule sans retenue, et on souriait avec lui : bien sûr c'était kitsch notre affaire ! Voulu ainsi ! Tout de même on riait que d'une couille parce qu'on s'était défoncés... Valais continuait, tout en joie :

— Vous avez prévu les petits souliers au moins ? Pointure fillette, je parie... Moi, je vous préviens, vous allez avoir des ennuis avec les Mœurs — la police des Mœurs, vous êtes au courant ? Je vais aller vous dénoncer ! Le détournement de mineures, ça ne pardonne pas...

On a repris du vin blanc avec lui, une lichette. Nous avons parlé de ses projets, qu'il évoquait à mots confus, qui semblaient terriblement compliqués à vrai dire, mais c'était ses oignons. De toute façon il était tout le temps dans des galères étranges, des musiques de films en préparation et qui battaient de l'aile... On a parlé de la concierge qu'il avait aperçue en montant — elle ne l'avait pas reconnu, croyait-il. C'était mieux, parce qu'une fois ils s'étaient engueulés ferme ! Il a demandé si elle avait toujours ses lubies ?... En fait, Alphonsine m'avait touché un mot de leur différend. Un jour elle m'avait attaqué brutalement, après que j'eus raccompagné Valais jusque dans la rue : « Il vient souvent celui-là ?... L'autre, là, vous le connaissez ? »... J'ai dit que c'était un ami. « Un ami ?... C'est un maquereau, monsieur Robert ! Il est dangereux ! »

Nous avons fini la bouteille de blanc, en papotes... Il m'a fait lire son papier, auquel je comprenais que dalle. A quoi ça pouvait servir ?

— T'occupe pas, dis-moi seulement si c'est correct.

Il disait qu'il y avait beaucoup d'argent à gagner... Je l'aimais bien Valais, nous avions fait des coups marrants ensemble. Mais là, je ne tenais pas trop à ce qu'il s'incruste. C'était tellement délicat, avec Clémentine surtout, si timide, si effarouchée !... Il n'arrêtait pas de faire du gringue à toutes les filles qu'il voyait. Il avait un bagou énorme, et du charme — il parlait d'abord musique, pour amorcer. Ensuite il chatoyait dans l'étrange, de sorte à faire mousser les sensibilités. Il racontait des trucs insensés !... Je nous voyais mal embarqués avec Corridor et son luth, je regardais l'heure. Je lui ai demandé ce qu'il faisait de sa soirée ? Il ne savait pas encore... Il aviserait. Sa copine était absente, retenue au loin dans sa famille... De toutes manières, il n'aimait pas les fêtes. Ah il avait horreur de ces joyeusetés obligatoires qui le faisaient gerber ! Il irait sans doute au cinéma, de sorte à éviter la foule et sa vulgarité païenne...

Puis, soudain, une idée :

— Je repasserai peut-être vous voir ! J'achète un truc à boire et je viens prendre le café avec vous ?

Rayonnant d'avoir trouvé ça !... J'étais emmerdé. En d'autres temps ç'aurait été une idée géniale, bien sûr ! La perspective d'une soirée d'extravagance... Mais ce soir j'avais prévu un autre genre d'intimité. J'ai dit très lâchement :

— Ben, j'sais pas. Faut demander à Clément.

Le Tiaf était plongé dans un journal, tout en surveillant la bonne marche du chauffage dans l'autre pièce. Il a crié que oui, mollement...

— A moins que ça vous gêne ? a dit Jean-Michel qui sentait le peu d'enthousiasme. Si ça vous gêne tu me le dis !

Nous étions de vieux camarades... Je lui ai expliqué franchement que nos copines, bien qu'elles ne fussent pas mineures, n'étaient pas non plus du genre truculent grands espaces, fiestas des nuits d'Andalousie. Elles étaient à cueillir à la pince à épiler, nos belles — une image... Nous faisions dans le détail, Le Tiaf et moi, question passion, pas dans l'import-export! Autre image...

— T'as peur que je fasse le con, c'est ça? Que je fasse peur à vos minettes?

Eh, mon Dieu, oui... Je savais trop ses habitudes, ses façons carrées de bulldozer à bluette! « Mes-Deux sans frontières », on l'appelait!...

— Un: j'ai peur qu'elles t'ennuient. Deux: que tu nous casses la cabane par la même occasion, c'est exact.

Il rigolait, flatté de mes craintes... Mais il protestait, véhément: lui? Allons donc!

— Ne me dis pas ça, Robert! Tu me fais de la peine!

Il savait se conduire quand il le fallait! Si les circonstances l'exigeaient — je le connaissais, bon sang!

— Tu me connais, quoi, merde!

— Justement.

Ah! Comme j'étais odieux de le soupçonner ainsi! Vraiment dur!... Lui qui croyait que j'étais un frère!

— Là tu m'écœures!

D'ailleurs, je retardais beaucoup: tout ça c'était du passé. A présent il était revenu des bamboches, des brusqueries de jambes en l'air. Oh oui! Je ne l'avais pas vu depuis longtemps: il s'était rangé... Il donnait dans l'ascète dorénavant, me confiait-il. Il habitait à la campagne, vivait au rythme des saisons, au chant des petits oiseaux — c'était extra pour sa musique, son inspiration... Il avait même eu une crise de mysticisme, tout récemment. Sans déconner! Il pouvait me confier ça à moi, intimes comme nous étions... Il avait beaucoup pensé à son âme, et à ces conneries que l'on fait, qui nous dégradent finalement... Il me bourrait le mou comme un sapeur! Pas très changé, je trouvais.

Il s'est mis à me parler du chant grégorien, pour preuve. Il avait fait un séjour dans un monastère où les moines le pratiquaient toujours. Il se lançait dans un éloge de la polyphonie ancienne, de ses vertus « transcendantales », de la paix de l'âme qu'elle procurait. Il avait entrepris de déchiffrer des tablatures du Moyen Age — un engouement qui lui était venu... Sûr, ça avait été une révélation pour lui, ces quelques jours passés chez les moines.

— Je te jure, Robert. Ça donne à réfléchir.

Il me disait qu'un jour — peut-être plus tôt qu'il ne semblait — il les rejoindrait pour de bon. Il irait s'enfoncer dans leur isolement séculaire... Il « quitterait le monde », c'étaient ses paroles...

En même temps, il jouissait benoîtement de mes frayeurs actuelles, si prosaïques, concernant les filles ! Il se frottait les mains à contempler mon embarras... Il avait très envie de voir la tête de nos frangines.

— Alors, je viens jouer le Père Noël pour les petites ? Mais non !... Que je me rassure ! Il disait ça pour rire... Voir ma tronche ! — Je n'avais plus d'humour alors ?... Il s'était levé. L'urgence le reprenait, les soucis de sa feuille à imprimer. Il était à peu près certain qu'il ne pourrait pas nous rejoindre dans la soirée... « Joyeux Noël ! » il a fait. Il m'a embrassé.

Clément a profité que la porte était ouverte, si je puis dire, pour aller aux emplettes. Le moment était venu d'acheter les huîtres, rue des Martyrs. Quatre douzaines, on avait conclu : on changeait rien — des moyennes ! Il verrait sur place.

Carolina est venue de bonne heure, comme promis. Elle avait mis une robe à fleurs, ample et souple ; tout à coup je me suis senti jaloux de cette robe, de son passé de tissu sur ses hanches légères, et qui et quoi avait rôdé autour ?... J'éprouvais une petite amertume, comme un regret de penderie, de ne pas savoir où elle conservait ses affaires. J'étais forcé de reconnaître que nous n'avions guère progressé dans les confidences : j'ignorais tout d'où elle venait.

En tout cas ma fiancée était souriante et gaie ; comme je l'espérais, elle a été ébahie de nos efforts. La maison avait

pris jolie tournure aussi. Et la salle à manger!... Waouh!...
Tout ça pour nos invitées? Elle était flattée, sincèrement. —
Sauf un détail qu'elle a compris tout de suite : il fallait
rudement faire gaffe à nos bouquets de houx volant. A cause
des piquants qui voltigeaient autour de nos têtes. On pouvait s'éborgner... A part ça c'était parfait — et la banderole!
« Faites que je ne meure pas avant l'an 2000 »... Que c'était
délicat! Un clin d'œil pour elle, pour nous...
— Oh Ferdinand, Ferdinand!...
Je lui ai montré nos réserves pour la soirée... Entre temps
Clément était revenu avec l'affaire du siècle : un boisseau de
bigorneaux en plus des huîtres, pour le même prix. Nous
aurions un vrai plateau de fruits de mer! Elle a voulu le
complimenter, mais il était au téléphone depuis son retour
du marché. Il murmurait des choses, gravement, entre de
longs silences... Il était accroupi par terre, sur le combiné.
Il nous a fait signe que tout allait bien, et il a tiré sur le fil
entortillé pour s'isoler dans l'autre pièce.

Comme l'heure avançait — neuf heures n'avaient pas
sonné au clocher du village uniquement parce qu'il n'y avait
pas de village et pas de clocher! — Carolina s'est mise en
devoir de mettre le riz à cuire. D'habitude c'était Le Tiaf
qui s'en chargeait, mais il professait une théorie valable
seulement pour le riz blanc. Il le lavait abondamment dans
une casserole, à la manière orientale que lui avaient en-
seignée ses amis japonais. Comme il était méticuleux il le
triturait pendant de longues minutes, il changeait l'eau plusieurs fois jusqu'à ce que l'aspect laiteux disparaisse... Ça
prenait une plombe chaque fois pour se taper un bol de riz!
Avec des commentaires choisis sur les conditions vivrières
en Extrême-Orient — à tel point qu'on pouvait plus avaler
une bouchée sans penser aux malnutris de la planète...
Toutes ces bouches qui s'ouvraient à chaque coup de fourchette! Ces millions de fours dans l'ombre de la Terre, ces
yeux suppliants... Plusieurs fois j'avais dû quitter la table,
noué violemment par ma vision.

Heureusement, le riz complet, brut, grisâtre, s'accommo-
dait d'une technique bien plus sommaire — et c'était, pa-

raît-il, un régal ! Un aliment très riche en tous éléments nutritifs, le fin du fin de la diététique.

Carolina a pris une casserole assez grande — elle m'expliquait, car il fallait que j'apprenne d'urgence ce principe de survie. Il suffisait de mettre une mesure de riz pour quatre fois le même volume d'eau, une pincée de sel, et de porter à ébullition. En réalité elle ne versait pas tout à fait quatre quantités d'eau, l'expérience lui ayant appris, personnellement, que trois et demie suffisaient. Elle mesurait avec un bol, elle me montrait — trop de liquide rendait le riz légèrement gluant... Quand l'eau commençait à bouillir, on réduisait la flamme, puis on laissait cuire à feu doux, au simple frisson, pendant une demi-heure exactement, sans couvrir, montre en main. Au bout de ce temps-là, on plaçait un couvercle sur la casserole, bien ajusté de préférence — avec un torchon sur le bord c'était mieux — on éteignait le gaz et on laissait la cuisson se terminer toute seule pendant une demi-heure encore. Ainsi le riz gonflait, il absorbait toute l'eau restante, et se trouvait prêt à consommer... C'était une recette qu'elle avait apprise à Londres où ses copains se nourrissaient exclusivement de cette manière.

J'ai demandé si tout de même il ne fallait pas assaisonner ? Non, rien du tout ! A la rigueur on pouvait mélanger du ketchup, pour donner un goût différent, mais c'était là le bout du monde... Toute sorte d'accommodement était sacrilège à ses yeux... Là, ce soir, nous n'avions besoin de rien puisqu'il y avait des crevettes que nous mélangerions au riz. Ce serait délicieux, nous allions voir ! Elle était certaine que Clémentine aimerait... Où était-elle, au fait, cette jeune fille ?

Elle arrivait ! Clément venait de raccrocher le téléphone. C'est avec elle qu'il s'entretenait depuis tout à l'heure... Elle quittait la maison à l'instant... En fait, elle avait failli se décommander, nous a expliqué Le Tiaf. Son père s'était démis le poignet dans le courant de l'après-midi ; il était tombé d'un escabeau, un truc comme ça, en cherchant un chapeau dans le haut d'une armoire... Une connerie, mais comme il avait mal il avait fallu appeler un docteur. Un jour

pareil, c'était difficile, leur médecin de famille était absent...
Ils avaient appelé SOS, et le jeune toubib avait tenu à
envoyer le père à l'hôpital pour une radio. Là-bas rien de
cassé ; ils lui avaient fait un bandage... Mais la mère s'était
mise dans tous ses états ; au bord de la crise de nerfs en
permanence !... Eux qui, après bien des palabres, bien des
lamentations, s'étaient enfin résolus à aller souper dans un
restaurant ! Ils avaient retenu leur réveillon dans un endroit
assez chic. Quelle désastreuse malchance !... Pour la première fois où elle avait obtenu, à force d'arguments et de
mensonges, de passer Noël sans eux — comme une
grande !... Non, elle hésitait à les laisser seuls dans cet état,
à présent. Ce ne serait pas bien de sa part — elle se sentait
coupable. Elle ne pouvait décidément pas leur faire ça...
Elle pleurait.

Clément avait calmé le jeu, longuement. Il lui avait expliqué qu'à son avis il ne s'agissait pas vraiment d'un manque
de pot, mais de quelque chose d'infiniment plus subtil...
Son papa avait sans doute choisi ce moment crucial pour se
casser la gueule justement pour l'obliger à rester. — In-
consciemment bien entendu ! Le brave homme n'était pas
aussi machiavélique : il était loin de se douter lui-même !...
Ce n'était pas un hasard, avait assuré Clément.

Pour Clémentine c'était précisément le moment de partir,
au contraire !... Le vieux monsieur avait le poignet bandé ?
La belle affaire ! Ça ne l'empêchait en aucune façon d'aller
souper au restaurant... Si elle cédait maintenant à ce chantage affectif, elle était foutue ! Coincée à vie dans la glu
familiale tentaculaire... La prochaine fois ce serait autre
chose : sa mère aurait une crise d'appendicite, ou la varicelle ! Ça n'en finirait jamais...

Il avait plaidé sec, Le Tiaf, avec patience... A mesure, il
la sentait fléchir, se rendre au bon sens de ses arguments. Il
fallait qu'elle se montrât raisonnable, elle au moins, puisque
ses vieux ne l'étaient guère ! Elle devait leur donner
l'exemple du sang-froid au lieu de se tourmenter à son
tour... Il avait été très bien, Clément, rassurant. Ses parents
allaient bien finir par s'amuser entre eux, dans ces lieux

plaisants où l'on distribuait des cotillons après boire... Ils étaient pleins de fric après tout, ces gens, ils n'étaient pas à plaindre ! — Au fond, il n'y avait pas de quoi en chier une pendule de cette histoire de chute : au contraire elle avait de la chance que ce ne fût pas grave du tout ! Elle devait se sentir soulagée... Elle avait eu un pot d'enfer, en somme ! — Clément avait été parfait : Clémentine arrivait.

A ce moment Carolina m'a pris à part pour me demander une faveur. Au sujet de Clémentine : que je n'aille pas l'appeler par ce surnom débile surtout : « Corridor » ! D'accord, elle comprenait l'humour — mais c'était indécent, des blagues pareilles. Elle trouvait ça infiniment triste — elle s'excusait d'y revenir, mais c'était une crainte, dans la chaleur du moment... Ça gâcherait toute sa soirée, profondément. J'ai dit qu'elle n'y pensait pas ! Que c'était des conneries de mecs entre eux, assez lourdes en effet... Clémentine n'était pas au courant naturellement ! Bien sûr que non ! Nous n'étions pas goujats à ce point — quelle idée atroce !... Je l'ai embrassée, qu'elle se rassure, qu'elle oublie surtout cet égarement de langage. J'ai voulu appeler Clément à la rescousse, en témoin de la pureté de... Elle a plaqué vivement sa main sur ma bouche, que je n'ébruite rien, déjà elle avait honte !... Mais elle a dit que n'empêche, c'était bien le fantasme des mecs : percer, traverser ! Toujours ça en tête ! Une vraie obsession de violence...

Nous sommes allés jeter un coup d'œil au riz, voir s'il ne bouillait pas trop fort, car l'heure approchait de le couvrir — encore quelques minutes... Pendant que Carolina remuait délicatement avec une cuillère, j'ai pris ses fesses dans mes mains, et je tournais aussi, très doucement. Je me disais qu'elle avait raison, finalement : il demeurait chez les mecs une forte propension à s'introduire, à s'enfoncer entre ces choses frémissantes, quoi qu'on en dise dans les chaumières...

Nous finissions d'ouvrir les huîtres, tous en chœur et faisant la chaîne, lorsque Clémentine est arrivée, sombre et émue. Elle était essoufflée d'avoir couru les six étages ; nous avons pris l'air consterné, tous les trois, par la santé de sa

famille, puis des mines de tout va bien qui finit bien!
Réjouis de la voir, nous étions. Elle avait usé de maquillage,
lèvres violettes, yeux plaqués de vert... Carolina lui a fait la
bise, disant combien elle était contente qu'elle soit venue.
Clément a débouché une bouteille et on a crié : « Merry
Christmas, sweet Clementine! »... C'est là qu'on s'est aperçus qu'on n'avait pas de musique. Nous n'avions pas songé à
cet aspect de l'ambiance : aucun appareil dans la soute.
Radio, disques, que dalle! Limonaire? rien... Pas le
moindre orphéon. Nous n'étions capables de produire aucun
son. Pas même une bombarde. Pour tout bruit de fond nous
n'avions que celui des bagnoles qui couinaient en bas, terrible par instants, sur le point de s'emplafonner la tôle.
C'était tant pis!...
   Nous avons allumé les bougies, éteint les lampes sauf le
chevet de Clément, et ça faisait très joli. Une lumière oran-
gée, palpitante, avec le halo de l'abat-jour au ras du plancher qui dessinait un cercle. J'ai dit à Carolina :
   — The moon! Look at the moon!...
   Et c'était comme un mot de velours rien que pour nous
deux, tissé frissons. Elle a sauté sur ma bouche pour me la
fermer, de sa main à plat, elle appuyait : « Tais-toi, tais-
toi! »... Nous nous sommes embrassés comme des dingues,
ça commençait bien. On tournait en rond dans le cirque
devant les deux autres qui rigolaient et ne comprenaient
pas. Il n'y avait que nous dans la course, secret-secret, dans
la lune qu'il fallait taire pour ne pas déranger la magie... On
s'est mis à valser corps à corps, serrés dans l'élan. On a
envoyé valdinguer une bougie qui a roulé avec sa bouteille,
et Clément s'est précipité — qu'on arrête de faire les cons,
qu'on allait foutre le feu à la baraque! Et y avait des
chances! On pouvait pas continuer à cause du manque
d'espace, et la vie est comme ça souvent : quand on a la
force et l'envie, on n'a pas la place, ou pas le temps, ou pas
l'argent ni l'audace... Il manque toujours quelque chose
pour devenir tout à fait heureux suprêmes!
   Le Tiaf a redressé la bougie qui n'était pas éteinte, qui
avait coulé seulement, et commençait à chauffer le bas d'un

carton dans l'angle mort. Il a craché et mouillé le coin par prudence... Clémentine riait. Nous avions décroché une touffe de houx du plafond, qu'elle a ramassée et posée sur la table. C'était la première fois que je la voyais rire. Elle poussait des hoquets, comme les gens qui n'ont pas l'habitude, mais son visage était beau, la bouche éclatante sous le fard ; et beaucoup de grâce dans sa minceur.

Elle a jeté son manteau dans un coin en disant :
— Il fait chaud ici pour une fois.

On s'est mis à table, on a resservi du vin. Le Tiaf jouait le sommelier, il lui venait un air grave en servant, une concentration qui lui ôtait la parole pendant qu'il versait, avec un vrai coup de poignet pour la goutte. — J'avais oublié de donner les serviettes ! J'en ai rapporté un paquet de la cuisine parce qu'avec les huîtres on avait de l'eau plein les mains. Les bigorneaux, on les sortait avec des allumettes...

La soirée a passé comme un charme. Clémentine nous a parlé du Conservatoire, le dur travail que c'était tous les jours, un instrument. Aujourd'hui même, dans la matinée, elle avait passé plusieurs heures sur son luth ! Son prof était un type formidable, et justement redouté, un international de la corde pincée, extrêmement rigoureux, très exigeant... La difficulté du luth par rapport à un autre instrument ? Au piano ? — Elle n'avait pas d'idée. Les choses ne paraissaient pas se présenter sous cet angle technique, tout le monde travaillait beaucoup. Carolina se montrait particulièrement attentive, elle lui posait des questions sur les débouchés, ce qu'elle ferait par la suite, de l'orchestre, des concerts en soliste ?... Genre interviouve, comme on peut voir à la télé.

Clémentine n'avait rien décidé encore, ça dépendrait pour beaucoup de son rang de sortie, si elle obtenait un premier prix... Elle avait la voix un peu rauque, de belle facture, et parlait un peu saccadé comme les gens mal rodés qui sortent de leur silence. Clément lui versait à boire, c'était la fête ! Aucun souci... Il caressait ses longs cheveux châtains qui pendaient sur son dos à la diable, comme un encouragement au discours.

A force d'avoir attendu, le riz était presque froid. Et puis

nous avions mélangé les crevettes sans les décortiquer —
étourdiment, parce qu'elles paraissaient plus volumineuses
habillées. Ça donnait du travail de les sortir avec les doigts à
présent ; leurs grandes antennes roses collaient. Le corps
glissait quand on voulait leur arracher la tête, la queue et
tout... C'était gluant. C'était marrant, on barbotait ! Les
bouts de carcasses craquaient sous les dents. En fait, le riz
complet c'était un peu bizarre, comme goût — j'ai fait la
remarque que ça n'avait rien à voir avec le cassoulet par
exemple ! Ni la dinde aux marrons. Carolina s'est récriée
que c'était infiniment meilleur !... Elle n'avait pourtant pas
la mine à s'empiffrer de sa gâterie, on aurait dit qu'elle
picorait grain à grain.

Clément dégustait en connaisseur. Je le voyais surpris
tout de même — mais très faux cul, il frimait, il vantait la
chose. Il faisait ça au gentleman, goûtant du palais, appré-
ciant la marchandise.

— C'est pas mauvais du tout ! qu'il a fait, la crapule.

Il me toisait de la fourchette : oh moi, bien sûr, classique
comme j'étais en matière culinaire, ça devait me surprendre ! Le contraire eût été étonnant, n'est-ce pas ?... On
n'avait pas idée d'être comme moi indécrottable, rétif à
toutes les ouvertures. J'étais coincé de la papille !

— Il faut sortir, Ferdinand !

Son œil luisait, il se vengeait de mes sarcasmes à propos
de ses ouvertures à lui sur la gastronomie asiate, les poissons
crus, les macérations terribles dont il faisait tant d'éloges. Il
me dépréciait : que j'étais rivé à mes plats bien français, bien
gras. Beurk !... Hors les daubes et les bourguignons à vi-
nasse, point de salut !... Si ! Ah si, bien sûr : la cuisine
anglaise ! Le fish and chips, alors oui ! Ruisselant d'huile de
friture bien rance... Le Yorkshire pudding aussi. Mais sorti
de là j'étais nul. Il était lancé mon brave ami, avec une
rougeur au bord des pommettes... Nous avions bonne mine,
nous, les fines gueules occidentales : les Français, pharisiens
de l'œsophage ! Il ricanait, tout de même un peu pété — il
m'englobait dans ce magma des bouffeurs de tripes. On les
voyait à l'étranger, nos compatriotes, réclamant leur steak-

frites franchouillard. Ah là là !... Il crachait sur ces crétins
camembert-beurre.

— T'es bien un Auvergnat, tiens !...

Au fond il dégueulait sur les mirontons de sa mère — il
ne le disait pas mais je le savais — les sauces suries, loin
dans l'enfance, les plats réchauffés des dimanches, venus
tout droit de la cantine de l'hôpital... Il expliquait que les
goûts étaient le fruit de l'éducation, n'est-ce pas, que les
Asiatiques, par exemple, pour ne parler que d'eux, mangeaient avec délices des choses qui feraient frémir les
Occidentaux. Il a parlé des mets japonais que ses amis lui
servaient — eh bien, la première fois c'était surprenant ! Il
en convenait, honnêtement. Il fallait s'accoutumer — il
fallait faire un effort ! Voilà, tout était là : le Français dans
l'ensemble était paresseux, il renâclait à l'effort. Il en allait
de même pour la musique, la musique contemporaine,
hein ?... Qui s'en souciait, chez nous ? La peinture la même
chose ! Les gens étaient des cons, c'était sa conclusion ! Ils
passaient à côté de choses superbes, de grands plaisirs, par
pure fainéantise... Lui qui n'était pas un bourreau d'ouvrage
en somme, plutôt l'inverse, je dirais, sans offense, la paresse
nationale l'indisposait.

Il avait mis sa voix du dimanche, Le Tiaf, comme toujours lorsqu'il dissertait des choses de l'art ; il prenait un ton
intellectuel réfléchi, dans les graves. Il ne riait pas.... Son
rire de casserole battue aurait fait dégringoler l'image : il
tenait son sérieux ! Et pour le riz complet, il a dit, c'était
pareil, il fallait se donner la peine d'aimer. Enfin il a fait
mille compliments à Carolina pour son heureuse initiative.
On aurait cru qu'elle avait mitonné un truc du diable finalement, cordon-bleu !

— Alors ? Que dit Épictète sur le chapitre du riz
complet ?

Il recommençait à me charrier. Il expliquait aux filles mes
lubies :

— Monsieur lit Épictète. Toute la journée. Il l'apprend
par cœur. Je l'entends répéter, le matin, le soir... Il n'a pas
une petite maxime, Épictète, sur le bon usage du riz
complet ?

Je ne protestais pas. Le *Manuel* conseille au philosophe de rester de marbre quand il est pris à partie par des ignorants, voilà ce que j'ai répondu. Et puis j'ai bu un grand verre de blanc, lentement, avec mépris.

La conversation a traîné ; à propos de notre absence de musique, ou de radio, nous avons parlé musique de siècle en siècle, des époques sans transmission ni enregistrement. A propos des compositeurs du XIXe siècle, on s'est mis à parler du quartier. Ici, à Lorette, autrefois... La rue Henri-Monnier, là tout de suite, qui s'appelait la rue Bréda — la rue des putes d'antan. Les « lorettes », précisément !... Nous avons expliqué aux filles ce qu'étaient les lorettes : à cause du nom de la rue, ici, et de l'église en bas, dédiée à Notre-Dame de Loretti, en Italie, où se trouve la maison de la Vierge apportée par les anges depuis Nazareth ! Le Lourdes italien, Loretti !...

Si nous étions renseignés ? Ah oui alors ! Nous avions passé du temps à nous documenter dans les coins, elles pouvaient le dire ! C'était Noël, n'est-ce pas, il fallait bien dire un mot de la Vierge ; c'était la veillée, nous devenions conteurs... Le quartier, donc, de « Bréda Street » comme on disait dans le temps, l'endroit chaud d'alors, c'est-à-dire plein de bordels, en montant, là, sous nos fenêtres ! A l'endroit où sont ces placides commerçants... Mais oui ! tous des boxons très huppés à l'usage des bourgeois, des artistes ! Le plus célèbre s'appelait le « Céramique », en hommage à un quartier d'Athènes s'il vous plaît ! C'était dire la classe des anciens proxos ! Des humanistes !... Le monde avait bien déchu depuis lors — le demi-monde, disait Clément, tombé bien bas !... Il y avait eu le « Dinochaud », à droite en montant, au numéro 16 ; ce fut un restaurant fréquenté par Baudelaire — prout-prout ma chère !... Le mot « lorette » lui-même, appliqué aux filles entretenues, était une invention de Gavarni en personne qui les avait tant croquées — il avait donné ce titre à l'un de ses recueils, *Les Lorettes*... Gavarni ? Voyons !

— Le buste, en bas, sur la place !... Avec son grand chapeau.

Notre mascotte : le chantre du quartier. — Nous leur avons fait un récit succinct de la vie de Gavarni telle que nous l'avions apprise. Il avait vécu en Angleterre lui aussi, pendant un temps ; à Londres, dans le quartier ultra-miséreux de Saint Giles, à dessiner les gueux. Lui aussi avait eu des soucis d'argent, plus tard, à son retour à Paris... Ils l'avaient même mis en taule, pour dettes ! A Clichy.

Clément a sorti le bouquin qu'on avait trouvé aux Puces de Montreuil un dimanche, pour montrer les dessins de notre ami Gavarni. Un vieil album relié en toile rouge, fait du vivant de l'artiste : *D'après nature*, une sorte de pot-pourri de ses œuvres, un trésor dont nous étions particulièrement fiers, acquis pour une bouchée de pain. Elles ont feuilleté, toutes deux côte à côte, elles se poilaient. J'étais content de les voir bien camarades... On leur commentait nos gravures favorites : celle où une vieille marchande des Halles disait à son fils de quinze ans : « T'es prop'e à rien : fais-toi artis'e »... La gueule du môme, étonné, arrogant ! — Le Tiaf disait que la vieille peau ressemblait à sa mère à lui, tout à fait. Deux gouttes d'eau... Et le dessin des deux bonnes femmes maigres, en fichu, aux cheveux noués dans des mouchoirs, qui causaient de leurs bonshommes avec des mines mauvaises de ménagères qui ont reçu des gnons à vie : « Mon homme et le tien, vois-tu, Phémie... — Deux brigands ! — Et nous n'aurons pas la chance de voir l'un des deux pendu — Pour avoir tué l'aut'e »... Ah ce putain de dialogue ! Il était génial ce mec, a dit Carolina. Ça nous a fait plaisir.

Nous avions déjà descendu deux bouteilles, on commençait à flotter bien au chaud. Bienochaud !... J'étais étonné de la vivacité de Clémentine, très sympa finalement. Elle n'avait pas mangé grand-chose, elle non plus. A peine avalé une cuillerée de riz et trois crevettes. Nous avons décidé de sauter la salade, d'un commun accord. Pas la peine, nos invitées n'avaient plus faim.

Sur la lancée, on a parlé de Reiser, de Wolinski, qui étaient les Gavarni de notre époque. Avec le même sens du dialogue percutant. La mitraille, plaf, plein la gueule dans

les albums de Wolinski — d'ailleurs il avait écrit des pièces !
Et Reiser !... Ah, on les aimait aussi ! Et c'était marrant
cette permanence, le sens du verbe, chez les anciens comme
chez les nouveaux. Et Cabu, avec son Grand Duduche, son
Beauf !... On devenait vachement culturels tous les quatre,
on a sorti des vieilles BD, on comparait. Cette idée, nous
constations, qu'ils inventaient tous des sortes de symboles
— à présent on voyait des Beaufs partout — et des Gros
Dégueulasses alors !... Même Chaval, avant, son bonhomme... Pour en revenir à Gavarni — Gavarni, merde !
leur père à tous ! Gavarni, fallait pas charrier ! — c'était du
même tabac typique... Il avait créé des personnages symboles : le *titi parisien*, c'était lui ! Mais oui !... Les *lorettes*,
donc, nous disions, et aussi il avait mis en catégorie les
étudiants... Il était formidable ! On l'allait voir, à la fenêtre
intouchable, on lui faisait coucou ! Et s'il n'avait pas froid,
là-bas, tout seul sur son socle ? Joyeux Noël !... Qu'il monte
boire un coup avec nous...
    Pendant ce temps Le Tiaf avait défait le gâteau. Ah c'était
trop !... Quelle fête ! les demoiselles étaient gavées, préten-
dument. Elles ont bien voulu goûter tout de même, de
toutes petites parts infimes de politesse, et de curiosité pour
la création Bourdaloue. C'était un délice. Le Tiaf s'en est
tapé une part royale, on se demandait où il pouvait mettre
tout ça ! Il levait le petit doigt, en mangeant, avec des
grognements de régal. Il proposait à Clémentine, une miette
sur sa cuillère : une bouchée pour le Père Noël ? Non ?...
Les filles disaient que ça allait les faire grossir. C'était
excellent, d'accord, elles ne niaient pas, mais beaucoup trop
calorique. Calorique ! le maître mot...
    — Ne ris pas ! criait Carolina.
Je ne riais pas, je souriais. Je me régalais... Béat, un peu,
car nous finissions la troisième bouteille. Ma fiancée continuait à dire combien la nourriture, il ne faut pas en abuser.
Ce soir, c'était très bien, léger et tout, mais les gâteaux,
non ! Elle boudait, elle faisait mine de m'empêcher. Nous
avions toute la nuit devant nous. Ah la nuit !...
    Nous avons fumé un pétard. Clément avait prévu une

petite provision d'herbe. On était fameusement bien...
Schlass et bien... Clémentine avait posé sa tête sur la poitrine de Clément, alanguie. Il lui caressait la joue, folâtrait
ses doigts à la base du cou, sans descendre. Elle était mieux
là qu'avec ses vieux, pas d'erreur !... Carolina a mis ses
jambes en l'air, les pieds posés sur une caisse ; elle s'adossait
à moi, me tenait les mains à la renverse. Je lui baisotais la
nuque. On était comme les Rois mages sous leur tente, dans
le désert, peinards.

Les bougies avaient baissé aux trois quarts. Elles avaient
coulé le long du papier qui enveloppait les bouteilles, en
longues traînées épaisses, figées. On a dit qu'ils faisaient
kitsch à présent, nos bougeoirs. Ça faisait penser aux grottes
sous la terre avec leurs stalags-machins...

— Une éjaculation de mammouth ! a grommelé Le Tiaf.

Une image... Il a sorti ça d'un seul coup, d'un air émer-
veillé. Ça nous a fait rigoler. Et c'était bien de penser à des
éjaculations, en tout cas à cette heure-là qu'il était.

— Si, si !... C'est une — comment on dit ?... Pétrifiée ?

Clément insistait — il traînait de la gueule en parlant, on
ne voyait pas ce qu'il voulait dire.

— Mais si, vous savez bien : quand c'est très vieux...
Fossile ! Voilà, c'est une éjaculation fossile ! De mammouth !...

On est partis à se fendre la pêche tous les quatre, tellement cette idée nous paraissait cocasse, en effet. On trouvait
ça énormément drôle ces pines en papier, dégoulinantes...
On avait branlé le mammouth toute la soirée !... Ah c'était
bidonnant, on se tordait. On s'arrêtait, puis on pouffait —
ça faisait repartir la gaieté ! On répétait : « Fossile, fossile ! »... On avait des larmes, plein. « Et faux cils ! »... La
crise !... C'était débile quand j'y pense, mais on pouvait plus
se contenir — on avait des hoquets, des crampes dans les
côtes, c'était horrible. Le Tiaf sautait sur sa chaise comme
un ressort qui a perdu ses boulons ! Il pleurait de vraies
larmes... De le voir, la face rougie, qui se mouchait dans
une serviette en papier nous faisait redoubler : il trouvait
plus son nez ! On en hurlait tellement c'était comique.

Nous étions là, en train de gigoter comme des malades, quand, dans une accalmie pleine de soupirs, nous avons entendu des coups de l'autre côté... Nous avons fait silence. Ça ne pouvait pas être les voisins, il n'y en avait pas... Les coups ont redoublé, très nets : quelqu'un frappait à la porte du couloir. Il était une heure et demie du matin. Carolina a glissé sa main dans la mienne... Et les heurts de l'huis m'ont fait penser à lui : j'avais oublié Jean-Michel — mon copain Valais ! Ça m'est revenu : passera, passera pas ?... Il passait, j'étais certain.

Je suis allé ouvrir, il était là, hilare lui aussi dans le corridor :

— Vous vous emmerdez pas ! Ça fait un quart d'heure que je vous entends rigoler...

Il avait vu la lumière d'en bas. Puisqu'on était pas couchés, il était monté.

— Tiens, j'ai apporté le dessert.

Il a sorti une bouteille de champagne de sous son manteau, un magnum... Quelqu'un avançait dans l'ombre derrière lui.

— Je suis venu avec une copine.

Il était accompagné d'une nana mince et brune, un peu plus grande que lui, qui dès l'abord m'a paru complètement flippée ; mais c'était peut-être moi... Dans l'autre pièce les cris fusaient de nouveau parce que Clément avait gueulé : « C'est le mammouth ! »... Un tohu-bohu de mômes excités. J'ai fait les présentations : Jean-Michel Valais, un vieil ami... Il a ajouté négligemment :

— Valais de cœur, pour les demoiselles.

Sa vieille vanne. Il la sortait toujours en riant pour marquer la distance et le second degré, mais quand même... J'ai montré la bouteille : du rosé, en plus ! Le plus délicat !

— Wouaaah !... J'adore le champagne ! s'est écriée Carolina d'une voix qui n'était plus la même.

Clément a débouché savamment ; en sa qualité d'ancien barman il avait le doigté... On a trinqué. A la vie ! A l'aventure... Au Père Noël ! Nous commencions à être sérieusement allumés. Jean-Michel avait pas mal picolé aussi, je le voyais à certaine raideur dans son sourire, et au manque de mobilité de ses yeux... Sa copine ne disait rien. Elle paraissait complètement jetée, elle titubait même un peu. De temps en temps elle se passait la main devant la figure, d'un geste brusque, comme si elle avait chassé des mouches. Je me demandais d'où il la sortait... Il me semblait qu'il ne la connaissait pas tellement — le genre qu'il l'avait rencontrée une heure avant dans un bar. Une aimable feinte que nous avions parfois employée ensemble, d'inviter des nénettes dans la rue pour les amener au flan chez des connaissances, histoire de faire plus présentable.

La conversation avait du mal à reprendre ; on ne savait plus de quoi on parlait... Valais s'est tout de suite étonné de l'absence totale de musique — pour préciser aussitôt que nous avions mille fois raison ! Rien ne valait la musique intérieure, en chacun de nous... Chacun portait sa musique en soi-même, c'était sa devise du jour. Lui-même allait bientôt cesser de composer, dans une grande crise d'humilité qui lui était venue. Suite à une expérience existentielle qui lui avait ouvert les yeux sur les profondeurs de l'homme. « L'infini », qu'il disait mystérieusement, accoudé à la table. « Les résonances de l'infini sont des harmoniques du cinquième degré. » Il a dit ça — et comme personne ne le contrariait, il s'est lancé dans un chapitre là-dessus. Je le voyais improviser, à mots secrets, avec des clins d'yeux, des sous-entendus impénétrables.

— Y a que moi qui parle ? il a fait au bout d'un moment.

— Ça t'a secoué, Jean-Michel, ta retraite chez les moines, j'ai répondu.

Il a rigolé, entre lard et cochon. Il appréciait ma double face... Son œil s'était remis à briller. Il a secoué la tête, très indulgent pour mes sarcasmes.

— Ah Robert ! Tu manques de recueillement.

Il pensait que j'étais trop terre à terre, un peu lourd, pas ouvert aux ondes, moi. Il me plaignait, devant les filles... Lui, il voulait du ciel-à-ciel ! Il s'est mis à parler des moines, puisque je l'avais lancé : de leur recueillement, justement, leur « abnégation active », leur sens de la communauté. La vie intérieure qu'ils avaient, ces mecs, c'était pas croyable !... Les filles l'écoutaient avec curiosité. Une certaine vivacité les avait reprises. Je comprenais clairement que ce chant à la vie intérieure, c'était sa nouvelle façon de draguer, à l'autre. Dernière trouvaille de mon pote !... Il n'allait tout de même pas essayer de lever nos fiancées ? — Carolina s'était penchée sur la table, la joue sur le bras, elle écoutait ses boniments. Le Tiaf prenait l'air attentif, mais je voyais ses paupières se baisser par moments. Un petit retour sur soi, hein ?... Ça me foutait les boules, j'ai bu un grand verre de champagne.

La fille que Valais avait amenée ne s'était pas assise ; elle tournait lentement sur elle-même dans l'espace de la fenêtre d'angle. Elle faisait des gestes incohérents comme si elle dansait du rock, mais super-ralenti... La musique intérieure ! Tu parles ! Il s'était inventé le truc en la voyant, le con ! Jean-Michel, ça lui était venu à l'instant même, à présent il brodait... Tout en causant il me voyait rire, du coin de l'œil. Il a dit :

— Béatrice, viens t'asseoir... Tu nous donnes le vertige.

La fille n'a pas eu l'air d'entendre. Elle secouait sa tête en douceur sur une cadence intime. Nous n'existions pas. Mais ce n'était même pas sûr qu'il sache son prénom, tout ça était dans du brouillard.

— Faites pas attention, a dit Valais, elle est défoncée.

Carolina s'est redressée, adossée à sa chaise. Elle a demandé quelque chose sur le sens exact de ce qu'il appelait les « harmoniques du cinquième degré ». Ça l'a relancé pleins gaz, il s'est mis à lui parler avec intensité, à elle en particulier. Je suis allé pisser... Prendre l'air frais du couloir. La cage d'escalier était surmontée d'un dôme vitré dans le toit ; une lueur en descendait, même au cœur de la nuit.

Je me suis assis sur la première marche, la tête sur mes genoux, à écouter les rumeurs du bas, assourdies, quand les moteurs ronflaient devant la porte d'entrée. C'était comme des bruits lointains au fond d'un puits, les racines d'un gouffre. Je me suis laissé envahir par l'air glacé... Les vibrations n'étaient pas bonnes ; je sentais une oppression sans sommeil.

Au bord du dôme, en haut, il y avait une araignée ; une petite toile qui pendait, doucement remuée par un souffle que je devinais à l'interstice du fer et du verre... Ça faisait vivant et raisonnable dans la faible lumière qui tombait d'un ciel sans étoiles.

Quand je suis revenu il parlait encore, mais Le Tiaf était entré dans la conversation ; il ramenait des éléments bouddhistes d'un ésotérisme raffiné. La merde !... J'en avais des haut-le-cœur. Et puis je m'étais rendu compte, en m'asseyant, que je vacillais.

Je me disais que toutes ces histoires de mages, guides, prophètes, n'étaient au fond qu'une manière détournée de vouloir baiser les filles. C'était pour cela qu'on voyait si peu de prêtresses... Jésus-Christ lui-même, le cajoleux des cantiques : un Israélien porté sur sa bite, voilà ! C'était ma pensée de Noël... Bouddha, Mahomet, tous des défoncés de la trique. Quelle farce ! Mieux tromper son monde, vraiment. Vaseline céleste... Les plus malins se composaient un harem, les plus déjantés se faisaient sauter le caisson — la seule différence ! Les plus nuls grillaient dans les flammes ou étaient déchirés par les lions... Ça me donnait la gerbe. Une vraie envie de dégueuler au beau milieu de leur causerie eau de boudin.

A un moment ils ont fait une pause. Jean-Michel a vidé son verre d'un trait, comme un travailleur qui vient d'achever son casse-croûte, et qui, ayant poussé la dernière bouchée, s'apprête à passer à l'ouvrage. Il a fait claquer sa langue... Puis, posément, les mains croisées devant lui, il a déclaré sans avertir personne :

— Et maintenant, si on parlait de cul ?

Dans le bref silence qui a suivi, j'ai dit :

— On en a déjà parlé.

— Ça se voit pas ! il a fait.

— C'était des voix intérieures, j'ai dit.

— Oh toi !... Tu m'étonnes !

Il rigolait. L'atmosphère s'est détendue. Clémentine a poussé un long soupir. Je me suis souvenu qu'elle avait passé ses années d'études chez les bonnes sœurs.

— Non, mais on peut parler de cul gentiment ! insistait Valais, courtois, charmant. On pourrait se faire une petite partouze, là, tous les six ?... Il fixait Carolina ce fumier, dans les yeux. Et ce crétin de Clément qui se tortillait sur sa chaise. Qui voulait passer pour mariole... Il approuvait de la tête pour faire l'élégant :

— C'est une idée, en effet.

Valais se marrait ; il a dit que c'était pour plaisanter. Que c'était pas la peine que je fasse une tête pareille ! Que j'avais l'air d'avoir avalé un ver de terre... Il le savait, que j'étais un père-la-vertu, il voulait juste me taquiner... Mais ce qui serait super, par contre, ce serait d'organiser un strip-poker. Si on était d'accord ?... Juste pour rigoler ! — Hou ! que nous étions tristes pour une veillée si sympathique !... Et Clémentine a demandé ce que ça voulait dire « strip-po-ker » ? Ils lui ont expliqué que c'était une partie de cartes. On jouait au poker, et ceux qui perdaient enlevaient leurs vêtements un à un, chaque fois. C'était un jeu de société. Forcément les plus malchanceux se retrouvaient à poil en fin de compte... C'était pas méchant. Et très marrant !... Allons, on était bien obligés de faire une partie maintenant — ne serait-ce que pour montrer à Clémentine, qui était jeune et dépourvue d'expérience, disait Valais. Elle ne voulait pas mourir idiote, pas vrai ? On pouvait pas se dé-gonfler.

Il s'était tourné vers elle, il piquait sa curiosité. C'était un amusement innocent, somme toute, qui se pratiquait entre gens de bonne compagnie. Tout à fait cocasse !...

— Vous avez des cartes ?

On n'avait pas de cartes.

Alors il en a sorti un paquet de sa poche. Elles ne le quittaient jamais, expliquait-il, pour faire ses réussites, et accessoirement prédire l'avenir. Il battait son jeu sur la table avec dextérité — il mélangeait le tas, jonglait avec les coupes pour donner de l'allant à la chose. Il a parlé de l'organisation pratique : nous n'étions que cinq à jouer car, depuis un moment, la danseuse était out. Elle s'était écroulée sur le lit de Clément, tout d'une masse. Elle dormait, un pouce enfoncé dans la bouche, comme un bébé... Clémentine ne savait pas jouer au poker, il a été décidé qu'elle jouerait avec Clément ; ils feraient équipe, et tous les deux poseraient un habit chaque fois qu'ils auraient perdu. Ça nous ramenait à quatre : un poker des familles.

Avant la première donne on s'est partagé le reste du magnum pour l'empêcher de chauffer, et Le Tiaf est allé chercher la dernière bouteille de blanc dans le frigo, pour suivre, en cas. Il avait les guibolles plutôt hésitantes, et j'ai remarqué qu'il s'appuyait légèrement au chambranle de la porte en passant. D'ailleurs nous étions tous passablement pétés quand on a distribué. Les bougies aussi, elles étaient usées ; elles vacillaient leurs dernières flammèches, ce qui donnait une lueur orange. Comme il était tard, ou trop tôt, nous avions convenu de jouer à « posé-perdu » ; c'est-à-dire qu'en cas de gain on ne remettait pas les habits qu'on avait déjà quittés. Et on a convenu qu'on s'arrêtait à deux perdants, les deux premiers qui seraient à poil. C'était gentil comme règlement — et bien sûr, personne n'avait le droit de passer son tour.

C'était gentil, et drôlet même au début ; nous avons enlevé les godasses une à une ; puis les chaussettes. Carolina a fait accepter une barrette de ses cheveux pour un élément du costume... Et puis l'atmosphère s'est épaissie, j'ai trouvé. Quand elle a dû enlever sa robe tout d'une pièce il a paru évident qu'elle serait nue la première. Le Tiaf prenait le jeu très à cœur ; les lèvres serrées il signifiait des choses à Clémentine d'un haussement du menton. Ils gagnaient ; ils avaient encore leur pantalon tous les deux, mais Clémentine était en soutien-gorge — un soutif tout menu sur ses côtes qui saillaient un peu, mais beaucoup moins que j'aurais cru... Valais reluquait ma fiancée assez saoule qui paraissait se foutre de ses seins à l'air, ronds et durs. Elle mordait nerveusement ses lèvres, et soutenait son regard. Personne ne disait plus un mot ; à un moment la fille endormie sur le matelas s'est mise à ronfler doucement...

Les bougies maintenant étaient toutes éteintes, il n'y avait plus que le chevet qui diffusait sa lumière faiblarde, et la ville autour qui luisait aux fenêtres. C'est tout juste si l'on distinguait les figures des cartes. Carolina a gagné un tour avec un carré de rois, puis sa culotte est tombée au tour suivant. Elle se tenait raide sur sa chaise, les genoux croisés. Valais respirait lourdement, les mâchoires tendues ; il tournait le dos à la lampe. J'ai vu qu'il faisait exprès de perdre, et il a ôté son slip à son tour... Voilà. C'était fini. Mais personne ne prononçait une parole : il bandait comme un cerf. Ses lèvres tremblaient légèrement... J'avais la gorge vachement nouée quand il a jeté son défi à voix basse : laquelle des deux filles lui faisait une branlette à présent. Il s'est mis debout, la queue en panache ; il fixait Carolina comme un lynx. Clémentine a poussé des petits cris hystériques en secouant ses cheveux, et ça a fait bizarre... Et je n'ai rien dit quand Carolina s'est levée, qu'elle s'est placée lentement derrière lui sans regarder personne, et qu'elle s'est mise à le branler d'un geste lent, régulier... Il avait le visage crispé, la bouche ouverte. Elle agitait sa queue d'un mouvement souple du poignet — et c'était chacun sa décision à soi. C'étaient les années soixante-dix, je n'avais rien à dire, et rien à faire. Il a tendu son bras derrière lui, et je crois bien qu'il lui tripotait la chatte ; elle tirait ses fesses en arrière pour éviter sa main — et j'étais trop mal, et trop bourré pour faire un geste, ou me lever, ou même partir. Carolina allait de plus en plus vite, et c'était affreux l'habitude qu'elle avait de ça... Valais respirait très fort, il essayait de se tourner vers elle pour l'accoler, et mes mains se sont mises à trembler. Elle résistait. Mais au bout d'un moment elle a approché son ventre contre son bras, contre sa main qui la fourrageait. Elle a posé son front sur lui, derrière, sur son épaule... Elle respirait vite et sa main allait plus lentement, par à-coups, et je sentais qu'elle écartait ses cuisses. J'avais mal dans la poitrine, Valais était en sueur, l'air sifflait entre ses dents — déjà il penchait sa tête vers elle en tournant un peu ses épaules ; elle a glissé son autre main sur sa hanche à lui, les doigts noués sur sa peau... Il allait se tourner contre son ventre sans qu'elle résiste, pour de bon, et il l'enfilerait debout — et j'avais mal, mal à crier...

A ce moment quelqu'un a gémi dans la pièce, je ne savais pas qui, mais le bruit est devenu très fort, un hurlement qui s'enflait... Et la pression que je sentais était si violente qu'il me semblait que c'était mon cri à moi qui éclatait dans la gorge d'un autre. La fille endormie s'était dressée, elle hurlait la gueule ouverte, en déchirures qui écartaient l'étau de ma poitrine, et j'ai pris une longue respiration de noyé qui fait surface... Alors j'ai vu très vite, dans un brouillard, Valais a fait un geste vers elle, et dans son brusque réveil de folie elle a saisi la bouteille de champagne par le goulot. Au moment où il s'est avancé, elle la lui a balancée en pleine gueule comme une massue ! Sa tête a dévié sous le choc mais il est resté un moment debout — la fille a couru avec un cri encore plus haut, strident, un cri fou ; elle a tourné sur elle-même puis elle a filé vers la porte comme une somnambule, les mains tendues devant elle, à la façon des vieilles gravures d'épouvante... Alors Valais est tombé assis, comme une masse sur la chaise — j'ai vu qu'il pissait le sang. Il portait ses deux mains sur son visage et il gouttait sur sa poitrine, sur ses cuisses, tout son ventre en prenait... Clémentine a poussé à son tour un petit cri de chouette blessée, et Clément qui était blanc comme un linge, statufié sur sa chaise, a eu l'air de se réveiller. Il s'est levé, les bras écartés comme pour recevoir Valais qui pouvait s'écrouler d'un instant à l'autre. Il disait : « Ça va ? Ça va ? »...

Carolina s'était enfuie dès les premiers cris ; j'ai pris mes fringues sur le dos de ma chaise, je me suis mis debout. Je titubais... J'ai trouvé le lavabo derrière le mur, et j'ai ouvert le robinet à tâtons. Je me suis mouillé la figure, les cheveux à l'eau glacée, et je me sentais faible. J'ai bu une giclée de flotte, je la sentais couler sur mon estomac lourd. Mes jambes continuaient à flageoler.

Carolina était étendue à plat ventre sur notre lit, dans le noir. J'ai posé ma main sur son épaule ; elle s'est recroquevillée et enfuie sous les couvertures. Je l'ai entendue qui pleurait. J'ai touché ses cheveux pour dire que tout allait bien, okay ? Pour dire qu'on était pas morts, et en quelque sorte suggérer qu'il y avait sa chair encore, sous la peau de mes mains, et que bien des choses étaient plus tristes dans le monde qu'un Noël raté... Elle a étouffé ses pleurs. Je me suis allongé lourdement à côté d'elle, et c'était pas le moment d'entamer un débat — une fois couché ma tête tournait très fort, comme une toupie. Au bout d'un temps indéfinissable, il y a eu des pas derrière le lit : j'ai entendu Clément qui accompagnait Valais dans le corridor... Carolina s'est mise à sangloter à côté de moi, je ne pouvais pas bouger. Quand je fermais les yeux ça tourbillonnait encore plus vite sous mes paupières, du rouge et du jaune de manège... Et je devais les rouvrir pour fixer le plafond éclairé de biais par la fenêtre.

Quand j'ai pu écarter un bras j'ai essayé de lui caresser le dos ; elle a hurlé : « Ne me touche pas ! »... Elle a pleuré encore plus fort, disant : « Va-t'en ! Laisse-moi ! », à longs sanglots désespérés.

Soudain elle n'a plus pleuré. Elle s'est redressée à genoux sur le lit, au-dessus de moi. Elle a crié :

— Pourquoi tu m'as laissée faire ça ?... Hein ? Dis-le ! Pourquoi tu m'as laissée faire ?

Et sans attendre ma réponse elle m'a balancé une grande tarte dans la gueule, de toute la puissance de son torse. J'ai vu tout de suite des chandelles pas éteintes, et j'ai eu juste le temps de mettre mon bras pour me protéger la figure, et puis l'autre coude en l'air parce qu'elle redoublait ses coups comme une furieuse, avec des : « Pourquoi ? Pourquoi ? Pourquoi ? » qui lui donnaient l'élan pour ses baffes... Elle a dit que je ne l'aimais pas ! Qu'elle avait attendu que je l'arrête, et que j'avais rien fait : « Rien ! Rien ! », frappant, folle. Elle m'a tapé dessus à perdre le souffle, criant que j'étais un sale bonhomme. Puis elle n'a plus rien dit. Elle s'est laissée retomber sur le lit, le plus loin possible de ma personne, tout contre le mur, en arrachant la couverture pour se couvrir, avec rage. J'ai entendu qu'elle pleurait encore, mais doucement ; elle reniflait, la tête enfouie sous le traversin.

Ça m'avait un peu dégrisé cette avalanche. Je me suis relevé en me disant que les filles me faisaient vraiment —

mais alors vraiment chier !... J'ai remis mes frusques au petit bonheur, en m'accrochant partout, et j'ai foutu le camp de la turne. J'en avais marre de tous ces cons.

J'ai descendu l'escalier en me cramponnant à la rampe, marche après marche d'abord, pour ne pas dégringoler. Je reprenais mon souffle aux paliers... En bas une lumière jaune filtrait à travers les carreaux de la loge ; Alphonsine était déjà levée. Je tâchais de ne pas faire de bruit, mais elle a entrouvert la petite fenêtre derrière les barreaux ; j'ai aperçu un pan de sa figure livide, avec son œil noir qui matait. La vieille odeur rance et chaude m'est arrivée en bouffée et m'a soulevé le cœur. J'ai voulu dire : « Joyeux Noël, madame Alphonsine ! », et je n'ai pas pu sortir un son.

Je me suis raidi pour lâcher la rampe et traverser le petit hall avec dignité — mais la concierge avait son air traqué des mauvais matins, elle a arrêté mon élan :

— Vous l'avez vu ?...

Elle avait ouvert le fenestron en grand, sa tête avide et ravagée s'avançait entre les deux barreaux. On aurait cru qu'elle avait vu le diable...

— Hein ? Il est passé par là tout à l'heure !

— Qui ça ? Le Juif ?...

— Non, Valais !...

Les bigoudis dépassaient du foulard au-dessus de son front, elle était réellement bouleversée.

— Il était juste où vous êtes ! Y a pas dix minutes !... Quand j'ai ouvert, il s'est sauvé. Ça fait un moment qu'il rôde ! Qu'est-ce qu'il cherche, hein ?...

Elle avait sa voix tendue, angoissée. Je lui ai fait un grand mouvement de la tête et des bras, de totale ignorance... Je ne pouvais plus desserrer la mâchoire — j'ai fait des mines comme elle, terriblement dubitatif ! Comme quelqu'un qui aurait la bouche pleine, et du mal à avaler.

Alphonsine a dit encore, sur le ton du complot :

— Ah on est propres !

Et quand je me suis glissé dans la porte, elle grommelait en claquant son judas...

Dehors l'air frais m'a fait du bien. Il ne pleuvait pas. Le ciel était dégagé et froid. J'ai pris la rue Henri-Monnier — Bréda! — et j'ai remonté vers Pigalle. Je me sentais moche et malheureux. La vie était dégueulasse... Il n'y avait pas un chat sur les trottoirs, même les putes de la rue Frochot étaient rentrées chez elles.

En arrivant sur la place j'étais tout seul ; je croyais voir du monde, des passants louches et des demi-nus sur qui accrocher mon regard. J'étais monté pour les traînards du fond de la nuit... Tout était vide. Le boulevard, en haut, paraissait désert sous les lumières inutiles, le jardin gelé... La vie était dégueulasse, et de me retrouver tout seul sur cette putain de place à putes, j'ai eu une énorme envie de chialer. Ça m'a pris d'un coup, du fond des tripes. La mort courait dans mes boyaux...

Des voitures ont passé en haut, avec lenteur, devant le Pigalle, le seul café qui restait ouvert, ruisselant de néons. Je me suis approché du jardinet avec son arbre géant éparpillé dans le ciel ; je voulais me coucher sur l'herbe, abandonner... Je me suis mis à chialer contre la grille, appuyé. Je me traitais de connard débile dans le courant d'air glacé qui balayait le square... Je me haïssais énormément.

Puisque j'étais tout seul dans ce décor défait, que j'avais les jambes en laine et que la vie était si tarte, j'ai pissé sur la pelouse à travers la grille. J'allais me gêner !... Et c'était très déconcertant, de pleurer et de pisser en même temps sur l'herbe. Je suis demeuré longtemps immobile pour laisser les nœuds se défaire, soulager ma haine en eau... Je n'avais aucune raison de bouger, jusqu'à la fin du XXe siècle.

J'ai senti des mains froides sur mon front ; des doigts se posaient sur mes yeux, par-derrière. J'ai senti sa tête, elle m'a dit :

— Tu pleures ?

— Non.

Elle frottait mes joues sous sa paume.

— Tu es mouillé.

— C'est le vent.

Elle a glissé sa main sur ma bouche, et m'a retourné doucement vers elle, Carolina. Elle a fait :

— On est des cons, Robert.

C'était la première fois qu'elle m'appelait par mon nom, j'ai levé le nez... Elle a regardé ses chaussures. Comme elle voyait que je ne disais rien, elle a dit :

— Je veux plus t'appeler Ferdinand. On le mérite pas.

Elle a enfoncé un doigt dans une boutonnière de ma veste, elle tortillait le tissu. Elle accrochait la laine de mon pull dessous, avec son ongle. Elle a dit doucement :

— Robert, il faut que je te parle.

Je n'étais pas encore très loquace, mais j'ai fait un signe opiné, genre nod de la tête, que ce ne serait pas du luxe ! En effet !... On s'est repris la main et on a marché jusqu'au Pigalle, avec ses lumières rouge bœuf et jaunes de village à cul international...

Nous avions envie d'un café.

4

Le mois de janvier avait été pluvieux, pas très froid mais pourri. Nous regardions tomber la flotte, jour après jour, à la semaine, dégouliner les toits de Paris. A se demander !... A chercher, dans le ciel mouillé, où est le trou d'où vient la pluie.

Je vivais confiné dans mon phare, plongé jusqu'aux cheveux dans les histoires de Ronald Biggs, de plus en plus harcelé dans des pays gorgés de soleil où ça n'allait pas très bien pour lui. D'abord son petit garçon était mort en Australie ; un accident de voiture très bête, au retour de la plage... Ça devenait franchement déprimant ce récit, avec la mère, courageuse et désespérée, qui voyait son fils aîné mourir sous ses yeux dans l'ambulance. Le petit Nicky, l'enfant de l'amour ! Il adorait son père absent... Il avait douze ans, se montrait brillant à l'école — la semaine d'avant l'accident il avait encore écrit un poème sur son cahier d'écolier, un petit truc sur la solitude, la désolation de l'absence, qui commençait comme ça :

> Solitaire était Ned Kelly
> Seul je suis
> Dans la foule des autres gens.
> Seule est la femme sans mari...

Et puis l'enfant sans son père, ainsi de suite... Tout cela n'était pas de la dernière gaieté. Ronnie lui-même, violemment éprouvé par la nouvelle tragique, tombait de Charybde en syllabe portugaise à Rio de Janeiro ! Le moral plus bas que zéro... Il avait écrit des lettres à Charmian, et aux deux autres petits bonshommes pour les consoler : déchirant. Il me fallait les traduire, et c'était à pleurer.

Dans l'édition anglaise ils avaient publié des photos de tous ces gens, en encart ; je les voyais, là, sur ma table, les morts et les vivants, je les connaissais — oh les visages hilares des fêtes de famille ! Les touchants souvenirs de l'album... Ça m'aidait l'imagination. Surtout que c'était la première fois que je traduisais un livre : la méthode que je m'inventais consistait à bien m'imprégner des situations, des joies et des peines, de la couleur des ciels et des montagnes, afin de mieux trouver les mots du récit, l'humeur, le rythme des phrases. La traduction, si l'on est ailleurs, pas droit dedans, on écrit à côté du monde — on met des mots de voisinage, pas dans la chair des choses... Enfin, je trouvais. J'avais besoin d'un maximum de partage. Alors cette mère éplorée, ce père lointain qui se débattait dans les tracas, ça me minait sournoisement, ça aggravait mon propre deuil. Biggs, d'ailleurs, en avait tellement plein les espadrilles qu'il envisageait d'aller tout raconter à la police locale. Il parlait de se rendre, de se livrer, pieds et poings liés... C'était désolant — ça me foutait un cafard effroyable !

Encore s'il avait fait beau temps ! Si j'avais eu des rentes... Paris en bouteille ! — Biggs était seul et sans argent, moi, à Lorette, ma fiancée était partie pour de bizarres satanées vacances : je retournais le violon contre ma tempe. Avec cette flotte qui n'arrêtait pas de clapoter dans les gouttières, c'était à se flinguer. Côté pognon, je n'étais pas brillant non plus : j'avais payé le terme de janvier avec ce qui me restait, puis presque en même temps une facture de gaz était tombée — à tomber raide ! Avec quinze jours pour régler... Là aussi j'étais vachement en exil !

Je regardais tomber la pluie sur la place Saint-Georges. Je contemplais le ciel pourri, en me demandant si Dieu, un jour, allait colmater les fuites.

Pour les soucis d'argent Clément était d'un réconfort médiocre. Ses discours sur la société capitaliste, intéressants en eux-mêmes, ne valaient pas le diable dans les moments de pénurie. Ils me foutaient carrément en rogne... Je trouvais que ce garçon populaire s'acheminait lentement, mais sans remède, vers les Secours du même nom. Je le lui disais : « T'as commencé au bord de la rivière, tu finiras sous les ponts ! »... Mais il avait toujours une bricole en vue, une salle de bain quelque part à repeindre, et qu'on ne voyait jamais, une cuisine chez des amis qui demandait à rafraîchir, et qui refroidissait. Il vivait d'enduits de brumes, de nuages, avec infiniment de laques à venir... Un moment il était sur le point de — une affaire de quelques jours : puis il n'en parlait plus. Il restait à l'affût, disait-il, et je trouvais qu'il s'endormait sur le créneau.

Là, pour le gaz, il était réellement emmerdé, Le Piaf. Il torniquait autour du pot, il désirait bien faire, sincèrement contrit... Aussi il disparaissait tout le jour en quête de quelque aubaine ; il rôdait, il partait voir des gens en banlieue, des accointances à combines. Il était resté toute une semaine à Savigny-sur-Orge, chez des amis qu'il avait là-bas. Un prof sympa et sa femme, modérément versés dans l'écologie, qu'il fréquentait par intermittence. Avec eux il échangeait des points de vue sur les images du monde ; ils accomplissaient de vastes tours d'horizon ensemble, sur les mutations de société, l'évolution des mœurs et des mentalités, d'une année sur les autres — il regardait leurs enfants grandir. Le type écrivait un peu, des poèmes, des belles choses pensées, et il avait un grand appartement. Je disais à Clément : « Il a raison de s'occuper de toi, ton écologiste, t'es une espèce en voie de disparition. » Bref, dans les tempêtes il volait bas, il faisait le mort... Plus de nouvelles de sa nana non plus, je ne savais pas si elle avait avalé sa chique ou quoi ; nous avions été d'un rare mutisme après la soirée folklorique.

Certains soirs je recevais des appels de Carolina. Elle ne m'oubliait pas... Des coups de fil lointains et vifs comme le vent qui soufflait derrière — qu'elle donnait de cabines en plein air. Dieu savait où. Dieu, oui, car moi j'ignorais tout :

ce qu'elle faisait, ce qu'elle vivait, ce qu'elle comptait faire...
Elle refusait de situer ses combinés volants, elle me disait :
« Je pense à toi. » Elle me parlait vite, le temps d'une
pièce ; puis quand sa machine clignotait elle se dépêchait de
crier : « Je t'embrasse très fort ! »... Elle avait le style
« carte postale parlée ». Tout de même des fois elle ajoutait : « Je t'aime beaucoup, Ferdinand »... Ça me troublait
— mais au dernier carat il arrivait que j'entende seulement :
« Je t'aime beau... » puis le Tii, Tii, Tii, de la coupure. Ça
me rendait languissant — et, il faut le dire, follement jaloux
— ces messages impromptus qui tombaient dans ma soupe.

Carolina m'avait parlé, à la fin de la nuit, au Pigalle.
Nous avions discuté longtemps dans les néons acides, parmi
les épaves de fête qui traînaient là, mêlées aux sans-abri,
accoudées aux formicas de mauvaise vie... Elle buvait son
café à la petite cuillère, pour faire durer. Elle traçait des
ronds bruns autour de sa tasse. C'était dur à dire et dur à
entendre : elle avait quelqu'un dans sa vie... Elle était descendue dans le Midi à cause de ça, l'été précédent, elle
s'était enfuie — pour briser ses chaînes, disait-elle. Puis elle
avait choisi l'Angleterre pour la distance, pour mettre la mer
entre ses tourments et l'existence qu'elle désirait refaire.
Libre !... Je ne comprenais pas bien. C'était une histoire
sombre, pleine de tristesse et de déchirements. Elle ne
voulait pas tout m'expliquer, afin de ne pas me faire entrer,
moi aussi, dans cette galère — je devais rester en dehors,
« comme un sémaphore » ! Par conséquent elle ne pouvait
qu'esquisser son désastre, sans les détails ni l'ensemble de sa
noirceur. Elle épaississait le mystère à demi-confidences,
tandis que ses yeux cernés de fatigue me suppliaient de ne
pas chercher à savoir davantage. Elle était très calme, parfaitement dessaoulée — je me suis demandé sérieusement si
je n'étais pas le jouet de sa mythomanie ?... Pourquoi pas ?
On en voyait de plus raides... Pourtant elle disait que ça lui
faisait du bien de raconter : mais quoi au juste ? Je lui
reposais des questions, elle disait : « Non, non »... Je devais
comprendre, ne pas l'obliger à se taire. Elle disait non à
tout.

J'avais pourtant évoqué ce qui me venait de plus gros,
c'est-à-dire de plus classique : elle avait une liaison avec un
homme marié. La femme de cet homme avait appris ! Rupture ! — Non ! Carolina souriait avec indulgence pour la
banalité. — Alors elle avait un enfant de lui ? Hein ?... Dans
le mille ! Elle avait un môme ! Elle avait mis cet enfant à
l'Assistance publique !... Elle riait, triste : j'avais tout faux.
Non, ce n'était pas une liaison, hélas ! c'était beaucoup plus
grave... Nous étions assis dans un coin de la terrasse vitrée ;
l'un des garçons avait placé les chaises sur les tables partout
ailleurs, il commençait le ménage. L'autre, au bar, grognait
comme un chien maussade contre les poivrots incrustés
devant son comptoir. — Plus grave ? Je cogitais ferme !
Elle était mariée, voilà !... Elle avait épousé très jeune un
homme qui ne l'aimait pas ! Un cruel qui la faisait souffrir :
elle tâchait de l'oublier — elle avait failli s'engager dans la
Marine pour l'effacer de sa mémoire ! Et dans la Légion
étrangère non plus ils ne voulaient pas les femmes ? Je
pataugeais... Elle soupirait, elle aurait souhaité de toutes ses
forces que ce ne fût qu'une bagatelle de courrier du cœur.
Bigre ! A un moment elle a failli pleurer, les sourcils noués
— elle a respiré très fort. C'est là qu'elle m'a répété que je
ne devais pas chercher à comprendre — sans quoi nous
allions basculer tous les deux dans le sordide, et je n'aurais
plus de raison d'être ! Du moins en tant que bouée !... Je
devais l'accepter telle qu'elle était : elle se dépatouillait toute
seule, elle s'en sortirait. Il faudrait du temps... Elle avait
besoin de se sentir forte, et moi je l'aidais énormément à
reprendre courage. Je la « ressourçais »... Elle passait sa
main sur mon poignet, sur mes doigts ; elle me pressait la
main... Elle m'a reparlé de la Provence où elle s'était sentie
si bien, si libre ! Un sentiment de légèreté qu'elle n'avait pas
éprouvé depuis si longtemps qu'elle en avait perdu le souvenir — pas même dans son adolescence piégée, enchaînée de
laideur et de haine. Oh c'était banal à dire peut-être, elle
s'en excusait : mais elle s'était sentie renaître en regardant
butiner les abeilles et en mangeant leur miel ! La liberté lui
était venue là-bas, sous le soleil, comme une grâce immense

dans ce pays de lavande aux odeurs sèches. Elle avait coulé
un été parfumé... En somme, elle ne le disait pas mais
c'était tout comme, ce jour-là qui était justement le matin de
Noël : je devais désormais lui servir de Provence, de miel, et
d'été !

Au petit jour des flics sont entrés dans le café, sur leur
ronde. Ils ont parcouru la salle de leur regard dégoûté, puis
ils se sont accoudés au comptoir où le garçon s'est mis en
frais de courtoisie pour les servir. J'ai dit : « C'est le chant
du coq ! » pour faire une blague sur les poulets. Carolina a
dessiné un sourire pour me faire plaisir, que j'avais de
l'humour et tout, bien... Elle a dit qu'elle avait sommeil à
présent, pas moi ? On allait descendre dormir, hein ?...
C'était sûr que j'avais très envie de mettre ma viande dans
les toiles — mais avant, il y avait encore une chose, un
détail qu'elle voulait m'annoncer... Elle allait bientôt partir.
Elle devait quitter Paris, c'est-à-dire, pour un temps. Tout à
coup je m'étais senti malheureux comme un formica mal
torché... Elle a posé ses mains sur mon visage, elle me
caressait les yeux, m'assurait que ce serait provisoire : deux,
trois semaines tout au plus. Ce n'était pas le bout du
monde, ni la fin des haricots... Elle reviendrait — elle allait
revenir, promis, après ce serait mieux. Je travaillerais beaucoup en attendant, j'avancerais ma traduction que ce serait
une merveille !... C'est là que j'étais devenu férocement
jaloux. Mais elle avait plaidé que non, il ne fallait pas : si je
savais ! Vraiment pas de quoi... Justement, j'ai dit que
j'aimerais savoir — et nous repartions à zéro, toute la discussion, case départ, le besoin du secret ! Mais nous étions
réellement trop las, avec le lit qui nous tiraillait en bas.
J'étais vraiment têtu, disait Carolina dans un dernier assaut,
à bout de forces, qui lui donnait le teint gris de fatigue :
là-bas, elle était une autre personne, chez les autres gens,
elle n'y avait pas le même nom, rien ! Pour eux elle était
« Viviane », une fille différente — elle la vomissait ! Et
même on l'appelait Viva, à cause d'une autre Viviane — et
rien que de m'avouer ça elle se sentait salie ! Elle me suppliait : elle avait changé son nom en Provence, elle était née

là-bas ! Elle voulait que Viva soit morte... Et j'ai dit, comme
dans le film d'Arrabal : *Viva la muerte !*... Quand j'y re-
songe, on veut toujours faire des vannes merdeuses ! J'aurais
sûrement pas dû dire ça... Il était tard, ce n'était peut-être
pas une excuse.

Elle était partie avant la Saint-Sylvestre, depuis il pleuvait. Les trois semaines s'étaient changées en six, et je
réfléchissais que nous n'avions pas souvent fait l'amour,
finalement, depuis qu'on avait commencé... Nous avions
vécu de touchettes, de guilleris de plaisir. Il y avait toujours
eu quelque incident, des hasards et retardements, peurs et
reproches ; nous trouvions constamment des bâtons en travers de notre chemin de coït... Maintenant, avec cette histoire de type fantôme qui existait quelque part, qui emportait Carolina en voyage, j'étais vachement amer. J'en parlais
avec Clément... Je lui avais exposé le problème, résumé le
Pigalle et mes interrogations. Nous suppuations pendant des
soirées entières. On imaginait tous les cas : comment ce mec
pouvait-il la tenir ?... Ça n'avait pas l'air bidon son désir de
rompre. J'étais là pour le prouver, en un sens.

Et si c'était quelqu'un qui la faisait chanter ?... Après
tout, elle pouvait avoir fait des choses graves, Carolina, dans
son jeune passé. Pourquoi pas ? Tué du monde ?... Bon,
d'accord, disait Le Tiaf, mais on voit des choses incroyables
dans les journaux des fois ! Il ne fallait écarter à priori
aucune hypothèse... Peut-être qu'elle était, par exemple —
il lui venait une idée — infirmière de formation ? Qu'elle
avait été mêlée à une histoire tragique ? Ah ! nous n'en
savions rien... Il fallait voir, à la lumière de suppositions
peut-être absurdes, tous les cas... Tout ce que je savais,
n'est-ce pas, c'est qu'elle avait eu un boulot, mais lequel ?
Elle pouvait très bien avoir été infirmière, élève infirmière !
D'ailleurs, en y réfléchissant, le premier jour, elle avait pas
mal assuré avec la bosse à Clément !... A la sortie du métro,
ça nous revenait. Elle avait tout de suite ausculté la blessure
d'un doigt expert, et parlé d'eau « Dakin ». Ce n'était pas
un terme de pensionnat de jeunes filles, « eau Dakin », mais
un produit antiseptique dont on se sert dans les hôpi-

taux. Bon Dieu, c'était bien sûr !... Elle devait avoir une profession paramédicale, au moins, pour savoir des machins pareils !...

On gambergeait serré.

— Et alors ? j'ai dit, ça nous avance à quoi ?

Eh bien, voyons, à des tas de choses... Carolina aurait pu commettre une faute professionnelle, un truc grave, entraînant la mort de quelqu'un — et il n'y aurait pas eu de plainte déposée parce que la personne qui savait l'avait couverte, et depuis, bon, il la tenait comme ça, au chantage !... Le mec avait des preuves et tout, il lui suffirait de lever le petit doigt... Ça par exemple c'était une sale histoire ! Une histoire, en plus, qui arrivait fréquemment — lui, Le Tiaf, qui lisait la presse, le savait parfaitement. Sauf que ce genre d'anecdote affleurait rarement dans les épaisses revues qu'il se farcissait d'habitude... En tout cas ça collait parfaitement avec sa fuite, son besoin de mettre des distances et d'avoir quitté son boulot. En somme, ce type devait être un parfait fumier, nous étions bien d'accord là-dessus.

Au bout de quelques jours nous étions moins convaincus. Qu'est-ce qui l'aurait empêchée de me dire où elle était partie, si c'était seulement des vacances ?... Pourquoi ne pas signaler sa position ? Et surtout, cela s'était confirmé au bout de quelques semaines, comment imaginer des vacances qui se prolongent, hésitent, n'en finissent plus ?... — Un soir Clément a eu une autre idée, bien plus solide : il avait lu tout un dossier sur le trafic de la drogue. Et si elle était tout simplement en cheville avec un trafiquant ? Un dealer de banlieue pour qui elle aurait eu des faiblesses, et qui la tiendrait... Ça tournait sordide, peut-être ! Il fallait voir la réalité en face, de temps en temps... La réalité ne faisait pas toujours dans le marchand d'eau de rose, nous devions en convenir.

Nous avons creusé cette nouvelle piste toute une nuit. Nous imaginions un bonhomme qui l'obligeait à bosser pour lui dans une sorte de mi-temps du crime... La drogue une fois frôlée, on ne s'en débarrasse pas aussi facilement. Tout

le monde sait ça : tu peux pas dire « Tchao! », je vous ai
assez vus. Les mecs te retrouvent, gare à ta peau! Ils te
tirent comme un lapin ces types... Sa vie était peut-être en
danger, à Carolina. J'expliquais à Clément comment elle
avait paru désespérée, le matin au Pigalle. Combien mes
allusions aux drames ordinaires de la passion lui semblaient
bluettes, en comparaison de son cas à elle! « Beaucoup plus
grave », elle avait dit.

Au fond, c'était vrai : qu'est-ce qu'elle foutait à s'éclipser
ainsi des jours entiers, des nuits, et maintenant des semaines? Sans jamais laisser un seul numéro de téléphone.
Où elle allait?... Tant de discrétion signalait pour le moins
un truc pas clair. Même là, dans ses coups de fil, elle
refusait de me donner le moindre indice sur sa situation
géographique. Latitude, longitude, que dalle — même par
jeu. Pourquoi?... Et cette façon de m'appeler à la sauvette
des cabines publiques, dehors — que j'entendais souvent la
pluie tambouriner sur les abris. Sans doute pour ne pas me
mouiller! a dit Clément, et il n'avait aucune intention de
faire un jeu de mots... Trop dangereux! Afin que les autres
ne puissent pas repérer mon numéro de téléphone. — Ça
nous est tombé dessus comme une illumination subite : elle
se livrait à un manège pour égarer les curieux, pour que son
bourreau ne se doute de rien!... Est-ce qu'elle était en train
de dealer?... (Ah la morue!)... Elle tripotait la blanche!...
Nous en étions gueule bée. Mais c'était sûr : elle aurait pu se
trouver à Marseille, certains soirs — ou à Tanger!

— Tu vois pas que son type la surprenne à bigophoner?
Hé?... Qu'il la fasse avouer, et qu'il débarque ici pour voir
nos gueules, avec un calibre!... Ils rigolent pas les mecs.

Oh, ça nous a fait froid dans le dos. Le Tiaf mollissait, du
coup... Il rigolait, mais d'une oreille. Je sentais, en fond
d'encéphale, l'envie subite qui le prenait de se réfugier
quelque part — à Savigny-sur-Orge! S'acagnarder chez son
copain, le temps que ça passe : Salut, ça va? Et les enfants?... Il pourrait leur colorier des images! Je le voyais,
l'exode le tenaillait — d'autant que j'ai raconté ce qu'elle
m'avait laissé entrevoir : qu'ils étaient plusieurs. Elle avait

parlé des « autres gens », et d'une « autre Viviane » ! Voilà,
c'était un groupe, une équipe organisée... Pas du courrier
du cœur, sans doute, mais du courrier de Lyon ! — non,
rien, une blague : des voleurs, des ancêtres de Ronald Biggs.
Clément est allé pisser dans le lavabo d'un air grave. Je
lui ai fait remarquer que si on continuait à se soulager
là-dedans, nous deux, ça allait cocotter ferme d'ici le printemps !... Il a répondu que dans ces conditions il n'y aurait
peut-être pas de printemps... Plus jamais de fleurettes !

— Tu vas finir par nous attirer des emmerdes avec tes
façons de draguer la première minette venue. Tu pourrais
pas emballer une femme de trente, quarante ans, la prochaine fois, pour changer ?

— Avec un bon curriculum vitae ? Des revenus solides ?...

— Tu fais chier ! Une nana qui soit pas fichée à l'Inter-
pol, ça doit se trouver ?

Il me faisait la morale, le salaud, en refermant sa braguette... Il est allé faire chauffer du café.

— Tu sais quoi, Robert ? Tu es immature.

Il se fendait la gueule. C'est moi qui l'avais traité d'immature un jour ; il me rendait la monnaie... Enfin, tout ça
restait à prouver. Tout de même, on était peut-être en train
de se faire un cinéma débile, elle était sympa Carolina,
merde ! Intérieurement, je trouvais que ça ne collait pas
trop. Oui, sur le plan des idées, notre supposition ne semblait pas déraisonnable, mais « vu du cœur », en quelque
sorte, le personnage avait du mal à endosser ce manteau-là.
Encore que... Évidemment elle avait lourdement insisté
pour dire qu'ailleurs elle était une autre personne complètement. — N'empêche qu'il y avait bien quelque chose de pas
net, disait Clément. C'était un plan ou bien l'autre : la coke,
ou le cadavre dans le placard... Et qui sait ? Un jour les
deux pouvaient se rejoindre ? Il y aurait peut-être de la
viande refroidie au 33 rue Notre-Dame-de-Lorette ! — (Hélas ! le mot était mal choisi)... Bref, il faudrait tirer cette
chose au clair, au plus vite, aussitôt que Carolina reviendrait.

En attendant nous avons décidé de visiter son sac. Curieusement, il était demeuré dans un coin de la pièce depuis le jour de notre arrivée, entre la fenêtre et la cheminée. Comme un témoin de nos effusions, je pensais... Elle avait sorti encore quelques effets, embarqué peu à peu un pull, plusieurs paires de chaussettes, mais elle l'avait toujours laissé à la même place, qui était pratiquement l'endroit où il était tombé le premier jour ; la poussière avait commencé à s'accumuler autour pour en témoigner.

Tout à coup, dans le nouvel horizon de la drogue, il nous paraissait suspect :

— Ce serait la bonne astuce d'avoir ici un dépôt-vente ! grognait Le Tiaf fort de ses lectures. En tout cas c'est un truc super-classique !

Nous l'avons fouillé minutieusement. Nous enlevions chaque vêtement, chaque objet un à un — pas grand-chose, un chandail large et flottant, un pantalon de velours à fines côtes dont nous avons retourné les poches et dont la fermeture Éclair était déglinguée. Une chemise d'homme à l'ancienne, sans col... Nous l'avons dépliée, épluchée, sans découvrir aucun indice particulier. Nous avons trouvé encore un semainier auquel il manquait un anneau, une boîte de Tampax entamée — visionnée de fond en comble ! — un capuchon de stylo sans le corps, deux petites culottes émouvantes, un ruban de velours violet pour les cheveux, des élastiques épars dans le fond, un rouleau de bonbons anglais... Le sac avait une poche intérieure tenue par une languette et un bouton pression, dont nous avons sorti une tablette d'aspirine du Rhône, entière, et quelques cartes postales venant de France adressées à Viviane Gonthier, à Hampton Court — c'était normal. Elles étaient postées à Paris, et une à Asnières. Le texte n'était d'aucun intérêt, même en supposant les codes les plus retors. Nous avons sondé le fond du sac, palpé la doublure... C'était décevant pour nos âmes d'enquêteurs saisies par le zèle.

Nous avons tout remis en place, à peu près dans l'ordre exact, car Clément était un spécialiste du rangement ni vu ni connu ; il gardait facilement en mémoire l'emplacement des objets et pouvait les restituer dans leur position d'origine. Il s'était beaucoup entraîné à une époque où il était réceptionniste dans un petit hôtel miteux. Les patrons tout à fait rapiats relouaient en douce les chambres prises au mois quand les clients s'absentaient quelques jours. Ils faisaient appel à son talent particulier pour débarrasser la piaule des affaires personnelles de l'absent : il remettait tout en place après, au quart de poil, aux plis de la veste qui avait été négligemment jetée sur le dossier d'une chaise. Il était capable de restituer le mouchoir qui traînait, le sac dans un angle, la chaussette égarée, le journal à la bonne page ! Jusqu'au positionnement du verre à dents sur l'étagère de la salle de bain. Un expert discret — à son retour l'occupant régulier n'y voyait que du feu...

Il a remis tout dans le sac, bien comme il fallait, et même le capuchon du stylo coincé comme il était entre deux chaussettes. Il n'y avait plus qu'à attendre le retour de l'absente ; je me disais que ça allait être coton pour lui tirer les vers du nez.

*
**

J'étais allé voir Nireug pour lui conter mes soucis, me blanchir quelque peu la châtaigne, je dirais, si l'on peut parler avec autant de légèreté de ce que j'avais sur la patate. Déjà au téléphone il me remontait assez bien la pendule, Nicolas, de sa grande voix confiante. Je lui avais décrit les exigences des Gaziers de France, ces peigne-culs ! Ils étaient revenus à la charge. La coupure paraissait imminente, avec la terrible menace de la « chambre sans gaz », comme le cas était...

A ce sujet il m'a expliqué que tout cela n'était pas aussi dramatique : le Gaz de France interrompait rarement ses livraisons pendant les mois d'hiver. Avant de couper ils faisaient une enquête, ils venaient voir les vrais besoins, si les gens étaient solvables ou non, ou simplement des étourdis — tout ça pour ne pas risquer de faire crounir de froid une vieille dame dans le dénuement. Ah bien sûr, ils allaient me houspiller, et brandir des menaces! Mais ils ne couperaient pas sans savoir, sûr et certain. Le mieux était d'aller les voir :

— Si tu leur démontres que t'es vraiment raide et que tu peux pas payer l'ardoise, ils sont pas chiens, ils te donneront un délai. Tu n'as qu'à leur offrir une broutille, un dixième de la facture, pour prouver ta bonne volonté...

Il avait ajouté que c'était fort dommage! Que nous fermer le robinet, illico, serait une façon de nous sauver la vie, probablement, à mon acolyte et à moi, dans cette pétaudière où nous allions tomber raides morts, un de ces quatre... Sa litanie. La seule façon de nous obliger à changer tout ça, serait justement de nous couper le gaz!

Nous avions reparlé des crachats, comme on évoque de vieux amis. Ils allaient leur train, les glaviots ; Nireug avait conçu quelques idées : il avait même commencé à rédiger un synopsis en prévision du projet à fournir. Il avait une idée pour le début du film, le générique — une vision : un enfant sur un plongeoir... Il me racontait, avec les gestes, grandeur nature... « L'enfant regarde l'eau, en bas, dans la piscine. Il est au cinq mètres, hein, c'est impressionnant! L'enfant crache dans l'eau, une fois... Il suit son crachat des yeux, sous lui, à la verticale — et nous aussi, la caméra voit ce qu'il voit!... Tu comprends, la piscine est vide, c'est un enfant seul. Une piscine privée, si on veut, en plein soleil. La surface de l'eau est parfaitement immobile... Donc, en arrivant le crachat provoque des petits remous concentriques que je pique avec la caméra! »...

Il s'animait, cadrait l'image entre pouce et index. Il inventait à mesure — il guettait ma réaction :

— Le môme crache une seconde fois, il regarde : ça tombe au même endroit. Alors là il suit, il saute! Il plonge à la baille, pile au milieu du cercle!...

Je hochais le chef, épaté... Oui, je voyais bien la scène en effet. Le grand Nini a écarté les bras :

— Hein ? C'est marrant comme idée ! Un jeune enfant... Un môme de sept ou huit ans, pas plus. Il a un peu les chocottes, c'est haut !... Il se rassure, il crache, puis il y va ! Hop !... C'est amusant : se faire précéder par son crachat. Tu ne trouves pas ?

Si ! Je trouvais que c'était rudement bien ! Ça faisait une petite scène en soi, qui ne dévoilait rien — mais en plein dans le sujet. Ça me plaisait beaucoup !

Nireug était ravi :

— Alors on passerait sur toute une série d'enfants. Divers endroits, en montage rapide, tu vois... Deux gosses qui crachent d'un pont dans la rivière, ils font un concours... On peut trouver des tas de situations différentes ! C'est un début...

A nous réchauffer les méninges, l'ambiance revenait au galop — c'était encourageant :

— Quand les idées reviennent au galop, c'est que le sujet tient la route, non ?...

Quelques jours avant, j'avais pensé à un truc : les postillons ! Tout à fait cousin... Du crachat en miettes, en quelque sorte. Ça m'était venu par hasard, en discutant avec ma concierge. Elle m'avait envoyé une toute petite goutte de salive sur la veste en parlant, elle avait dit : « Oh pardon monsieur Robert, je vous ai postillonné ! »... Probablement à cause de son rouge à lèvres, de la bouche en cœur cerise d'Alphonsine, je m'étais fait la réflexion que les gens ne postillonnent plus guère. Sans doute qu'ils ont moins de salive au bord des lèvres, en parlant ?...

Nireug réfléchissait, il n'avait pas pensé aux postillons. Pourtant c'était un argument formidable à l'appui de sa thèse sur la sécheresse buccale ! Totalement dans notre sujet !... Il se souvenait à présent, dans son enfance, le poison que c'était les bonnes gens qui vous crachaient carrément à la gueule en jactant. « On s'essuyait la figure avec la main ! »... Sa mère, une fois, l'avait grondé : il fallait pas s'essuyer comme ça devant les gens ! Ce n'était pas poli !...

Il pouvait avoir cinq ans, par là, une vieille bonne femme lui faisait des compliments, baissée devant lui. Une vieille de Montmartre, toute poilue !... Et qu'est-ce qu'elle lui balançait comme postillons !... Sa maman lui avait expliqué, après, qu'il fallait attendre un petit instant avant d'enlever la salive, discrètement. On pouvait se détourner, s'écarter un peu de la personne si on voulait, mais pas se torcher le museau devant le monde. Elle lui avait dit gentiment, mais ça l'avait frappé !

On disait même une chose à Montmartre, de ceux qui postillonnaient beaucoup : qu'ils « écartaient du fusil » !... Il se souvenait : « Ah dis donc, la vache, qu'est-ce qu'il écarte du fusil, lui ! »

— Tu vois, j'avais oublié !

Il se rendait tout chose à ce souvenir. Il souriait... Il pensait sans doute à sa mère. A qui d'autre ? A des temps merveilleux, cette époque enchantée où Montmartre, la place Blanche, tout ça, les Abbesses, résonnaient sous les brodequins boches ! On disait les « Frisous »... Très polis ! Est-ce qu'ils crachaient ? Ils faisaient traverser les mères de famille. On aurait dit que c'était hier... Il était tout petit. Pas plus haut qu'une botte allemande.

Nous avons parlé une partie de l'après-midi, de choses et d'autres. J'avais confié Carolina, au détour des mots, ma nostalgie entre deux rires. L'absence... Ah ! il trouvait, aussi, mon camarade, que j'avais une drôle de tête ! Ma confidence l'éclairait... Ça le rassurait, en un sens, parce qu'enfin les soucis financiers auxquels il attribuait ma tristesse n'étaient que vétilles ! « Maladie d'argent n'est pas mortelle ! » — il aimait à citer le proverbe.

— Tu es amoureux, La Tuile ! J'aime mieux ça !...

Il taquinait gentiment, ça me faisait du bien. Il me remettait en proportions... Tout en parlant, Nicolas s'était rasé, impeccable ; il avait commencé à se nipper — mais alors la sape grandiose : costume trois-pièces ! Il avait rendez-vous à sa banque, mais il s'activait à sa toilette comme pour un bal. C'était dans ses habitudes ; car il n'avait pas seulement un compte courant quelque part, dans un de ces établissements qui ornent volontiers l'angle des belles rues dans les grandes villes. Il était reçu, lui, personnellement, par son banquier! Il s'habillait chic : chemise de soie, cravate ou foulard noué — grande marque, griffé. Jusqu'à un chapeau mou qu'il réservait à cet usage. Il devenait princier!... Il conservait comme ça dans sa garde-robe un assortiment de fringues de luxe qu'il avait achetées dans ses périodes fastes, du temps qu'il paradait dans le gratin du cinoche. Il avait même roulé en Porsche, dans le temps! Autrefois, dans les années soixante : juste avant huit!... Il avait mis de côté deux paires de chaussures fauves, d'un cuir rare, fabriquées sur mesure par l'un des grands bottiers de la place de Paris — des pompes splendides! Et solides, merveilleusement durables. Il en prenait un soin méticuleux. — A présent mon camarade gérait ses petites affaires sans grands moyens, avec une somme totale de dettes auxquelles il faisait parfois allusion, qui m'aurait épouvanté, et qu'il mentionnait avec bonne humeur!... Simplement, dans les cas chauds où les eaux étaient dangereusement basses, il chaussait ses tatanes, enfilait un pardessus immense, en laine peignée, coiffait son galure... Il annonçait avec un sourire mystérieux :

— Je vais voir mon banquier, nous allons négocier.

Princier! Véritablement!... L'autre, en face, n'avait plus qu'à se tenir!... Pourtant je me demandais : comment diable s'y prenait-il pour faire avancer du flouze à ces gens? Ses interlocuteurs financiers étaient bien placés pour le savoir, qu'il n'avait pas un radis! J'ai demandé, mine de rien, s'il était si sûr de réussir?

— Bien entendu!

J'étais naïf!...

— Tu vas dans une banque pour emprunter trois mille balles : on te regarde à peine! On t'accorde cinq minutes, tu es un pouilleux — on te fait même pas asseoir!... Par contre, si tu leur dois déjà cent briques, là, c'est entièrement différent! Tu es quelqu'un d'important : on te présente un fauteuil! On te demande des nouvelles de ta santé!...

Il riait d'un ton bref, sursautant du buste, heureux de m'instruire.

— On t'offre un cigare, un doigt de whisky ! Qu'est-ce que tu crois ?... A partir de plusieurs millions de francs lourds, on t'invite à déjeuner !

A mesure qu'il s'habillait, il devenait plus sérieux ; il respirait sa mise en dedans, l'importance, l'avantageux... Quand il a eu fini de boutonner son gilet, il parlait d'une voix plus ronde :

— C'est normal ! Réfléchis : tu leur dois, admettons, quatre-vingts briques — ils ne peuvent pas te mettre en faillite du jour au lendemain. Ils perdraient tout !... Au contraire leur intérêt est que tu puisses durer, payer les agios. A ce tarif-là, tu es leur client, ils sont obligés de t'aider à te maintenir à flot : donc ils te prêtent vingt bâtons de mieux ! La seule chance qu'ils aient que tu refasses des bénéfices ! Comprends-tu ? C'est logique, au fond !...

Ça me paraissait limpide, en effet. Et effrayant... Je me sentais médiocre, moi qui en matière de banque n'avais jamais connu que des guichetiers courtois, certes, mais surtout pressés d'avaler à coups de tampons sommaires les files d'attente massées devant leur bout de comptoir. Je ne voyais pas comment on vous offre un cigare là-dedans, ni un doigt de bourbon !... Mais je lui faisais confiance à mon pote, il s'arrangeait très bien. Une semaine il se déclarait « à court de liquidités », puis, soudain, le mardi suivant, il rebondissait sur ses grands pieds, il signait des chèques, craquait du fafiot — ce n'était pas une note de gaz qui lui aurait arraché un soupir !...

Avant de partir il m'avait filé mille balles — c'était cocagne alors !... Nous avions parlé, aussi, des ouvertures possibles ; comment me remplumer et faire face à l'avenir ? Si seulement je pouvais dégotter une autre traduction à mettre au bout du Train postal !... Nireug connaissait du beau monde ; il avait conservé quelques bons amis de gros calibre, eux-mêmes entourés de relations. Il a réfléchi un moment : quelqu'un, parmi cet entourage, avait ses entrées aux Éditions du Rosier — il allait lui parler ! C'était un vieux copain, il lui exposerait le cas, et ils verraient ensemble ce qu'il était possible de faire. Normalement son pote pourrait me recommander : je n'aurais qu'un coup de téléphone à donner !... Tout ça baignait d'espoir léger... Dehors, je respirais la pluie d'une narine frivole. J'ai pris du plaisir à me faire saucer.

***

Lorsque Carolina est revenue de guerre elle était câline. Nous avons fait l'amour un peu mieux, toute douce... De penser que ses élans venaient peut-être d'un mois et demi de rodage avec un truand de l'internationale du crime me rendait bouc, chèvre, et furieux. Je trouvais qu'elle sentait le champ de bataille... Pourtant elle n'était pas bronzée ni rien, plutôt pâlotte il me semblait. Elle n'a toujours pas voulu me dire où elle avait passé ces drôles de vacances payées, sous quels climats — dans quels pavots ? Mais Tanger était à exclure, et je n'insistai pas ; je lui caressais seulement le ventre. Elle répondait à mots doux : « Tais-toi, tais-toi, Ferdinand... Laisse-moi respirer. » Je me demandais si elle sortait d'une cave ?

Dans les jours qui ont suivi elle s'est trouvé un petit travail : elle faisait du bébé-sitting chez des gens, le soir, trois fois par semaine, de six heures à minuit. Comme c'était à Paris, vers l'avenue de Wagram, il était plus simple qu'elle vienne dormir à Lorette après sa garde. Elle avait tout le temps d'attraper les derniers métros jusqu'à Blanche ; ensuite elle descendait à pied. C'était une chose douce et agréable ; je l'attendais en travaillant... Elle me passait un coup de fil vers neuf heures, quand les enfants étaient endormis : un petit garçon et une fille à qui elle contait des histoires dans leur lit. Elle improvisait des récits sur les soldats de la reine d'Angleterre qui ont de grands habits

rouges et des bonnets pleins de poils où logent des petites souris en hiver quand il fait trop froid dans la rue. Elle me racontait au téléphone ce qu'elle avait inventé comme péripétie du jour — des fois j'ajoutais un développement de mon cru, je disais : « Réveille-les pour leur dire ! »...
J'avais briqué mes hypothèses de délinquance à son sujet, et, soir après soir, comme un fumier, je m'ingéniais à vérifier mes pistes auprès de la suspecte, quand elle rentrait. Je faisais glisser les conversations sur des sujets parallèles, et souvent paramédicaux ; je parlais de soins aux blessés, je commentais les passages du Samu sous nos fenêtres... Elle ne paraissait pas raffoler de ce genre de sujets, mon intérêt subit pour les traumatismes lui faisait hausser le sourcil ; elle me regardait bizarre, je n'en devenais que plus suspicieux. J'essayais par tous les moyens de la faire se trahir sur ses connaissances en infirmerie — un soir je lui ai demandé naïvement comment on établit le groupe sanguin d'une personne, juste comme ça, à brûle-pourpoint, par curiosité. Carolina ouvrait de grands yeux... Elle pouvait se renseigner, si vraiment je tenais à le savoir, disait-elle. Mais pourquoi ?... J'ai raconté que c'était à cause de Ronald Biggs, pour cette histoire de paternité, à Rio — ça n'avait aucune importance.
— Au fait, tu pourrais te renseigner où ? j'ai demandé.
— Je sais pas moi... J'irais voir un pharmacien, ils doivent savoir. Tu veux ?...
J'ai dit que non, pas la peine. Détail futile... J'ai tout de même parlé des gens qui en assassinent d'autres — des fois par accident ! J'avais demandé à Clément de repérer des histoires de meurtres dans les journaux. Il achetait *France-Soir* avec une énorme répugnance — je lui conseillais d'en profiter pour parcourir les petites annonces, au cas où par hasard il se trouverait un boulot. Et ça c'était encore plus horrible à ses yeux ! Il ne s'arrêtait qu'à des offres d'emploi mirobolantes, destinées à des cadres bardés de diplômes supérieurs à tout ; des gens qui, de surcroît, pouvaient justifier d'au moins cinq années d'expérience dans la fonction demandée. Mais si un fleuriste, par exemple, voulait

embaucher un vendeur débutant, il me dépeignait la chierie
des fleurs ! Il m'expliquait qu'on se gèle des doigts dans ces
endroits pas chauffés du tout... Il partait ensuite dans de
longues envolées sur l'Art du bouquet au Japon, disant que
les Européens étaient bien trop cons pour comprendre tant
de délicatesse et d'élévation d'âme. Les Japs, alors oui, ils
savaient s'y prendre — ils avaient même des écoles pour
s'initier ! Je lui disais de se faire fleuriste à Tokyo, et de plus
me casser les couilles.

Il me trouvait grossier parfois, Le Tiaf. Il me dévisageait
en secouant la tête, avec commisération : j'étais bien de mon
pays ! Infiniment occidental... Version France profonde, la
pire ! La moins évoluée. Ces relents l'écœuraient : il me
traitait de bougnat...

A part les engueulades, il finissait par dégotter des faits
divers chargés de suc, voilés de diablerie, que je présentais à
ma fiancée l'air innocent. Elle mouftait à peine, c'était à
désespérer... Elle se montrait chaque fois sans émotion ni
réticence ; c'était le bide des Sherlock Holmes, la Bérézina
des Maigret !... Je me suis mis à parler de drogue. Plus j'y
réfléchissais plus sa fonction de trafiquante me semblait une
supposition folle — mais que savait-on ?... J'ai commencé
par passer en revue les différentes catégories de poudre, les
effets du sniff. Je me posais des questions pour voir si elle
était renseignée sur les pratiques. Je parlais lignes, j'envisageais les réseaux, les dédales du deal pour se procurer de la
coke, le trafic des seringues.

— Qu'est-ce qui te prend ? m'a dit Carolina. Tu veux te
shooter ou quoi ?

Je devenais suspect... J'ai dit que c'était rapport à Biggs
que je pensais à ces choses ; à cause des histoires filan-
dreuses des marchands internationaux. Le résultat était nul :
elle ne paraissait pas plus sensibilisée aux stupéfiants qu'à
leurs revendeurs. Elle ne se donnait même pas la peine
d'afficher une ignorance calculée qui aurait pu devenir su-
jette à cochon : elle m'a raconté deux ou trois détails qui
l'avaient choquée à Londres, chez les musicos qu'elle côtoyait — des garçons un peu limites, côté blanche. Elle m'a

cité, en outre, le cas d'un ancien copain du lycée qui avait
traficoté dans le hasch, et qui s'était fait coffrer. Combien
c'était dommage pour l'avenir de ce bon garçon!... Des
banalités.

Mais qu'est-ce qu'elle foutait alors?... De son temps? De
ces jours captifs guidés par « quelqu'un »? Mystère ou mythomanie, pourquoi ce vide autour de ses activités?... Et
puis, bébésittage mis à part, sans blague, d'où sortait-elle le
peu d'argent dont elle disposait? Quand on prenait un pot
ensemble elle insistait pour payer sa part. Elle avançait son
fric avec ténacité... Elle s'achetait quelques fringues, pas de
folies mais des collants, des colifichets en solde, et même un
jour elle s'était pointée avec un futal flambant neuf, toute
fière. C'était troublant. Elle possédait une carte orange pour
ses transports!... Il n'était pas question de parents, j'avais
sondé cette voie-là depuis longtemps, ce genre de relations
n'existait plus dans sa vie. Alors?...

Un jour qu'elle changeait un billet de cent francs, chez le
Tunisien, j'avais demandé où elle l'avait trouvé, si beau,
tout neuf? Par jeu... Elle avait rétorqué par une pirouette :

— J'ai fait une passe, qu'est-ce que tu crois?

Si je n'avais pas été un peu renseigné sur ses habitudes
amoureuses, en effet j'aurais pu commencer à croire — mais
il était hautement douteux qu'elle arrondisse ses fins de
mois sur des couettes. Encore que... Dédoublement de la
personnalité? Cas clinique?... Elle n'était tout de même pas
espion!

Nous avions eu cette idée un soir, en rigolant, avec Clément. Elle était en train de téléphoner de chez la famille de
l'avenue de Wagram après avoir couché les mômes, je faisais
le pitre : « Bonsoir, je suis votre contact B14A3. Message :
les morpions sont dans les plumes. C'est à vous, parlez »...
Carolina m'a annoncé qu'elle ne venait pas à Lorette pour la
soirée. Il y avait un os : sa voix était triste... Une obligation
de dernière minute, elle était navrée. Que je ne sois pas
fâché surtout. Elle ne pouvait pas prévoir... C'était rageant,
j'avais prévu, moi, justement, un petit goûter aux chandelles
pour son arrivée. Seulement un dessert, une crème Mont-

Blanc, et une bouteille pour une soirée d'amoureux dans l'intimité de la garçonnière — Clément devait découcher. Maintenant Clémentine empruntait le studio d'une copine, il allait la rejoindre. J'avais même fauché quelques soucis à un étalage pour faire gai, sur la table. C'était raté... Soudain ces virevoltes commençaient à me gonfler. J'étais aimable au téléphone, mais juste assez. Elle a pleuré, il fallait encore une fois que je comprenne les yeux fermés. Elle avait des obligations imprévisibles, c'était affreux... J'en avais marre, j'ai raccroché. Et puis j'ai rappelé, pour dire que bon... J'étais pas fâché. Le seul numéro qu'elle m'eût jamais donné : celui de ces gens, quelle ironie !... Elle avait l'air en miettes à l'autre bout, je l'ai consolée. J'ai dit que ça n'avait pas d'importance...

J'ai dit que je comprenais.

En réalité j'y voyais de moins en moins clair — Nom de Dieu, qu'est-ce qui pouvait expliquer qu'elle ait besoin de se tirer à une heure du matin, vers une destination inconnue ? Autre que des motifs de baise ?... C'était grotesque à la fin !

— Le Tiaf qui assistait à l'entretien était de cet avis. Il n'était pas encore parti, il a ricané :

— Peut-être qu'elle travaille pour le KGB ?

Ses connaissances en combines internationales reprenaient le dessus ! Mais après tout ?... On se regardait. On pouvait voir des affaires plus étonnantes... Le bon agent secret n'était-il pas justement celui qui n'en a pas l'air ? Une minette de banlieue : astucieux ! On pouvait se fouiller avant de trouver quelqu'un qui paye aussi peu de mine !... Mince alors ! Carolina : une taupe ! Avec code, rendez-vous impromptus, ligne de conduite en rase-mottes. A la réflexion cela collait assez bien : qui était cet homme dans sa vie ? Son contact, pardi ! Son boss impérieux !... On se félicitait de la trouvaille. Clément était sur le point de partir, il se tapait sur les cuisses, ça me faisait oublier ma déconvenue.

Oui mais : lézard ! Qu'est-ce qu'elle pouvait bien mater, notre espionne ?... Elle ne pouvait pas faire des fiches sur nous ! Quel intérêt on présentait, hein, nous deux Clément, pour le KGB ? Nos activités ?... Dans le cas du Tiaf c'était pas lerche — lever onze heures, rien glander jusqu'à la nuit, lectures en attendant le marchand de sable... Qui ça pouvait bien gêner ?

— A moins que les Russes veuillent se faire une opinion sur le farniente hexagonal ! Ils t'ont peut-être choisi comme cobaye ? C'est vrai que tu ferais un sujet d'étude à toi tout seul : « La déliquescence morale en pays capitaliste, Clément Thiafarel ». *Da !* La thèse de l'année !

Elle n'avait même pas de boulot, aucun accès à rien, des bureaux, des usines... A moins que ces histoires de gardeuse d'enfants ne soient qu'une habile couverture ? Elle pouvait fouiller chez les gens en leur absence, photographier des documents pendant que les mouflets rêvaient aux horseguards... Des fois que le papa serait un ingénieur ingénieux, lauréat du concours Lépine nucléaire ! Ou décideur chez Dassault ? La nature exacte de cette famille restait à vérifier.

C'est Nireug qui m'avait donné la solution — je lui avais dit deux mots des activités étranges de ma copine que je n'arrivais pas à cerner. Il avait proposé sur le ton du gag : « Il faut la filer... C'est très simple : tu la suis. Tu la prends en filature ! »... A première vue ça paraissait une blague, et puis en réfléchissant... Nous y avions réfléchi férocement, avec Clément, tout un soir. Nous étions tombés d'accord sur un point : découvrir la nature exacte des allées et venues de Carolina nous ferait franchir un pas énorme... Mais là encore c'était vite dit : nous n'avions pas les moyens d'engager un détective. Quant à prendre nous-mêmes ma fiancée en filature, ce n'était guère possible... A moins de se trouver sur son chemin par hasard ?

Clément rigolait :

— Tu te vois lui expliquer que tu passes par hasard pour la troisième fois rue des Glycines à Asnières ? Que tu entres dans le même Monoprix qu'elle à Puteaux ?... La bonne surprise !

Il n'avait pas tort, ce n'était pas pratique... Tout cela demandait réflexion.

L'idée géniale ne m'est venue qu'une semaine plus tard, place Blanche, un soir que je prenais un pot en attendant

Carolina. Il était aux environs de minuit, elle revenait de sa soirée de gardeuse et j'étais monté jusqu'au métro, histoire de secouer mon plumage de hibou et faire prendre l'air à mes chaussures. Nous avions convenu de nous retrouver dans ce café pourri blafard entre la boulangerie et le Moulin-Rouge.

Deux putes discutaient à une table à côté ; j'étais intrigué par leurs façons... Très belles femmes, décolletées, courant sur la trentaine, mais un peu étranges. Elles paraissaient hautaines, et plutôt immobiles sur leurs chaises. L'une d'elles mâchait continuellement des cacahuètes salées, je regardais sa bouche : son menton bougeait énormément, montait et s'abaissait d'une manière inhabituelle qui me gênait. C'était ce qui lui donnait cet air bizarre, j'ai pensé : sa façon de manger. A un moment elle a renversé la soucoupe dans le creux de sa paume et a jeté le reste des cacahuètes dans sa bouche d'un mouvement brusque... Tout à coup j'ai compris : c'était un mec ! Un geste d'homme — j'avais de la peine à croire mes yeux. Je me suis mis à détailler leur anatomie, le dessin de leurs mains un peu rudes malgré les ongles rouge vif, les attaches osseuses, les genoux légèrement proéminents sous les bas résille. C'étaient des hommes, toutes les deux !... Ça ne faisait plus aucun doute : des travelos ! J'avais entendu parler d'eux mais sans en voir, comme d'une catégorie abstraite de gens ; je n'avais jamais pris garde d'en repérer des vrais, en chair et en os. « Elles » se sont levées ; je les ai regardées sortir, la démarche chaloupée, très gracieuses, avec leur sac qui balançait... J'étais complètement ébahi !

C'est comme ça que l'idée m'est apparue — indiscutable comme toutes les trouvailles de génie ! Pour prendre Carolina en filature il fallait nous déguiser en travestis, Clément et moi ! La seule chance de découvrir la face cachée de son existence trouble... Ou bien Clément tout seul ? Avec sa taille, son faible gabarit, ses traits plutôt fins, Le Tiaf ferait une nana parfaitement acceptable — parfaitement méconnaissable aussi. En outre, il serait plus facile de se procurer des vêtements seyants pour lui que pour moi.

J'étais tellement enchanté de ma trouvaille, parti dans une intense gamberge au plaisant subterfuge, que je n'ai pas vu entrer ma fiancée. Elle se tenait tout à coup près de moi :

— Tu as l'air bien content ?... Qu'est-ce qui te fait rire ? Bisous... Elle s'est assise. J'avais ri comme un innocent, j'ai raconté n'importe quoi... Je lui ai pris les mains, j'étais de très bonne humeur. Elle paraissait fatiguée.

— Les mômes ont été atroces, ce soir ! Ils refusaient de se coucher, je suis crevée.

Le lendemain j'avais creusé mon projet pour le soumettre à Clément. J'envisageais des difficultés de sa part... Pour lui présenter l'affaire sous un jour engageant, sans que ça prenne l'allure d'un complot, j'ai d'abord parlé des travelos de la place Blanche. Lui, il était au courant ; il m'a expliqué qu'ils faisaient de la retape dans le bas de la rue Lepic. Il y en avait plein : je devais être le dernier à m'en apercevoir ! Au point qu'ils avaient pris la place des dames dans ce coin-là...

— Ils viennent du Brésil, surtout, m'a dit Le Tiaf. D'Amérique du Sud, en tout cas...

Il se lançait dans un développement d'ordre sociologique quand je lui ai exposé mon idée de déguisement. J'ai fait comme s'il s'agissait d'une invention qui me venait à l'instant — et appliquée à moi seulement. J'ai dit que si je m'habillais en femme, je pourrais suivre Carolina sans qu'elle s'en doute, et découvrir ses erres !... Ça l'a fait rigoler énormément. Il a dit :

— C'est quoi, ça ?

— C'est quoi, quoi ?

— « Cézaire » ?

J'ai dit : « Sa trace, quoi !... Oh puis, laisse tomber ! » Il m'a dit que j'étais vraiment taré par moments. Il avait pris son rire détraqué, le plus batterie de cuisine qu'il savait faire ; j'étais content parce que ça détournait son attention et endormait sa méfiance. Il sautait sur place, en m'imaginant :

— Ah je te vois bien, tiens ! Ah ah ah !... Ah tu serais chié.

Et puis, quand il a été calmé, il a admis que ce serait en

effet une solution impeccable au problème de la filature. Une idée en or, même !... Quand il a été bien persuadé, j'ai dit :

— Ça pourrait être toi, aussi bien... C'est vrai, j'y pense : ce serait même mieux. Ta taille et tout, tu te fondrais facilement dans la foule, en jolie fille.

Il rigolait déjà moins.

— Tu te fous de ma gueule ?

— Ben non, Tiaf... Tu serais à croquer, je t'assure. Une petite femme pleine de sex-appeal, j'en suis sûr ! Avec un petit sac... Tu pourrais rester en jeans, maintenant c'est unisexe. Avec des petits talons, des petits bijoux, ce serait parfait... Il faudrait juste te rajouter des seins — des gros ! Une belle poitrine, et puis des cheveux, plein de cheveux... Un ondoiement de tignasse sur tes jolies épaules...

Je jouais au styliste, traçant sa silhouette dans l'air avec le pouce. Puis je pensais une chose, un argument : Carolina, elle risquerait davantage de reconnaître mes yeux que les siens.

— Si nos regards venaient à se croiser, ça lui ferait bizarre... Elle se douterait déjà que je suis un peu grand pour une femme — tandis que toi, il n'y a aucune chance qu'elle te repère.

— Non mais c'est sérieux ton truc ? T'as pas cru que j'allais me foutre en gonzesse !

Je sens qu'il flippe, les principes aux orties, aux vaches ! Il va s'offusquer de déchoir, égalité des sexes aux pourceaux... Il prend la mouche, ce con, sa façon insidieuse de prononcer « gonzesse ».

— Pourquoi ?... Y en a bien qui le font.

— J'ai qu'à aller faire le tapin aussi !

— Qui te parle de tapin, Tiaf ?... Tu serais une femme comme une autre. Honnête, digne. Avec des dessous bien propres, le nombril parfumé, qui prend le métro comme n'importe qui... T'as pas besoin d'en faire des caisses. Être toi-même, simplement. Déjà, avec ton air rêveur, c'est un plus formidable. Tu es complètement crédible.

Il n'était pas ravi. Il réfléchissait.

— C'est notre seule chance! Réfléchis...

— Notre seule chance, tu me fais rire! C'est ta nénette, après tout.

Celle-là, je l'attendais! Je n'étais pas sûr qu'il se réfugierait derrière cette lâcheté, mais j'avais prévu la possibilité. J'ai pris un air extrêmement outragé. Tout dans le silence, la blessure muette. Je me suis levé, j'ai dit d'une voix blanche:

— Bravo Clément! On peut pas dire, tu es vraiment un frère. Carolina est peut-être en danger, aux mains d'un tyran qui la tyrannise, toi t'en as rien à branler!

— C'est pas ça, mais...

— C'est pas tes oignons, t'as raison.

— Je veux pas dire, bon, je sais...

— N'en parlons plus! Pour une fois que je te demande un service, je te remercie.

— T'es marrant toi! T'as pas autre chose à me demander?

— Si: de trouver du fric pour payer le loyer.

Vlan!... C'était bas, mesquin, à sa mesure. L'escalade de l'ignoble... Je lui ai fait la gueule pendant tout un jour. Ah il était mal à l'aise, mon pote! Il se tortillait en lisant. Il restait des plombes sur la même page — je le surveillais du coin de l'œil, en même temps plein de regrets. Nous n'étions fiers ni l'un ni l'autre.

Le soir, il est venu rôder autour de ma table. Il a dit:

— Écoute, y a un truc qui va pas: c'est ma voix.

— Qu'est-ce qu'elle a ta voix? T'es enroué?...

— Non, je veux dire, si je me mettais en fille, ma voix, elle est trop grave.

— T'as pas besoin de parler. Pour filer le train à quelqu'un t'as pas besoin de lui faire un discours!

Alors on a discuté sérieusement la chose. Il a dit qu'il voulait bien essayer... J'avais Épictète au bord des lèvres, sur le problème de la mise en pratique des maximes — le passage à l'acte: « Ce n'est pas en apportant de l'herbe aux bergers que les brebis leur montrent combien elles ont mangé »... Et il a fait: Okay, Okay!...

Le premier point : comment allions-nous nous procurer des frusques ? Ce serait peut-être plus prudent de mettre une robe pour accentuer la différence. Quelque chose d'assez long et ample pour masquer complètement les guibolles. A ce moment-là il pourrait porter des chaussures plates parce qu'il se voyait mal faire de l'équilibre sur des talons hauts. Il serait nécessaire d'avoir une perruque aussi, une vraie, comme en portaient les femmes à ce moment-là. Une fois bien rasé, ça pourrait sans doute passer...

— Et maquillé, Tiaf ! Songe qu'il te faudra un fond de teint, au moins. Du rouge à lèvres, on ne peut pas faire sans, et probablement le tour des yeux...

— Tu crois ?

— C'est indispensable ! Si tu avais vu les zoziaux hier soir, ils étaient nickel. Il y a même un détail : tes sourcils, faudra les épiler un peu — oh pas complètement, t'affole pas ! Mais enfin les ébarber léger... Tu penses ! Jamais une nénette ne se baladerait avec une pareille broussaille. Mais attention, léger, léger... Il faudrait pas non plus que tu aies l'air d'avoir entrepris une chimiothérapie, si tu vois ce que je veux dire. Surtout lorsque Carolina sera ici.

Nous avons passé la soirée à nous pencher ainsi sur la garde-robe idéale... Emprunter des affaires à Clémentine, il ne fallait pas y songer à cause de sa terrible minceur. D'ailleurs la démarche aurait gêné Clément : il n'avait pas l'intention de donner la moindre publicité à ce rôle — j'ai promis aussi que cela resterait entre nous. Tout à coup Clément a pensé à ses amis de Savigny-sur-Orge : la femme de son copain portait des perruques, justement ; elle en avait plusieurs, dont une blonde ondulée, fournie, superbe... Elle avait à peu près la même corpulence que lui, et la même pointure : un jour il avait essayé ses bottines, elles lui allaient. Elle s'habillait ordinairement de grandes jupes, des lainages épais, façon tissage, des châles dans les tons mauves...

— Parfait ! Pour les seins on se démerdera, tu lui empruntes un soutien-gorge, on rembourrera de chiffons !

Il leur a téléphoné le soir même — ils se couchaient tard. Il a demandé s'il pouvait passer les voir... Il préférait aborder la question de vive voix. Sans doute que ça les amuserait de lui prêter des fringues, mais il fallait qu'il explique en détail les circonstances. Il n'avait pas envie de passer pour un con.

Lorsqu'il est revenu de la banlieue, Clément était muni d'une valise de taille moyenne, en toile écossaise : il avait tout dedans. La panoplie complète, qu'il avait essayée sur place, rien que de la sape seyante, bien pour son âge — et deux perruques ! La copine les portait beaucoup moins, elle s'était lassée. Elle lui avait même refilé du maquillage : une boîte entière de crèmes, de poudres, de crayons pour les yeux. Du vernis à ongles, et du produit pour l'enlever ! Le projet avait beaucoup amusé ses amis, ils s'étaient mis en quatre, avec les conseils d'utilisation, le vrai manuel de coquetterie ! Ça l'excitait aussi maintenant, Clément, il me faisait remarquer qu'après tout, malgré un premier mouvement de surprise qu'il ne songeait pas à nier, il ne trouvait nullement déshonorant de se transformer en femme... C'est vrai, ils avaient eu de longues et profondes conversations là-dessus, pendant ces trois jours qu'il était resté en banlieue ; l'argument dominant était que des femmes peuvent bien se faire passer pour des hommes sans crainte d'opprobre dans la société d'aujourd'hui, pourquoi l'inverse ne serait-il pas aussi simple ? Cette justification à la Jeanne d'Arc lui avait fait du bien, il parlait de l'évolution nécessaire des mœurs telle qu'elle avait été magistralement mise en route en 1968. Il était gonflé à bloc...

J'ai dit :

— Tu vois, tu vas y prendre goût, je vais pouvoir te demander en mariage !

Cependant il restait à élaborer une tactique. Pour des raisons évidentes, le couple fileur-filée ne pouvait pas partir ensemble au même moment de Lorette, qui servait de coulisse à l'exploit. Le Tiaf mettrait plusieurs heures pour se parer... Nous avions besoin d'une ligne de départ, un point

neutre où engager la filature proprement dite. Le plus
simple paraissait que je donne un rendez-vous à Carolina,
quelque part en ville, de préférence en fin d'après-midi, un
jour où elle ne rentrait pas dormir ici. Comme il était admis,
selon toute vraisemblance, qu'elle prenait le train à Saint-
Lazare, le mieux serait de la retrouver aux abords immé-
diats de la gare ; Clément viendrait avec moi au lieu de
rencontre, se tenant à l'écart sans nous perdre de vue, puis il
lui emboîterait le pas dès l'instant où elle prendrait le large.
C'était ce que l'on appelait probablement la technique de la
chèvre !... Le plus délicat étant de choisir le jour, ou plus
exactement de la saisir au vol, car je ne pouvais raisonnable-
ment pas questionner ma fiancée sur ses projets trop longtemps à l'avance sans éveiller son attention — d'autre part,
je n'avais aucun moyen de la joindre une fois qu'elle était
partie d'ici, hors ses séances de baby-sitting... La seule
manière était donc de rester sur le qui-vive, avec dans l'idée
de pouvoir être opérationnels en une heure, de pied en cap.

Cela nous a pris plus d'une semaine pour trouver la
brèche. Clément demeurait carrément en état d'alerte ; il ne
quittait pas l'appartement, en cas qu'il lui faille sauter dans
sa robe — un peu comme un pompier consigné à la caserne !... Je m'apercevais que j'avais rarement l'occasion de
fixer un rencart à Carolina longtemps à l'avance, car si
j'avais quelque chose à lui communiquer, il était plus simple
qu'elle passe à Lorette. Heureusement elle me téléphonait
les jours où nous ne nous ne voyions pas ; ainsi, un mardi,
elle m'a annoncé qu'elle ne viendrait pas le soir comme
prévu — Non, elle n'allait pas à Wagram non plus, exceptionnellement... Elle me suppliait de son air contrit de ne
pas poser mes questions : l'occasion rêvée ! Je l'ai suppliée
de mon côté de m'accorder un moment dans la journée :
fût-ce un quart d'heure, si toutefois elle était à Paris — le
temps d'un baiser volé ! Nous ne nous étions pas vus depuis
le samedi, j'avais le cafard... Je pouvais aussi bien aller la
rejoindre en un endroit commode pour elle — j'ai offert de
me rendre en banlieue, si cela lui convenait mieux ? Ou bien
nous pourrions prendre un pot à Saint-Lazare... J'ai recti-
fié :

— Enfin, à Saint-Lazare ou ailleurs, ça m'est égal !
Ça, elle voulait bien. On se retrouverait au buffet, directement, en haut, dans le coin des pas perdus... Elle y serait
à six heures.

J'ai sonné l'alerte ! Les circonstances semblaient idéales,
au moment où la foule est la plus dense sur les quais. Il
pourrait naviguer à vue, se couler partout sans crainte de se
faire repérer. Nous nous sommes mis à sa toilette dès quatre
heures — nous avions fait des essais d'habillage les jours
précédents, mais il y avait le maquillage, l'épilation, la dernière touche... Le Tiaf voulait commencer par la perruque ;
je lui ai conseillé de se raser d'abord. On ne pouvait pas
foncer dans n'importe quelle direction : il fallait suivre un
ordre. Une fois rasé il y aurait les habits, la pose des seins
— j'avais acheté un gros paquet de coton hydrophile — on
terminerait par la tête.

A mesure que sa transformation prenait corps Clément
devenait chochotte... Il s'essayait à des gestes gracieux, il
roulait des hanches, il devenait intenable. Je lui ai débrous-
saillé les sourcils au ciseau pour leur donner une courbe
convenable — un coup de crayon gras par-dessus masque-
rait l'à-peu-près de l'ouvrage... Le maquillage proprement
dit a pris du temps : fond de teint bien uni, tour des yeux —
je lui faisais lever les paupières pour souligner le bas, les
fermer pour le trait du haut... Quand il a eu égalisé le rouge
à lèvres devant la glace, on s'est aperçus que ses dents
noircies étaient vraiment vilaines ; comme il n'était pas censé ouvrir la bouche, ni sourire à ses voisins — surtout les
voisins ! — ce n'était pas grave. La perruque blonde, on-
doyante, fournie, le transformait entièrement.

— Tu es vraiment mignonne, tu sais. A mon avis tu vas
faire un malheur dans le train ! Tu tâcheras de te tenir.

Il était ravi d'être belle ! Avec le trac qui le tenaillait, qui
le rendait encore plus gauche qu'à l'ordinaire, il était touchant. Il regrettait que nous n'ayons pas un miroir en pied !
Coquette désolée, il découvrait les nécessités féminines...
Par exemple, ce qui faisait véritablement étrange, c'était sa
grosse voix ! En effet, il avait intérêt à la boucler un maximum.

Dix minutes avant de partir nous avions oublié les ongles ! Ah vite ! Elle n'était pas prête. Elle ne pouvait pas sortir sans ses ongles !... J'ai plongé sur le vernis pour lui fignoler des mains de travailleuse qui ne se néglige pas trop. Il agitait ses pattes pour faire sécher, un truc que lui avait montré sa copine à Savigny. Dernier raccord de rouge à lèvres, qui avait bavé légèrement, petit sac à longue courroie passée sur l'épaule, nous avons descendu l'escalier. Le Tiaf scrutait les portes en passant sur les paliers, la trouille que quelqu'un sorte au même moment.

Au premier étage il a marqué un arrêt :

— Dis donc, si la concierge me voit ?

— Des tas de gens vont te voir !... Cet habit ne te rend pas invisible, au contraire... Aie l'air naturel, et t'occupe pas, elle est dans sa loge.

Il a voulu que je jette un œil tout de même, il craignait de tomber nez à nez... Le hall était vide, mais à l'instant où nous avons posé le pied sur la dernière marche Alphonsine est sortie comme un diable. Je me suis aperçu que Clément était aussi maquillé qu'elle — un consœur en plâtre !...

J'ai lancé gaiement :

— Bonjour madame Alphonsine ! Le beau temps est revenu, on dirait !

— Oui, les poulets aussi ! Vous savez pas ?... Il est venu des agents ce matin... Vous avez pas vu ? — Bonjour madame !... Soi-disant c'était pour voir l'autre là-haut, au troisième...

Elle voulait me raconter, elle était d'une excitation extrême — en un sens ça tombait bien, les émotions lui bouchaient la vue. Le Tiaf rasait le mur, le regard au sol, il s'est glissé vers la porte. J'ai expliqué que j'étais horriblement pressé... J'allais revenir, elle me dirait...

Elle a crié :

— Il y a du louche !

Sur le trottoir on pouffait.

— En tout cas tu fais pas demoiselle. Morue, sûrement, mais respectable.

On s'est faufilés dans le métro — écœurant comme c'était

simple. Personne ne songeait à nous regarder, même le préposé qui nous saluait un peu d'habitude n'a pas eu le moindre sursaut. Dans la rame la perruque descendait sur les yeux de Clément ; il écartait la mèche d'un doigt prudent... Avant Saint-Lazare il transpirait ; il m'a dit assez bas, d'une voix brisée dans les aigus :

— Je suis trop vêtu.

Assurément sa grosse robe en laine faisait chaud rien qu'à la voir. Il allait s'essuyer d'un revers de main, je lui ai arrêté le bras.

— Prends ton mouchoir, tu vas bousiller ton maquillage.

On chuchotait, intime et tout — amants joyeux.

— J'en ai pas, de mouchoir.

— Dans ton sac. Cherche, j'ai mis des Kleenex.

Il s'est tamponné délicatement, en approchant le papier de sa figure comme un grand brûlé qui craint la douleur. En sortant l'air froid lui a fait du bien aux joues... On s'est séparés avant de monter aux étages de la gare ; il paraissait incertain de tout, dans cet habit, il m'a fait répéter l'endroit exact de la rencontre : au bar, très bien. Il m'a jeté un regard perdu en s'avançant dans la foule sur l'escalier roulant. J'ai levé le pouce en l'air, qu'elle était parfaite la coquine, aucun souci !

Carolina est arrivée avec quelques minutes de retard, elle portait un volumineux paquet sous son bras. Notre rendez-vous était un peu triste ; elle avait l'air ailleurs, et moi pas tout à fait avec elle non plus. Nous avons bu un café sans envie... Pourtant je devais dégager un certain dynamisme, qui ne correspondait pas au grand cafard que j'avais prétexté pour la voir. Elle m'a fait remarquer que j'avais l'air plutôt en forme pour un déprimé ! Elle m'observait du coin de l'œil, et sûrement que mon attitude n'était pas tout à fait naturelle... Je voyais Clément qui attendait, debout dans son dos, à dix pas, masqué par les allées et venues de la foule trottinante. Ma fiancée a dit que j'avais l'air bizarre — et j'ai essayé de m'intéresser davantage à elle, qu'elle n'aille pas sentir que j'avais terriblement hâte qu'elle s'en aille, car cette fausse situation me pesait.

En plus Le Tiaf s'était acheté un journal, pour avoir l'air plus naturel sans doute. Mais il n'arrivait pas à lire parce qu'il n'avait pas ses lunettes ! Il avait pris *le Monde*, ce con ! Il ne se rendait pas compte à quel point c'était incongru ce canard d'intellectuel avec sa dégaine de vieille cocotte. Quel imbécile ! Il guignait les titres, avec une moue dégoûtée ; à la manière qu'il tripotait les feuilles, on aurait dit une mémère qui s'est gourée de quotidien ! La fille qui cherche son horoscope partout... Un truc à se faire remarquer en moins de deux. Déjà certains passants, pourtant rapides, avaient tourné la tête vers lui — j'imaginais, qu'il y ait des flics en rase-mottes sur le déambulatoire, il se faisait contrôler à tous les coups !... Carolina m'a dit :

— Tu es inquiet ?

J'ai dit que non. J'étais troublé... Nous nous sommes levés sans nous être parlé vraiment. J'ai voulu prendre sa taille, mais ce n'était pas pratique à cause du gros colis qu'elle trimbalait ; je n'ai pas voulu demander ce qu'il y avait à l'intérieur mais c'était l'emballage d'une pharmacie — la grande pharmacie de la rue de Rome, en fait, tout à côté de la gare.

Je l'ai accompagnée jusqu'au quai. Les gens nous dépassaient comme des flèches, nous poussaient, il était difficile de marcher côte à côte. On est allés seulement au second wagon. Carolina m'a dit d'une voix dégoûtée de tout, de la vie :

— Tu vois, Ferdinand, c'est encore plus moche de se séparer devant ce train.

J'ai fait :

— Je t'accompagne en pensée.

Et c'était un peu cérémonieux comme remarque — assez cucul-la-rainette, si l'on veut. On s'est embrassés sans ardeur, et je l'ai regardée monter dans le wagon. Du coin de l'œil j'ai vu Clément qui montait dans le même, par une autre porte, il avait plié son journal sous le bras, et ça n'allait pas bien avec une robe... D'autres gens se sont tassés à la dernière seconde au bord de la porte et ma fiancée a disparu derrière eux, happée, repoussée. Je me suis mis à flipper...

J'ai quitté la gare comme un chien. Je suis rentré, je n'avais même plus envie de savoir où elle habitait.

Alphonsine me guettait derrière sa petite fenêtre. Ou plutôt elle surveillait l'univers, et j'ai pensé que c'était dommage que les loges ne soient pas au sommet des immeubles, dans des bulles de verre qui dépasseraient des toits. Ça donnerait une configuration intéressante à la ville, les pipelets pilotes, et vigies, qui se transmettraient des renseignements à grandes voix !... Je pensais à ça pendant qu'Alphonsine m'alpaguait, agitée, intense — et dans son cas, avec la pénombre, elle faisait plutôt araignée tapie au creux de sa toile...

La police était venue ce matin, presque aux aurores :

— Ils m'ont posé des questions. Soi-disant sur celui du troisième. Mais j'ai compris ! Je suis pas folle... J'ai l'œil moi, vous savez. C'est l'autre, là, qui les avait envoyés !

— Vous êtes sûre ?

— Le Juif, monsieur ! Vous comprenez ?...

Elle clignait de l'œil, comme c'était malin à deviner ! Elle pinçait les lèvres aussi, dans le malheur. Elle soupirait. Elle ne délirait pas, je voyais, des policiers avaient réellement dû se présenter ce matin.

— C'est embêtant ! j'ai dit.

— Embêtant ? Vous voulez rire !... Il veut ma peau ! Alors il raconte des mensonges à la police. Il leur dit que je fais le trottoir !... Moi, monsieur, à mon âge ! Vous vous rendez compte ? C'est qu'il veut me chasser !... Le Juif, là, vous le connaissez ?...

Je hochais la tête, en sympathie. Je ne la contrariais jamais dans ses persécutions, ça lui faisait du bien de partager.

— Ah c'est malheureux !

— Vous l'avez dit !... C'est un pas grand-chose. Comme tous ceux de sa race.

— Vous avez raison, le mieux c'est de prendre tout ça de qui ça vient. Vous faites pas de bile, allez.

Le problème c'est que les persécutions allaient devenir réelles, si elle continuait en si bon chemin. Il y aurait des

plaintes, c'était couru ! Peut-être même que la police était
passée pour ça, sans le dire — qu'elle n'avait pas tort de dire
qu'ils étaient venus pour elle ! J'essayais de minimiser, de la
calmer autant que possible. Mais elle tenait à ses rancœurs :
— Je me laisserai pas faire, soyez tranquille !
Ça la calmait tout de même de vider sa peur. Personne ne
lui parlait plus dans l'immeuble, d'ailleurs très immobile et
silencieux — les rares locataires que l'on croisait glissaient
comme des pets foireux dans le hall, sans jamais lever la
tête. Les gens devaient avoir la trouille d'être dénoncés !...
Peut-être il aurait fallu que je la rassure mieux, que je lui
tienne la main, comme à une vieille petite fille... Il y avait
des dames de son âge, après tout, à qui des gens très
sérieux, très attentionnés, devaient baiser la main. Les héri-
tiers !... Alphonsine n'avait pas de succession, probable ;
elle était indigne à vie. Dans son galetas du matin au soir,
elle se minait à ruminer toute seule. Elle voyait quasiment le
mur bouger, avec le Juif, derrière, qui poussait !...
Enfin, quand elle avait vidé son sac, elle redevenait nettement plus sereine :
— Ah, vous avez des lettres, attendez !
Elle est allée les prendre sur la petite table, derrière sa
porte. « Voilà, Thuilier »... Elle secouait la tête en me les
tendant :
— Vous vous rendez compte, maintenant, où on en est !
— Ah là là !... Madame Alphonsine !
Je levais les bras d'impuissance en me glissant vers l'esca-
lier. Elle mettait les poings sur ses hanches, indignée encore
par le sens de l'Histoire, le déclin de la nation :
— Où c'est qu'on en est rendu en France !
Elle remontait encore plus haut que la Débâcle, vers 35,
par là, 36, je sentais : Blum ! Vers les fantômes indignés de
sa jeunesse :
— Ce sont les étrangers qui font la loi chez nous !
— Ah là là !...
Je lui accordais toujours ça, d'un ton pitoyablement fata-
liste, en me dépêchant de monter les marches jusqu'au
tournant du palier. Encore presque au deuxième étage, elle

me disait, par le jour de la rampe : « Rira bien qui rira le dernier ! » Puis elle toussait, parce que le ton trop bas qu'elle avait voulu prendre pour crier discrètement lui avait étranglé la gorge.

Je laissais tomber un « Ah là là ! » de haut, de loin, étouffé, pour faire croire que j'étais déjà au quatrième, au moins.

Clément est revenu au bout de trois quarts d'heure. Il a dû taper à la porte : il avait oublié ses clefs.

— Déjà !

— Je l'ai perdue.

Il était penaud. Le fard avait coulé au coin de ses yeux. Il faut absolument avoir un miroir de poche dans son sac...

— Elle t'a reconnu ?

— C'est pas ça : elle est descendue à toute pompe à la gare de Nanterre. J'ai essayé de la suivre... Mais avec tout ce bazar, j'ai pas l'habitude. Elle marchait vite, et puis y avait trop de monde. Je sais pas où elle a passé.

— T'as pas pu voir la direction qu'elle prenait ?

— T'es marrant ! La direction ! A Nanterre c'est des escaliers. Pour sortir de la gare tu montes toute une série de marches — c'est là que j'ai perdu du temps, j'ai failli me casser la gueule avec le bas de robe qui se foutait sous mes pieds ! Bon, alors arrivé en haut, ben, elle avait disparu... Il y a plusieurs directions, elle avait pu sortir, ou bien tourner à droite dans un couloir. J'ai regardé des deux côtés... Je t'ai dit, y avait trop de monde !

C'était raté. Il était déçu comme tout... Il avait fait quelques tours devant la gare, dehors, avant de rebrousser chemin. Ça devenait l'aiguille dans une meule de foin ! Carolina s'était évaporée.

Je lui ai dit que ce n'était pas grave : ce n'était qu'un essai. Nous ne pouvions pas prétendre réussir du premier coup ! Ça demandait une technique sûrement, la filature — et même les professionnels se laissaient semer, souvent... Je lui remontais le moral ! Il avait l'air d'une actrice fatiguée qui regagne sa loge. Il a enlevé sa perruque qui lui tenait vraiment chaud au crâne ; il a bu un coup.

Sans quoi, il avait trouvé ça marrant, au fond, de faire ce voyage incognito !... Et sans cette putain de robe qui l'avait empêché de courir — il y revenait, il me montrait quand on levait la jambe pour l'escalier, hop ! Sans cette connerie de robe il aurait sûrement été jusqu'au bout !... L'amertume du chasseur ! Il était dépité, tout à coup, comme le type qui a laissé filer son lièvre. Il recommençait à débiter sa garce d'erreur — et dorénavant, il se demandait s'il ne mettrait pas un pantalon, tant pis !...

Il avait donc envie de recommencer, c'était l'essentiel !... Et j'ai dit que tout de même, nous avions déjà un début de piste : la gare où elle descendait. Cela correspondait jusque-là à nos suppositions ! C'était encourageant, en somme.

J'avais fini par obtenir un rendez-vous aux Éditions du Rosier. Grâce à l'intervention de l'ami de Nireug, je devais y rencontrer un certain François Camblat qui avait paraît-il des vues larges et le bras long. On m'avait assuré que cet important personnage tenait la haute main sur le domaine de la littérature anglo-saxonne, et qu'il régissait les traductions.

C'était un vendredi, à quatorze heures. Monsieur Camblat m'attendrait, m'avait assuré sa secrétaire, c'était marqué sur son agenda. Dans le cas très improbable d'un empêchement de dernière minute, elle me préviendrait elle-même, elle avait toutes mes coordonnées... Le matin Clément m'avait souhaité bonne bourre, aussi chaleureusement que si je m'embarquais pour une traversée de l'Atlantique en solitaire sur le canot d'Alain Bombard. Je m'étais sapé, discret mais propre — j'avais passé un coup de chiffon sur mes godasses, parce qu'il paraît qu'ils vous regardent les pieds, les gens qui vous donnent du travail. Bien sûr je n'avais pas les ressources de Nireug dans ce domaine, ni son élégance, mais j'avais une chemise presque neuve, un complet de velours côtelé pas trop râpé ; j'ai noué un foulard sur mon col — nous avions déjà déploré l'absence de miroir en pied à la maison, mais j'ai vérifié dans une vitrine en sortant : je me paraissais présentable.

On accédait aux Éditions du Rosier de plain-pied, dans l'angle d'une courette. L'entrée n'avait rien de grandiose pour un local aussi fameux, l'un des hauts lieux de diffusion de la pensée universelle : un simple couloir, avec un escalier assez étroit sur la droite. A gauche une petite pièce encombrée, derrière une double porte de verre sur laquelle était fixé un écriteau ACCUEIL, entouré de scotch. Je suis entré, le cœur un peu palpitant, si l'on peut dire ; une fille blonde et sympathique s'activait derrière le pupitre du standard. Quand je me suis avancé, elle a lancé d'une belle voix accueillante : « Éditions du Rosier, bonjour ! »... En fait, elle ne s'adressait pas à moi, mais à son téléphone, elle tapotait sur un clavier — et le temps que je comprenne ça, j'avais déjà répondu « Bonjour », mais sur un ton plus bas heureusement.

Il était deux heures moins dix ; je me suis présenté. J'ai dit que j'étais légèrement en avance, mais que je venais voir Monsieur Camblat.

— François Camblat, oui. Il n'est pas dans son bureau, vous avez un rendez-vous ?

J'ai expliqué que oui, en effet, à quatorze heures — et pour ça j'étais un peu en avance...

— Vous êtes monsieur... ?

— Thuilier... Avec un seul L. Robert Thuilier.

Il n'y avait aucun problème ! François Camblat était parti déjeuner, elle ne l'avait pas encore vu rentrer, mais il ne saurait tarder puisqu'il devait me recevoir. Je n'avais qu'à l'attendre là, sur la banquette, elle me montrait :

— Asseyez-vous.

Elle était engageante, le regard vif, souriante... Je me suis assis, le dos à la fenêtre. A côté du standard le mur était couvert d'une rangée de casiers qui portaient des noms sur des étiquettes ; de grandes enveloppes brunes dépassaient dans certains. Sur le mur en face de moi s'étalaient des photos d'écrivains en gros plan, et des affiches de publicité pour des livres, des collections, toutes revêtues du sigle de la maison : le célèbre rosier autour de son tuteur qui a l'air d'un caducée portant des épines. Les mêmes que l'on voit dans les librairies, mais ici c'était la source, la mère des affiches, je me disais ! J'avais pénétré dans l'utérus des bouquins, c'était impressionnant... « Éditions du Rosier, bonjour ! » La fille continuait à chanter ses salutations comme un perroquet qui s'ennuie dans une cage vide.

Au bout d'un moment une jeune femme brune s'est présentée à son tour. Elle est entrée toute vive, mince et souple, pressée, avec son sac à l'épaule. Elle a jeté un coup d'œil à la pendule au-dessus de la porte vitrée : il était deux heures moins deux minutes. Elle a dit : « Pile ! Pour une fois je suis pas en retard, alors ! »... Elle riait. La standardiste la connaissait, elle lui a dit que de toute façon il n'y avait pas le feu : « Il » n'était pas revenu de déjeuner... La jeune femme s'est assise en face de moi sur l'espèce de siège bas en skaï marron. Elle a croisé ses jambes ; elle m'a dit bonjour avec un sourire. Elle portait des grandes boucles d'oreille en anneaux et une énorme broche sur la veste de son tailleur impeccable.

Elle m'a dit :

— Vous êtes auteur ?

Je n'ai pas compris sur le coup : « Vous-zètoteur ? »... Je captais mal la question — j'ai pensé « hauteur », absurdement, qu'elle me demandait ma taille dans un langage petitnègre : « What's your hight ? »... C'était ridicule. Je perds facilement le contrôle du sens lorsque je suis mal à l'aise. Un instant de panique : « Vous-zètoteur » faisait roue libre dans ma tête...

Je l'ai regardée assez bêtement, je suppose, parce qu'elle a fait, en traduction :

— Vous écrivez des livres ?

— Ah non ! non... Auteur ? Non... Je ne suis rien.

— Comment ça, rien ?

Elle rigolait. J'ai bafouillé pour justifier ma présence maladroite.

— C'est-à-dire, j'essaye... Je cherche des traductions à traduire... Des bouquins je veux dire !... C'est ça.

J'étais nul. Je perds mes moyens très au-dessus de la moyenne, souvent.

— Vous êtes traducteur alors ?

— Oui... Si on veut.

— Pourquoi si on veut ? C'est vous qui voulez !

Je l'amusais... Elle a posé un coude sur son genou, le menton dans sa paume, façon Malraux. Elle me fixait.

— Vous traduisez de quelle langue ?

— De quelle langue ?... De l'anglais.

— Vous êtes anglais ?

J'ai failli dire oui !... Tellement ça aurait paru vraisemblable que je sois autre chose, qui expliquerait ce je-ne-sais-quoi de crétin qui entourait ma personne. Seulement d'être enfin quelque chose, une identité remarquable. « Vous-zèt-zanglais ? » On vous parle doucement, on articule les mots exprès pour vous — vous avez l'air tout de suite moins couillon. J'ai failli prendre un léger accent, et puis je me suis dégonflé : « Non »...

— Vous êtes quoi ?... Il faut tout lui arracher à celui-là.

Elle riait, pas gênée — pas méchamment non plus. Elle prenait la standardiste à témoin, directe, gentille ; je sentais qu'elle ne se moquait pas franchement. La fille a penché la tête de mon côté pour mieux me voir entre deux « 'tions du Rosier ! » Je devenais un phénomène.

— Vous pouvez dire que ça ne me regarde pas hein !

J'ai rigolé aussi :

— Ben, je suis français.

Alors on a bavardé, entre compatriotes, comme on le fait dans une agence de voyages hors frontières ou un bureau de change. Elle était « auteur », elle. Elle avait publié deux livres déjà : un roman et un essai. Elle préparait la sortie d'un troisième pour dans un mois ou deux... Elle s'appelait Marie Famote, avec un seul T — le nom de l'auteur ! Le

mot m'amusait, il faisait école et fin de dictée. Mais son
nom ne me disait rien... Elle a dit en riant que ce n'était pas
surprenant, parce qu'elle n'était pas du tout célèbre.

Des gens commençaient à circuler dans le couloir, au-delà
de la porte en verre ; certains grimpaient directement l'escalier. Chaque fois je regardais la standardiste, elle me faisait
« non » — ce n'était pas encore Camblat... Une femme a
glissé sa tête dans l'entrebâillement pour demander si « le
paquet » avait été déposé ? Elle l'a appelée Marie-Odile...

Marie Famote s'impatientait, elle aussi ; il était le quart
passé, elle avait un autre rendez-vous après, ailleurs.

— Ils sont cochons, elle a dit. Ils vont bouffer comme
des porcs, et pendant ce temps-là, nous, on poireaute ! Vous
me direz ils s'en font pas, hein ?...

Elle riait quand même, alerte, enjouée. Elle secouait sa
crinière noire en fille habituée à manger du cheval. Elle a
ajouté :

— Ils nous traitent comme de la crotte, il faut bien
l'avouer.

Ça l'amusait carrément... Sa large bouche se fendait d'un
sourire de gamine.

— Et vous, encore, vous ne savez pas tout — vous êtes
un homme ! Mais quand on est une nana, pardon ! Il faut
voir comment on est traitée !... C'est pas vrai ?

Marie-Odile opinait, « 'Itions du Rosier, bonjour ! », que
ce n'était point la fête aux jupons. Elles m'ont dit deux mots
des droits de la femme, ordinairement bafoués, mais ça
allait changer ! Elles étaient sans animosité à mon égard,
elles m'informaient, comme un étranger de passage sur cette
planète, que l'on renseigne sur les mœurs, les coutumes.

Puis, à deux heures vingt et une, un jeune homme bien
mis est entré en coup de vent. Il s'agitait de toute sa
personne, de désolation, avec un sourcil beaucoup plus haut
que l'autre. Marie s'est levée d'un mouvement brusque :

— Ah, tout de même !

— Marie !... Je suis désolé de vous avoir fait attendre.

Il était charmant, il se confondait en excuses, il mimait la
confusion extrême, il lui aurait embrassé les genoux — et en

réalité il n'en menait pas large, sûrement, la crainte de se
faire cueillir vertement!... Il avait été pris dans un embou-
teillage affreux! Il en avait attrapé un sourcil au milieu du
front!... Ils sont sortis, tout remuants, contents quand
même — il lui a tenu la porte, largement... Marie m'a fait
au revoir : « Bonne chance! »

Elle me manquait tout à coup. Nous sommes restés seuls
avec Marie-Odile qui distribuait ses bonjours aux fantômes... Elle était jolie, des grands yeux clairs — une fois
sur deux elle ajoutait : « De la part? »... Elle tapotait ses
touches avec agilité, presque sans regarder ses doigts.
Quand les appels tardaient elle reprenait des petits outils sur
la table : elle avait entrepris de se polir les ongles pour
meubler les blancs. J'ai fait remarquer que ce n'était guère
commode avec cette valse perpétuelle des boutons.

— C'est vendredi, c'est toujours pareil. Les gens se ré-
veillent en fin de semaine, ça n'arrête pas.

Nous avons échangé quelques impressions sur le temps
qu'il faisait dehors, assez doux pour un mois de janvier —
sauf la pluie, alors là! On n'en voyait pas le bout. Le ciel
était comme une passoire!... L'aiguille de la pendule électrique pendait tristement vers la demie. Elle s'est mise à
remonter... J'ai pensé qu'on dit « hand » en anglais. Sans
doute parce que les anciennes horloges avaient des aiguilles
en forme de main. J'essayais de me rappeler où j'avais vu
ça? J'étais certain d'avoir observé ce genre de mains styli-
sées, quelque part, sur des cadrans de très anciennes pendules... Ça ne me revenait pas du tout, mais ça devait me
donner un air penseur assez bien en accord avec l'endroit.
Des personnes venaient gravement dans la pièce, elles prenaient des plis dans les casiers, en déposaient d'autres.
Certaines faisaient un bref salut de la tête en passant devant
moi, je le leur rendais. Marie-Odile a demandé plusieurs
fois si quelqu'un avait vu François? Non : il était là ce
matin, c'était sûr, mais depuis...

Plus il devenait clair que j'étais un visiteur sans importance, plus la standardiste s'empressait pour moi. A trois
heures elle s'est mise à téléphoner de son propre chef,

appelant un bureau, puis un autre. Elle s'enquérait de Camblat. Tout de même, où était-il passé ? Il y avait quelqu'un
qui l'attendait... Elle a fini par tomber sur sa secrétaire qui
était en vadrouille dans un autre bureau que le sien. Elle a
confirmé qu'il devait repasser — non il n'était pas parti
directement en week-end, il avait des choses à faire... Oui, il
était au courant de ce rendez-vous avec Monsieur Thuilier.
Tout allait bien, en principe.
    Ça m'est revenu d'un seul coup : à l'observatoire de
Greenwich !... « Hands », pour les pendules ! Alors que je
n'y pensais plus du tout. Il y avait un musée de l'horlogerie,
à Greenwich, les vieux cadrans portaient des mains à deux
doigts pointés vers les chiffres des heures et des minutes...
Greenwich ! le parc était si vert, autour de l'observatoire, ce
printemps-là. La caravelle, au bord du fleuve, avec ses
mâts... Le pub, en bas, qui donnait à manger le dimanche.
« Mes amours de passage, mes amis migrateurs »...
    A trois heures et quart Marie Famote est repassée derrière
la porte vitrée ; elle marchait gaiement, à grandes enjambées. Quand elle m'a vu à la même place elle a marqué un
arrêt. Elle a poussé la vitre :
    — Vous êtes encore là ! Il n'est pas venu ?... Tout de
même, ils exagèrent !
    Elle a mis un poing sur sa hanche pour s'indigner... Puis
elle s'est marrée, elle m'a fait, en baissant la voix, complice :
    — Un conseil : il ne faut pas leur dire que vous êtes
« rien ». Il faut leur dire que vous êtes « quelqu'un » ! Sans
quoi ils vous donneront pas de boulot. Hein, qu'ils lui
donneront pas de boulot ?...
    La standardiste était d'accord... Elles me regardaient
toutes les deux avec plein d'encouragement à bien paraître,
à faire le fier. Marie, ça avait l'air d'avoir marché pour elle,
son entrevue.
    — Il faut leur dire que vous êtes le meilleur. Toujours !
    Elle s'est éclipsée en nous faisant un grand geste amical.
Nous avons dit qu'elle était sympathique et rigolote comme
bonne femme... Il est entré encore du monde, et ressorti.
Nous étions rendus à trois heures vingt-huit, et j'avais

commencé d'annoncer mon départ — que tant pis, je re-
passerais. Je reprendrais un rendez-vous, c'était le mieux —
quand une silhouette épaisse s'est engagée dans l'escalier.
Marie-Odile m'a fait un signe : que c'était lui, là, Camblat, il
montait !... Sans réfléchir, j'ai bondi : la peur qu'il disparaisse. L'erreur du débutant, du mendiant, du quémandeur,
du courtisan malhabile et spontané, la faute de l'imbécile,
du petit corniaud qui n'a jamais vu le monde ! Je suis sorti
pour me précipiter à sa suite dans l'escalier.

Il avait déjà atteint le palier quand il s'est retourné. Il
était un peu ahuri : ah oui, bien sûr il se souvenait !... Mais
là, maintenant, il avait des choses urgentes à faire. Son ami
Vendrôme, oui, oui... C'était à quel sujet déjà ? — J'étais
parvenu au milieu de l'escalier, j'avais mes yeux au niveau
de ses chaussures, qui étaient bien cirées. Il pouvait diffi-
cilement apercevoir les miennes, cachées par les marches, il
m'observait en lourde plongée. Je devais dresser la tête en
arrière pour lui parler... Les traductions ? Il a fait la grimace : il n'y en avait pas ce moment. Oui, c'était rarissime une traduction. Il était même étonné que je puisse
poser la question, à la limite. Un haussement du sourcil, il
avait... J'ai pensé que c'était surprenant de la part d'une des
plus abondantes collections étrangères de France, cet arrêt
brutal dans la publication. Comment ils s'y prenaient pour
semer autant de bouquins traduits dans les librairies... Mais
là, au milieu des marches, ce n'était ni le lieu ni l'heure
d'entrer dans les détails. D'ailleurs il s'excusait — ses narines étaient creuses et sombres, elles s'élargissaient. Vraiment on l'attendait. C'était l'extrême limite de son temps
que je lui volais. Il tâtait la rampe, prêt à enjamber le
corridor. C'était regrettable, il était tout à fait désolé... J'ai
demandé encore, très vite, si je pouvais repasser un de ces
jours ? Il m'a dit que ce n'était pas la peine — ils avaient
mes coordonnées, n'est-ce pas ? Sa secrétaire avait noté. Si
par hasard il se découvrait quelque chose ils m'écriraient,
certainement.

— On vous écrira.

Il l'a vraiment dit. Déjà il reprenait souplement sa course

vers les hauteurs, il disparaissait, divin, happé par la rampe. J'entendais le bruit de ses escarpins qui crissaient dans l'éloignement.

C'était fini. C'était foutu. J'ai redescendu lentement les marches que j'étais parvenu à franchir vers l'Olympe, les zones cachées, cordiales, où bouillonnait le sang de la mère des livres. Où l'on battait le fer, sans doute, quand il était chaud... C'était dur tout cet espoir qui s'effaçait si vite, au bout de mes rêves, depuis huit jours que j'avais ce rencart. Après l'excitation de la matinée, la sape, le rasé de frais : la baffe, avec recommandations en plus ! Au bout d'une heure et demie d'attente... Comment j'allais faire à présent ? Où me tourner ? — J'avais compté sur la bonne volonté de cet homme pour me briefer aussi sur les autres éditeurs, tout au moins me donner quelques conseils sur les démarches à entreprendre, puisqu'il était une relation de Vendrôme, qui était l'ami de Nireug, qui était mon pote... A défaut de travail immédiat que je n'espérais guère, je pensais récolter quelques tuyaux sur les dessous de la profession, ou les dessus, ou les à-côtés aussi bien ; j'ignorais tout... J'ai fait un signe d'adieu à la standardiste, à travers la vitre, un hochement. Je n'ai pas réussi à lui sourire pour sa peine... Je suis sorti.

En traversant la courette pour rejoindre la rue j'ai eu brusquement envie de pleurer. C'est là que j'ai vu que j'étais jeune ! Ou plutôt que j'étais en train de vieillir pas mûr, d'une génération qui transportait trop loin son enfance, trop tard... J'avais les poumons pris par ce rire spécial qui éclate à la gorge, qui étouffe, qui fait mal. Il fallait que je trouve un truc si je ne voulais pas chialer dans la rue, alors je me suis mis à réciter le *Manuel*, à très haute voix dans ma tête. Épictète me disait : « Quand tu fais visite à un personnage influent, représente-toi que tu peux ne pas le trouver chez lui, que sa porte pourra être close, qu'on pourra te la fermer au nez, qu'il pourra ne pas s'occuper de toi. Si, malgré cela, ton devoir est d'y aller, vas-y et supporte ce qui t'arrive, sans jamais dire en toi-même : "Ce n'était pas la peine !" Ce serait le fait d'un profane et d'un homme qui s'irrite contre les événements extérieurs. »

Ça me faisait du bien de penser que le vieux Grec était avec moi, sur ce trottoir mouillé, venu me dire, doux et triste, que nous étions placés dans un mouvement perpétuel de merde, ancien comme l'humanité, à prendre des coups de tatane dans le tarin. C'était consolant d'une certaine façon... Ça m'a consolé. Mais je n'étais pas sûr d'avoir atteint l'équanimité des sages ! Au contraire je suis entré dans le premier rade qui venait vers moi avec des envies de meurtre. J'ai commandé un café comme j'aurais dit : « Haut les mains ! » — Le garçon a même hésité un quart de seconde, il m'a lancé un regard torve. J'avais la haine...

Ce salopard s'était payé ma tête sur toute la ligne. Et moi, courtois, en ronds de langue pour le séduire. Humble et soumis solliciteur sur les marches du temple. Quasiment à genoux pour gober ses salades !... Son air surpris de me voir là, après tout ce temps ! Un lapin c'est un lapin — y a que les cons qui sont capables d'attendre !... Le garçon a posé mon café sur la soucoupe sans un mot, il a rapproché le sucrier du bar en silence — s'il s'était permis une remarque je lui envoyais la tasse dans la gueule.

J'imaginais un round de pugilat... Je me voyais revenir là-bas, avec l'audace, la force physique, l'entraînement au combat. Être ceinture noire de karaté !... J'avais ça dans la tête : monter l'escalier sans hâte, le type qui a tout son temps, ouvrir des portes sans aucune gêne et sans cogner, trouver son bureau, tiens le voilà — choper cette ordure au revers, dire... dire calmement : « Maintenant, petit père, assez rigolé. Tu me prends pour un con, moi j'écrase ta petite gueule de punaise bien léchée, d'accord ? »... Comme Lino Ventura, la mâchoire méchante. Je m'inventais le dialogue, tout... Lui qui protesterait : « Mais monsieur, mais monsieur ! »... qui voudrait que je le lâche. Pan ! un coup de pied dans ses burnes pour bien montrer de quel bois je me chauffais. « Ou bien, si tu préfères, tu me files une traduction ? »... Je m'y voyais, je m'y voyais ! Faudrait avoir été dans la Légion, un peu, pour demander à traduire. Avoir fait une Indochine, et différents djebels d'époque... Les guerres de Napoléon, peut-être ! Des trucs sanglants de ses dix doigts qui font qu'on vous croit sur parole...

Et puis merde ! Qu'ils aillent tous se faire mettre. La vie est faite de toutes les soumissions. J'ai attendu que ça se tasse. Le Grec avait sans doute raison... J'ai bu mon café, à petites gorgées, comme un homme qui ne s'irrite pas contre les événements extérieurs.

Tout de même, un type à côté s'est tourné vers moi, pour me demander si j'avais du feu. Je l'ai regardé calmement, dans les yeux. Puis j'ai baissé les yeux, j'ai regardé par terre — c'est vrai aussi qu'il était moins grand que moi, et plus gringalet. J'ai dit doucement, sans élever la voix :

— Je t'emmerde.

Et je me suis senti mieux tout de suite — et infiniment plus con qu'avant.

5

Bizarrement, à mesure que les jours ont passé, nous avons renoncé à prendre Carolina en filature. Au début, j'ai fait semblant de penser que c'était à cause de l'occasion qu'il était difficile de recréer. Je restais évasif ; je disais à Clément : « Bon, on va voir »... En réalité, je baissais les armes. L'envie de savoir ne me venait plus... Après tout, c'était ses oignons à elle !

Le Tiaf m'avait un peu relancé — voyons, puisqu'il avait les fringues, tout un arsenal ? Il avait grondé :

— Faut savoir ce que tu veux !...

Je savais surtout que j'étais illogique ! Instable ? d'accord ! et inconstant aussi... Velléitaire, si ça lui faisait plaisir !...

— Alors tu m'as emmerdé pour que j'aille chercher ces habits, et maintenant Monsieur a des scrupules ! Il ne veut plus qu'on la suive !... Dis donc, ça t'a pas gêné de me mettre dans le train la première fois.

— Si ! Justement !...

Il ne croyait pas si bien dire. J'avais détesté leur départ, justement, sur le quai — cette sorte de honte qui m'était venue de ma traîtrise... Réorganiser toute une série de mensonges m'écœurait d'avance ! Après tout, Carolina continuait à être gardeuse à Wagram. Elle venait me voir — c'était un bonheur tranquille... Et peut-être — comment savoir ? ce sont des choses que l'on se dit plus tard — peut-être ma torpeur venait-elle d'une prémonition ?... Je tâchais, sans le

savoir, de me préserver ! — Toujours est-il qu'au bout de
quelques semaines Clément avait remisé la valise au chevet
de son lit. Il n'avait rien rendu encore ; on ne savait jamais !
Il l'appelait « son trousseau »... Mais l'humeur avait fui.
Nous n'en parlions plus.

Aussi, il faut dire qu'à l'approche du printemps nous
avions de moins en moins l'occasion de rire. Au mois de
mars nous n'avions plus guère de quoi frire, à Lorette. La
soudure s'annonçait pleine d'incertitudes, de difficultés,
d'angoisse... Nous étions contraints d'être prudents avec
l'ordinaire — de mesurer même la base de notre alimentation quotidienne, qui était devenue le riz complet ! On
l'assaisonnait au mieux, avec les matières les plus inventives.
Nous n'avions plus les moyens des condiments de luxe : le
ketchup classique et la traditionnelle sauce de soja, où Clément prolongeait les délices de ses rêves d'Orient, nous
étaient mesurés... Nous avions passé à des choses plus inso-
lites, à base d'ail, d'oignon, et de yaourt — des recettes à
nous ! Et puis le jus des poissons en conserve : par exemple
une grosse boîte de sardines, pas chère, écrasée et malaxée,
l'huile et tout, avec deux grandes écuelles de riz pouvait
servir de régal... Pour le riz, nous le prenions en vrac, par
sacs de dix kilos, au magasin de santé, plus haut dans la rue.

Ça, et les crêpes... Car j'avais pris la précaution de constituer un stock de farine. Des provisions de famine, donc,
auxquelles s'ajoutaient, de temps à autre, des suppléments
incertains. Les œufs demeuraient encore à notre portée, le
lait modérément ; les patates, les lentilles également — mais
pour le beurre, les denrées chères, la viande, c'était fini.
Nous ne prenions de vrais repas, l'un et l'autre, que lorsque
nous étions invités, ce qui nous arrivait avec une petite
régularité, mais séparément. Quant aux douceurs, il ne fallait plus y penser : les dernières confitures s'étaient réduites
à quelques traces durcies au fond des pots que je ne parvenais pas à jeter.

Pour le reste, le courant des extras, nous avions commencé, depuis pas mal de temps déjà, bien que sur une échelle
modeste, à pas prudents, à pratiquer la fauche... Nous

piquions un seul ingrédient à la fois, bien sûr, dans les bas prix. Nous volions une boîte de thon au naturel, de maquereau au vin blanc — jamais d'alcool ! Une bouteille d'huile un jour, à cause des vinaigrettes... On ne craignait pas trop l'escalade, car, dans le quartier, je ne vois pas où nous aurions pu voler un bœuf ! — En outre, nous faisions, si j'ose dire, main basse sur des produits alimentaires, uniquement au Monoprix du bas de la rue, à gauche. Ce magasin traversait sous les maisons, avec une entrée de ce côté-ci, et une autre derrière, rue des Martyrs, d'égale importance... Il constituait un raccourci commode entre les deux secteurs, un passage tendu de dentelles, pavoisé de lingeries féminines en nylon attachées à des présentoirs en chicane qui obligeaient à se faufiler au travers — une sorte de traboule vitrée en somme, illuminée de néons, baignée de musique douce, comme ils n'en ont pas à Lyon !

L'alimentation se trouvait au sous-sol. Nous avions inventé un premier état de fauche douce, pour ainsi dire de première nécessité, qui consistait à déguster sur place. Une espèce de grivèlerie cachée, d'autant moins caractérisée, juridiquement, sans doute, que l'endroit n'était pas une auberge !... Il suffisait de prendre une plaque de chocolat, par exemple, sur l'étagère, de l'éplucher de son aluminium, et de la manger devant le rayon en faisant semblant de continuer à choisir... Dans notre esprit il s'agissait d'une indélicatesse, certes, mais vénielle, qui s'apparentait au fait de manger des raisins dans une vigne, ou des pêches dans un verger — une forme de chapardage urbain !... Simplement, comme nous souhaitions écarter les soupçons, nous prenions un panier à l'entrée, dans lequel nous entassions des choses, des prétendues emplettes que nous abandonnions discrètement avant de passer aux caisses les mains dans les poches.

A vrai dire il valait mieux être deux, ou même trois ensemble pour pouvoir engloutir vite un paquet entier de biscuits, ou un pot de crème, ou un camembert — car plus la consommation se rapprochait de l'escamotage, moins il y avait le risque de se faire surprendre. En plus, en groupe, on rigolait ! On faisait détendus et sympas, alors qu'un type seul, un peu trop recueilli, qui rôde en mâchonnant, fait tout de suite louche ! En même temps, à plusieurs corps, on masquait bien mieux les larcins, les magasins étant encore mal équipés en caméras de surveillance. Donc, ce qui importait c'était d'agir vite : ne pas mâcher pendant des plombes, et goûter, faire la petite bouche ! Nous recherchions avant tout la promptitude de l'engoulement — et c'est fou ce que l'on arrive à gober, comme grosseur, d'un seul coup de dents ! J'étais arrivé à avaler des barquettes à la fraise à peu près comme des pilules — même Le Tiaf était étonné, lui pourtant très bon gosier ! « Où tu les mets ? »... Il n'arrivait pas à y croire !...

Un soir Clément était rentré de joyeuse humeur. Je l'entendais fredonner dans le couloir, chose rarissime — tout au moins il produisait des sons modulés à caractère fredonnant, qui visaient à traduire une certaine liesse... C'était tellement inhabituel de la part du Piaf, qui circulait plutôt silencieux comme un nuage, qu'au premier coup d'oreille j'avais cru que nous avions de la visite. J'étais occupé à faire cuire des pois cassés ! Ça changeait du riz complet, c'était original et pas plus cher... Seulement j'avais eu la main lourde, avec deux paquets d'un seul coup : ces cons de légumes avaient gonflé au-delà de toute espérance !... Ils n'en finissaient pas de venir au ras de la casserole, au point que j'avais rapidement été obligé de les transvaser dans la cocotte en fonte émaillée, notre ustensile le plus spacieux. Même là j'avais dû rajouter de l'eau à trois reprises, tandis qu'une abondante mousse verte montait sous le couvercle et dégoulinait le long de la paroi... A certains moments le trop-plein allait pisser sur le brûleur du gaz, ce qui ajoutait à l'odeur, à l'ennui, à ma bêtise de ne pas m'être contenté d'un seul paquet ! La turne entière sentait les pois cassés, jusqu'au fond de la salle Gavarni, jusque dans le couloir !... « Jusque dans l'escalier », m'a dit Clément en entrant — il avait commencé à percevoir l'odeur entre le quatrième et le cinquième. Il avait grimpé le dernier étage à la narine, ce qui expliquait selon moi son comportement joyeux : Le Tiaf, c'était un ventre ! Il est allé directement soulever le couvercle, l'œil allumé.

Il reniflait, la tête dans la vapeur qui inondait le coin-cuisine :

— T'en as fait une plâtrée! On va en manger pendant une semaine.

Les pois cassés, c'est une merveille avec un rôti de porc, bien moelleux : on mélange le jus de la viande qui donne une saveur délectable... Nous ne pouvions pas nous offrir un rôti, naturellement, ni même des côtes de porc — ce n'était pas la saison. Il me restait un billet de cinquante francs qui devait nous amener au moins jusqu'à la fin de la semaine — mais en calculant juste, on pouvait se payer deux saucisses pour la beauté du geste. Les saucisses les plus dodues coûtaient à l'époque dans les trois francs pièce ; c'était une folie raisonnable. Pour le lendemain j'avais pensé à quelques foies de volaille, bien goûteux aussi. Après on verrait... S'il restait des pois !

Je lui ai donc annoncé mon programme, il s'en chatouillait les amygdales ; j'ai suggéré, puisque pour l'heure je devais surveiller la marmite, qu'il redescendît donc acheter les saucisses, illico presto, avant la fermeture imminente des boucheries, car il était dans les sept heures et demie... Clément se frottait les mains, guilleret, j'ai cru qu'il allait se remettre à chanter !

— Combien j'en prends?

— Comment ça? Tu en prends deux, pardi : une chacun... On peut pas plus : tu en auras pour six francs, sept balles au maximum.

Je lui ai confié le billet de cinquante francs avec mes recommandations, stipulant qu'il s'agissait là de nos toutes dernières ressources — et qu'il ne parle pas aux messieurs dans la rue !

— Et magne-toi, parce que c'est cuit !

J'aimais bien lui donner le détail des opérations commerciales, à Clément ; à vrai dire c'était généralement nécessaire étant donné sa propension à naviguer dans la lune. La réalité lui échappait ; par moments, il en perdait le sens comme un petit enfant perd sa culotte et continue à marcher — très vite il s'entravait dedans... De plus, ce qui allait

ensemble, il avait, comme on disait alors par analogie probable avec les « rapports » sexuels, un curieux « rapport à
l'argent ». En d'autres termes il se faisait constamment baiser parce qu'il n'avait aucune notion du prix des choses.
Les pois cassés allaient tranquillement sur leur point de
cuisson ; je touillais copieusement pour rendre la purée plus
fluide... Je remuais toutes les cinq minutes, car l'eau s'était
de nouveau évaporée malgré le feu réduit à l'extrême.
C'était devenu une pâte collante que je goûtais par gourmandise. Au lycée, à Clermont-Ferrand, on nous les servait
en crème onctueuse — on dit beaucoup de mal des inter-
nats, parfois injustement. A Blaise-Pascal les pois cassés
arrivaient au réfectoire, chaque mercredi midi, sous la
forme d'une coulée odorante, veinée de sauce brune oran-
gée, accompagnée d'une tranche de rôti charnue, grillochée
du bord — un régal extraordinaire ! Au « petit bahut » nous
nous volions nos parts, nous faisions des servilités pour
avoir du rab, en troisième... J'essayais en vain de retrouver
une consistance identique dans ma marmite, en brassant
bien fort avec la cuillère en bois. Mais il restait toujours des
morceaux entiers qui refusaient, comme les ailes de l'oignon, de se fondre dans la masse. En fait, il aurait fallu les
passer à la moulinette, mais nous n'avions pas d'outil de la
sorte...
Tout cela m'avait ramené du côté de l'avenue Carnot,
là-bas, à Clermont, dont Chateaubriand a dit flatteusement
que sa position est « une des plus belles du monde »... Au
« petit bahut », accolé au collège des filles avec folie — avec
la violence des pierres qui font le malheur des murs ! Plus
haut, vers la Halle aux blés, le « grand bahut », vieux
couvent pure pouzzolane, le paradis du féculent ! Je me
remontais dans l'espace, au déclic gourmand, et chacun sa
gâchette ! J'allais vers la chaîne des Puys, au temps des
jeudis, des rouges limonade, des filles de Jeanne-d'Arc derrière les murs, lointaines comme des Terres promises. Les
blouses grises, les cravates obligées, les parties de basket en
hiver... Du temps où je m'appelais Bébert !
J'ai regoûté mes pois du bout de la cuillère : leur parfum

m'inondait la bouche et la tête... J'ai remis le couvercle, et
repensé à cet autre Bébert qui vivait dans la rue Delarbre —
mais lui, je crois qu'il descendait d'Albert. Il était l'innocent
du coin, ce jeune homme incertain gravement réchappé
d'une méningite, à ce qu'on disait de lui ; et on n'en disait
pas du bien ! Bébert l'imbécile, qui ricanait sur le passage
des groupes dans la rue, qui interpellait sans retenue les
professeurs chenus : « Oh ! minot ! »... Gênant Bébert, dé-
rangeant dans sa folie douce-amère... C'est un peu à cause
de lui que j'avais hâte de changer d'appellation, en troisième ; il salissait de toute sa personne égarée mon diminutif
des montagnes. J'avais décidé de mettre en vigueur le premier de mes noms sur les registres, qui était Jean. Il aurait
dû être l'usuel ; la série complète portait, à l'origine, Robert
et Antoine, seulement en mémoire de mes deux grands-
pères. Je devais m'appeler Jean, mais il y avait eu des
interférences... « Robert » était aussi le prénom d'un oncle
absent, le frère aîné, très aimé, de ma mère. Pour lors il
était devenu prisonnier des Allemands, dans une guerre qui
avait éclaté contre ce peuple abominable, juste après mon
baptême. On l'avait emmené loin, loin, oh infiniment ! « En
Bochie orientale », disait-on au village... Ça faisait immense
comme éloignement, presque de l'autre côté de la Terre, en
passant par le Rhin ! Alors, pour combler l'attente, dans le
doute terrible de le revoir, on m'avait appelé « Robert »,
moi, tous les jours... C'était un « au-cas-où » commode —
un peu une assurance-deuil...

   Il avait beau avoir été libéré, mon tonton — et fort
ingambe ! —, dans ce mouvement jubilatoire que l'on appelait justement « Libération », pour moi c'était trop tard. Je
n'avais jamais pu me délivrer du prénom provisoire... Par la
suite, lorsque j'avais appris l'histoire, je trouvai que j'avais
fait les frais de la guerre ! J'avais essayé d'organiser une
Résistance à mon profit. Je voyais les Jean, ils avaient une
fête — la Saint-Jean leur appartenait ! On parlait de ses
herbes, de ses feux... J'étais revenu, après les vacances de
Pâques, en disant que désormais je m'appelais Jean. Les
copains se payaient ma poire...

Mon plus beau combat, je l'avais livré en seconde, en montant au « grand bahut » où j'espérais être un peu neuf. Me réfugiant dans le compromis, j'avais voulu imposer Jean-Robert. J'avais hésité avec Jean-Antoine — un peu fermé sur lui-même, en nom complet. De toute façon je préférais l'impair... Jean-Robert, ça faisait mode, et si léger !... J'avais tenu compte de l'effet que ça ferait sur les filles, dans des phrases... « Je suis sortie avec Jean-Antoine » avait un côté sourd, peut-être pas assez flatteur. Je m'étais entraîné à dire, sur des tons différents : « Je t'aime, Jean-Antoine », et « je t'aime, Jean-Robert »... Là aussi, le second sortait plus joli : Ro-bèèèrt — ça restait mieux en suspens, plus aérien c'est vrai ! Plus « soluble », quoi !... Et plus trouble : d'un émoi sensuel je trouvais... Ça avait assez bien marché avec les profs — après tout, j'avais l'état civil de mon côté !... Avec les copains ce fut mitigé ; ce fut ricanant, sujet à des engueulades qui s'envenimèrent plusieurs fois pour se finir à coups de poings.

J'en étais là de mes dégustations — et j'avais un peu bordélisé Bachaud en pensée, le vieux prof de physique qui parlait timidement fouchtra, en somme, chuintant tout dans sa blouse blanche : la « challe de clache », le « chucre ». Et bien entendu l'illustre « Chelchiuch », celui qui « en Chuède faisait fondre la glache » pour nous léguer son immortel degré !... J'avais envoyé des signaux aux filles de Jeanne-d'Arc, à leurs fenêtres sur la cour — et il y a des murs dans nos mémoires que nous emporterons, comme on dit, dans la tombe. Des murs si graves, pesant de toute la férocité de nos envies, qu'ils nous suivront, les pieds devant, en paradis !...

Soudain, je me suis aperçu que Clément n'avait pas réapparu !... Etrange ! Il était parti depuis une bonne demi-heure ! Je guettais les bruits dans l'escalier... Il fallait pas trois plombes pour acheter deux saucisses, surtout à cette heure-ci !

Je commençais à flairer l'embrouille. De la fenêtre on voyait très bien l'intérieur de la boucherie, au coin de la rue Laferrière ; elle était vide. Le petit boucher tout rond s'activait à ranger son étalage. Les trottoirs étaient déserts. L'enfoiré!... C'était la peine que je lui recommande de se presser!... Le problème était que si j'éteignais le gaz, le fricot allait refroidir — si je le laissais allumé, avec le temps de cuisson des saucisses en plus, je craignais que la pâte devienne trop épaisse et se mette à cramer... Quel emmerdeur!

Au bout de trois quarts d'heure, il est rentré, triomphant, un gros paquet à la main.

— Qu'est-ce que t'as foutu? T'as tué le cochon?

— Il a fallu que j'aille rue des Martyrs.

— Pourquoi, c'est des saucisses bénies?

Il m'a tendu la monnaie, content de lui : un billet de dix francs et deux pièces. Le ton indulgent, que j'étais pas très au courant des prix :

— C'était plus cher que tu disais.

J'étais interloqué... Je faisais le calcul mental : trente-huit francs!... J'ai déplié le paquet, étrangement volumineux. L'horreur!... J'en étais saisi! Il rapportait deux énormes saucissons entiers, des saucissons de Lyon, à peau noirâtre, gigantesques...

— Qu'est-ce que c'est que ces machins — t'es cinglé ou quoi ?

J'étais tellement suffoqué que les mains m'en tremblaient contre le papier d'emballage. Il a grogné :

— Tu m'as dit deux saucisses.

— T'appelles ça des saucisses, toi?... Des saucisses à trente-huit francs la paire! T'es complètement con mon pauvre Moineau! Totalement déjanté!

Le salaud! Il avait claqué tout notre fric sur cette merde! Une emplette de luxe à nourrir un banquet de huit personnes! Ils étaient longs, ces sauciflards! Chacun, coupé, représentait la part de quatre... Il les regardait maintenant, il avait un air penaud comme si une notion de son égarement se faisait jour dans sa cervelle flottante. Je m'étranglais de rage :

— T'as jamais vu de saucisses de ta vie, pauvre enculé!

Là il s'est mis à rouspéter : je lui avais dit des saucisses, il

avait demandé des saucisses ! Hein !... Le boucher de la rue
Laferrière n'en avait plus. Il lui avait conseillé de voir un
charcutier. Alors il avait cherché un charcutier dans tout le
quartier, bonne poire — maintenant pour se faire engueuler ! Il en avait trouvé un rue des Martyrs, par miracle, qui
était encore ouvert !... Et merde !... On lui avait donné ça,
et si j'étais pas heureux j'avais qu'à faire mes commissions
moi-même.

— Tu me fais chier, aussi !... il a conclu.

J'étais blême de fureur.

— ... de Toulouse ! Tu entends ? Trou-du-cul ! Des saucisses de Toulouse ! Des saucisses ordinaires, nom de Dieu !

— Ah bon ? Il fallait qu'elles soient de Toulouse ?... Pas
de Lyon ?... Excuse-moi, j'ai pas le sens de l'orientation.

Il ironisait, en plus ! Que j'étais maniaque et tout... Il ne
se rendait pas compte ! Ni de la différence entre les saucisses, ni du merdier dans lequel il nous plongeait ! Il avait
dilapidé toutes nos économies... J'en bégayais. Il était trop
connard ! Même pas la peine d'entrer dans le détail de sa
monstrueuse nullité : quand il avait vu la taille de ces en-
gins, il aurait pu n'en prendre qu'un seul ! Au moins ça !...
Un !...

— Tu avais dit deux ! Connard toi-même, t'avais qu'à
préciser : « de Toulouse »... Et fais gaffe, si tu me touches,
t'as mon poing dans la gueule, t'entends ?

J'avais mis les mains en avant pour l'étrangler... On hurlait à présent, la haine aux yeux. Pour la première fois prêts
à se cogner. J'avais une envie de meurtre... Pendant ce
temps-là les pois cassés avaient commencé à prendre au fond
de la cocotte, il venait une odeur. J'ai arrêté le feu, j'ai
remué... C'était à pleurer.

Je suis sorti en claquant la porte. J'ai dévalé l'escalier,
couru dans la rue La Bruyère — je n'avais aucune idée de la
manière de cuire des saucissons de Lyon, en plus... Grillés,
bouillis, comme de l'andouille ?... Je suis arrivé rue La
Rochefoucauld juste comme le boucher était en train de
baisser son rideau. Il m'a tout de même donné deux saucisses, deux vraies, bien roses, menues, pour cinq francs
cinquante.

De retour à l'appartement je suis allé les présenter à
Clément dans l'autre pièce... Je les lui ai montrées, étalées
sur le papier, sans un mot, comme dans les grands hôtels on
présente le homard avant cuisson. Il n'a rien dit non plus, il
a jeté un œil, il essayait de lire...
J'ai dit :
— Maintenant il nous reste six francs cinquante.
Il a haussé les épaules, il regardait droit devant lui. Je le
sentais vachement amer et triste, comme moi... On avait
failli se taper sur la gueule, moins une. C'était humiliant. Je
suis allé faire griller les saucisses à la poêle, en recueillant le
jus pour les pois. J'ai servi deux assiettes, je lui ai apporté la
sienne. On se causait plus... On a mangé chacun dans son
coin.

Ce soir-là Carolina avait eu une embellie dans son gar-
diennage d'enfants ; les parents avaient changé d'avis au
dernier moment — elle avait cru sentir, en arrivant chez
eux, les remugles d'une querelle : finalement, ils ne sortaient
pas. Ils lui avaient payé sa soirée tout de même, par élégance, et elle se trouvait libre... Elle s'était donc pointée un
peu après neuf heures, légère, enchantée de l'aubaine. Enjouée de me voir. On s'est serrés très fort, comme nous
aimions, et j'aimais la manière dont elle se nichait, ses bras
lancés loin derrière mon cou, pliés en nœud sur ma nuque.
Je touchais ses fesses, ses hanches, caressais son dos... Je
n'avais pas tout à fait terminé mon assiette ; elle a regardé
mon fricot, passé un doigt, goûté. Tout de suite elle m'a
houspillé, que j'absorbais vraiment des substances dégueulasses, sans aucun équilibre ni hygiène : « Vous mangez
ça ?... Beurk ! C'est gras ! »...
Tout en parlant elle se rendait compte que quelque chose
allait de travers. La manière dont Clément avait répondu à
son salut... Il se tenait là comme un empoté, grimaçant à
son discours diététique dans une mimique de dignité frois-
sée. Le genre grand d'Espagne victime d'une erreur judi-
ciaire. Clément se sentait la proie innocente d'un dangereux
maniaque de la géographie...

— Qu'est-ce que vous avez tous les deux?
J'ai expliqué brièvement, en litote. Un synopsis de tragédie... Elle a dit :
— Vous êtes pas drôles! On dirait deux pédés qui ont eu
une scène de ménage — décidément c'est ma soirée !
Elle disait que tout le monde peut se tromper — mais
quand même, elle a pouffé de rire quand elle a contemplé
les pièces à conviction dans le frigidaire... Ça avait un
aspect d'étalage obscène. Elle a convenu que Clément, là, en
effet, s'était montré un peu gland. Sur la quantité surtout!
C'est ce qui l'étonnait, qu'elle trouvait cocasse : le monceau !... Elle riait de ça, l'idée que nous n'avions plus qu'à
nous taper cette charcutaille jusqu'au bout de la semaine !...
Parce que le reste, l'erreur d'objet, elle comprenait. Va
savoir ce que signifiait le mot « saucisse » pour les gens ! En
fait, c'était une dénomination vague dans un pays de tradi-
tions aussi variées que la France — elle n'était pas sûre si
elle ne pensait pas d'abord « Strasbourg » elle-même, « hot
dog » et tout ça, quand elle pensait « saucisse ».. Il y avait
aussi celle de Montbéliard ! Est-ce que j'avais songé à la
saucisse de Montbéliard?...
Elle en rajoutait gentiment, Carolina, pour ne pas enfoncer Le Tiaf, le faire revenir un peu en surface. J'étais
content qu'elle soit présente, je me détendais au son de sa
voix comme un homme harassé s'apaise au chant de la
flûte... Clément aussi se déridait un brin. Il se sentait
compris... En définitive il avait bien mangé, le salopard ! Ça
ne lui avait pas tellement coupé l'appétit. Il s'était même
resservi une grosse louchée de pois !
Ma fiancée a conclu que dans tous les cas nous étions des
goinfres, des consommateurs bien peu délicats pour nous
empiffrer d'horreurs pareilles, à base de graisse de cochon.
Au fond, c'était bien fait pour nos poires !... Elle nous
invitait de ce pas, en signe d'éponge, à aller nous rincer la
dalle au La Fayette. Parfaitement, c'était sérieux ! Elle nous
payait la chope de bière à tous deux, puisqu'elle avait touché
du fric inattendu pour sa soirée. Et parce qu'elle avait
quelque chose de personnel à arroser. Alors?...

Clément se faisait un peu tirer l'oreille, pour la forme — il se sentait imméritant. Carolina nous a montré une lettre volumineuse qu'elle avait reçue de ses amis de Finlande : ils venaient d'avoir un bébé... Un bébé qu'elle avait vu grossir et gonfler le ventre de sa maman ! Qu'elle avait touché, presque !... Personne ne pouvait refuser de fêter une naissance — et puis, au La Fayette, s'il avait encore un creux, elle voulait bien lui acheter un hot dog, avec une saucisse dedans !

Pour un mardi, l'affluence nous a étonnés : le Général La Fayette était plein comme un œuf, toutes les tables prises, sans exception. Nous avons commandé au bar, en nous glissant du côté des pompes pour être à la hauteur du barman qui s'activait, manches retroussées, à faire des demis ou des pintes. Cela étant nous encombrions le passage de la serveuse qui faisait la salle avec son déhanchement de gravure paupériste : « Restez pas là, vous voyez bien que je ne peux pas passer ! »... Nous avons dû bouger vers la petite rotonde, nos verres à la main, coincés sur le chemin des toilettes ; Carolina avait sorti la lettre de ses amis, avec la photographie du bébé qui l'accompagnait. Que nous sachions à qui s'adressait le toste !... Un petit garçon, disait la légende — a baby boy — né le 7 février et prénommé Aki. Aki ?... C'était drôle !... Elle nous a parlé de ce couple adorable avec lequel elle avait beaucoup sympathisé à Londres. Ils étaient rentrés dans leur pays en prévision de l'accouchement, et c'était juste avant son propre retour à elle à Paris. Elle leur avait écrit pour savoir des nouvelles, et voilà ! Il y avait un enfant...

Carolina parlait d'eux avec une sorte de tendresse dans la voix, elle les aimait beaucoup — surtout Leena, une jeune femme extrêmement douce. Des gens d'un abord simple, qui ouvraient les yeux sur le monde en souriant, sans contorsions et sans chiqué ! Des gens vrais... Elle était émue rien qu'à le dire, elle ne savait comment expliquer. Lui aussi, Jukka, était un type bien — mais très timide, très réservé. Il parlait peu... Il était ingénieur en papier, un genre comme ça, qui n'existait peut-être pas en France — il faisait un stage à Londres, dans une entreprise, mais elle n'avait pas bien saisi si c'était pour apprendre des choses ou pour instruire les autres ! Elle n'avait pas bien demandé... Quant à Leena elle enseignait l'anglais dans un lycée. Elle était devenue vraiment amie avec Leena, qui avait un an de plus qu'elle mais qui en paraissait trois de moins. Sans doute la grossesse les avait rapprochées, car c'est une chose en mouvement, qui s'observe, qui se commente beaucoup... Le fait que Leena était enceinte avait favorisé leurs rapports. Une relation qui avait compté, disait Carolina — elle s'était sentie énormément triste, après leur départ, et c'était dix jours à peu près avant notre rencontre. Cette belle soirée !... Ça faisait combien ? Des siècles à présent, non ?...

Des gens qui avaient payé se sont levés pour partir ; nous avons récupéré leurs tabourets et leur petite table contre la cloison, juste assez vaste pour déposer nos pintes. Ainsi ma fiancée a pu déployer sa lettre, qui était en anglais — une sacrée tartine, sur plusieurs pages... Leena lui racontait la vie, l'accouchement, leur installation — ils habitaient une grande ville au milieu des terres, qui s'appelait Tampere. Elle était en congé du lycée, forcément, avec plein de temps pour écrire pendant que le bébé dormait !... « Tempéré », ce n'était pas le climat du patelin, d'après ce qu'elle racontait : l'hiver qu'il faisait ! Mais elle n'avait pas besoin de sortir, seulement pour faire un peu de ski, dans le parc en face de chez elle, afin de se dégourdir les jambes... Jukka avait repris son travail dans l'usine à papier, dans une ville moins grande, à côté : Valeakoski — « he drives there every day, and he is very happy that it is only half an hour's drive » — une petite demi-heure en voiture, heureusement. Mais tout de même, dans la neige !...

Ça nous donnait envie de bouger cette lettre... Qu'est-ce qu'on faisait là, à Paris, pendant que le monde, continuellement était monde, partout ! Avec toutes ces choses à voir, à sentir : le froid sur la peau, le chaud des ailleurs. Le besoin que nous avions d'être émus pour vivre, pour nous sentir exister — et tout ce vivant qui va avec la nouveauté, qui nous rendait si rétifs au banal des situations assises, des carrières... La nécessité que nous éprouvions de garder tous les possibles ouverts, et s'ils se fermaient ce serait la mort. Ce besoin de souplesse, de nous sentir instables, presque tout le temps, en péril, comme qui dirait sur la branche... Ce que disait Leena nous donnait envie de prendre une carte, de l'étudier, avec ce frisson d'alerte que doivent avoir les oiseaux migrateurs, mais d'une autre façon que nous, plus subtile, plus impérieuse...

Les lycéens avaient fait quelque chose, disait Leena — c'était un peu confus : une fête ? Un spectacle ?... « A party » : il y avait des chansons en tout cas, et des déguisements, et cela appartenait aux usages du lycée. Toujours est-il qu'un petit groupe de ses élèves — my own class — étaient venus lui montrer leurs déguisements à la maison. Ils avaient chanté, mais très doucement, une chanson pour Aki, lui conseillant de se méfier de sa maman qui voudrait lui apprendre l'anglais alors que son intérêt à lui, serait de bien savoir le finnois, en grandissant, pour être capable de parler aux filles !... Elle avait été très touchée de leur gentillesse, et il y avait ce mot « earnestly », que Carolina ne comprenait pas et qui voulait dire avec sagesse, et bonne conduite en l'occurrence. Et même prudence... Je me suis fait la remarque qu'elle n'avait pas apporté l'enveloppe de la lettre, et ça aussi c'était fait « earnestly » — parce qu'ainsi je ne pouvais pas découvrir à quelle adresse cette intéressante missive avait été expédiée — et reçue !... Nous avons dit que le petit Aki serait Verseau — « c'est Aki ce beau bébé madame ? »... Il serait blond, comme ses ancêtres, si l'on en croyait la photo où il apparaissait si blanc sur la tête qu'il en était chauve...

Nous avons repris des bières et trinqué : aux parents, à l'enfant, à la Finlande ! A ma fiancée !... Clément a dit : « C'est à qui ce joli demi de Guinness ? »... Carolina nous a raconté qu'elle était peut-être sur un coup pour un job. Si ça marchait elle laisserait tomber le baby-sitting — elle touchait du bois. Elle a effectivement posé sa main sur la cloison lambrissée... Le travail consistait à faire des enquêtes chez les gens ; elle avait rencontré une fille qui

travaillait pour une société de marketing et qui l'avait ren-
cardée auprès des responsables.

Normalement ça devait marcher... C'était un boulot assez
dur, à ce qu'on disait, mais si la personne se dépotait, elle
pouvait gagner correctement. Pour l'instant elle était plutôt
contente de retrouver un emploi à plein temps qui lui laisserait tout de même sa liberté.

*
**

La semaine suivante Le Tiaf a commencé un chantier.
L'idée couvait depuis quelque temps, comme un espoir
fragile ; elle semblait ne jamais vouloir éclore... Puis son
pourvoyeur habituel s'était remanifesté un soir, au téléphone : il s'agissait de s'attaquer d'urgence au ravalement
d'une cuisine dans un immeuble du dix-septième, rue Nollet. Un boulot pourri comme d'ordinaire ! Le manager ne
lui filait que ce qu'il répugnait à exécuter lui-même... Clément avait une réputation de sérieux et de qualité du travail,
de minutie même, qui le faisait recruter seulement dans les
cas difficiles.

L'appartement était vieillot, plutôt cossu — quatre pièces
vastes, hautes de plafond, d'un bâtiment en pierre de taille
dans le haut des Batignolles, presque à l'angle de la rue des
Dames. Plus une grande cuisine à l'ancienne qui n'avait pas
été refaite depuis l'après-guerre — c'est du moins ce que
racontait sa propriétaire, une vieille dame, veuve de loin, et
pleine d'aise dans les revenus. Son pauvre mari l'avait fait
retaper à l'époque, lorsqu'ils avaient acheté, en 47. Depuis,
les murs avaient été lessivés une seule fois, juste après
l'arrivée de De Gaulle, quelques mois seulement avant le
départ du défunt. Presque vingt ans de fritures, de buées,
d'émanations de mirontons. Un musée — une archéologie
du ragoût, disait Le Tiaf...

Il m'expliquait, après sa visite inaugurale : les murs avaient des crevasses, des trous de première grandeur qu'il fallait sonder, des fissures partout à ouvrir entièrement, remastiquer, enduire... Il s'y voyait pour des semaines rien que pour la préparation — et alors, avec les délais de séchage, il n'avait pas fini d'y marner avant d'appliquer la dernière couche de laque. Mais il avait le temps... La cuisine devait être entièrement rééquipée moderne, du fourneau à l'évier, aux placards — des meubles sur mesure, qui seraient livrés dès que le local s'annoncerait prêt à les recevoir. Le plombier, le carreleur ayant déjà accompli leur part, on n'attendait que lui... On l'attendait d'ailleurs depuis plusieurs semaines, sans qu'il s'en doute, le commissionnaire ayant laissé traîner les choses jusqu'au point de rupture avant de se résoudre à passer la main.

En réalité c'était la fille de la vieille dame qui offrait la réfection à sa maman. « Une fille en or, monsieur ! » disait sa mère. Elle ajoutait en rigolant : « Et un gendre cousu de pistoles ! »... Dès les premiers jours Clément avait appris les tenants et les aboutissants. La vieille dame s'excusait presque de lui donner tant d'embarras avec ce local — pour sa part, elle trouvait que c'était là bien du bazar inutile ! Ce qui lui restait de son temps à vivre ne nécessitait aucunement des mises de fond si considérables... Elle n'avait pas été très chaude, avouait-elle, pour laisser mettre le souk dans sa bonne cuisine qui lui allait très bien telle qu'elle était. Sa fille avait dû insister beaucoup... Elle avait dit : « Si papa était là, il l'aurait refaite ! » — Alors, c'était une raison... Ils possédaient une chaîne d'hôtels, ses enfants. Pensez l'argent qu'ils brassaient ! Rien de comparable avec sa retraite à elle, confortable, mais tout de même. Ils avaient très bien réussi : son gendre était très actif, sa fille aussi. Les petits-enfants prenaient le même chemin, l'aîné était dans les pétroles, il avait fait des études très hautes et très poussées, qu'il avait terminées aux États-Unis !

La vieille dame tenait le crachoir à Clément pendant qu'il préparait le chantier. Au début il se demandait vaguement si la fille n'avait pas voulu faire d'une pierre deux coups, et

fournir un auditeur à sa mère — une oreille patiente, pour
le prix de la peinture. Elle le dérangeait dans ses pensées
habituelles de peintre, ses gamberges favorites qui l'éloi-
gnaient des lieux, précisément, et lui permettaient d'oublier
qu'il tenait la spatule ou le rouleau... Il avait eu du mal à s'y
faire — d'autant que ces litanies de bourgeois, de belles
réussites, d'enfants modèles charognards du capitalisme, le
gonflaient comme ça n'était pas permis! Il rouspétait en
revenant, il était à cran... Le premier jour il en avait la tête
« comme ça » des ragots à la vieille! Il s'était tenu à quatre
pour ne pas l'envoyer sur les roses.

Puis, peu à peu, ils avaient eu des conversations... Au
bout de quelques jours ils avaient « bien discuté », disait
Clément. Cela signifiait qu'ils avaient brassé des idées géné-
rales, et qu'à son tour elle l'avait écouté parler. Il n'était
plus aussi catégorique — c'était une personne intéressante
finalement, « Mamie Léa ». Tout le monde l'appelait
comme ça!... Elle l'épatait même un peu, à la fois par sa
candeur, son humour — son âge aussi... Il s'était mis à lui
commenter les événements internationaux, à lui sortir des
boniments qu'il tirait du *Monde diplomatique* sur les
chances de survie du monde occidental... Ils avaient échangé quelques propos pessimistes sur l'avenir des nations — la
menace nucléaire, et aussi les nuisances moins connues, plus
insidieuses, non moins fatales, comme la destruction de la
couche d'ozone.

Mamie Léa — c'était son nom, elle n'en changerait pas!
— Mamie Léa avait dressé l'oreille à ce garçon bien embou-
ché, instruit en diable... Elle lui avait demandé ce qu'il
faisait dans la vie, à part peindre des cuisines pourries chez
des gens aisés? — Et ça, Le Tiaf en était resté comme deux
ronds de frite!... Il avait dit qu'il dessinait, et elle n'était
nullement surprise. Un artiste : il en avait l'air! Elle avait
subodoré un je-ne-sais-quoi de non artisanal chez lui, quelque chose d'élevé dans les manières, et dans la pensée. Et
elle ne disait pas « élevé » à cause de l'échafaudage!... Elle
savait plaisanter — ils avaient rigolé un peu. Puis, un jour,
elle avait demandé à voir les dessins, par curiosité. S'il
voulait bien, à l'occasion, lui en montrer...

Il faut dire que Clément, par sa taille, lui rappelait un peu son mari... Un homme tout petit, comme vous ! Mais gentil, monsieur !... « Si vous saviez, monsieur Clément, comme c'était un homme adorable ! Et très adroit de ses mains — comme vous ! »... Le Tiaf s'était senti quelque peu obligé d'honorer la mémoire de son défunt collègue en faisant à son tour le doucereux, l'obligeant... Au bout d'une semaine elle l'appelait « mon petit peintre », et le présentait à ses amies en visite. Elle le priait d'ailleurs toujours de prendre le thé avec elles, disant : « Eh ! tant pis pour la journée complète ! Il faut bien que vous souffliez ! »... C'était le signal, vers cinq heures, que la journée était pratiquement terminée, parce qu'il y avait tant de choses nouvelles sous le soleil à débattre. « Ne vous inquiétez pas, c'est ma fille qui paye, elle a beaucoup d'argent ! » Mamie Léa disait « beaucoup » en remontant ses mains très haut pour évoquer une pile colossale d'écus... Clément lui décrivait les façons japonaises de prendre le thé, dont ses amis l'instruisaient. La vieille dame trouvait que réellement ce jeune homme avait du talent.

Au bout d'une semaine d'idylle j'ai dit au Tiaf :

— Elle va te sauter la Mamie !... Elle en a après tes boules, là, tel que c'est parti !

Ce qui était une façon vulgaire de parler, juste pour le faire rire, quand je l'ai vu partir, un matin, avec son carton à dessins sous le bras... Car la vieille dame s'était fait un devoir de réclamer à nouveau ses œuvres. A présent il l'estimait assez pour les lui montrer. Elle s'était émerveillée d'un treillis à l'encre de Chine, rehaussé de pointes de gouache, qui n'était pas de mauvais goût, du reste. Elle avait carrément proposé de l'acheter !... Elle le ferait encadrer, elle le placerait dans le couloir, près de la porte de la cuisine ; ce serait plus qu'un souvenir, une sorte de signature des travaux.

Une autre fois qu'ils bavardaient à bâtons rompus des choses du passé, Clément avait mentionné le nom de Gavarni. En fait, c'était à propos de la place Saint-Georges, à cause de la maison de Stavisky, l'escroc : étant née avec le

siècle, Mamie Léa avait bien connu « l'affaire »... Elle
s'était écriée : « J'ai une chose curieuse de Gavarni, savez-
vous ! »... Ils étaient allés fureter ensemble dans le salon-
bibliothèque — elle avait sorti, après quelques tâtonne-
ments, un mince recueil reproduisant des eaux-fortes que
Le Tiaf avait vaguement identifiées comme appartenant à la
période anglaise... Des croquis de pubs victoriens, de
pauvres hères, de dangereux corsaires : il était très étonné !
« Ce sont des choses qui appartenaient à Adolphe... Il
aimait farfouiller dans les vieilleries sur les quais, quand
nous allions nous promener ! »... Elle touchait la reliure de
cuir de la « vieillerie » qu'il avait aimée, de ses doigts tout
ronds aux ongles bien tenus. « Oui, il s'appelait Adolphe
mon mari. Il avait une petite moustache, là ! »... Elle gloussait, gamine : elle posait un doigt sous son nez. « Mais oui !
C'était la mode... Après il l'a coupée, vous pensez bien !
Après Munich, je crois, il s'est rasé entièrement la lèvre,
comme un jeune homme. C'était mieux... Vous pensez,
avec son prénom, si on le mettait en boîte dans son Administration !... Du reste, après la guerre, il a changé. Tous
ses amis l'appelaient Jean, c'était plus convenable. Il avait
pris son second prénom... Mais moi je n'ai jamais pu m'y
habituer : tant pis pour le Boche ! Vous savez, l'appeler
Jean, mon Adolphe... »
    Elle riait, presque osée.
    — Il y a des moments intimes tout de même dans la vie.
J'aurais eu l'impression de lui faire une infidélité !...
    Tout cela n'avait plus d'importance — elle aurait parlé cul
pour un peu, tellement elle se trouvait hors d'âge !... Le
pauvre Adolphe était si doux ! Il avait fait sa carrière dans
l'administration des Domaines, là, en bas, rue Tronchet,
derrière la Madeleine.
    Le travail avançait donc sûrement, mais sans hâte exces-
sive. Un jour que la fille était passée pour inspecter la bonne
marche des travaux et la santé de sa mère, Clément n'en
était qu'à poncer les enduits. L'hôtelière en gros, la cin-
quantaine extrêmement friquée, s'était étonnée... Elle rentrait d'un voyage d'affaires à l'étranger, elle passait, en cou-

rant d'air, embrasser maman — elle n'avait pas même pris le temps de défaire ses pendentifs sertis de diamants qui flamboyaient dans leur décalage horaire !... Voyons : elle croyait la pièce achevée depuis longtemps ! Elle s'apprêtait à faire livrer les éléments — elle l'avait prévu pour son retour !...

Mamie Léa s'était lancée dans un éloge dithyrambique de son « petit peintre », et du sérieux avec lequel il considérait l'ouvrage. C'était un jeune homme qui travaillait à l'ancienne, voilà ! Il mettait le temps et le soin des ouvriers d'autrefois, « vois-tu ma chérie ! »... Ils avaient là un artisan de premier ordre, entiché de travail bien fait, solide. Clément avait pris soin d'expliquer à sa collectionneuse la différence fondamentale qui existe entre une laque bien préparée, toutes les crevasses rattrapées à fond, les enduits polis au papier de verre, et le travail bâclé des peintres ordinaires qui passent trois coups de pinceau et puis s'en vont ! Aussi elle fustigeait ceux-là qui n'ont aucun respect du client, et vous collent la peinture sur des surfaces grasses, à peine nettoyées !... « Ton père serait content, tu sais, que ce soit fait dans de bonnes conditions », disait Mamie Léa... Alors, ça, c'était un argument !

La commanditaire, bonne fille, avait trouvé sa maman très en forme. Tout à fait concernée, enfin, par l'aménagement de cette cuisine qui avait été une telle source de discussions entre elles !... Elle décelait une animation, voire un enthousiasme, qui la ravissait — liée à cette compétence nouvelle pour le traitement des fissures et les polissages d'enduit, qui l'étonnait prodigieusement. Aussi, changeant brusquement de mine, la femme aux bijoux avait contemplé avec un soupçon de tendresse ce petit peintre adolphoïde qui était l'auteur d'un si heureux changement... Comme, de toute manière, elle était prête à payer cher pour distraire sa mère qui refusait les voyages, croisières, et toutes sortes d'onéreux dépaysements, pourquoi pas un peintre à plein temps ? Rien n'était du tout gênant... Elle avait donc prié Le Tiaf, fort courtoisement, de n'en faire qu'à son rythme surtout ! L'essentiel était que ce fût de la belle ouvrage, en effet ! « Monsieur Clément » ne se l'était pas fait répéter deux fois ! Promu, implicitement, au rang de remède de bonne femme contre l'ennui, il prenait ses aises, il taillait des bavettes en attendant que ça sèche. Il avait même entrepris quelques lectures passionnantes dans le salon-bibliothèque ; il les continuait à l'occasion, d'un jour sur l'autre, comme un feuilleton.

Mon camarade s'était donc créé pour quelque temps une vie réglée qui l'éloignait des tracas quotidiens ; il partait le matin, soit à pied, soit par le 74 qui était direct jusqu'à la rue des Dames. Souvent il descendait à la place Clichy, afin de prendre un café au Petit Poucet, puis il terminait directement par la rue Biot. Le soir, il s'en revenait par le même chemin, mais toujours sur ses deux jambes afin de s'aérer la tête... Un seul problème demeurait pour Le Tiaf, jour après jour, le plus ardu : comment se sortir du lit le matin ? Car il continuait son train-train nocturne presque comme si de rien n'était, lisant la vie du vaste monde, épluchant, par manière de rêve, les imbrications d'influences qui le régissaient... De toute façon une trop longue habitude le rendait incapable de trouver le sommeil avant deux ou trois heures après minuit. Il sombrait en lisant, le livre écroulé sur sa poitrine, le journal étalé sur sa figure, sans avoir la force d'éteindre sa petite lampe dont le cercle pâle attendait le jour sur le plancher... Dans ces conditions, se réveiller à sept heures du matin constituait une épreuve : les réveille-matin les plus agaçants le laissaient platement dans les songes. Le bombardement du quartier n'aurait sans doute pas été plus efficace... Du reste il ronflait souvent, la bouche ouverte, se créant un puissant écran sonore sui generis que le diable n'aurait pas traversé !

Le seul moyen connu était de le secouer... J'étais donc préposé à l'agitation matinale de sa personne. C'était une opération qui se déroulait par étapes. D'abord, j'allais lui parler le bonjour comme si j'étais sur une scène de théâtre : j'enlevais le journal de sur son nez — je le « dévoilais », pour ainsi dire — puis je lui secouais l'épaule, en même temps que je lui racontais des choses drôles sur le ton qu'il était le public du dernier rang du balcon ! Cela simplement

pour le préparer à sortir des limbes... Je continuais à le
secouer jusqu'à ce qu'il me réponde — tout au moins je
l'obligeais à articuler quelques mots assez clairement...
Mais, je le savais, il se rendormait instantanément dès que je
sortais de la pièce... Je revenais donc, sept ou huit minutes
plus tard, avec un café bien chaud ; je le trouvais généralement dans la position où je l'avais laissé. Je posais le café à
côté du lit pour éviter les faux mouvements, je le secouais
derechef, je lui mettais la tasse en main : « Fais pas le con !
Là... Tu la tiens ? »... Il grognait, agrippait la soucoupe.
« Maintenant, bois ! » Je l'obligeais, sans brusquerie, à
prendre une petite gorgée car c'était la sensation du liquide
chaud dans sa bouche et dans sa gorge qui provoquait le
réveil proprement dit... Il grognait distinctement : « Ah
c'est gentil, merci, merci... » Parfois ça marchait du premier coup : il sortait du coltar, me parlait vraiment, vidait sa
tasse et se levait. C'était les bons jours...

Le cas le plus ordinaire était que je le laissais de nouveau
assis dans son lit, la tasse à la main, et lorsque je revenais
dix minutes plus tard, non seulement il était rigoureusement
dans la même attitude, mais il dormait comme un sonneur !
La tasse demeurait tenue, suspendue, presque horizontale,
par un effort musculaire subconscient du bras et de la main
qui tenait du tour de force... Un exercice de somnambuliste
quasi parapsychologique. C'était étonnant à voir, cette tasse
en l'air, on aurait pu penser qu'il était hypnotisé... Il dormait tellement pour de bon, que si l'on s'avisait à ce moment-là de lui parler fort, il s'éveillait avec un sursaut ; la
tasse et la soucoupe valdinguaient sur le lit, le café avec...
C'était déjà arrivé, je faisais gaffe... Je m'agenouillais doucement cette fois, en silence ; je lui ôtais délicatement la tasse
des doigts, je la posais sur le plancher, et à partir de là je
commençais l'éveil définitif comme pour un dormeur ordinaire :

— Debout feignant !...

Les premiers jours du chantier de la rue Nollet, il s'em-
barquait dans l'escalier avec un morceau de pain à grignoter
en route. Plus tard, quand connaissance fut faite, il savait

que son petit déjeuner l'attendait chez Mamie Léa. Bien avant la première couche il en était aux tartines beurrées, miel et confiture — et parfois un œuf sur le plat si la matinée avait été fraîche, ou qu'il avait pris une giboulée en venant...

A l'inverse, il rentrait tous les jours le teint frais, rose, le poil lustré, humide. Chaque soir, après le travail, il utilisait la salle de bain du domicile pour se décrasser ; en effet, dès qu'elle avait appris la triste précarité de notre appareillage sanitaire, Mamie Léa l'avait convié à prendre sa douche avant de lui souhaiter le bonsoir.

— Tu devrais y coucher !...

Je faisais des remarques narquoises. C'est vrai, il finissait par m'agacer avec sa sinécure ! Certains matins où j'avais du mal avec lui... Je devenais acerbe quand je m'escrimais à l'arracher « aux bras de Morphée », comme aurait dit le doux Adolphe, sûrement, qui avait fait ses humanités avant la guerre de 14.

— Je vois pas pourquoi tu te fais chier à rentrer le soir ? Pour que je sois obligé de te secouer comme un prunier tous les matins ! T'as qu'à coucher avec ta vieille ! C'est vrai, merde, y a pas de raison.

J'étais irrité, parfois. Je lui hurlais : « Heil Clément ! » C'est une des choses qui le réveillait le mieux. Il se marrait de son rire de porte rouillée... Je lui faisais le salut et tout : « Heil Thiafarel ! »... Je claquais du talon sur le plancher, je faisais le plus de chambard possible. Les matins où j'avais la pêche, ça ne traînait pas ! « Schnell !... Raous ! »... Des coups de pied dans le matelas. La suite gueulée avec accent boche : « Gett out offf hirrr ! »... Le diable à quatre je lui faisais, du music-hall ! Je le tirais par un pied, tout à poil à côté de son pieu : « Sale Juif !... Kaputt ! » Et un verre d'eau glacée sur le ventre ! Voilà !... « Gestapo ! »... Là, généralement, il se rendormait pas il m'envoyait ses godasses à la gueule !

Mais je n'avais pas tous les jours l'envie de battre ainsi l'estrade, ni le temps. Je me couchais de plus en plus tard à force de m'évertuer sur ma machine à écrire, à polir la fugue de mon voyou. J'en venais, aux aurores, à ne plus avoir les yeux en face des trous... Pour l'heure, Ronald Biggs survivait au Brésil ; il avait renouvelé son visa à la frontière de Bolivie, non sans difficultés — de sa part et de la mienne ! Je téléphonais de loin en loin à mon ami Roland Berbis qui attendait très patiemment ma traduction... Je lui avais fait le récit exact de mon humiliante déconvenue aux Éditions du Rosier, ça l'avait fort amusé ! La loi du milieu, disait-il ; il m'avait assuré que ce genre de bec dans l'eau était « monnaie courante » — l'expression m'avait paru assez cruellement ironique, pour quelqu'un d'aussi fauché que moi !

— Ah ! qu'est-ce que tu veux ! disait Roland : on ne peut pas tout avoir ! Hein ! Le beurre et l'argent du beurre !...

Son mot favori, cette allégorie crémière, chaque fois qu'il me sermonnait doucement. On ne pouvait pas rester à l'écart des luttes pour la vie, des contraintes inévitables, et jouir des mêmes avantages que ceux qui se coltinent le sale boulot tous les jours ! Il m'avait signalé que cet aspect-là aussi était traité dans le *Manuel* — et même au chapitre vingt-cinq, si sa mémoire pouvait aller jusque-là ! Que je relise l'entrée vingt-cinq — et d'ailleurs, il pouvait me la réciter sans erreur, là tout de suite, au débotté, au bout du fil : « On ne t'a pas invité à un festin ? C'est que tu n'as pas donné à qui invitait le prix auquel il vend son repas. Il le vend contre des louanges, des prévenances. Si tu y trouves profit, verse donc le prix demandé »... Etc... etc... Ah oui : « Si tu veux à la fois ne rien débourser et recevoir, tu es insatiable et stupide »... Il répétait : « insatiable et stupide », pour faire son malin.

C'était Berbis qui m'avait branché sur Épictète, en même temps qu'il me filait la traduction... Une sorte de lot ! Pour ma gouverne. Lui, la grosse tête, le fort en thème, il avait décidé à vingt ans d'en faire sa règle de conduite, et il l'avait appris par cœur, intégralement... Là, au téléphone, il fulminait ! Il ne manquerait plus que j'aie le même fric, les mêmes facilités, que le pauvre type qui se dépote, qui se crève le cul au quotidien dans des salades et des jongleries ! Il parlait pour lui... Non, il ne me faisait pas la morale, évidemment ! Il me taquinait... Seulement c'était une très vieille histoire du monde... « Relis La Fontaine, *Le loup et le chien* : Le collier dont je suis attaché, De ce que vous voyez est peut-être la cause »... Une image seulement... Bien sûr qu'il plaisantait ! Intelligent, Roland, lucide. — Enfin il avait répété qu'il verrait ce qu'il pourrait négocier, de son côté, pour mes petites affaires.

Je connaissais Roland Berbis depuis toujours. Nos pères avaient été compagnons de jeunesse, et instituteurs dans le même canton — instituteurs du Puy-de-Dôme très mal notés par Vichy. Ça tisse des liens... Le père Berbis était couramment surnommé « Le Berbère », par allitération farouche qui soulignait son aspect « indomptable ». Quant à mon père, familièrement dit « La Tuile » parmi ses camarades, je l'avais souvent entendu appeler « La Tuile Rouge », de la couleur de ses opinions... De bonne heure Roland avait honoré sa famille par des études exceptionnellement brillantes, qui faisaient un peu d'ombre aux copains. Des années de pure gloire et de premiers prix qui s'étaient terminées en apothéose à Normale Sup, à Paris ! Il était diplômé comme un Jésus, et depuis l'enfance, il était fermement établi dans un périmètre restreint autour de Pontgibaud et Bromont-Lamothe que le fils Berbis : « il y tâtait »!... Mai 68 et ses remous, ses dévotions printanières, l'avaient « éperonné » — le mot qu'il employait. Comme un cheval, il avait rué dans les brancards. Sur un fond de prudence gréco-auvergnate, il s'était lancé à fond dans le corps à corps mondain, pour y faire des choses « qui ne dépendaient que de lui ». Maintenant, au nom de nos pères, il cherchait généreusement à me donner un coup de main. Compréhensif, Roland, très large d'esprit — tout juste un peu désolé, comme tout le monde, par mon manque d'esprit de carrière, d'ambition, par mon inquiétante légèreté devant la vie... Épictète était un esclave boiteux, un prolétaire réfléchi qui devait, selon lui, m'aider à prendre conscience des réalités de l'existence — sans craintes excessives. De plus, ce salaud-là — je veux dire Roland —, avec ses deux années d'aînesse, conservait le droit venimeux de m'appeler Bébert !

Ainsi, vers la fin de l'hiver, il m'avait invité à une sauterie qui devait avoir lieu aux Éditions Réserve. Il s'agissait d'un coquetèle littéraire que les professionnels semblaient appeler un « pot », et qui était donné à l'occasion du lancement d'un nouveau livre destiné à une carrière fracassante. L'auteur était un journaliste connu, que l'on voyait constamment à la télévision, et l'on attendait merveille de l'ouvrage... Berbis voulait profiter de cet arrosage pour me présenter au patron de la Réserve, trop inaccessible aux autres moments. Ce serait en coup de vent, m'assurait-il, car le boss ne s'attardait jamais dans ses poignées de main — mais un coup de vent qui pourrait me servir par la suite et me pousser un tant soit peu vers « le chemin d'une occupation utile ». Il avait la litote facile, forcément, instruit comme il était ! Il m'avait donc fait envoyer un carton d'invitation à mon nom, et je suis arrivé, à l'heure indiquée dessus, dans les salons d'une sorte d'hôtel particulier du sixième arrondissement où un huissier à chaîne filtrait poliment les porteurs de cartes...

J'étais en avance. Peu de monde encore dans les salles à grands lustres et boiseries luisantes, seulement des silhouettes qui passaient, leurs souliers craquant sur le parquet immense... Des serveurs en vestes blanches s'occupaient à finir d'installer le buffet — une table longue courait sur tout le fond de la pièce, chargée de boustifaille colorée, et pour ainsi dire insolente. Je n'ai pas osé aller voir de plus près ; j'ai d'abord pensé à ressortir boire un café aux alentours, et revenir plus tard. Mais ça m'a paru compliqué de réclamer mon invitation au portier dans le vestibule, sous prétexte de refaire une entrée moins foireuse. Ils avaient placé des chaises dans les angles, deux-trois fauteuils ; je me suis assis de sorte à pouvoir observer le manège de la grande porte... Je surveillais ainsi l'arrivée de mon pote.

Les gens qui entraient regardaient d'abord autour d'eux, mesurant l'immensité de la salle pour voir s'ils trouvaient tout de suite à qui parler. Il apparaissait des hommes aux mines pensives, des femmes très étudiées dans leurs fringues et dans leurs mouvements... Certains reconnaissaient immédiatement d'aucuns : ils s'avançaient, se retrou-

vaient, se tapaient sur l'épaule ; ou bien ils se contentaient
de lever un bras en l'air, très haut, en disant : « Tiens ! »...
Des jeunes gens qui parlaient vite entretenaient de près, à
murmures déférents, comme en sourdine, des personnages
aux allures de pères nobles qui marchaient en regardant
droit devant eux... Ce devait être des gens fameux, peut-
être célèbres ; je ne savais pas. Il m'aurait fallu un guide...
Ainsi le premier salon se remplissait peu à peu ; déjà de
grands morceaux du parquet ne réfléchissaient plus la lumière des lustres. Des groupes se formaient, statiques, engagés dans des conciliabules enjoués dont je n'entendais pas
les mots. Beaucoup s'approchaient du buffet ; ils se faisaient
servir des alcools par les garçons qui se tenaient debout
derrière la longue table, à présent, en position d'attente.

Je ne voyais pas trace de Berbis, mais deux jeunes
femmes entraient, en conversation animée ; elles se tenaient
par le bras, se chuchotaient des mots, audacieuses et mal à
l'aise... L'une des deux était Marie Famote, l'essayiste des
Éditions du Rosier, bonjour ! — elle portait exactement la
même robe. Ça m'a fait une impression mitigée de la voir.
Une bouffée de plaisir vite refoulée par le souvenir cuisant
qui me faisait rougir l'amour-propre. Elle n'avait pas assisté
à l'« humiliation de l'escalier » telle que je l'avais résumée à
Clément, mais, comme dans l'histoire du trou de souris, je
n'avais pas envie qu'elle me vît !

Elle a parcouru l'ensemble de la salle d'un regard aigu —
il n'y avait aucune raison qu'elle me reconnaisse... Pourtant,
en fin de course, ses yeux se sont portés sur ma chaise ; elle
a fait un mouvement de la main, elle s'est avancée avec sa
copine, souriante, la curiosité au bord des lèvres...

— Ah par exemple ! Vous ?... Décidément vous êtes toujours assis ?

Je me suis levé... Tout de suite elle m'a présenté en riant
comme « l'homme qui n'était rien ». Ça l'avait frappée ! Elle
a retracé notre rencontre en deux mots pour son amie. Elle
commentait :

— C'est rare qu'un mec vous dise ça ! D'habitude, les
mecs, ils sont quelque chose !...

Elle amplifiait « quelque chose », grossissant sa voix pour faire homme.

— Très rare ! a fait son amie qui me fixait, les yeux plissés.

Elle a ri : j'étais un exemplaire d'homoïde peu courant. Elle avait le rire voilé, un peu rauque, en rafales... Un visage fin et lisse, des yeux extrêmement luisants, couleur noisette... Elle était mince, brune, avec une certaine placidité de surface, comme un glacis sur sa personne tout en réserve. Ses yeux faisaient phare-code quand elle levait et baissait ses paupières à longs cils.

— Elle, c'est Kiline, a fait Marie. C'est ma meilleure amie... Je vois que vous la regardez bien fixement, elle vous plaît ?

Les pieds dans le plat, Marie Famote, pas gênée ! J'ai rougi... Elle se fendait largement la pêche, heureuse de me mettre mal à l'aise. Puis elle a eu une idée :

— Tiens, on va essayer sur lui ! Vous allez nous servir de cobaye — je ne vous demande pas si vous êtes d'accord, c'est comme ça !

— Attends ! a fait Kiline. C'est moi qui pose les questions. Toi, tu écoutes... Elle va vous terroriser.

Sa voix était un peu rauque aussi, grave et feulée, d'un charme assez foudroyant... Elle me disait, d'un parler caressant, que c'était un jeu. Elle me posait des questions et il fallait répondre tout de suite, sans réfléchir... La première chose qui me passait par l'esprit.

— Vous voulez bien ?

Kiline riait un peu entre chacune de ses phrases. Je me sentais entouré, encerclé par la gaieté de ses mots.

— Surtout ne réfléchissez pas !... Je vous dis : « Femme à toile », à quoi pensez-vous ?

J'ai répondu sans réfléchir :

— Toile à matelas.

Je croyais dire une connerie pour gagner du temps — la plaisanterie qui triche, un peu lourdement éludante... Elles ont fait une tête ! J'allais dire que non, que c'était... Mais elles avaient l'air contentes ! Kiline a poussé un « Ouais »

sifflant, complètement épaté. Marie a étouffé des mots, elle
sautillait sur place : « Tu vois, ça marche !»...
J'avais l'air comme si j'avais gagné quelque chose.
— Très bien ! a dit les yeux noisette. Et maintenant,
« Femme à toile, toile à matelas », qu'est-ce que ça évoque
pour vous ? Ne faites pas d'effort, dites ce qui vous vient à
l'esprit.
— Eh bien... « Femme à toile »... Ça fait un jeu de mots
avec femme à poil ? A peu près... Non ?
— Si, si, c'est bien ! Et puis ?...
Elles attendaient, intenses, suspendues à mes lèvres...
Marie Famote gardait la tête penchée sur l'épaule, la bouche
volontairement pincée pour ne pas m'interrompre.
— Et puis ?... Bon, ben... Femme à toile : on voit une
femme occupée à filer. Non, à tisser !... Enfin une occupa-
tion traditionnelle, coudre. L'image archaïque de la femme,
je dirais : les travaux d'aiguille.
— Ensuite ?
— Heu... Toile à matelas... Ma foi, on pense au lit ?
C'est ça ?... Bon, alors, le lit : on voit une femme ordinaire
couchée sur un matelas... Oui, une femme nue, quoi !
D'abord elle travaille, puis elle se couche... Elle se met dans
les toiles ! Les toiles qu'elle a tissées... Les draps de lit. A
poil...
Il y a eu un silence. J'ai dit :
— Je dis n'importe quoi, hein !...
Les deux filles paraissaient aux anges... Kiline a émis une
sorte de ronronnement de gorge, émue : « Hummm, pas
mal !»... Marie respirait très fort, elle a explosé :
— C'est formidable ! Il a tout compris !... Il est génial, ce
mec !
Elles me contemplaient toutes les deux avec une tendresse
soudaine, assez ébahies. Kiline a dit simplement :
— Là, vous lui faites plaisir. C'est le titre de son prochain livre qui doit sortir bientôt. Un livre sur les femmes.
Nous avons décidé d'arroser ça tout de suite ! Le fait que
c'était un titre marrant, assez provocateur... Et qui fonc-
tionnait admirablement, la preuve ! — On s'est approchés

du buffet où la foule avait commencé à se masser. Marie saluait des gens. Kiline promenait son regard autour d'elle comme si elle était venue assister à une farce, que le spectacle n'allait pas tarder à commencer. Elle dévisageait hommes et femmes comme les acteurs de cette réjouissante pantomime, elle se divertissait en confiance, qu'ils étaient des lurons impayables !... Sa copine aussi l'amusait, moi, tout le monde...

Il y avait du champagne ! Nous avons pris du champagne dans les verres servis en vrac, en triple rangée sur la nappe. Nous avons trinqué au succès du livre de Marie. « Alors vous aimez mon titre ? » elle me demandait. Je lui répétais que oui, très chouette, vraiment !... Elle avait beaucoup de mal à l'imposer. Chez l'éditeur, ils n'en voulaient à aucun prix, prétextant qu'il faisait vulgaire. « Vous pensez ! »... Elle me racontait : elle devait se battre, sortir les griffes ! En même temps elle mourait de peur d'avoir tort — ce que j'avais dit la rassurait. J'étais tombé pile !... Mon opinion, tout à coup, prenait un poids démesuré. Elle m'aurait embrassé pour ma perspicacité, mon intelligence intuitive ! « C'est important un titre ! »... Elle s'est éloignée d'un bond, pour courir après quelqu'un à qui elle devait une bavette en particulier.

Kiline s'est servi un second verre. Elle m'a demandé ce que je faisais, avec l'intérêt que l'on porte à un fabricant de farces et attrapes. J'ai dit « de la traduction », vaguement, pour avoir l'air vrai.

— Qu'est-ce que vous traduisez en ce moment ?

Et le ton plein d'évidence que ça ne pouvait être qu'un recueil de blagues et absurdités, mais des bonnes !

— La vie de Ronald Biggs... C'est un type qui...

— The Train Robber !

Un anglais musical, impeccable. J'ai fait :

— That's him... Vous êtes anglaise ?

— Oui et non. Ça dépend des jours.

Elle a ri, mais elle riait tout le temps... Elle a rougi un peu, et dit que ses parents oui, ils étaient britanniques. Elle ? — elle ne savait plus.

— Mon père s'est beaucoup intéressé à cette histoire de train volé, à l'époque.

— Il était dans la police ?

— Mon père ? Non !.. Poor dad !... Il était banquier. Son gloussement grave, saccadé... Et elle ? j'ai demandé. Oui, que faisait-elle de son temps ? — Elle a répondu qu'elle ne faisait rien. Mais alors rien du tout !... Comme ça avait l'air d'une boutade, elle a ajouté :

— Je vous jure : absolument rien.

Elle y mettait une dose d'insolence, son œil pétillait. Non, elle n'était pas très riche — simplement elle avait un mari, qui s'agitait pour dix personnes, au moins... Elle apparte-nait, personnellement, à une espèce en voie de disparition dans notre société galopante : la fainéante. La fainéante absolue !

Marie est revenue, elle nous a fait bouger. Je devais demeurer avec elles à présent ; elle me présentait comme un vieil ami à des gens de passage avec qui elle échangeait des salutations... Ces personnages me regardaient curieusement, me souriaient. Groupie, j'étais ! Moi l'exégète, l'assureur de son titre infernal !... Elle disait fièrement à des bons-hommes, en me montrant « Lui, il aime ! »... Je me rengor-geais. Ça me donnait une fameuse raison d'être là, le droit de boire du champagne. Je me sentais autorisé, au milieu de cette foule avide, en fonction. « Il aime ! » — J'étais « amant de titre »... Marie nous entraînait parmi les groupes ; elle cherchait une journaliste d'un magazine fémi-nin qu'elle était venue exprès pour voir.

Je les ai quittées lorsque j'ai aperçu Berbis qui discutait avec deux personnes dans le second salon. Il y avait du bruit maintenant partout, des sillages de femmes en robes, en châles colorés ; des hommes de tous âges en cheveux longs, en foulards, en lainages de cachemire négligés... On croisait des têtes de patriarches romains qui avaient laissé pousser leurs cheveux blancs pour faire jeune, ces dernières années, et dont les tignasses en couronne jusqu'aux épaules déga-geaient des crânes nobles rosés. Leur intention apparente était de résister au vent juvénilisant qui balayait les caducités, en se laissant porter par l'humeur de la décennie. L'effet était quelque peu inverse, je trouvais : ils paraissaient copiés sur de vieilles gravures... Il ne leur manquait que la toge.

Roland était content de me voir ; il s'est détaché de son groupe pour me parler, le bras autour de mes épaules... Il m'a invité à me servir largement au buffet, sur un ton de sollicitude discrète ; il savait mes difficultés occasionnelles de ravitaillement. Nous sommes revenus ensemble vers les monceaux de petits sandwiches colorés saumon, herbage, les pâtisseries décorées, les carrés de fromage, les bouts de pain triangulaires et bis, artistiquement disposés dans la tourte où ils avaient été taillés. Il a fallu nous frayer un chemin entre les corps massés devant ce râtelier de luxe... Tout de suite il m'a tendu un verre de champagne qu'il appelait « un canon » — il a levé le sien devant son nez, clignant de l'œil, disant : « Jamais nous ne boirons si jeunes ! » qui était sa phrase favorite pour trinquer.

Berbis me parlait gentiment, deux mots sur les parents, les ombres des montagnes... Il m'a demandé pour le manuscrit, si j'avançais ? Il me faudrait le rendre sans trop tarder à présent, le bouquin allait être programmé pour les sorties d'automne... Il me disait qu'il tâcherait de me trouver une autre traduction, pour après, puisque ce travail-là m'intéressait, mais c'était dur. Il y avait de la demande ! Celle-ci, il avait dû la voler quasiment à un traducteur habituel de la boîte, disons « détournée de destination première ». La compétition était sévère aussi à l'intérieur de la maison — je ne pouvais pas imaginer comme c'était compliqué ! Lui-même n'était pour l'instant qu'un second couteau, pas assez ancien dans les grades... Il ne pouvait donc rien affirmer, ni promettre. Naturellement... (Il a fait bonjour à quelqu'un, la main haute, les doigts agités par-dessus les têtes. Clin d'œil complice, il a crié : « On se voit tout à l'heure ? ») Naturellement, donc, les choses pouvaient dépendre de la réussite de Biggs. La réussite commerciale, s'entend — la traduction serait sûrement épatante, là-dessus il me faisait entièrement confiance ! — mais si, par un coup de chance, le bouquin remportait un grand succès, cela me mettrait dans une excellente position pour obtenir autre chose, d'une manière plus officielle, avec l'accord du grand patron, c'était évident. Ce serait une référence — mais non, malheureusement, cela ne dépendait pas de la qualité du livre ! Et encore moins de mon écriture ! De ça, le public s'en foutait éperdument... Il souriait de ma naïveté toute fraîche. Le public était sensible aux conjonctures, aux cours du vent, va savoir ! — à des conneries le plus souvent. Il parlait du « grand » public, comme on dit un « grand dépendeur d'andouilles » ou un « grand con »... Bref, on ne pouvait jamais prédire si un bouquin allait marcher ou non, cela dépendait de trop de facteurs impondérables, et d'abord de la manière dont les « médias » allaient réagir, allaient s'emparer du livre ? La célébrité de Ronald Biggs semblait s'être un peu refroidie, mais imaginons qu'il se passe quelque chose au moment de la sortie. « Quoi ? je n'en sais rien : qu'il se fasse arrêter, qu'il détourne un avion, qu'il demande une audience au pape, peu importe. Que l'événement le ramène à la une des journaux pendant quelques jours ! »... En somme, tout cela était une loterie, disait Roland avec une sorte de frémissement navré dans la voix. Dans le cas de ce livre il faudrait attendre plusieurs mois après sa sortie, probablement, pour évaluer son impact : ça nous menait à la fin de l'année.

Tout en parlant il avait les yeux qui couraient partout, on aurait dit une maîtresse de maison qui surveille ses invités pour qu'on ne lui fauche pas sa vaisselle. C'était agaçant de converser avec un vigile — je lui ai dit en rigolant, avec l'accent fleur des volcans :

— Pourquoi tu y guettes, là tout de suite ! T'as peur qu'ils emportent les couverts p't-être bien ?

Il a ri. Il s'est tourné vers moi tout entier :

— Ah Bébert ! Ça me fait vraiment plaisir de te voir...

Il a ajouté, complice, pointant vers mon menton un doigt savant, la phrase qui avait un temps été rituelle à Blaise-Pascal à Clermont : « Il est impossible de ne pas reconnaître un véritable Auvergnat à la forme de la mâchoire inférieure » !... Nous avons ri. J'ai trouvé qu'il avait bien des rides, tout à coup, sur le front, autour de la bouche... Je me suis demandé s'il lui arrivait de perdre ses dents? — Soudain, il a bondi : le patron de la Réserve croisait dans les parages, là, vite, il fallait jeter le grappin d'urgence!... « Surtout, dis-lui bien que c'est un bouquin extraordinaire! » — il me soufflait, nous n'avions pas eu le temps de préparer! La cavalcade! Roland me tirait par la manche... J'avais le trac, du coup : « Il l'a lu? — Penses-tu! Mais justement, il faut lui en faire des compliments »...

L'homme passait, mince, nerveux, agité. J'avais imaginé un chêne, c'était un roseau secoué par le vent!... Berbis l'a attrapé au vol d'un mot, un nom... L'autre s'est arrêté comme un ressort qui se détraque :

— Ah oui, le Train postal! C'est vous? Un livre étonnant, n'est-ce pas? De la grande littérature populaire. Vous êtes d'accord?

— Magnifique, j'ai dit.

— Tant mieux! Je l'ai payé très cher, j'y compte beaucoup. Et puis, naturellement, si vous voulez savoir...

Il a eu l'air de réfléchir une demi-seconde, puis, au moment où il ouvrait la bouche pour ajouter la suite de ce que j'allais apprendre, un grand jeune homme bien mis lui a tapé sur l'épaule, par-derrière, familièrement. Le directeur s'est retourné avec la vivacité de Joss Randall dégainant son canon scié : « Ah mon cher! »... Ils se sont congratulés, pris les mains, tournicotant sur eux-mêmes à la manière de galopins chantant comptines! Ils se sont éloignés, ravis, rejoints par d'autres, en ronde, en boule de neige. Ils tournoyaient... Je n'ai pas su la fin de la phrase.

— Voilà, a dit Roland. Je t'avais averti, c'est un coup de vent.

Il riait de ma mine effarée... Il s'excusait maintenant : mission accomplie, un certain nombre d'obligations l'attendaient encore lui aussi! Très actif en cette soirée de fête : des contacts à prendre, des affaires à suivre. Je ne me formaliserais pas, n'est-ce pas, s'il prenait à présent le large?... Dans ce genre de réunion chacun roulait pour soi-même, me disait-il. « La loi de la jungle, mon grand! »... Tout le monde affûtait ses couteaux!

Il était en train de tourner le dos lorsque mes deux copines me sont tombées sur la veste, en tourbillon elles aussi : « Ah vous voilà ! C'est pas trop tôt ! »... Elles s'en allaient. Frout ! autres chats à fouetter !... « Maintenant on a vu, on s'en va ! » Une urgence quelque part, en ville. Marie a dit qu'elle voulait me revoir, elle a sorti un carnet pour noter mon adresse — car il ne faut pas toujours tout remettre au hasard. « Je vais vous inviter à dîner un de ces soirs à la maison. Ne dites pas non : c'est moi qui commande ! »... Je ne disais pas non. « Bon, on se téléphone — je vous appelle »... Et puis elle m'a sauté au cou, d'un bel élan ! Grande bise ! Elle sentait que j'allais lui porter chance... « Vous serez mon porte-bonheur, Jean-Robert ! »... Elle m'a embrassé comme un vieux frère.

Kiline m'a serré la main. Dans son regard d'affût elle avait l'air d'avoir saisi toute la blague, la mascarade du jour : que je cherchais désespérément du boulot. « Good luck ! » elle a fait, sur un ton d'affection. Elle a croisé les doigts, gentille, et j'étais ému... Je les regardais fuir, faufilantes, petits retournements, la main devant l'œil — adieu, adieu, mascotte !... Je me suis dit que les femmes, réellement, étaient les vraies merveilles du monde habité... Je suis retourné au buffet, cette fois pour m'en mettre plein la lampe — de la boisson aussi.

Roland Berbis m'a rattrapé comme je tendais la main à un jambon de pays. Il avait une mine estomaquée — pas le jambon mais Roland : « Tu ne m'avais pas dit que tu connaissais Marie Famote ! »... Il avait assisté, tout saisi, à quelques corps de distance, à notre séparation exubérante. J'ai dit que je ne la connaissais pas vraiment, je venais de la croiser par hasard.

— Comment ! Elle te serre dans ses bras, elle te suce la pomme, et tu ne la connais pas !

Il était très étonné... Il faisait des yeux très ronds d'incompréhension, que j'étais décidément un drôle de merle, et que je ne changerais jamais ! Il était même plus ridé que tout à l'heure, du souci que ça lui donnait cette histoire... Il m'a confié que lui-même essayait vainement d'entrer en

contact avec elle depuis un bon bout de temps. Une idée à
lui : il montait un coup. Une collection en projet... Il voulait lui proposer quelque chose, mais elle l'avait plus ou
moins envoyé sur les roses. Il cherchait un moyen, un
intermédiaire pour l'inviter à déjeuner sans qu'elle refuse...
Du coup, il avait changé ses batteries, Roland, il ne me
quittait plus — je buvais des grands canons, je commençais
à être un peu pété... Il n'avait plus rien d'autre à faire, mon
camarade, qu'à m'expliquer que je devais lui rendre ce
service. Dès que je reverrais Marie, il fallait que je lui parle
de lui, que je glisse sa commission... J'ai promis d'essayer,
de faire tout mon possible — je ne m'étais pas rendu compte
qu'elle était une aussi grande star...

Et puis, dans la chaleur du champagne qui décrotte et
avive l'esprit, j'ai pensé que nous étions grotesques tous les
deux. Nous étions là, lui et moi, des fruits bien tarés,
comparés aux promesses des fleurs ! Lui, l'ancien cacique,
premier à l'agrégation de philosophie — le fils du Berbère,
militant farouche de l'amélioration du genre humain international ! Et moi, enfant de La Tuile Rouge qui remettait
debout les damnés de la terre... Ces gens avaient passé à
deux doigts de la mort, bravé la torture, pour défendre un
idéal si fort, si puissant et si tranquille qu'il aurait déplacé
les Monts d'Auvergne sans renverser une seule goutte d'eau
des grands vases limpides qui leur servent de sommet ! Et
nous, trente ans plus tard, nous étions là, au milieu de ce
paquet de monde bien lavé qui sentait tout de même un peu
la sueur des aisselles, à concocter des petites magouilles
sordides... Nous étions des minables ! Ça m'a foutu la
gerbe, notre médiocrité...

— Tu n'aurais qu'à dire que je suis ton cousin, disait
Roland. C'est presque vrai.

Il me traçait une stratégie pour homme de paille... J'avais
déjà un sérieux coup dans le nez, et une chaleur en moi, de
haine. C'est bon pour résister, la haine !... J'avalais les petits
fours à la suite, sans mâcher. J'étais parti comme à Monoprix : dans la hâte, pas dans la saveur... J'avais un entraînement terrible, et ça aussi ça l'épatait joliment ! J'étais tombé

sur un nid de petits machins crémeux, fourrés d'une pâte au
goût exquis... Je les enfournais, c'était nerveux. Je noyais
mes rêves — et furieux, inversement, d'être aussi tendre aux
mouches, engoncé d'émotions inutiles ! Pas marchandables !
Méli-mélo de sensiblerie...
— Mange pas si vite ! a dit Roland. Ça va te faire mal.
J'avais mal, en effet. Je bouchais mes nausées profondes.
Je colmatais mes haut-le-cœur de glandeur mal mûri. Je
n'étais qu'un regret d'enfance, un reste, un résidu de grand
élan, bientôt un déchet d'idéal au soleil, de la poussière de
lune...

Le travail d'enquête, Carolina l'avait décroché sans effort ; c'était alors que le plus dur s'était annoncé. Des journées interminables à tirer les sonnettes qui dans la vie
d'aujourd'hui se poussent, et ne répondent pas — qu'il faut
cogner avec le poing le plus souvent, surtout si l'on remarque que la porte est blindée à l'intérieur. Elle découvrait
un porte-à-porte beaucoup plus compliqué et exténuant
qu'elle n'avait imaginé. Aussi, certains soirs, nous répon-
dions à ses questionnaires, sous des noms divers...
Elle était payée au nombre de formulaires remplis, plus
elle en ramenait aux bureaux de la société d'enquêtes, plus
elle touchait d'argent. Alors on lui faisait des feuilles en
plus, Clément d'une part, moi d'autre part ; c'était toujours
ça de gagné sans se taper les portes closes. Nous étions tour
à tour des couples, avec ou sans enfants, des célibataires,
des veufs, il en faut ! et même des jeunes filles si le besoin
l'exigeait, à répondre à des questions partiales sur des cos-
métiques, des lessives, leur efficacité. Nos opinions sur tel
ou tel secteur de la politique étaient aussi très prisées. En

quatre pages, où il fallait répondre par oui, non, sans opinion... Et puis les choses de la vie, l'organisation de nos vacances en famille, nos choix, préférences, moyens — toute une philosophie de la part des choses. Sur l'utilisation de la pilule, une fois — nous étions alors des vierges au-dessous de dix-huit ans. Je disais à Clément qu'il devrait se mettre en condition — en tenue de vierge! Il serait mieux inspiré... Je lui faisais des clins d'yeux sibyllins: il pigeait que dalle. J'ai fait le geste avec mes mains, d'une belle poitrine, et des cheveux longs, longs... Il a compris ma grosse allusion: son nécessaire de travelo, à côté, dans la valise... Nous avons pouffé des hoquets à s'étrangler de rigolade. Et Carolina nous trouvait vraiment gamins et petite classe!...

Pour mémoire nous inscrivions les noms d'emprunt sur des bouts de carton affichés au-dessus du téléphone, avec le produit enquis, ou testé, et la date. C'était en cas de vérification de la boîte de sondage, pour savoir si l'enquêteuse était bien venue à cette adresse, si c'était pas du charre. Pas tombés de la dernière pluie, les employeurs lançaient des coups de sonde, au hasard des paquets — forcément toutes les filles truandaient quelque peu. Si elles étaient prises on les virait... Carolina nous avait prévenus, ils risquaient de téléphoner — ne pas se couper, dire oui, oui, je me souviens, elle est passée pour un shampoing! Oh attendez, il y a trois ou quatre jours à peu près. Oui, très gentille, madame, très bien élevée... Ne pas trop en faire quand même! Les contrôleuses étaient entraînées à flairer les arnaques.

Pourtant c'était difficile pour les enquêteuses d'avoir toujours le public désiré, qui soit présent à son domicile juste au moment où elles souhaitaient. Et des clients qui acceptent de répondre!... Il y avait pas mal de déchet dans les coups de sonnette. Carolina devait se forcer pour monter aux étages, et cogner, expliquer sa salade, obtenir que les gens la laissent entrer — les ménagères pour les crèmes à épiler, qui soudain n'avaient le temps de rien: « Non, non, je suis occupée! »... Blang! Verrou... La méfiance souveraine, avec tout ce qu'on racontait sur les cambriolages, les

attaques, les jeunes... Même les messieurs ne faisaient
qu'entrouvrir, glisser un œil... La trouille à la donzelle,
des fois qu'une équipe de loubards soit cachée derrière la
rampe, prête à bondir, dans l'ascenseur ! Juste l'entrebâillement de la chaîne : « Non, ça ne m'intéresse pas ! » Ça
oscillait entre « excusez-moi ma petite demoiselle », de plus
en plus rare, et « j'appelle la police », de temps en temps...
Pas commode de gagner son bifteck. Il fallait convaincre
vite, dans la fente de l'huisserie. De la diplomatie de fis-
sure !... C'était épuisant certains jours d'essuyer des refus
dans les sixièmes étages à pied. Carolina montait d'abord au
sommet des immeubles, puis elle écumait la clientèle en
redescendant, palier par palier. Elle supportait mieux la
contrariété à descendre qu'à monter, disait-elle, les rebuf-
fades. Sans compter ses propres inquiétudes — les dangers
encourus pour ses beaux yeux !... Déjà, en quelques semaines, elle était tombée sur plusieurs mabouls — là, méfiance à l'homme seul, qui est un loup pour l'homme, et
pour la jeune fille alors !... Cruntch, cruntch, chaperon !...
Elle faisait très gaffe. Il y a plein de dingos qui demeurent
seuls dans les étages... Et d'autres qui travaillent la nuit,
qu'on réveille, qui voient la chair. Ils sont là, entre deux
rêves, le fantasme au bord des yeux — juste remis de leur
chaîne, leur troisième huit, leur ronde !... Le corps délassé
du premier sommeil, tout en tiédeur, et sous leur pif on leur
met de la peau rose, des dents qui luisent bellement ! C'est
comme ça qu'ils arrivent les faits divers, en toutes saisons :
au coup de sonnette !... Le printemps c'est pire, l'approche
des bourgeons, les grands remuements des cycles de la
vieille mère nature quand elle a ses fleurs ! Présents tout de
même dans les quartiers, les blockhaus, ces vents de sève —
ils cajolent les courettes bétonnées, pas que les jardins...
Carolina s'habillait strict, pas la moindre jupe aguichante, et
puis du vague sur le haut, du flou qui masque la position
exacte des seins sur la poitrine. Du jean pas trop serré, du
manteau de pluie un peu bête... A se rapprocher autant que
possible des Témoins de Jéhovah, ces autres champions de
la rebuffade.

Les premiers jours nous n'en menions pas large pour elle. Nous lui avions conseillé le port de la bombe lacrymogène, des gadgets anti-agression dont la publicité faisait mention. Elle rigolait... Pourquoi pas le treillis, le battle-dress ? — Et puis elle en avait pris une en pleine poire ! En milieu d'après-midi : pschitt ! une bonne giclée par la fente de l'entrebâillement, sans sommation ! Au moment précis où elle ouvrait la bouche pour dire bonjour avec un sourire à déraciner les soupçons... Ça l'avait aveuglée pour de bon, brûlures. Elle avait fini de descendre à tâtons, et couru à la pharmacie la plus proche...

Ce qu'elle préférait c'était la rue : les enquêtes sur la voie publique. Le côté statistiques et tout ça. D'accord, il n'y avait qu'une personne sur cinquante qui voulait bien se prêter au jeu, mais au moins c'était clair et net, sans embûches de recoins secrets. Elle voyait leur gueule à bout portant... Seulement la rue était plus rare, elle n'avait eu l'occasion du trottoir qu'une seule fois pour l'instant. Les filles avaient des limitations de zone, des tournées, comme les facteurs — ou comme les filles !...

Et puis ma fiancée était restée une grande semaine sans venir nous voir : elle était malade. Elle a téléphoné un jeudi soir pour dire qu'elle ne se sentait pas bien... J'étais sorti, c'était Clément qui avait pris le message. Il m'a transmis d'un air embêté — il n'avait pas osé reposer les questions de localisation, adresse... Et si elle tombait sérieusement malade, un jour — le gros pépin ?... Nous n'avions aucun moyen de la joindre. Nous avons regretté, avec un coup d'œil désolé à la valise, d'avoir relâché un peu vite notre vigilance...

Je m'étais rongé les sangs jusqu'au lendemain — elle avait rappelé vers midi. Elle avait la fièvre... Ça s'entendait, elle sonnait caverneux ; elle avait chopé la crève sous une averse pendant une enquête. Alors je lui ai demandé d'être sérieuse, de me dire là, une bonne fois, où elle se trouvait sur la planète ! Que je puisse aller la soigner, enfin m'occuper d'elle... Ce n'était pas sérieux : elle ne pouvait pas rester seule ! Ou alors, elle n'était pas seule, en fait ?... J'ai plaidé, sans succès — elle avait, disait-elle, une copine à côté qui lui apporterait des trucs si elle ne pouvait pas sortir. Les médicaments pareil, cette amie pouvait faire ça pour elle : que je ne m'inquiète pas surtout, tout irait bien... Cette grippe allait lui donner l'occasion de se reposer, parce que ce putain de boulot l'avait mise sur les rotules ! Elle allait dormir... Dormir, enfin, sans regrets, sans limites, tout son saoul ! — Mais elle remerciait : elle se disait touchée de mon offre... Et si elle devait mourir, elle me préviendrait, sûr ! Promis !... Les jours suivants elle toussait affreusement, un médecin était venu — bronchite. Nous étions totalement sur la touche, ici, à Lorette. Nous dépendions entièrement du bon vouloir de la malade pour les nouvelles — de son pouvoir, en réalité, de se saisir du bigophone !... C'était rageant.

Le Tiaf était en train de terminer sa cuisine, les dernières touches au bout du rouleau — mais alors un joyau ! Trois couches de belle laque, polie comme un miroir... Ses commanditaires avaient choisi le parme, finalement, comme couleur, au lieu du jaune ocre prévu au départ, après des discussions, sur les conseils de Clément. Un parme clair, translucide, avec une nuance plus appuyée pour le plafond... Un plafond clair, avait expliqué le Tiaf à la mère et à la fille, aurait fait prendre de la hauteur à la pièce, et rapproché les murs, visuellement. Il avait même ébauché une maquette en carton, pour montrer... Au contraire, une teinte plus soutenue sur le plafond ferait jaillir le carrelage du sol ; ça rehausserait, et ferait vivre les meubles qui devaient être installés. Il avait peint la porte et la fenêtre en parme foncé, et fignolé une frise autour des chambranles, un dessin géométrique au pochoir. Ça ajoutait une touche personnelle à la finition, Mamie Léa était ravie ! J'avais dit à Clément, en somme, c'était la Cuisine Sixtine, son machin rue Nollet — et c'était un peu ça le problème avec Le Tiaf, ou bien il foutait rien, ou bien il foutait trop, il n'en finissait plus !...
Mamie Léa était aux anges... Lorsque l'ensemble fut

enfin sec, que les éléments furent livrés, branchés, calés, en fonction — le frigidaire, le gaz, les placards, et une machine à laver assortie (la vieille dame avait opposé un veto formel à l'achat d'un lave-vaisselle qui l'aurait déshonorée à vie) — quand tout fut prêt, le coup d'œil était magnifique, la surprise parfaite. « Ça jette du jus ! » répétait Mamie Léa. Ce mot favori d'Adolphe, sa manière d'admirer, lui était venu aux lèvres spontanément, dans la force de son enthousiasme. En effet la dominante des appareils et du mobilier, tables et chaises comprises, avait été étudiée pour demeurer dans les jaunes légers, tirant sur le paille, rappelant l'ocre des murs ; maintenant, avec le violet des parois, il s'instaurait une harmonie immédiate, vivante et gaie. Ces glacis évoquaient un mélange de haute pâtisserie, on aurait dit une cuisine de publicité ! Effectivement, commentait Clément qui m'avait entraîné un après-midi pour jeter un coup d'œil à son œuvre, par pure fierté : la résultante avait un côté new-yorkais de la grande époque du pop'art, sorte de « Vision d'une cuisine bourgeoise », par Jasper Johns...

Mamie Léa nous avait offert le thé, avec des biscuits. Elle était contente de connaître le compagnon de chambrée de son « artiste ». Compagnon, en tout bien tout honneur, n'est-ce pas ! Le Tiaf s'était arrangé pour lui faire savoir que j'avais une fiancée, et lui, pas vraiment, mais un peu. « C'est qu'aujourd'hui il faut préciser, savez-vous. Paris s'est couvert de pédérastes ! »... Elle n'était pas indignée, elle constatait, sur le ton de la curiosité, voyageuse de loin dans ce dernier tiers de siècle étonnant. Autrefois, ça n'existait pas — ah, on entendait bien parler, sous le manteau, de messieurs aux mœurs déshonnêtes : des « invertis ». Mais ils étaient infiniment moins nombreux que les poitrinaires ! Et c'était intéressant de noter, par parenthèse, qu'à mesure que la tuberculose régressait — grâce à la découverte de la pénicilline ! — les pédérastes s'étaient multipliés comme des lapins ! Et même, si elle en croyait les bruits qui traînaient, des chauds lapins !... On rigolait. On avait un côté caserne qui nous faisait du bien...

Quelques jours plus tard eut lieu l'inauguration officielle, et c'était juste avant Pâques, le samedi des Rameaux qui tombait la première semaine d'avril. Sa fille et son gendre y assistaient, les généreux donateurs ! Mamie Léa avait convié ses vieux amis autour d'un buffet véritable qu'elle avait commandé exceptionnellement chez un traiteur... Évidemment, Clément participait à la fête — le maître d'œuvre d'une cuisine faite à la main, et quelle main ! Il s'était mis sur son propre, il paradait, en vedette... Ça faisait un peu vernissage, d'autant que sa protectrice avait exposé quelques-uns de ses dessins dans le salon. Elle avait choisi selon son goût à elle, en tenant compte, éventuellement, de ce qui aurait pu plaire à Adolphe dont le portrait agrandi trônait au-dessus de la cheminée de marbre, dans une version sans moustache. L'idée était de faire de la propagande pour son « petit peintre », au cas où certaines de ses connaissances auraient quelques menues décorations à entreprendre — ça pouvait se répéter, de proche en proche, faire boule de neige... D'autant qu'on se récriait, les compliments n'étaient pas minces !

Mamie Léa se pavanait, offrait des breuvages... Elle souriait, sa fille était si contente ! Son gendre si courtois !...

— Maintenant, disait-elle avec une fierté légitime, ça durera bien autant que moi ! Et davantage, oh bien davantage !...

Elle se rengorgeait. Le fait que tout cela allait lui survivre longtemps, quand elle serait redevenue poussière, au bout des jours sur ce coin de planète, l'enorgueillissait. On aurait dit Toutankhamon faisant visiter sa tombe.

Clément faisait moins le fier, quelques semaines plus tard, quand il suivait Carolina... Car la maladie de ma fiancée nous avait pour ainsi dire forcé la main, et nous avions brusquement résolu de chercher sa trace, enfin, jusqu'au bout des murs. Clément avait découvert sa cache comme on déniche un oiseau.

Carolina était revenue, assez pâle, les yeux cernés, un peu creux, au bout d'une longue semaine, nous annoncer qu'elle était guérie de sa bronchite grippale ! Je m'étais rendu compte qu'elle pouvait sortir de ma vie, d'un soir sur l'autre, et disparaître sans que je puisse faire un geste pour la retenir... Bien sûr, je le savais depuis le début, le premier jour même ! Pourtant là, je l'éprouvais de nouveau d'une façon aiguë, alarmante. A compter de ce jour chacun de ses départs me tourmentait.

Nous en avions débattu, avec Le Tiaf, un soir, longuement ; j'avais commencé par lui présenter mes excuses, platement. J'avais fait une ânerie en l'empêchant de jouer au détective ! Je regrettais à présent mes scrupules — et il disait : « Bah ! tout le monde peut se tromper ! »... J'avais battu ma coulpe jusqu'à ce qu'il recommence à offrir ses services de lui-même, au lieu de triompher sournoisement de ma déconfiture. Ainsi, quelques heures avant l'aube, au moment où les gémissements des pneus de bagnoles se faisaient plus espacés, en bas, dans le carrefour, nous avions décidé de repasser à l'action sans plus attendre. Dans l'ardeur retrouvée, nous avions sur-le-champ inspecté le « trousseau » de Clément, défait la valise, déplié la robe, secoué les perruques !... J'étais décidé à avoir ma clef de tout ce mystère. Même s'il était décevant, je voulais connaître l'endroit où Carolina logeait les jours où elle n'était pas avec moi — ce que nous appelions « sa crèche ». Quand nous avons été certains que l'endroit était triste, nous avons dit « son gîte à la noix » !

L'occasion véritable s'est offerte d'elle-même, un jour de pluie. Carolina avait oublié un gros paquet d'enquêtes qu'elle devait remettre le lendemain très tôt ; comme elle ne dormait pas ce soir-là à Lorette, j'avais proposé, au téléphone, de les lui apporter où elle voudrait, quand elle voudrait. Ce qui l'arrangeait était que je les lui amène à

l'Opéra, si j'avais cette gentillesse, dans un café de la rue
Auber ; car elle faisait un trottoir sur le boulevard des
Capucines... Elle avait dit dans une heure exactement : le
délai idéal pour bondir sur Clément et s'occuper de sa
métamorphose !

En même temps que je fignolais sa poitrine en coton, bien
pleine, nous révisions l'ensemble de l'opération de comman-
do. Cette fois-ci pas de journal — en tous les cas, sûrement
pas *le Monde* pour une jolie petite pute comme lui ! A la
rigueur *Confidences,* s'il voulait absolument se donner un
air lettré — et s'il avait le temps de l'acheter. Mais là aussi,
il risquait de se laisser distraire, donc de se laisser semer...
Nous avions récolté, deux jours avant, une paire de lunettes
sombres pour éviter le jeu des regards ; ainsi il pourrait se
tenir tout près d'elle — et qu'il prenne soin de se placer à la
même porte, dans le train !... D'autre part il avait été décidé
de supprimer les falbalas en lainage, qui pouvaient lui faire
se casser la figure. Des jeans, et des chaussures basses !
L'expérience nous avait instruits de ce qui paraissait la règle
d'or de toute filature : coller au corps de la personne suivie,
se montrer aussi décidé, aussi ingambe qu'elle.

D'ailleurs ces modifications de vêture n'entamaient pas
beaucoup son sex-appeal. La femmillité de base du Tiaf
s'affirmait pareil, avec sa poitrine plantureuse, un peu plus
volumineuse même que la dernière fois, sa perruque pour
réclame de lotion capillaire, sa tunique verte, ses ongles
rougis, sa bouche dessinée et ses yeux de poupée gonflable.
Il faisait toujours aussi pouffiasse allumeuse qu'avant ! Les
lunettes lui donnaient même un soupçon de mystère assez
imparable... Alphonsine allait en tomber raide si elle le
voyait passer ! — Du reste, elle finirait par trouver que je
poussais un peu loin le bouchon, de recevoir des personnes
d'aussi mauvais genre ! Je me sentais prêt à renier lâchement
cette créature.

J'avertissais mon camarade :

— Si la concierge me demande d'où tu sors, je lui dirai
que tu es une copine à toi !

— Qu'est-ce que tu racontes ?

— Ben oui : une amie de Thiafarel ! On ne peut pas rêver plus intime : tu seras ton âme sœur, si tu préfères...

Il rouspétait que je voulais le déshonorer avec sa propre image !... On s'amusait. Je lui recommandais encore de bien faire gaffe à tout : s'il voyait Carolina entrer dans un immeuble, que ce ne soit pas une feinte, parce qu'elle se sentait suivie. Il se planquerait lui-même pour attendre, voir si elle ne ressortait pas trois minutes plus tard. Nous avons convenu qu'au bout de dix minutes il serait raisonnable d'aller repérer le numéro de la maison, et, selon le cas, de jeter un œil sur les boîtes aux lettres... Après quoi il m'appellerait, s'il le pouvait.

La jonction s'était finement établie devant les marches de l'Opéra, Clément avait disparu. Je me faisais l'effet d'un chasseur qui lance son chien et attend... J'étais retourné me poster auprès du téléphone, je tâchais de lire, pour bercer l'attente. La soirée était déjà entamée que je n'avais toujours pas de nouvelles de mon limier... La nuit était tombée depuis longtemps, un crachin intermittent faisait luire la rue : je me demandais ce qu'il pouvait glander. Je guettais son pas dans l'escalier... C'est le téléphone qui avait sonné. Il avait une voix lointaine, au début, si bizarre que je ne l'ai pas reconnu tout de suite : « C'est moi ! » il grognait... « Qui ça, moi ? » Je n'étais pas d'humeur plaisante. « Tu me reconnais pas ? »... Il s'indignait, la voix minaudante : « Ton a-mi-eu ! »

J'ai compris qu'il avait des témoins gênants, des tracasseries quelque part — il a fait d'un ton assez suppliant : « Viens vite ! Viens me chercher »... Il m'affolait :

— Qu'est-ce qui se passe, Tiaf ? Où es-tu ?

Il ne pouvait pas me parler longtemps, il était dans un café. Il a dit d'une voix de fausset ridicule et basse : « Je suis en danger »... Comme je ne répondais rien, que j'essayais à toute biture de me forger une idée quelconque de ce qui était en train d'arriver, il a répété avec une certaine panique : « Tu m'entends ? Robert, tu m'entends ? »...

Les histoires d'agents secrets, de trafiquants de drogue, me remontaient tout à coup à l'esprit, pêle-mêle, ensemble et dans le désordre. Un tohu-bohu d'assassins parcourait mes méninges, ça se culbutait dans un trouble affreux ! Est-ce que j'avais bel et bien, après toutes nos gamberges, envoyé mon copain au casse-pipe ?... Clément a fait : « Attends ! Ne quitte pas, hein ! »... Et puis il y a eu un bruit sec, suivi d'un raclement, et j'ai crié : « Clément ! Clément !... Réponds-moi ! »... Et j'ai eu la terreur au bout de mes doigts, en ondes électriques, et sur ma nuque, qu'on soit en train de l'étrangler !...

— Clément ! Qu'est-ce que tu fous, nom de Dieu ?

Ma main commençait à trembler sur l'appareil. L'écouteur a de nouveau raclé, cogné, et Le Tiaf m'a dit de sa voix normale, mais vite, et presque chuchoté : « Ça va, ils sont partis, écoute-moi bien »... Il était dans un troquet, à Nanterre, dans le sous-sol, près des toilettes. C'était un café plein d'émigrés qui lui cherchaient des noises — mais non, en tant que femme ! Bien sûr, il était une femme, j'avais oublié ?... Jamais il n'aurait dû entrer là ! Il n'avait pas réfléchi... Oui, oui, oui, il avait réussi à trouver la crèche de Carolina, mais là n'était absolument pas la question !... Pour l'instant il ne savait pas comment sortir de ce pétrin. Si les mecs s'apercevaient qu'il était un travesti, ils lui faisaient sa fête, c'était sûr ! S'il sortait du bistrot maintenant ils allaient le violer au premier coin de la rue... Il ne pouvait pas compter sur les flics, ce serait pire : il était sûr de coucher en prison ! D'abord il n'avait aucun papier sur lui — d'accord, c'était une connerie ! J'étais responsable aussi, non ? Et il n'était pas temps de faire de la morale, il fallait que je vienne d'urgence le sortir de là... L'adresse : le Café des Amis, dans la rue de la Préfecture — « Comment, où ça ?... A Nanterre, pardi ! Merde, t'es sourd ! A Nanterre !.. Surtout fais vite ! »...

J'ai essayé de le rassurer, de dire qu'ils n'allaient pas le bouffer, les Amis, quoi, sans blague !... Je me détendais : je ne mesurais pas le danger à son aune à lui. J'ai même laissé entendre que ce racisme, de sa part, m'étonnait — quoi, plein d'Arabes ? Et après !... Est-ce qu'il devenait comme Alphonsine, par hasard ?... Là, il s'est fâché, Le Tiaf, furieux à voix basse — il m'a dit que j'étais un sale con! Ça n'avait rien à voir... Je raisonnais comme un mec, évidemment! Je ne me rendais pas compte de ce que c'était d'être une nana! Ça faisait une différence énorme!... Ils lui en faisaient voir de toutes les couleurs depuis une heure, avant qu'il puisse descendre téléphoner — ils lui proposaient des pipes, ils lui caressaient les fesses, certains! Il m'a traité de gros connard, hors de lui : que j'y vienne en gonzesse, un peu pour voir!... Il a dit que si je ne rappliquais pas tout de suite je le retrouverais à la morgue! Il m'a dit :

— C'est abominable! Plus jamais je me mets en fille!

Tout à coup il a repris sa voix de fausset bidon qui signalait qu'il n'était plus seul. Il m'a fait : « Alors tu as bien compris, Robert? Je t'attends. Café des Amis, avec impatience. » Et il a ajouté qu'il ne pouvait plus me parler, qu'il allait raccrocher — il y avait de nouveau la peur qui étranglait ses mots, qui se communiquait à mon dos, à mon cou, en frissons... Il a poussé comme un cri de désespoir en disant : « Je raccroche, hein, je raccroche! »...

Dans la rue un taxi passait au moment où je me précipitais vers le métro... Libre : sa lanterne frontale luisait dans la bruine comme la lampe d'un mineur fou, échappé d'une galerie... J'ai pensé que tant pis — signe du sort : j'y laisserais mon dernier billet de banque! Je l'ai pris... Je lui ai demandé de mettre la gomme, et il a bien voulu : La Défense, Nanterre, il connaissait comme sa poche! Signe du destin, je pourrais même dire « doigt de Dieu », le chauffeur était un jeune Algérien qui faisait la nuit... Il était causant et sympathique, et quand il s'est exclamé que le Bar des Amis, pas de problème, il connaissait très bien — le « Bar », pas le « Café »! Ça s'appelait le « Bar des Amis », oui, oui, pas de problème! — j'ai pensé qu'en effet Allah pouvait être grand, parfois...

De fil en aiguille je me suis confié à lui. J'ai raconté que mon copain s'était déguisé en fille pour prendre ma fiancée en filature, pour voir où elle allait. Parce que j'avais des soupçons — et ça, il a dit que j'avais bien fait! Il était d'accord que les filles, il faut les surveiller. Lui-même, ses

sœurs, bien qu'elles n'auraient pas regardé un homme, il
gardait un œil. En passant la Porte Maillot il était entièrement acquis à ma cause. Il voyait parfaitement la situation :
mon camarade, son dévouement — tout ça lui paraissait
admirable ! Une chance : il était tombé on ne pouvait pas
mieux, mon copain, dans ce café où les gens étaient très
gentils ! Ah oui ! le cœur sur la main tout le monde là-
bas !... Des frères ! Le patron était un ami à lui, personnellement... Non, non, personne n'allait toucher un cheveu de
mon ami !... Il redémarrait aux feux rouges comme pour un
Grand Prix où il y aurait des feux rouges, et nous avons
abordé le giratoire de La Défense comme pour une cascade
dans une poursuite de série B ! J'ai vu que tout de même il
n'avait pas oublié de passer au tarif C, à cause de l'heure, et
je voyais monter la somme au compteur avec angoisse...
Quand nous avons pilé devant le Bar des Amis, pneus
grinçants, il était entendu qu'il m'accompagnait à l'intérieur
pour prendre possession de mon faux travesti, histoire de
saluer sa famille.

Horreur : pas de Clément !... J'ai eu le réflexe assez imbécile de croire que j'arrivais trop tard, qu'ils l'avaient kid-
nappé... Ou bien que nous étions dans un café qui n'était
pas le bon ?... Ou alors il s'était de nouveau réfugié aux
toilettes ?... Mon chauffeur a parlé longuement avec le patron, en arabe... L'inquiétude me tordait les boyaux. Mon
interprète s'est tourné vers moi : il était parti — enfin,
« elle », selon le maître des lieux. Non, il n'y avait pas très
longtemps... Dix minutes, un quart d'heure ?... C'était bien
la description de ma copine, en effet, une blonde, avec un
chemisier vert, des pantalons... Quand le patron, certain de
moi-même, est allé chercher un papier plié en quatre et
coincé sur sa caisse, et qu'il me l'a tendu en continuant
d'expliquer des choses à mon taxi en langue étrangère, j'ai
compris qu'Allah était véritablement immense d'avoir placé
sur ma route ce truchement ! Il était écrit : « Je vais à la
gare. » Signé « Clé ». J'ai poussé un soupir ; je trouvais
qu'il aurait pu signer Clémence.

J'ai offert un pot à mon guide, qui trouvait tout cela

parfaitement naturel ; il avait l'habitude, toutes les nuits, de ces courses folles où des pédés se cherchaient l'un l'autre — il n'y mettait aucune intention particulière à mon égard ! La nuit, disait-il, était incroyable : des femmes poursuivaient leurs amants, des jeunes filles fuyaient leurs pères, et certaines vicieuses faisaient du gringue aux chauffeurs de taxi beaux garçons pour se faire niquer si possible ! Si, si, ça arrivait tout le temps !... Tout le monde cherchait tout ce qui va de travers ! Des enfants malades cherchaient la nuit un hôpital ouvert, des jeunes gens empruntaient des voitures sur les parkings, des vieillards rendaient leur âme dans les abris d'autobus — encore hier, ça ! Des fourbis pas imaginables, c'était le lot de la nuit. Lui, ça ne le gênait pas, il trouvait qu'il n'y avait aucun problème... Il me racontait tout ça avec l'air, en sous-entendu, qu'Allah permettait toutes ces turpitudes ici, chez les peuples insoumis à sa Loi, pour mieux faire ressortir, par contraste, la grandeur de son Prophète, la pureté des autres mœurs...

Quand j'ai retrouvé Clément, il était suivi par un Turc ! D'abord, lorsque j'avais voulu connaître la direction de « la » gare, on m'avait expliqué qu'il y avait trois gares dans le secteur. Toutes les trois s'appelaient Nanterre, mais avec des sous-titres, et laquelle je désirais visiter ?... J'avais foncé sur la première, la plus près : Clément s'y trouvait, en effet, dans l'ombre, tapi sur son quai — il n'était pas beau à voir ! et je devrais encore dire belle... Un lièvre traqué, les yeux hagards... A trois pas de lui, un Turc. Une sorte de Turc, c'est-à-dire — le pauvre homme n'avait peut-être aucun lien avec la Turquie territorialement dite ! mais je lui trouvais une manière de Turc carré, colossal, le poil frisé mouton, une moustache en brosse dure sous le nez, habillé d'un pull-over marron et d'une veste de travail bleue. Il respirait la force tranquille et le penchant vers le beau sexe, représenté, pour l'instant, sur ce quai désert, par Clément, qu'il ne quittait pas d'une semelle.

J'ai appelé très fort : « Oh !... Oh ! Tiaf ! »... Quand il m'a vu il s'est mis à trembler. Il a couru vers moi, au risque d'en perdre sa poitrine, son Turc sur les talons trottinant...

Il s'est quasiment jeté dans mes bras, il bredouillait : « Fais gaffe, il a un couteau, je l'ai vu ! »... Il s'est mis à ricaner. Il ne répondait pas à mes questions, pourquoi il avait quitté le café ? Et qu'est-ce qu'il foutait avec cet individu ?... Il riait, on aurait dit, il gloussait très fort ! Alors j'ai ri avec lui, joyeux par contamination. Mais au bout d'un moment qu'on se tordait comme des baleines, je me suis aperçu que lui, il pleurait, en fait — sa figure était inondée de larmes... Je me suis trouvé assez benêt. J'ai compris qu'il était en pleine crise de nerfs, Le Tiaf, totalement secoué ! J'ai entouré ses épaules, comme doit le faire un bon amant, je disais : « Ben Clément ! Ma vieille !... Oh Clément ! En voilà une histoire ! »... et le Turc s'est avancé, poliment, il m'a dit :

— C'est ton fâme ?...

J'ai répondu que oui, en effet... Que j'y tenais beaucoup. Alors il a sorti un paquet de pognon de la poche de son pantalon, tranquillement, une liasse de billets assez insolite, qu'il agitait devant lui, dans son gros poing, comme de la fane de carotte à des veaux qu'on veut saisir. Il a fait :

— Combien ?... J'achète ce soir.

Je n'étais pas préparé à ce genre de marchandage... J'ai fait signe que non, pas question ! Et le bougre insistait, l'œil rond, très épris — j'ai eu beau expliquer que mon « fâme » n'était pas à vendre, pas même pour la nuit. Et je lui faisais des bisous dans le cou, à Clément, bien sonores — miou ! miiiouu ! pour montrer combien j'y tenais à ma tendre épouse ! Enormément !... Il faisait mine de croire que c'était pour monter les prix, et alors on était réellement en affaires tous les deux ! Il continuait son jeu de biftons comme à la foire, il présentait une pincée de billets, il disait : « Ça va ? »... Il en ajoutait un, puis un autre... C'était assez irréel sur le quai vide, dans la nuit traversée de lueurs. La pluie avait cessé, mais tout l'air que nous respirions avait un fond humide... Le Turc remettait tout dans sa poche, puis on recommençait à zéro. Il me disait : « Toi, combien ? Dis combien ? »... Il fallait que je mette un prix.

Au bout d'un moment ça m'a réellement fait chier ; il nous suivait, on se dirigeait vers la sortie, en bas, dans cette gare qui est bâtie comme un escalier. J'en ai eu réellement marre de ce manège de cons, et à cause de la frayeur de Clément, tout en pelote de nerfs, qui me soufflait : « Fais gaffe, je l'ai vu, il a un cran d'arrêt ! »... j'ai piqué mon bœuf moi aussi, j'ai crié merde, tire-toi, abruti ! J'ai crié des insultes et le son de ma voix m'emportait, soulageait ma tension, mon attente... Et puis j'ai dit : « Tiens, tu veux voir ! » Et j'ai arraché la perruque à Clément qui est apparu comme un masque de Carnaval avec son maquillage imparfait. Je lui fourrageais sous la tunique, et j'ai arraché les faux nichons en coton, je les lui balançais à la figure, pendant que Le Tiaf gueulait : « Fais pas le con ! »... Et l'autre continuait à nous regarder, les yeux très ronds, son paquet de pèze à la main... C'était trop ! Alors j'ai hurlé :

— T'es pas content ? Tu veux voir sa queue ?

J'étais lancé ! J'ai défait la braguette à mon camarade, je voulais lui sortir les choses, je disais : « Montre tes couilles au monsieur ! »... Mais Le Tiaf protestait férocement, il me tapait sur les mains. Alors je me suis débraguetté moi-même, bien que je ne fusse pas à proprement dit sur le marché, je sortais les poils de mon slip ! Du coup Le Tiaf m'a imité, et on lui a montré nos queues, sur le quai de la gare, sur le bitume humide, en le traitant de sale con ! De vieux pédé !... Après on a rigolé ! Il a tourné le dos simplement, il s'est éloigné comme qui dirait pépère, les mains dans ses poches pas trouées, il fallait croire... Pendant qu'on l'engueulait de dos, qu'on se défoulait très orduriers, macaque et poisson pourri, il se bilait pas. Il s'éloignait... Il a juste haussé ses fortes épaules, deux ou trois fois, comme un beau joueur habitué aux mauvaises affaires.

Ces choses, sur le moment, m'avaient éloigné de Carolina. J'avais ramené Clément au logis, assez ébranlé tout de même — le pauvre était trop secoué ce soir-là par son expérience de femme seule pour vouloir entrer encore dans mes inquiétudes. Il disait simplement avoir vécu quelques heures qui allaient compter dans sa vie... Je trouvais qu'il délirait un peu, dans le train du retour ; je craignais que le

coup lui ait donné de la fièvre. Lui me disait que je ne
pouvais pas comprendre ! ... Quelque temps plus tard, lorsqu'il a été apaisé, il m'a expliqué que tout ça, c'était un peu
comme s'il s'était enduit le corps de miel, et que lui soient
venues des mouches...
J'avais tout de même pu lui arracher un compte rendu
succinct, mais capital, de sa mission — j'avais appris que ma
fiancée habitait une tour. Il avait bel et bien lu « Gonthier »
sur une boîte aux lettres... Seulement, il existait une autre
étiquette, à côté, il préférait me prévenir ! Il n'avait pas
retenu l'autre nom — quelque chose comme Malabar, mais
ce n'était pas ça... Il n'avait rien pu noter, car des gens
étaient venus dans le hall — il avait préféré continuer son
chemin. Il était monté aux étages, faisant croire qu'il allait
en visite quelque part... Il s'était engouffré dans l'ascenseur,
croyant que c'était un refuge commode, et c'est là que ses
ennuis avaient commencé, par des mains d'homme.

La boîte aux lettres portait bien deux noms, sauf que
l'autre, qui était « Crobarre », paraissait plus ancien. J'ai dû
me pencher dans la pénombre, car l'encre était pâlie, pous-
siéreuse... « Gonthier », sans prénom, en capitales de stylo
à bille, sentait la main de Carolina — et c'est ainsi que j'ai
connu Riton, le surlendemain de ce jour, où le temps était
sec mais pas chaud. Des nuages cotonneux dessinaient des
châteaux dans le ciel, au-dessus des tours et du fleuve, plus
loin, vers Argenteuil...
Je l'ai vu venir sur son étrange petite charrette qui traversait le terrain de football du terrain vague, où des enfants se
battaient à coups de ballons et de planches. Il était engoncé
jusqu'au menton dans un gros chandail à bandes rouges et
vertes, avec un bonnet de laine assorti, à bandes plus

minces, enfoncé jusqu'au bas du front — il avait l'air d'un skieur abattu, arraché aux neiges. Et d'une réclame de peinture Valentine. Son chariot d'infirme tenait à la fois du fauteuil et du lit roulant — et c'était Carolina qui poussait !...

Des gamins ont couru vers eux au moment où elle s'arrêtait pour reprendre des forces au bas de la rampe en béton strié. Les mômes étaient agités et avides :

— Riton, où t'as mal aujourd'hui ?... T'as pas mal à ta colonne ? Fais pas le con, Riton ! Demain on a plein air !... S'il pleut, c'est foutu !

J'ai compris que la compagnie se servait de lui comme d'une grenouille, ou d'un baromètre, se fiant à ses douleurs pour prédire le microclimat de Nanterre-Ville... Du hall où je me tenais, pas caché mais un peu, dans l'ombre, je n'entendais pas ce qu'il leur répondait. L'un des gamins, qui était grand et gros, qui se tenait derrière les autres, a crié d'une voix rayée :

— Tu as mal au cul ? Il va pleuvoir de la merde !

Et Carolina criait dans les rires débordants : « Foutez le camp ! Ou alors aidez-moi à pousser »... Plusieurs mômes ont pris sa place pour hisser la cargaison de l'oracle météorologique tout en haut de la rampe d'accès devant les doubles portes vitrées, battantes...

Je suis resté pour attendre, et ma fiancée est devenue un peu pâle, puis très rouge. Elle restait immobile et je la regardais — et toute la douleur passait entre nous, comme s'il allait faire un orage, ou grêler ! Elle a dit, pas très fort, sur un air de calamité : « J'étais sûre qu'un jour ça arriverait ! »... Elle donnait l'impression de repartir sur le terrain vague, là-bas, et de se noyer. Une impression de fini, d'anéantissement, car elle m'apparaissait sous un jour distinct, sous un ciel de nuages qui ne ressemblait pas à nos amours... Elle me regardait avec les yeux incrédules de celui qui arrive au fond d'une impasse après avoir marché tout un jour, qui tombe sur une falaise à pic où sa longue route aboutit, et qui n'en croit pas sa déveine, et la chierie d'un pareil réseau routier !...

Carolina me regardait comme une pente rocheuse à la fin d'un beau jour. Alors Riton qui était à moitié assis, à moitié plié, aux trois quarts brisé sur son chariot et qui ne m'avait pas vu, a prononcé quelque chose dans sa gueule cassée. Il a appelé :

— Viva! Qu'est-ce que tu fous ?...

Il avait un ton nasal, une articulation déficiente du genre : « Yess'tuvou ? »... Et Carolina a rougi encore... Et c'était tout de même elle, ses yeux, son corps, la forme de son cou en haut des clavicules, bien dessinée et jolie sur le gris du béton. Et j'étais amoureux comme un âne rouge !... Mon regard la déracinait — j'ai détourné les yeux. Derrière sa tête le mur de ciment cru était lardé d'un graffiti vert pomme, qui disait : « Pépé on te crèverat... » Les lettres avaient coulé, inégales, baveuses, comme si elles pleuraient déjà ce qui allait venir... Et j'avais honte d'être venu.

Riton a tordu son col maigre du fond, gras du menton — demande aux cailloux noirs s'ils ont souffert quand ils étaient volcans !... En agrippant de sa main gauche une roue de sa charrette en chrome, il s'est fait pivoter, assez pour me voir. Il a posé ses yeux sur les miens ; ses yeux étaient grands et bleus sous le bonnet rouge et vert. Ils avaient un éclat de surprise.

J'y ai lu le froid et le vide.

6

Pour saluer la venue du printemps, Madame Alphonsine s'est mise à travailler du chapeau avec une ardeur qui nous inquiéta! Elle déraillait considérablement, le matin surtout... On l'entendait hurler à sa fenêtre, un peu avant l'aube, des insanités qu'elle lançait à pleine gueule dans la rue La Bruyère!

Un matin Clément est venu me chercher. Il était cinq heures, je ne comprenais pas ce qu'il voulait. Il avait un ton soucieux, d'urgence. Que je vienne écouter là-bas, dans sa chambre, le raffut!... Il faisait encore nuit, je me suis demandé s'il rêvait? Je l'ai pourtant suivi salle Gavarni, où, en effet, des cris montaient du fond de la rue, terribles... « Une putain! Une putain! »... On distinguait parfaitement les paroles qui s'enflaient entre les façades relativement rapprochées — les mots ricochaient, s'envolaient au ciel! « Maquereau!... Je t'emmerde! »...

— T'es sûr que c'est elle?

Ma question, c'était juste par acquit de concierge, comme dit un ami! La voix d'Alphonsine n'était hélas que trop évidente. Au point qu'elle avait réveillé Clément!... Pas complètement non plus: il venait de se coucher, en fait. Les cris l'avaient troublé dans les prémices de son sommeil, avant qu'il ne parte en croisière; il était pas mal dans les vapes.

Il y avait des silences — on aurait pu penser à une

altercation entre poivrotes ; puis venaient des explosions de rage solitaire : « Juif de merde ! » qu'elle gueulait à présent, d'un ton fou ! Elle répétait les mots jusqu'à perdre le souffle dans des plaintes d'agonisante... On se disait que la voix résonnant au sixième, les immeubles en face devaient déguster ! Si les gens avaient leur chambre à coucher sur la rue, ils devaient déjà pas fulminer !... De là à décrocher leurs téléphones...

— Elle va se faire embarquer ! a dit Le Tiaf qui savait que ces choses-là arrivent.

Il se demandait quoi faire — c'était pour ça qu'il m'avait réveillé. Pour ne pas endosser tout seul la responsabilité, quelle qu'elle fût — fallait-il intervenir ? Ou laisser pisser ?... Nous étions très embêtés. En un sens, c'était notre copine, Alphonsine, nous ne pouvions pas nous mettre simplement la tête sous l'aile — dans les plumes, en l'occurrence ! Trois jours avant, pour le Premier mai, nous lui avions offert des brins de muguet. Elle s'était montrée très touchée... Vraiment. Elle avait voulu nous offrir un coup à boire : elle avait placé le muguet dans un verre, avec de l'eau, toute frétillante...

Et puis il fallait reconnaître que dans la journée elle se comportait d'une manière à peu près stable. Lorsque je lui avais payé le loyer, quelques semaines auparavant, elle avait eu tout son bon sens ordinaire, et entier — même si elle avait un peu battu la breloque aux aurores... Les locataires lui remettaient leur dû tous les trois mois, à la mode ancienne. Elle transmettait au gérant... Pour nous c'était très important cette entremise, car nous étions fort peu officiels dans les lieux. Un copain m'avait passé l'appartement, alors qu'il le sous-louait lui-même depuis des années à quelqu'un d'autre. Nous ignorions tout de ce locataire, pour ainsi dire « primaire », jusqu'à son nom ! Lui-même devait avoir tout oublié de Lorette, et il ne se doutait pas, cet inconnu, que « son » loyer du gourbi parvenait toujours au gérant par les bons soins de la discrète Alphonsine... Donc, nous avions payé le terme d'avril en retard, parce que c'était l'argent que Clément avait tiré de la rue Nollet ; j'avais proposé à Alphonsine de lui fournir un chèque en attendant. La concierge m'avait vivement déconseillé cet arrangement : « Il me poserait des questions », m'avait-elle expliqué... Elle avait choisi la solution d'attendre, disant au gérant que le locataire était en voyage. Puis elle s'était redéplacée, pour déposer la petite somme, dès réception... Elle n'était pas du tout larguée pour ce qui concernait ces transactions matérielles — en plus de se mettre assez bien en quatre pour nous.

Nous avons entendu une fenêtre claquer quelque part dans la rue. En face, une voix d'homme a hurlé : « C'est pas bientôt fini ce bordel ? » — Le début de l'émeute ! j'ai pensé... J'ai enfilé mon falzar et je suis descendu quatre à quatre, Clément derrière moi. En bas, nous entendions Alphonsine qui avait repris sa litanie antijuive ; elle criait : « Youpin ! Youpin ! » sur plusieurs notes qui se voulaient goguenardes. Le ton de provocation d'une gamine qui taquine son petit camarade... Je me suis approché de sa porte, mais je ne savais pas comment intervenir... La loge était plongée dans l'obscurité : elle se croyait sans doute protégée par l'ombre, ce qui lui donnait cette audace démente.

Il fallait à tout prix la distraire de sa funeste conduite, et vite : avant que les flics ne débarquent !... L'inspiration m'est venue tout à coup, poussée par l'urgence : je me suis mis à chanter devant la porte de la loge ! Le climat d'insurrection de tout ça, j'ai entonné sans réfléchir : « Ami, entends-tu le vol noir des corbeaux dans la plaine ? »... *Le chant des partisans* m'est venu comme un lavement !... « Ami, entends-tu les cris sourds d'un peuple qu'on enchaîne ? »... Je ne donnais pas la pleine voix, bien sûr : ne pas ameuter ce côté-ci de l'escalier ! Mezza voce, je fredonnais tout près des vitres. Je pensais qu'elle allait au moins venir voir de quoi il retournait. Délire pour délire, que ça l'arracherait à sa fenêtre...

> « *Ohé, Partisans,*
> *Ouvriers et paysans !*
> *C'est l'alarme !*

Clément était demeuré au bas de l'escalier, à quelques marches dans la courbe, en quelque sorte pour me couvrir... Le chant nous rajeunissait tous les deux, il gloussait un peu. Moi, à cinq ans, dans les montagnes, je restais dans la classe de mon papa, avec les grands du Certif, à dessiner, au fond, sur une petite table... J'étais bien sage. Les chants étaient obligatoires au Certificat d'études. J'avais appris toutes les paroles, naturellement, à force d'entendre ! On me les faisait chanter ensuite : petit phénomène, tous les couplets... A cinq ans j'avais une voix aiguë, le sens de la mesure. Une fois — mais peut-être c'était l'année suivante — pour la Séance récréative de l'École laïque, j'avais chanté sur l'estrade, tout seul, au milieu d'une certaine émotion qui courait dans la chaude ambiance... A l'époque, ces choses-là étaient encore toutes fraîches : le sang à peine caillé. J'avais une allure féroce de petit bonhomme en tablier noir : « Ohé, Partisans, ouvriers et paysans »... Les femmes en pleuraient des larmes. Surtout les veuves !... Je représentais l'espoir, l'avenir, la belle génération des lendemains qui, précisément, étaient destinés à chanter. FFI et fils !...

L'instinct m'était revenu, d'un seul coup ! Question de climat probablement — l'attraction des petits matins blêmes propices aux exécutions sommaires ! L'influence d'Alphonsine elle-même, son côté « Vive de Gaulle » première manière : version chars étoilés !... En tout cas ce fut efficace. Elle s'est tue subitement. J'ai entendu ses chaussons traîner sur le plancher de la loge. Elle a entrebâillé la porte... Elle était véritablement jetée, je l'ai vu tout de suite : le teint blafard, pas même rougi, sans bigoudis, sans rien que sa pauvre figure hagarde dans la pénombre, blanche comme la mort. Elle paraissait avoir cent ans...

— Je ne suis pas une putain !

Elle m'accueille ! Une obsession : que respectable ! Le cou tendu, maigre, les peaux plissées sous le menton, les tendons saillants qui jaillissaient des clavicules. Totalement naze... Pourquoi putain ? Quelles douleurs, depuis Châteauroux ? Elle me fixait, de ses yeux délavés, plus usés que sa robe de chambre.

— Vous êtes de la Milice?

Elle s'informait... « Non, non, je suis d'en haut, là, du sixième... Monsieur Thuilier, madame Alphonsine, vous voyez? Jean-Robert! »... Elle a ri, d'un seul coup. « Ah monsieur Robert! Je ne vous remettais pas! »... Elle a rigolé d'un trait comme goulûment: la bonne blague! En effet!... « C'est à cause de l'ombre, là »... Oh la confusion, pardon! La bévue!...

Et puis très étonnée, elle s'inquiète:

— Que se passe-t-il, monsieur Robert?

Que c'était pas une heure, sans doute, pour venir déranger sa concierge... Je m'étonne à mon tour, discret, chuchotant:

— Vous n'avez pas entendu des cris, madame Alphonsine?... Là, tout à l'heure? Non?... Quelqu'un qui...

— Ah si! Mais c'est le Juif!

Elle ouvre grand, l'odeur rance sort de sa chambrette... Elle s'approche, confidente: tout bas maintenant, qu'on ne nous entende pas médire! Elle me fait signe que je veuille bien prêter l'oreille, plus près:

— Le youpin, là à côté. Il est devenu comme ça!

Elle fait le geste de son doigt sur la tempe, en vissant. Qu'il a tourné le ciboulot. Cisaillé le pauvre mec!

— Il est devenu marteau!... Comprenez?

Elle me fait un gros clin d'œil, à trente centimètres, de sa paupière fanée: secret absolu pour l'instant! Entre nous! Mais tout de même, elle se redresse:

— A force de me faire chier, il a perdu la boule!

Elle ricane, fort... Il y a une justice! Puis un sursaut de frayeur, à cause du Tiaf qui a bougé:

— Qui c'est celui-là?

Clément finit de descendre les marches. « Ben, c'est Clément!... Ah oui! Thiafarel, votre ami? » Elle s'émeut:

— Lui aussi, il a entendu?

— Vous voulez rire! Bien sûr, tout le monde entend!... Vraiment des cris atroces! C'est dangereux...

Elle reçoit Le Tiaf; ça tourne au conciliabule de voisins de palier:

— Le Juif! Vous avez entendu!... Si c'est pas une honte!

— Oui, les Juifs, il faut pas s'y fier.

Dame! Ça!... Nous l'avons dit, bouffi! Elle approuve!

— Non, il faut pas s'y fier du tout!

Ça la soulage... J'espère qu'en insistant un peu sur le danger du peuple de David, la tension qui la travaille va se relâcher. Thérapeutique intuitive... Nous n'allons pas l'abandonner avant de l'avoir réveillée tout à fait, mais j'aimerais remonter au plus vite. J'insiste donc, à froid, au burin :

— Ils sont méchants comme la gale, ces sales Juifs!

— Méchants monsieur?... Il faut voir ce qu'il me fait!

— Ah madame! Ils voulaient tuer Hitler, rappelez-vous!

Là, quelque chose la dérange. Hitler?... Quelle drôle d'idée! Ses lèvres se souviennent, elles ont un rictus découragé. Ça ne colle pas...

Dans son délire, elle dit :

— C'est pas eux qui l'ont tué, Hitler.

— Non, mais parce qu'ils n'ont pas pu! Ils voulaient bien! Si on les avait laissés faire : couic!...

Ça ne colle plus du tout. Elle nous regarde ; Clément ne tient plus de sommeil, mais il a ricané, mon improvisation lui parvient d'un peu loin, il rit comme en rêve... Alphonsine, ça la déstabilise quelque peu. La logique de cette mauvaiseté sémite la perturbe — ou alors c'est moi qui déconne quelque part?... Elle plisse le front, la frisette hirsute... Elle me fixe. Ses yeux pâles battent l'effroi. Ça lui revient :

— Mon mari il a fait la guerre, monsieur! C'était un Arabe, il a fait la guerre avec les Français.

Que ça remette les choses en place. Qu'est-ce que je vais déconner là avec Hitler?... Hitler c'est une autre histoire. Histoire ancienne, lointaine... De l'ancien Châteauroux des anges. Au temps des rois! Son esprit remonte et redescend, balaie l'espace. Elle revoit les champs de blé là-bas, les prairies vastes, grasses, et les jardins à Pâques quand revient le lilas... Sa lèvre se plisse, l'endroit où normalement elle

peint les ailes du cœur cerise, les deux oreillettes pour ainsi
dire, se met en creux. Elle s'inquiète :

— Il y avait quelqu'un qui chantait tout à l'heure. C'était
vous ?

Et puis elle me gourmande, qu'il ne faut pas chanter à
cette heure-ci, dans l'escalier. J'allais réveiller les gens, im-
prudent !... Très gentiment d'ailleurs, dans mon intérêt,
n'est-ce pas — elle me tance. Elle soupçonne que nous en
avons un joyeux coup dans le nez tous les deux, à rentrer à
des heures pareilles ! Moitié habillés en plus !... Elle s'aperçoit à présent. Ô jeunesse !... D'où venions-nous, du bal ?...
Elle se marrait en douce, maintenant qu'elle se rendait
compte ! Tout dépenaillés !... On n'avait pas dû s'ennuyer,
nous ! Elle avait son œil goguenard... Qu'est-ce qu'on avait
dû faire la foire ! Elle se doutait !...

Elle a dit :

— Il était médaillé de la guerre, mon mari. Tenez, vous
voulez voir ?

Cinq heures et demie à peu près maintenant ! Le jour est
encore assez loin... Le Tiaf franchit carrément son cap, il
est à moitié titubant de sommeil, ses paupières se ferment
debout. Tout à fait comme lorsque j'essaie de le réveiller...
Nous l'avions contemplée dix fois sa médaille militaire !
Nous la connaissions par cœur, avec son ruban, épinglée sur
un carré de velours vieilli sur le mur de la loge, au pied du
lit. Mais bon... Qu'elle allume ! Qu'il fasse très clair dans la
chambre, et qu'elle se réveille, nom de Dieu, tout à fait !

Nous avançons, nous entrons voir... Qu'elle n'est pas une
menteuse, n'est-ce pas, comme « on » l'accuse d'être...
L'autre ! « Il » dit qu'elle ment ! Il est culotté ! Qu'on se
rende compte alors !... Elle voit soudain Clément qui vacille. Ses paupières tombent, il ne sait plus où il est... Elle
est sûre de la muflée, elle me dit : « Qu'est-ce qu'il tient,
lui ! »... Toujours entre nous, mais alors, dites donc !
Quelle charge !...

Les jours suivants nous avons surveillé ses humeurs de
jour ; nous lui avons prêté une oreille la nuit. Je suis redescendu un soir de la semaine chanter le vol des corbeaux

dans la plaine, devant sa porte vitrée... J'ai sifflé l'air tout doucement dans l'interstice du guichet, à droite, qui était resté entrouvert — que ma réputation n'ait pas trop à souffrir : je ne tenais pas à passer pour un noceur ! Une fois encore, à la pointe du jour, une alerte... Mais dans l'ensemble le fort de la crise était passé. Nous nous en sommes rendu compte après coup, mais il y avait eu la pleine lune... A présent elle décroissait. Bien sûr, le rouge des pommettes n'était plus trop symétrique, les ailes du cœur non plus, sous le nez — la couche de rouge était hérissée de poils de moustache qu'elle n'épilait plus. Mais ça allait... Non sans rumeurs qu'elle était française, à cent pour cent de son pays ! Et de bonnes mœurs ! Mais les cris du matin étaient redevenus raisonnables de haine ordinaire.

De temps en temps, avec Clément, on essayait de se pencher sur les raisons de ce malaise. L'âge d'Alphonsine ?... Il ne nous paraissait pas si canonique. Les séquelles de la guerre d'Algérie ? De celle d'avant ?... Ça n'avait pas dû être facile d'être la femme d'un harki à la fin des années cinquante — surtout le genre qu'elle affichait ! « Nostalgie du maréchal Pétain », tableau d'hommage ! On devait la traiter de grue... Quant à la phobie antisémite, le vieux fonds d'avant-guerre suffisait sans doute, amplement — et la guerre des Six Jours, chez l'époux ancien combattant : peut-être qu'il bouffait du Juif lui-même, de l'Israélien d'occupation !... L'humanité n'est après tout qu'un vaste tas de merde ! Une engeance d'assassins recouvre la planète, voilà ce que nous disions, les cinq continents au complet — toutes belles races d'égorgeurs partout, bien haineux, crapuleux destructeurs ! Là-dessus notre opinion était faite, au Tiaf et à moi, l'estime que nous portions à l'Homo sapiens nous soulevait le cœur, par instants... Même que ça en devenait une preuve de l'inexistence de Dieu dans un sens, a contrario, cette prolifération d'une humanité exécrablement meurtrière. Si Dieu avait existé, il aurait passé tout ça au four crématoire depuis longtemps ! Sa Création entière, les cinq continents et les îles !... A moins que !... On rigolait : à moins que ce soit en train d'arriver doucement ! Que, juste-

ment, Il soit occupé à chauffer le four, le Tout-Puissant !...
Nous l'imaginions, se frottant les mains l'une contre l'autre
de délice, en rigolant dans Sa Barbe légendaire... Farces et
attrapes célestes ! Bien mieux que la grêle et les ouragans,
plus fort que le Déluge ! Il mitonnait une version sympa de
la foudre : la fission de l'atome !... Ah purée ! le grand
bûcher purificateur à la mesure de Son Dégoût de nous
autres... Au fond, cela nous paraissait vraisemblable. Pour
peu qu'il fût un poil esthète — et nous n'avions aucune
raison de croire que Dieu ne fût pas raffiné — c'était une
jouissance infinie, assurément, de faire construire la Four-
naise Finale par les intéressés eux-mêmes !... Sans trop se
presser, avec des pauses. Cahin, caha, rien n'urgeait — à la
main de l'homme, qui était un peu fainéant tout de même...
Il avait, n'était-il pas vrai, le Temps pour lui...

De déduction en déduction, nous parvenions ainsi, aux
alentours de minuit, à jeter sur ce délicat problème méta-
physique une lumière nouvelle qui nous plaisait. Avec la
menace atomique nous tombions sur une preuve inattendue
de l'existence de Dieu ! Le Très-Haut avait transformé sa
planète en camp d'extermination, mais l'humanité ne le
savait pas encore. Et cette façon fumier de faire creuser la
tombe de l'homme par l'homme, ça rappelait des choses
vues... Mais oui, ça nous crevait les yeux tout à coup :
l'Éternel était nazi !... Hitler avait été son prophète, pardi !
Seulement il n'avait servi que de banc d'essai — un artisan
passager, un brouillon de l'immense vengeance céleste.
C'était à Hitler qu'aurait dû normalement échoir la mise à
feu du globe terrestre, mais la chose avait été différée. Dieu
avait changé d'avis, préférant gagner du temps et faire durer
Son Bon Plaisir !... Il aimait à biaiser, à jouer au chat et à la
souris. Alors que nous étions les victimes désignées de son
châtiment apocalyptique, il nous faisait croire à des sornettes. Premièrement il laissait circuler le bruit qu'il n'existait pas — ce qui de sa part était parfaitement diabolique !
— secondement, il nous donnait l'illusion que nous agis-
sions pour notre bien. La rigolade ! Le Créateur se foutait
de nous !... Comme disait Le Tiaf, heureux de sa formule :

— Nous sommes les baisés de Dieu !

Chaque fois que nous entamions de longues discussions philosophiques en nocturne, Clément et moi, le genre débat de garçons qui n'ont pas la télévision, nous nous faisions des crêpes... Sauf qu'à présent elles étaient sans confiture, nos gâteries du bout de la nuit. Juste du sucre en poudre, et aussi, les bons soirs, une boîte de crème de marrons de l'Ardèche que Le Tiaf avait fauchée au Monoprix. C'est que l'argent du chantier de la rue Nollet n'avait fait, on peut le dire, qu'un déjeuner de soleil... Une fois le terme payé, quelques stocks de produits de base, et les dettes de Clément amorties, les eaux étaient redevenues étonnamment basses ! Comme toujours lorsqu'il avait une rentrée, Monsieur Thiafarel, grand seigneur, épongeait le fric qu'il devait aux uns et aux autres, amis et relations. Cette fois-ci j'avais été écœuré d'apprendre les proportions : il devait près de cinq mille francs à ses amis de Savigny... Il avait emprunté selon son habitude, par petits morceaux de trois à cinq cents francs ; il avait tenu à tout rembourser, rubis sur l'ongle, en rapportant la malle de son maudit trousseau — et c'était autant par honnêteté foncière que pour ne pas tuer son crédit !

Les Japs lui avaient également servi de banque, un tout petit peu. Le cours du yen était favorable, et puis, à force de les voir, de répéter leurs sages paroles et de s'émerveiller, des jours et des nuits durant, sur les beautés rêvées de l'Empire du Soleil-Levant, il s'était mis dans la tête d'apprendre le japonais ! Il avait jeté les yeux sur des livres, et lui, déjà si minutieux de la plume, avait été fasciné par ces caractères à dessiner !... Bref, quand il a eu acheté quelques bouquins, rafraîchi ses provisions de gouache et de papier Canson, il ne lui restait plus un radis. De nouveau nous étions dans la dèche la plus sombre... (Moi, il m'avait pris de court lors de la première avance qu'il avait touchée ; il m'avait refilé un billet de cinquante balles en disant : « Tiens, voilà du boudin ! » — ce qui n'était pas drôle. Mais ça prouvait qu'il avait encore les saucisses sur la patate, si l'on veut...)

De mon côté je ne pouvais attendre de finances que besogne accomplie, ayant laissé Ronald Biggs dans sa case à Rio, et rapporté le manuscrit chez l'éditeur. Je toucherais alors la seconde partie de ce qu'ils appelaient, là-bas, l'« à-valoir »... Avec Le Tiaf on se disait que c'était marrant les mots que l'on emploie pour les rémunérations diverses : le fric ne portait pas le même nom selon la gueule du client... Des coquetteries comme « honoraires » ne se mélangeaient pas aux « salaires », encore moins à la « paye »!... Et les cachets? Et les piges? Tous émoluments bien ciblés, pas réductibles — même les pots-de-vin! Une pute, c'était quoi? Sa récompense?... Bref, un traducteur touchait des « à-valoir », m'avait expliqué Berbis, et comme ça m'avait fait rire il avait dit que le terme servait également pour les « z-auteurs ». Mais pour eux on disait aussi des « droits » ou des « royalties »... Mince alors!

— D'autres, c'est des « clopinettes », non?... T'as pas entendu parler des clopinettes?

Nous étions bas, mesquins... Pour nous, disait Clément, c'était plutôt : « L'A-valoir avalé », film comique! Le titre bouffon de notre mistoufle... Il prenait tout du bon côté.

Nous discutions de tout avec Clément, certains soirs... Chaque fois qu'il avait passé quelques jours à Savigny-sur-Orge, dans une ambiance pensive et enrichissante, Le Tiaf redevenait la proie de soucis importants qui dépassaient nos misérables tracas quotidiens de garçons impécunieux! Il dissertait sur l'état des rivières, avec des chiffres à l'appui. Il envisageait la rareté de l'eau potable dans un avenir mesurable, le rétrécissement des forêts — particulièrement celle d'Amazonie... Il y avait aussi cette énorme question, qui dépassait toutes les autres par l'immensité du danger qu'elle faisait courir à la planète entière : le grignotage de la couche d'ozone par des tas d'éléments destructeurs!... A vrai dire je n'aimais pas trop aborder ce sujet. C'était probablement réfléchir sur la fin du monde — la vraie, la tout à fait implacable et scientifique fin des haricots! Le Déluge à l'envers : l'extinction de toute vie par dessiccation, la stérilisation absolue de l'air et du sol, sans aucun retour possible cette fois-ci. Sans Arche et sans Noé nouveau !... Car même les satellites ne pourraient jamais revenir se poser sur notre vieille Terre brûlée, à l'atmosphère pour toujours détruite. Plus de colombe à espérer, même électronique, rameau d'olivier pour des prunes !... C'était angoissant. Ça donnait envie de mourir jeune, avant les maladies qui viendraient d'abord, les grandes fêlures de nos sociétés : la folie collective et l'état sauvage que ne manquerait pas de ramener l'approche de la fin des fins. Ça viendrait insensiblement... Un été nous aurions trop chaud, il y aurait une longue, longue sécheresse, et les animaux commenceraient à crever. Puis il pleuvrait trop, et peu à peu, en quelques années peut-être, tout se détraquerait... C'était à hurler de terreur, et peut-être les hommes, dans leur incommensurable sottise, étaient-ils en train d'atteindre le point de non-retour.

Nous parlions de tout, et puis doucement, en fin de soirée, comme le vent tourne après avoir soufflé, nous reparlions de Carolina... Ça m'avait fait un choc, cette trouvaille en fauteuil d'infirme. Je me sentais comme la femme de Barbe-Bleue — la dernière, celle qui avait réchappé ! J'étais puni de ma curiosité, mais, en même temps, peut-être aussi comme dans le conte, j'éprouvais un curieux soulagement... J'avais découvert son « secret » — il était plus beau, plus attirant caché que notoire, comme presque tous les secrets. Carolina n'avait pas voulu me parler devant Riton ; je les avais suivis dans l'ascenseur, à l'étage — elle avait fait des présentations brèves. Et lui demeurait silencieux, les yeux fixés sur la paroi gribouillée de bites, d'insultes, de noms de filles, de menaces de mort... Il n'a pas desserré les dents non plus sur le palier, et Carolina n'a pas voulu que je les suive à l'intérieur. Devant la porte de l'appartement, elle m'a pressé la main, elle a dit : « Ne viens pas »... Nous avons convenu que je l'attendrais en bas, dans le hall — elle allait me rejoindre : le temps de lui préparer à boire, et de l'installer devant sa télévision...

Nous avons marché dehors. Elle m'a raccompagné jusqu'à la gare, et nous avons bu un chocolat... Elle avait vécu avec Riton, avant, du temps qu'il était musicien dans le groupe.

Il y a quatre ans il avait eu un accident de moto, et voilà ! Sa vie s'était brisée contre un mur... A cause d'un grillage contre lequel il avait été d'abord projeté, et qui avait considérablement amorti l'impact, à la manière d'un filet, il avait survécu au lieu d'être totalement disloqué, écrabouillé sur le coup... Il s'en était tiré au bout de trois longues semaines de coma, assez étonnamment, de l'avis des médecins. Elle me donnait les mots d'époque, le résultat de ce fantastique coup de pot en équations d'hôpital : « fractures vertébrales étagées », « paraplégie », il était aussi « partiellement aphasique », ce qui expliquait son embarras de parole... Bref il était paralysé à vie, à l'exception de la main gauche et du bras, du cou et de la tête. Il pouvait donc manger seul si on le plaçait dans une position convenable ; il était capable de lire, écouter de la musique, regarder la télévision... Il s'était mis à dessiner et à peindre un peu, aussi, avec sa main valide qui était devenue assez habile. On en parlait comme d'un sacré veinard tout à coup ! Il avait fait preuve d'une volonté immense, dès le début — par défi, et avec une sorte de rage. A cause de sa « carrière » brisée comme sa colonne vertébrale, il avait appris à jouer de l'harmonica...

A part ça elle s'occupait de lui, en alternance avec sa sœur Viviane qui habitait quelques étages plus bas avec son mari et ses deux enfants. L'argent venait des assurances, de la pension d'invalidité avec allocations spéciales pour les handicapés... Carolina m'assurait que c'était un type très chouette, avant, Henri — elle voulait dire qu'il n'avait plus le même charisme, évidemment, mais qu'il avait été formidable pour elle, dans des circonstances pénibles où elle se trouvait... Là, depuis tout ce temps, le souvenir de leur jeunesse n'avait plus assez de force pour que la vie soit supportable — ni pour elle, ni pour lui ! En outre, il avait contracté une maladie supplémentaire, encore non identifiée, qui lui causait des troubles depuis quelques mois. Il se plaignait de maux de tête, de trucs, il avait des nausées, tout cela lui aigrissait le caractère ; c'était pas marrant.

Toute la semaine qui a suivi, ma fiancée est demeurée à l'écart de moi, de Lorette ; le temps m'avait-elle expliqué, d'éponger cette déconvenue… Elle voulait se donner la possibilité de refaire surface à neuf — elle me le disait avec beaucoup de gentillesse, sans me tenir rigueur d'être venu mélanger ses pinceaux. Je n'osais pas profiter du fait que j'avais désormais le numéro de téléphone, relevé dans l'annuaire au nom de son copain. Je la laissais m'appeler elle-même ; elle vaquait aux enquêtes, mais, disait-elle, sans ardeur, comme un ressort cassé…

Puis elle est revenue à Lorette ; sans prévenir, et c'était l'après-midi du Premier mai, où tout était tellement dimanche. Elle s'ennuyait, elle m'a apporté du muguet — à cause de cela je suis certain que c'était le Premier mai : le muguet était le même que celui que nous avions offert à la concierge, le matin. Dans le même état d'avancement, c'est-à-dire ! Je m'étais fait la réflexion, intérieurement, que le muguet « remontait »… J'avais eu cette vision du bouquet attaché à un élastique : hop ! le revoilà !… J'ai pensé ça et je m'en souviens, à cause de l'absurdité de cette idée-là.

Il faisait doux à Lorette ; les deux fenêtres praticables sur les six de l'appartement étaient demeurées ouvertes depuis le matin. Le poêle siffleur, éteint et froid, servait à présent d'étagère… Carolina me parlait de la solitude. Mon irruption dans l'autre monde, qu'elle avait espéré empêcher de toutes ses forces, avait désenchanté ce monde-ci. Elle ne m'en voulait pas — elle comprenait tout à fait mon impatience, et même le côté inadmissible de ma position d'ignorance. Elle aurait agi de même, elle me l'avouait ! Mais elle se trouvait comme dissolue — elle voulait dire « dissoute » ! Fondue, quoi, amollie, comme disparue… Je lui avais fermé la porte de l'ailleurs — cet ailleurs si essentiel qu'elle désirait constamment depuis qu'elle était petite fille, et qui était une vie autre que la vie qu'elle était obligée de subir. Une vie pour elle, choisie par elle, dans un endroit qu'elle tâchait d'atteindre, toujours… Et chaque fois le vrai chiendent de l'existence la rattrapait, la reprenait, lui remontait dans les poumons ! Comme si elle était « montée sur élastique » — elle m'a dit ça : cette image que je venais d'avoir sur le muguet ! Et j'ai souri, parce que la rencontre d'images m'a beaucoup ému.

Elle me disait tout cela sans reproche aucun, vraiment — pour expliquer, justifier son attitude antérieure, évidemment bizarre... Elle ne faisait que constater : je m'étais désenchanté aussi, moi, à ses yeux — j'étais venu me souiller de sa laideur à elle, de son lieu, de cette fatalité qui lui collait à la peau. Elle me disait :

— Avant, tu étais mon dimanche, Ferdinand, tu comprends ça ?

Je comprenais. Elle n'avait plus de dimanche... Elle me disait n'avoir plus que des jours qui se ressemblaient, et sans motif, sans moteur de rien pour la vie ordinaire... A mesure qu'elle me parlait elle recommençait à s'émouvoir : c'était bon signe. Des larmes lui venaient sous les paupières, sans déborder encore ; des pleurs qui flottaient sur un mot, une hésitation...

Il y a eu un énorme silence. Je lui tenais les mains, sans rien faire que de sentir ses doigts sur ma peau. Je voulais signifier combien j'avais du regret de tout... Brusquement notre petit réfrigérateur s'est mis en marche — mais alors avec un boucan terrible, comme en colère. Il ronflait, teigneux, en saccades insupportables, et ça rompait la douceur de notre entretien, au point que j'ai été obligé de lâcher la main de Carolina pour aller le faire taire. C'était une soucoupe, posée de biais sur deux fourchettes croisées — elle cognait contre une casserole renversée et tout cela cliquetait éperdument dans la trépidation naturelle du moteur de l'engin... Un frigo à réacteur !

Quand je suis revenu près d'elle, pour reprendre sa main, Carolina m'a dit que ce qui l'avait toujours aidée dans l'existence, c'était de se regarder avancer. Comme certains s'écoutent parler. Il y a des personnes — ce qu'ils disent n'a guère d'importance, seulement le bruit qu'ils font, le plaisir de s'entendre. Ça les rassure, ça leur donne à eux-mêmes une bonne image, et avec cela ils ont le courage d'affronter le monde... Eh bien elle vivait pareil ! Mais pas en s'écoutant, en se regardant vivre, en se faisant de l'effet à elle-

même... Déjà toute môme elle s'en sortait comme ça. Elle
allait au lycée, et c'était un palais où elle était reçue — elle
se voyait prendre des cours, répondre à ses hôtes... Dans les
petites classes, elle emplissait les lieux de magiciens et de
princes. Elle oubliait totalement la boue derrière, le malheur
chez soi... Plus tard, avec son boulot elle faisait ça : elle se
regardait agir comme secrétaire ! Ce décalage, cette représentation d'elle-même lui ôtait la fatigue, lui permettait
d'avancer. — Elle n'était pas sûre que je comprenne?... Je
disais « oui, oui », tout le temps pour qu'elle continue. Ça
n'avait pas d'importance que je distingue tout le détail, il me
suffisait de saisir sa parole, de l'écouter à toute vapeur...
Elle disait que moi aussi je faisais partie de son effet —
c'était difficile à exprimer... Je disais « oui, oui », pour
aider. Ici, à Lorette, c'était devenu son palais...

Je ne riais pas, j'aspirais les odeurs nouvelles, les effluves
de Premier mai. Il avait plu la veille, le genre averse légère,
de rinçage. Tout était redevenu sec et bien propre pour la
fête du travail — c'était comme la serpillière passée dans
une cuisine, après on ne sait plus comment avancer les
pieds...

L'odeur venait par la fenêtre, composée de printemps
sans qualification particulière — peut-être les tonnes de
muguet remuées depuis le matin dans la ville, toute la nuit
déjà. Ou bien le pollen des fleurs en pot, la verdure des
parcs, des jardins privés sur le flanc sud de cette colline de
Montmartre. Les arbres de la place Toudouze étaient les
seuls vraiment visibles, mais ils étaient tendres et frais ;
nous imaginions le reste, auprès de la fenêtre, des monceaux
de branches extrapolées... Carolina m'a dit tout d'un coup :
« Tu te souviens, le train, comme c'était beau !... Et le
bateau, cet hiver ? »... Et le fait de le dire simplement
comme ça : « cet hiver », dans l'air doux de mai que nous
avions, ça m'a paru encore plus à dache, lointain... Dans
une époque révolue, à peine vécue.

— L'équipage était bourré, tu te rappelles?

Une chose que j'avais un peu oubliée, l'ambiance sur le
ferry : nous étions les seuls passagers à bord, ou presque, et

les stewards, les gens de pont avaient bu... Tout ce monde festoyait à l'anglaise, à la bière de bonne qualité.

— Ils nous faisaient un peu peur, tu te rappelles pas ? C'était vrai ! Ils étaient tellement schlass qu'ils s'envoyaient des bourrades, et à nous des vannes incompréhensibles où j'avais cru reconnaître une manière d'argot cockney qui les faisait se tordre de rire... J'ai parlé aussi des gens à Dieppe, dans le train, que nous voulions faire lever pour prendre leur place. Et puis Carolina a dit : « Je revis cette soirée-là souvent, tu sais Ferdinand »... Elle m'a avoué que d'une certaine façon, c'était ça aussi, pour elle, se regarder avancer...

Elle avait ses yeux fixes, perdus vers le Sacré-Cœur de la Butte, mais très flou... Elle a dit : « La bagnole, tu te souviens ? Le taxi pour venir de Brighton ? »...

— Tu te souviens la lune, grande, qui montait ? Là j'ai craqué ! Je l'ai enveloppée dans mes bras. J'ai serré fort, serré... Une enveloppe de tendresse. Et j'ai commencé à faire glisser son corsage, et tous les attirails qui couvraient son corps. Et nous avons fait l'amour, nus, nus... Tout nus sur le lit, caressés en même temps par la brise chargée des senteurs que j'ai dites qui entraient par là où la fenêtre faisait un trou près du lit — ce petit vent que l'on appelle « brise » jouait dans nos poils, avec cette fraîcheur qu'on pourrait dire acide. Et nous disions, en mai, fais ce qu'il te plaît !...

Après, elle dormit, et l'intérieur de ses jambes, la partie douce et miel et blanche allait avoir froid à cause du soleil qui déclina... Je rabattis la couverture, et un morceau de drap tordu en boudin de la nuit, sur elle. Je me disais que cet intérieur blanc des cuisses des femmes est sans doute le plus bel endroit du monde. Que lorsque je mourrais, si j'avais le sentiment des choses laissées, mon regret ce serait l'intérieur blanc des cuisses des femmes ! Un tiers à peu près au-dessus de la pierre du genou — que c'est la seule chose à regretter vraiment, quand on meurt, cet endroit qui n'a pas de poils ni rien... Qui est la beauté, pour ainsi dire suprême, la vie suprême — tout au maximum. Que je donnerais Venise en échange, de grand cœur !

Et j'ai mis son visage qui respirait entre mes seins à moi, mes pectoraux c'est-à-dire, afin qu'elle fût pénarde, et je la trouvais belle à un point phénoménal sous son morceau de couverture, à cause de l'abandon et la confiance, et j'en aurais pleuré qu'elle soit revenue.

C'est plus tard dans la soirée qu'elle m'a expliqué : Henri devait repartir quelque temps dans un hôpital. A cause de tout ce qui allait en empirant dans son cas — les maux de tête à n'en plus finir, et maintenant il se plaignait de vertiges assortis de mouches noires qui lui venaient devant les yeux. Ses chevilles enflaient aussi, on disait qu'il faisait de l'œdème... Par conséquent il devait refaire un séjour à Berck-Plage — c'était là-haut sur la Manche, vers Boulogne mais pas si loin... Un lieu très spécialisé pour ce genre de personnes physiquement mal en point, où il avait déjà fait plusieurs cures — la dernière remontait à janvier. C'était de Berck qu'elle m'appelait quand elle me téléphonait en plein vent...

Ça m'a fait rire ; je lui ai raconté nos parlotes, avec Le Tiaf, nos élucubrations policières !... Cette fois-ci, elle ne l'accompagnait pas — sa sœur irait, Viviane. Elle avait pris des jours exprès... Ensuite il resterait seul, tant pis — il n'aimait pas ça, mais ils étaient bien dans ce centre marin...

On s'était rhabillés, en gros, quand Clément est rentré. Il était accompagné de Clémentine, que je n'avais pas vue depuis lurette à Lorette. Ils avaient l'air en forme, l'un et l'autre... Clémentine semblait un peu grossie, à peine, la peau seulement plus lisse, ce qui la rendait mieux rayonnante, avec un minimum de couleur en plus — le mot, c'est qu'elle faisait moins gris et malheureux qu'avant !... Elle avait comme qui dirait fleuri d'un sourire. D'autant qu'elle avait mis du rouge à lèvres ! Clément m'avait raconté qu'elle n'habitait plus chez les Vieux Lares ; elle partageait un appartement tout petit avec une copine du Conservatoire.

Clément était content de revoir Carolina dans ces circonstances plaisantes, enjouées ! Il se sentait bien mieux dans ses entournures — mais secrètement, car nous n'avions pas avoué à ma fiancée le rôle qu'il avait joué dans la découverte du pot aux roses. Nous ne savions plus s'il s'agissait d'une farce ou d'une tragédie ; j'avais raconté que je l'avais suivie moi-même, de loin, simplement... Ce qui fait que nous avons passé la soirée tous les quatre ensemble, à deviser comme avant ; et Carolina nous racontait les curiosités qu'elle rencontrait pendant ses enquêtes.

Elle nous a parlé d'un couple de chômeurs chez qui elle faisait cocher des listes de biens de consommation — ça leur mettait l'eau à la bouche, mais ils répondaient « non, non » partout. Ils n'employaient pas — ni « régulièrement », ni « fréquemment », ni « épisodiquement », ni « rarement » : jamais ! Pas dans leurs moyens... C'étaient des gens un peu mûrs dans l'âge, la quarantaine bien avancée, et toute cette société de folle goberge leur sautait à la figure en colonnes de mots alléchants. Les évocations voluptueuses à usage statistique les faisaient saliver comme des bêtes ! Elle avait l'impression qu'elle les obligeait à fouiller dans une corne d'abondance, juste pour les titiller — elle s'était sentie de plus en plus gênée, Carolina, au fil des pages. Leurs réponses étalaient la maigreur de leurs ressources, puis leur pénurie, au fur et à mesure, leur quasi-dénuement... Ils lui expliquaient, à l'enquêteuse, qu'ils avaient perdu leur travail, n'est-ce pas. Et à la fin ils s'étaient mis à pleurer, elle et lui, l'un après l'autre, parce qu'ils étaient si pauvres, ils voyaient bien !... Et Carolina ne savait plus du tout où se mettre, elle nous disait, auprès de ces gens chez qui elle était entrée pour faire de la peine !...

Nous avons eu une soirée d'anecdotes, puis Clémentine est restée coucher. A présent il faisait un climat supportable dans la salle Gavarni ! La pièce était même agréable, dans l'éclairage mourant du soleil printanier.

Quand Berbis m'a appelé pour dire qu'il attendait ma

traduction dans les meilleurs délais — en tout cas avant la
fin du mois de mai, car le livre venait d'être programmé
pour la rentrée — je me suis aperçu de ma sottise. Mon
inexpérience m'avait fait négliger de mettre le manuscrit au
propre au fur et à mesure de son avancement, dans le
sentiment vague que j'avais qu'il s'agissait d'un travail de
fond ; que j'avais la vie devant moi... A présent il me fallait
tout reprendre ou presque, dans une frappe correcte, in-
tégrer les améliorations, les regrets de plume, tout ce que
j'avais inscrit au stylo dans les marges et entre les lignes.
Bref, j'en avais pour des jours et des semaines de labeur !...
    Ce fut donc un peu la panique à bord, et Roland avait
rigolé au téléphone. En plus, il m'avait dit une chose qui
m'avait interloqué ; comme ça, de chic, alors que je lui
exposais le boulot qui me restait à faire, il avait lancé avec
une jolie négligence dans le ton : « Tu sais, Bébert, c'est un
bouquin commercial. Ça n'est pas Chateaubriand traduisant
Le paradis perdu de Milton ! »... Ça m'avait scié ! D'abord
j'ignorais tout à fait que Chateaubriand avait traduit *Le
paradis perdu*, ou quoi que ce soit d'autre — ensuite, quand
on me sort des choses comme ça à brûle-pourpoint je me
sens tout de suite coupable. Je m'éprouvais ignorant, trou-
du-cul, indigne du soleil qui m'éclairait... Puis ça avait l'air
de signifier que je n'avais pas trop à enculer les mouches ou
quelque chose comme ça. L'essentiel était de fournir la
copie dans les temps, que cela tienne à peu près debout : un
point ! Ce qui était un poil vexant, je trouvais... Il m'a dit
encore, pour me rabaisser le caquet : « Un traducteur n'a
droit à aucune gloire, il faut seulement qu'il montre qu'il a
été patient et laborieux » — que c'était le jugement de
Chateaubriand lui-même ce qu'il me citait là, dans ses *Remarques* à sa propre traduction de Milton.
    Autant d'érudition m'a mis plus bas que poussière... J'ai
tout accepté immédiatement. J'ai promis que j'allais me
démerder, faire l'impossible, et lui remettre le texte dans
quinze jours, au plus tard.
    Ce n'est qu'après qu'il eut raccroché que je me suis souve-
nu des petites choses qu'il m'avait racontées quelques an-

nées auparavant, un jour de confidence... Il m'avait expliqué toute sa théorie personnelle sur l'exercice du pouvoir indispensable quand on a choisi la lutte, et la jungle !... Sa tactique à lui consistait à jouer de la culture comme d'une arme secrète ! A condition de ne tirer qu'à bon escient, ça marchait sur tout le monde, encore mieux sur les gens instruits que sur les ignorants.

Il m'avait confié qu'il lui arrivait d'établir des fiches, des catalogues de citations choisies, par matières, pour les balancer dans une discussion au moment stratégique, de l'air de celui qui s'en fout totalement... Ah oui : très important ça ! Ne citer que par-dessous la jambe, toujours ! Négligemment, faire croire que c'est tellement connu, ce qu'on dit là !... Un rappel, tout au plus ! En s'excusant de la banalité...

— Évidemment, il faut choisir ! Actuellement, tout le monde cite Freud, Reich, ou Kafka... Non ! Tu vois, il faut citer en dehors des modes, il faut du vrai fonds commun occidental, français si possible ! Le machin auquel personne ne s'attend plus... Tiens, en ce moment Sainte-Beuve est d'un très bon rapport — Renan aussi...

Il faisait exprès d'en parler comme d'une cotation en Bourse. — C'était au cours d'une fête de famille, il était légèrement éméché.

— Éviter tout ce qui sent la rengaine scolaire, évidemment : Molière, jamais !...

Il chassait l'idée loin de lui, de la main, comme une mouche un soir d'été...

— Oh malheureux ! Ne cite pas Molière !... Pascal, si tu veux, à la limite !... Erasme ? Oui, très bien Erasme !... Deux doigts des Latins, mais avec prudence ! Pas Cicéron, naturellement, mais Salluste, un peu... Une pincée de Grecs, mollo-mollo, ça dépend de l'interlocuteur. Aristote, adroitement manié... Tu dis : « Excusez-moi de devoir citer Aristote, mais... » Et tu ris ! Obligatoire !... Pas pédant, hein ! La peau de banane enjouée, toujours ! Dilettante...

Il me racontait. Il s'amusait beaucoup. Il m'expliquait que dans son cas personnel, le prestige de Normale Sup servait grandement sa cause!... Mais bon, l'essentiel était de disposer d'une large palette, de varier... Surprendre au bon moment, comme dans la boxe.

Ah l'arsouille! Toute cette soirée me revenait, où il m'avait mis au parfum, comme ça, en boniment, parce qu'il avait un coup dans le nez. *In vino veritas*, quoi! — pour frimer. J'ai voulu le rappeler pour lui dire que d'accord, son truc à la Chateaubriand, ça avait marché! Mais que je n'étais pas dupe, merde!... Et son poste est resté occupé pendant une demi-heure — j'ai laissé tomber. Ce n'était pas un plat qui se mange froid.

Ce fut le moment que Carolina choisit pour venir s'installer à Lorette. C'était l'une des meilleures choses qu'elle pouvait faire, à mon sens, son pensionnaire une fois absent, expédié au bord de la mer... En plus, elle savait taper à la machine comme une fée! Les pages défilaient sous ses doigts dans un crépitement incroyable — elle les ressortait toutes noircies, sans une faute, à un rythme qui m'époustouflait. Et encore elle se plaignait d'avoir perdu la main!... J'ai donc pu boucler la fin du récit tandis qu'elle reprenait les chapitres antérieurs dans une présentation impeccable. On se relayait sur la machine ; pendant qu'elle tapait, je relisais ma prose en avant d'elle, améliorant encore, ici et là — les derniers choix avant la trappe, le couperet... Question d'honneur, de poli dans la finition — et j'avais regardé à Chateaubriand, dans une encyclopédie : il était considéré comme l'inventeur de la « traduction littérale moderne », un amateur de belle ouvrage...

L'histoire de Ronald Biggs se terminait par la libération du héros, après qu'il eut été incarcéré à Brasilia, parce que la police britannique, qui avait posé la main sur lui, réclamait son extradition. Seulement il avait mis une jeune Indienne en cloque, ce qui le rendait intouchable selon la loi du Brésil... Alors, ça finissait plutôt bien, en un sens. Mais les derniers moments étaient tristes, les dernières pages...

La femme de Biggs était venue d'Australie, clandestinement, en visite, avec les deux enfants qui leur restaient et qui n'avaient pas vu leur père depuis près de quatre ans,

pauvres petits bonshommes !... Or des difficultés s'élevaient
entre les deux femmes, à présent : le couple devait encore se
séparer... Charmian s'en retournait avec les mômes, sur
l'autre continent — c'était la vie ! Non seulement celle d'un
aventurier, mais de tout le monde... J'avais horreur des
éloignements, des déchirements des gens qui s'aiment. Ce
sont toujours des écoulements qui puent la mort... Ronald
promettait à Charmian qu'ils vieilliraient ensemble, un jour
— c'était des mots ; ils se séparaient au bord de la plage, à
Ipañema, probablement pour toujours. C'était très émouvant... « Then he was waving as the taxi accelerated into
the rush-hour traffic » — « il agita longuement la main »,
comme aurait écrit Chateaubriand. « Au revoir, mon
amour, tchao ! »... Les derniers mots du livre. Il me semblait que l'homme du Train postal me disait adieu, à moi
aussi... « Tchao ! » sonnait comme un glas, tandis que je
m'arrachais de ce mec, au bout de tous ces mois intenses de
ma vie.

Entre les séances de « machine à taper », comme nous
disions, ma fiancée et moi, nous allions profiter du beau
temps qui naissait. Au mois de mai, les jours où il ne pleut
pas, Paris s'illumine, on le sait... Cependant, en l'absence
de nature profonde et feuillue, le printemps demeure en
façade. Certes, il y avait bien les jardinets de la place
Saint-Georges pour nous alerter : dans le rond, au pied de
Gavarni, l'herbe poussait avec les fleurs. Aussi devant les
maisons, à gauche, les plates-bandes de l'immeuble de Stavisky, où il y a même un arbre contre le mur ! C'était
agréable, mais juste assez pour donner envie... Alors, certains jours, nous descendions main dans la main, par la
Chaussée d'Antin, vers l'Opéra et les Tuileries, voir les
fleurs. Le plus souvent nous suivions le chemin du 74, le
bus ami, par la rue Drouot. On sortait vers quatre heures,
pour couper la journée de frappe au bon endroit ; on partait... Le printemps commençait à se faire sentir aux arbres
du boulevard Haussmann, avec la clarté, la gaieté verte de
ces artères qui s'ouvrent de chaque côté — puis il devenait

évident au square Louvois, dans la rue Richelieu, en face de la Bibliothèque nationale... Généralement nous y faisions une halte, dans la verdure épaisse, près de la fontaine aux nymphes, grâces de fraîcheur — ou bien nous prenions un rafraîchissement dans l'un des deux troquets en bordure, à l'ombre, sur le trottoir.

Plus bas, on saluait Molière, dans l'angle aigu de sa rue. Il est tellement esseulé dans ce coin aride que personne ne fait attention à lui — encore heureux que la circulation descende : dans l'autobus les gens laissent traîner leur regard. Ce sont tout de même des yeux qui le caressent ! Nous, on lui parlait : « Salut l'artiste ! »... Et nous disions que Paris est un livre de pierre — comme le soulignait, pour sûr, Monsieur Erasme en son temps !

Le mois de mai devenait évident passé les Guichets du Louvre ; là, tout à coup, l'esplanade s'ouvrait, immense, joyeuse ! Le Carrousel !... Fleuri tout ça, de la perspective des Tuileries jusqu'à l'Obélisque... Jusqu'à l'Étoile, par les Champs, si bien nommés, si arborifères ! On sentait que plus loin, derrière l'horizon, là-haut, ça pouvait continuer sans fin ; ça devait entrer dans des bosquets, après Nanterre, attraper les lourdes plaines, les forêts... Saint-Germain, par là, peut-être Pontoise ! Des étendues chargées de sucs et de sève — en Normandie si l'on n'y prenait garde !... Entre les massifs de fleurs les touristes se pavanaient, dedans dehors le Louvre ; ils sillonnaient l'espace dans leurs tenues claires ! Ça faisait vacances, insouciance et légèreté. Les touristes s'habillaient en jaune vif, en orange, bleu turquoise, des fringues à eux qu'ils rapportaient des pays de la pluie — ils s'habillaient en perce-neige ! Ici, dans ce cœur d'Ile-de-France aux lueurs tendres, aux nuages éphémères, on aurait dit de grands oiseaux des îles, dans une volière !

Au lieu de marcher tout du long, très souvent nous embarquions dans l'autobus — s'il venait à passer comme nous arrivions à hauteur d'un arrêt, son glissement, le souffle des portes, la luisance des banquettes orangées, nous coupaient les jambes. Nous montions, et dans ces cas-là nous allions jusqu'aux quais pour profiter du fleuve, au moins, qui

donne véritablement le ton de la saison... Juste avant le quai
de la Mégisserie, couvert de frondaisons, on croisait le Vert-
Galant qui fait tout le temps envie, sauf qu'on oublie comment y descendre. Après le Châtelet nous quittions le bus,
et nous poussions tranquillement jusqu'à l'île Saint-Louis.
J'avais lu, sur une carte ancienne, que ce morceau de Paris
était constitué par la réunion de deux îles autrefois distinctes, dont l'une s'appelait « l'Isle aux Vaches ». Nous
disions : « On va aux vaches ! » et notre promenade prenait
de ce mot couvert une allure plus agreste.

Là-bas, oui, c'était véritablement le printemps, sur les
bords de la Seine ! On s'asseyait toujours une petite heure
au Saint-Régis, pour prendre un pot en terrasse, à l'angle de
la rue Saint-Louis-en-l'Isle. De cet endroit la vue est assez
champêtre, avec l'arrière de Notre-Dame, ses jardins — dits
« de l'évêché ». Parce qu'il y a bien longtemps l'évêque de
Paris habitait là, sur la berge, auprès de son église, comme
un bon pasteur... Rien que d'y penser ça faisait village —
bourgade en paix. De temps en temps, un grand limonaire
venait s'installer sur le pont qui relie les îles, surtout les
dimanches après-midi. Ses servants s'habillaient à l'ancienne, petits foulards et casquettes, pour se donner le genre
voyou ; ils passaient les vieux airs que chantaient Fréhel, et
Bruant.

Nous revenions par le quai aux Fleurs, qui offre quelques
belles maisons sur la Cité ; puis nous allions reprendre le 74
en promeneurs, au Châtelet... Si on rentrait assez tôt, on
faisait une halte à Monoprix ; nos bourses étaient plates
comme jamais. Carolina ne faisait plus beaucoup d'enquêtes, et j'avais décidé de ne pas emprunter d'argent afin
de ne pas écorner par avance le pécule qu'il me restait à
toucher à la remise de Biggs. Mieux valait ne pas manger
son blé en herbe : l'été risquait d'être long...

J'avais écrit un mot à Marie Famote. Je n'osais pas lui
téléphoner, pour la remercier de son livre qu'elle m'avait
envoyé avec cette dédicace : « A Robert Thuilier, le suppor-
ter de mon titre, l'homme de "rien", homme de bien. Très
amicalement. Marie F. »... C'était gentil — et la première

fois que je recevais un bouquin à moi dédicacé, j'étais un peu ému. Nous l'avions lu l'un après l'autre, ma fiancée et moi, et aussi Clément : nous trouvions ça bien intéressant, et Carolina encore plus que tout le monde.

Marie m'avait appelé au téléphone, un soir, pour me remercier de mon mot !... Nous avions bavardé. De fil en aiguille, comme je lui disais le côté bourre où j'étais vis-à-vis de ma traduction, elle avait demandé si j'avais dégotté quelque chose pour après ? Elle avait dit qu'elle essayerait de voir, de son côté, si elle pouvait me donner un tuyau utile — et du coup je n'avais pas eu envie de lui parler de Berbis, mon supposé cousin !... Nous avions promis de nous revoir bien vite.

Pour sa part, Le Tiaf commençait à s'activer ; il avait mis la main sur une démerde assez originale, par l'intermédiaire d'un de ses copains, employé comme veilleur de nuit dans un hôtel huppé des quartiers du centre. Ce jeune homme, que je n'avais jamais rencontré, était un Marocain à qui Clément prodiguait, paraît-il, des « conseils », je n'ai jamais su de quelle nature exacte. — Je supposais qu'ils bavardaient ensemble d'art graphique... Clément restait terriblement évasif pour tout ce qui concernait ses connaissances propres, les gens qu'il fréquentait en dehors de moi et qu'il gardait jalousement à part. Je ne connaissais ses vieux amis, que d'ouï-dire, ce qui devenait bizarre à la longue. Mais je crois qu'il entretenait avec chacun de nous des relations assez nettement distinctes, qui lui faisaient jouer un personnage sensiblement différent chaque fois. Il aurait eu horreur de nous faire nous rencontrer... C'était aussi une sage précaution : en cas de grosse fâcherie, de brouille à mort avec l'une ou l'autre des parties, il ne risquait pas d'y avoir de réaction en chaîne !...

Toujours est-il que son camarade maghrébin se mettait en quatre pour nous être agréable : il sortait à notre intention plein de surplus de petits déjeuners de son hôtel. Il s'était mis à nous fournir des livraisons assez copieuses de tranches de jambon sous cellophane, et des petits carrés de beurre enveloppés, qui gonflaient jusqu'à la gueule notre minuscule

frigo ronfleur !... Certes, cela ne faisait pas une bouffe très
variée, mais nous n'avions plus que le pain à acheter pour
nous constituer une manne de sandwiches jambon-beurre
quasiment inépuisable. Même le sucre nous venait par là, en
abondance — mais pas la confiture ! Malheureusement, elle
était servie en vrac aux clients de l'hôtel, et non en capsules
individuelles ; il aurait fallu en faucher un bidon entier...
Pour les œufs aussi, avait dit notre fournisseur, c'était trop
compliqué.

Outre ces merveilles de gastronomie matineuse, il nous
arrivait des extras — la bonne bouche, si je puis dire, nous
était offerte par les visites, plus fréquentes, de Clémentine.
Car elle n'arrivait plus les mains vides ! Les cadeaux avaient
commencé de manière anodine par un gros pot de confiture
d'abricots qu'elle avait hérité par force de ses parents. Elle
n'y aurait pas touché, naturellement, pour un empire !...
Cette confiture de sa bonne-maman était tellement calorique, grossissante, épaississante, que rien qu'à la renifler,
sa fraîche jeunesse en prenait de la cellulite jusqu'aux yeux.
Bref, comme elle confiait un jour à Clément ces humiliants
cadeaux de sa mère — qui souhaitait sa perte ! — celui-ci
avait dressé une oreille... Il lui était impossible, au risque
d'encourir le mépris de sa dulcinée, de se déclarer lui-même
amateur de confitures — mais moi ! On me savait abominable goinfre ! Un détestable goulu, qui ne demandait pas
mieux que de nettoyer la surface de la terre de tous les
surplus de confiote !

Parlant ainsi, de fil en aiguille, il avait appris que la
copine avec laquelle Clémentine partageait son logement
recevait, elle aussi, des gentillesses de ses parents qui habitaient la Touraine. C'étaient des pâtés de lapin par-ci, des
terrines de canard par ailleurs, et jusqu'à des jambonneaux
par la poste ! Toutes ces malfaisances étaient jetées régulièrement, dans des sacs bleus, au coin de leur courette en
bas... Tudieu ! Clément avait joué serré... Il avait touché
deux mots à la nénette, avec beaucoup de tact. Il avait
évoqué l'aspect moral d'une telle pratique — il avait brandi
le tiers monde, un peu. Puis il avait parlé de moi... Tou-

jours grossier bâfreur ! L'angle vulgaire... Je me ferais, moi,
une joie malsaine de liquider toutes ces horreurs ! Il s'en
portait garant... Il m'avait présenté par coutumace à l'autre
fille comme une sorte d'ami-poubelle, qu'il fréquentait par
charité. Le jour même, il était apparu à Lorette avec un
bocal de rillettes du Mans à tomber à la renverse !

Nous vivions de dons — nous étions des moines, en
somme, des emmurés studieux !... Et ce fut probablement
cette notion monastique qui me donna l'idée, un jour, des
lectures pendant les repas. J'avais trouvé sur les rayonnages
un livre de cuisine épatant, légué par les précédents locataires, intitulé : *La cuisine de Madame Saint-Ange.* Un
ouvrage sérieux, bien conservé quoique d'une édition ancienne. Il avait pu appartenir au locataire fondateur... Le
bouquin s'ouvrait sur cette rubrique fondamentale : « Pour
bien conduire le fourneau » — c'est-à-dire le fourneau en
fonte, « à charbon de terre ». Madame Saint-Ange écartait
en deux phrases les autres sources de chaleur qui ne posaient aucun problème de « conduite » : « Les fourneaux à
gaz ou à l'électricité sont de plus en plus en usage dans les
cuisines grandes et petites, écrivait-elle. Ces appareils, à
condition d'être bien construits, donnent les uns et les
autres d'excellents résultats. »

Nous ne pouvions pas essayer les recettes du livre, bien
sûr ; il aurait fallu pouvoir s'offrir les ingrédients. Alors
j'avais eu l'idée de nous lire des passages choisis, des des-
criptions de mets succulents, pendant que nous mangions
notre riz. Les extraits juteux de la vieille dame servaient à
activer nos glandes salivaires, peu sollicitées autrement.
D'ailleurs le monde moderne salivait de moins en moins —
c'était bien connu !... Ces lectures à haute voix résolvaient
un problème d'hygiène alimentaire en favorisant les sécrétions indispensables à une bonne digestion. Les filles, qui
me regardaient comme un être plus ou moins obscène, ne
pouvaient rien dire contre cela... Car en admettant, à la
rigueur, que l'odeur d'un foie gras puisse leur donner des
bourrelets de graisse, le « son » seul des mots ne risquait
pas de les faire épaissir... Elles ne prendraient pas un

gramme au seul bruit des délices ! « GRENOUILLES SAUTÉES,
30 minutes. Assaisonnées de sel et de poivre, elles sont
sautées au beurre dans la poêle à feu vif pour les bien saisir
et colorer ; puis dressées sur plat ou en timbale, arrosées de
jus de citron et saupoudrées de persil frais haché »... Clément riait, l'œil allumé par ma déclamation ; il se brossait
lentement l'estomac avec la main, en tournant, faisant claquer sa langue...

Quelquefois nous prenions les choses façon débat, avec
questionnaires et devinettes pour donner du piquant, en
présence de nos jeunes compagnes. Leur manque de culture
culinaire nous désolait :

— Le perdreau, pour rôtir, doit-il être fraîchement tué,
ou faut-il le laisser mortifier ?... Hein ?... Qui peut répondre ?

Elles criaient, rouges d'indignation, que tout ça était
parfaitement dégueulasse ! Et nous des sauvages de nous
plonger dans ces questions affreuses. Elles ne mangeraient
du perdreau pour rien au monde ! — Et Carolina a dit
qu'elle ne savait même pas ce que c'était un perdreau,
alors !...

— C'est le petit de la perdrix.

— Ah bon ? Et la perdrix, qu'est-ce qu'elle dit de tout
ça ?

— La perdrix, elle est aux choux !

J'ai lu — Madame Saint-Ange avait réponse à tout : « Le
perdreau, c'est l'oiseau de l'année ; les perdrix sont les "parents". Entre l'un et les autres il y a le "pouillard", l'oiseau
des dernières couvées dont la croissance... »

J'ai reçu le deuxième tome de mon dictionnaire Harraps
sur la tronche, la partie français-anglais, la plus maniable.

— Carolina !...

Elle criait que c'était un scandale... J'ai vu que Clémentine se levait, et s'en allait pleurer dans l'autre pièce.

— C'est une femme, en plus, qui a écrit ces horreurs ?
glapissait ma fiancée en jetant l'ouvrage au plus loin du
plancher, dans un tas de poussière. Une belle salope !

Et moi, je ne valais guère mieux... J'étais bien cruel de

parler ainsi des petits oiseaux!... Le Tiaf s'était débiné pour consoler sa copine, la mine grave tout à coup. J'ai dit : « Arrête! »... On ne pouvait plus plaisanter alors! Non seulement nous étions obligés de nous serrer la ceinture, mais il ne fallait pas moufter? Merde!... J'ai dit qu'au temps des monastères les moines lisaient ainsi tous les jours en mangeant, à haute voix, des affaires d'intérêt général... Mais ma fiancée était réellement retournée, et j'ai terminé mon sandwich au jambon d'hôtel sans faire de bruit, du bout des dents, sans presque bouger les mâchoires. Le bruit de la croûte résonnait dans ma tête et j'avais l'impression d'un boucan formidable dans la pièce, des craquements affreux comme si je broyais un os. Je me sentais assez chien.

Ce fut la fin des lectures publiques... Du moins publiquement. Par la suite nous faisions ça tout seul, avec Clément. Nous choisissions les moments de solitude, un peu comme pour des image de cul. Nous nous intéressions aux civets, avec la liaison au sang, si délicate et caractéristique... Nous passions la revue complète du lapin, qui fourmillait de précisions : lapin farci, lapin à la moutarde, lapin en salade, mais oui! Ou bien grillé à la tartare, ou en blanquette, lapin braisé, filets de lapereau piqués (le lapereau était un enfant de lapine). Lapin sauté, chasseur et Marengo, à la flamande, à la poulette, lapin de garenne aux chipolatas — lapin de garenne à la crème, lapereau sauté au vin blanc...

Un jour qu'il faisait maigre à périr — il y avait eu un retard important dans la livraison des breakfasts — nous nous sommes offert une gibelotte. Comme ça : une envie!... « Dans une casserole-sautoir ou un autre ustensile à fond épais, chauffez d'abord le lard râpé, ou bien beurre et huile. Faites-y doucement rissoler les dés de lard et colorer les oignons, en retirant la casserole à ce moment sur feu modéré. Égouttez-les sur une assiette. Dans la même graisse, chauffée à nouveau, mettez les morceaux de lapin, assaisonnés de sel. Remuez-les sans interruption avec la cuillère de bois, en gardant la casserole sur bon feu, jusqu'à ce que les chairs soient bien raidies et de belle couleur dorée. Saupoudrez avec de la farine, mélangez bien. Retirez aussitôt sur le côté du feu, pour laisser cuire et blondir doucement la farine, pendant une dizaine de minutes. Ajoutez vin blanc et bouillon, bonne pincée de sel, prise de poivre. Remuez jusqu'à l'ébullition générale. Mettez le bouquet garni, l'ail écrasé. Posez un papier beurré à même les morceaux. Fermez la casserole avec un couvercle. Mettez-la au four, si possible juste chaud pour maintenir une ébullition plutôt douce. — Au bout d'une demi-heure de cuisson, ajoutez au lapin les lardons et oignons préparés au commencement. En même temps les champignons nettoyés et simplement coupés en deux ou trois suivant leur grosseur. Enfoncez bien le tout dans la sauce. Continuez la cuisson pendant encore une bonne demi-heure. — Dégraissez bien complètement. Retirez le bouquet. Versez la gibelotte dans un plat rond creux ou une timbale. Servez bouillant. »

Après, il y avait marqué, pour la « Gibelotte ménagère », que c'était pareil mais avec du vin rouge, et au lieu des champignons on mettait des pommes de terre.

Toutefois ces lectures avaient un inconvénient : elles semblaient exciter l'appétit de Clément. Il mangeait plus que jamais, avalant n'importe quoi, des pommes de terre en quantités affolantes — il remontait des sacs de dix kilos qu'il nettoyait en quelques jours, à l'eau, à la croque au sel, au beurre d'hôtel... Le riz complet, il le descendait à la louche, à pleins pots !... Il mangeait comme un chancre, et il ne grossissait pas : pas une once ! — même que l'once ne fait que 41 grammes 666, par là, si l'on y regarde de près... Il demeurait lisse et plat du bide, le Moineau — c'était à se demander où tout cela pouvait passer ? Il n'avait, Dieu sait, pas un corps tellement volumineux — disons qu'au poids de la bête, en kilos de chair et d'os, il allait chercher dans les cinquante-cinq, à tout casser. Une sorte de grand jockey à pied !... Pour la boxe, il aurait été plume — pas de quoi pavoiser.

C'est Carolina qui a eu l'idée, un jour qu'on parlait avec étonnement des monceaux de mangeaille qu'il s'engouffrait :

— Peut-être que tu as le ver solitaire ?

Elle y pensait parce qu'elle avait lu un reportage dans un magazine féminin : aux États-Unis la mode s'était répandue, chez les femmes qui voulaient maigrir, de se faire inoculer le ver solitaire !... Une manière douce de passer à côté des rigueurs du régime : les dames « fondaient » de l'intérieur, disait l'article, sans frustration de bouche. Les petits fours et choux à la crème pour mon boa intestinal !... Tout à coup ça m'avait paru évident :

— Mais c'est bien sûr, Tiaf ! Voilà la clef du mystère : le pauvre homme est rongé par le ver solitaire !

C'était lumineux, il y avait tous les indices — mais Clément récalcitrait :

— Qu'est-ce que c'est que ces conneries encore ?

— Oui, oui ! Ténia, mon pote ! On ne s'en aperçoit pas forcément. Tu abrites un ténia dans ton sein, voilà pourquoi tu bouffes comme une vache !

Curieusement, il ignorait tout du phénomène. Nous lui avons expliqué : le long ver dans son intestin, la tête accrochée par des dents spéciales à la tendre paroi, les anneaux multiples, infinis... Je lui ai fait un croquis sur une feuille : « Le parasite se nourrit de ce que tu manges »... Il pâlissait un peu, il était ébranlé.

— C'est bien simple, Tiaf : est-ce que tu chies des nouilles de temps en temps ?

— Des nouilles ! Comment tu veux que je chie des nouilles ? J'suis pas Lustucru !

— Je veux dire des trucs blancs, qui sont longs comme des nouilles, plats comme des nouilles, qui ont la couleur des nouilles...

Il se poilait comme un veau...

— Rigole pas avec ça, mon vieux Moineau. Tu n'as jamais remarqué, ces choses blanchâtres dans ton caca ?

— Je contemple pas ma merde, moi, je tire la chasse.

— T'as tort !

J'étais de plus en plus convaincu qu'il était habité. Cela rendait compte de toutes ses anomalies d'alimentation, cette boulimie incompréhensible, surtout en période de crise. Quelqu'un, dans ses entrailles, se régalait, partageait notre

pitance — le troisième larron de la victuaille !... Je lui ai
fourni toutes les explications utiles sur le parasite, raconté
comment « les anneaux du ténia sont parfois évacués en
même temps que les selles ».

Des mots pareils rendaient Clément attentif :

— Tu es sérieux ?

Il voulait savoir d'où je tenais ces renseignements, et j'ai
dû raconter : j'en avais eu un, moi aussi, jadis. J'étais encore
à Blaise Pascal, à l'époque, interne au grand bahut. Et fort
étonné le jour où j'avais appris, par un copain demi-pension-
naire qui était le fils d'un pharmacien de Royat. Je lui avais
expliqué que je ne digérais plus les nouilles... C'était bizarre, depuis quelque temps je les éjectais intactes — mais
rien que les nouilles, le reste je digérais bien. Il avait parlé
de ça à son père, le soir à table, tellement une pareille
anomalie dans le transit intestinal lui semblait remarquable.
L'autre avait dit : quoi, quoi ?... Des nouilles ? Ah là là !... Il
avait tout de suite subodoré l'arsouille dans mon ventre, et
demandé que je passe le voir à la pharmacie, le prochain
jeudi de sortie...

Ça me rajeunissait, le ver à Clément. Je lui ai fait une
description d'épouvante de la bête accrochée à son estomac
— et qui avale, qui avale !... Le ver entier qui s'envoie en
l'air de goinfrerie, et prolifère — trois mètres, quatre
mètres, à se tortiller dans ses boyaux. Parfois davantage !
Une bête immonde, qui allait lui ressortir à moitié par le
trou du cul un de ces jours... Il ricanait plus, Le Tiaf, il
était blême. Je devenais convaincant, ça lui donnait la
gerbe :

— Tu veux me couper l'appétit ou quoi ?

Bon, d'accord ! On n'en parlait plus... Libre à lui : moi, je
voulais bien qu'il garde son truc, si le cas était. Foutre ! Il
pouvait même en faire un élevage, si ça lui chantait ! Mais
nous n'étions pas Rothschild — nous étions un peu juste,
côté provisions. Il parlait d'une bouche inutile, alors !...
Carolina disait comme moi, de sorte qu'il craignait moins le
canular. Il nous a promis de se surveiller : désormais il ferait
attention... Tout de même, nous avions de drôles de programmes à lui soumettre !

Le soir, Carolina et moi, nous faisions la chaîne sur la machine à écrire. Je corrigeais, elle tapait... J'ai essayé de lui dicter directement mon texte, pour gagner du temps — mais j'étais trop lent, trop plein de remords, je semais plutôt la confusion. Berbis m'avait rappelé pour s'assurer que j'allais tenir les délais ; on travaillait jusqu'à minuit, et souvent plusieurs heures après...

Quelqu'un dans la rue, en face, repassait inlassablement un disque des Beatles ; le son planait quelque part, au-dessus de la blanchisserie : « Michelle, ma belle, sont des mots qui vont très bien ensemble... I love you, I love you, I LOVE you ! ! »... Alors je prenais ma fiancée dans mes bras, et nous nous endormions ensemble dans l'air du soir.

Il retentissait aussi, l'air, des imprécations d'Alphonsine au fils d'Israël et de Jacob. Elle maudissait à hurle-voix le descendant d'Abraham... Ce qui était sa périlleuse façon à elle de pousser la nuit à l'épaule.

Un peu avant la fin du mois de mai Clément n'avait toujours pas décelé de traces suspectes dans ses excréments, mais il était entré en affaires. Mamie Léa, qu'il continuait à fréquenter régulièrement, n'avait cessé de travailler dans l'ombre pour placer ses dessins — il lui rendait ici et là de menus services, qu'elle payait en bœufs braisés façon grand-mère, mirontons mirontaines, tartes aux fruits de saison... Elle confectionnait des tartes sublimes, et quand le goulu n'avalait pas tout sur place elle l'obligeait à emporter ce qui restait !...

La vieille dame avait donc fini par convaincre sa fille, qui rénovait un de ses hôtels quelque part en province — je crois même que c'était à l'étranger — de lui prendre une douzaine d'œuvres d'un coup. C'était un début !... Mamie

Léa se découvrait une âme d'impresario d'artiste, et sa fille, enchantée de ce retour en poil de la bête, avait négocié sans effort pour la somme globale de trois mille francs. Clément avait déjà touché le tiers de la somme en liquide — il était pris d'un grand frisson de millionnaire !... D'autant qu'il ne devait encore rien à personne, pour l'instant, que cet argent était à lui seul, en l'absence de dettes à couvrir. Il s'était mis à déblatérer ; il étalait des projets somptueux avec ses trois mille balles ! Il prenait des poses d'homme arrivé... En somme il nous gonflait — je lui avais cassé la baraque, en indiquant qu'il n'irait pas loin avec ces trois thunes, et certainement pas au Pérou. Il soutenait seulement qu'après cela il y en aurait d'autres ! Il délirait de fièvre d'or, le pauvre Piaf...

Cette arrivée de « capitaux » avait aussi accéléré sa décision d'apprendre le japonais ; il s'était procuré des livres, il nipponisait à outrance sous l'œil bienveillant de ses amis de Vavin. Ainsi, pour faire le glorieux, le type sans rancune, il nous a invités à voir un film japonais qui passait à la Pagode, rue de Sèvres.

L'île nue était un film déjà ancien, des années soixante, une sorte de classique dont Clément nous instruisait d'un ton docte. Il racontait la vie d'une famille paysanne sur une petite île de l'archipel — un îlot sans eau... Une sorte de « laboureur et ses enfants » à la sauce de là-bas... Le film n'était pas muet, mais presque : les personnages ne disaient jamais un mot ! La mère et le père allaient perpétuellement chercher de l'eau pour arroser leur petite rizière — ils n'échangeaient jamais une seule parole. D'une certaine façon, ils me rappelaient l'Auvergne, le silence des paysans aux alentours de Pontgibaud... Mais ce qui n'était pas auvergnat, c'était la musique, continuelle, qui meublait le silence, de manière à ce qu'on n'entende pas voler les mouches. — Et toujours la mère qui grimpait sa falaise avec son fardeau !... La fin était terrible : elle renversait sa flotte qui était perdue, et son homme lui balançait une claque dans la figure !... Là, enfin, il parlait — mais juste un mot : une minuscule engueulade !

Après le cinoche nous avons pris un thé dans les jardins de la Pagode, sur les largesses de Clément. Carolina avait détesté le film. Elle trouvait ça bidon, surfait, plein d'astuces minables et de grandiloquence... Enfin un machin pour touristes occidentaux, disait-elle ! Moi, je ne savais pas trop... Le Tiaf tiquait, il expliquait que le metteur en scène, Kaneto Shindo, était un mec d'Hiroshima. Il avait plus ou moins connu ces conditions de vie-là dans sa jeunesse — avant le champignon, évidemment. Il disait que c'était une chose ultra-sincère au contraire ! Ce rythme des saisons... Bon, ce n'était pas du Kurosawa, il en convenait ! Ni du Mizoguchi, qu'il admirait particulièrement, pour sa part, mais tout de même !...

Il prononçait les noms vaguement à la japonaise pour frimer, avec un gargouillis de gorge qui nous faisait rigoler. Il nous a traités de petits petzouilles bien primaires. Pauvres petits franchouillards à la noix !... Il a parlé des angles, des cadrages, du travail du metteur en scène. De la longueur des plans... Le travail de la terre se prête bien au léchage de l'image, ça ne va pas trop vite en général, que ce soit en rizière ou en buron, le cadreur n'est pas affolé ! Il a le temps de photographier les jeunes pousses en action, et même de se payer une bière entre deux prises... En tous les cas, nous l'avons dit à Clément, ce n'était pas avec des films de cette sorte qu'il ferait des progrès dans la langue... Une seule parole en une heure et demie — même dans la version la plus originale, ce n'était pas rentable, à notre avis.

J'ai eu beaucoup de mal à quitter Ronald Biggs, finalement... Il était entré dans ma vie avec ses déboires, ses peines — à Lorette il était chez lui à présent ; il aurait pu se pointer du Brésil n'importe quel jour. Il s'était curieusement lié à Carolina, aussi ; ils avaient couvert la même période... C'était assurément un effet de ma néophyterie, mais j'éprouvais une drôle de sensation à l'idée de devoir rendre ce manuscrit — avec la conscience qu'il n'était pas vraiment à moi : on m'avait payé, après tout, ce paquet de feuillets dactylographiés. C'était une sorte d'arrachement, et je me sentais tout malheureux en quittant l'appartement.

Roland m'attendait vers midi, il m'avait dit au téléphone :
« Nous déjeunerons ensemble »... J'avais ficelé mon tas de
feuilles dans une grande chemise en carton, avec plein de
papier journal autour — un *Monde diplomatique* périmé
depuis le Déluge. Ça finissait par faire un sacré volume...
J'ai pris le 74 pour me rendre au Quartier latin où se
trouvaient les Éditions Réserve. L'émotion, sans doute, j'ai
raté la marche de l'autobus en montant, et failli m'étaler,
échappant mon colis... Je l'ai rattrapé de justesse, sur le
genou ; il s'était défait sous le choc, les feuilles sur le point
de glisser entre la ficelle pour s'éparpiller dans le cani-
veau !...
    C'est seulement après que j'ai eu peur, en m'asseyant dans
l'autobus. Je me frottais la jambe parce que je m'étais raclé
le tibia contre le fer du marche-pied, et je serrais le paquet
sur ma poitrine, un peu comme un bébé. Je me suis rendu
compte que cette somme de travail, là, contre moi, était à la
merci d'un accident bête. L'angoisse, tout à coup !... Six
mois de boulot, pratiquement ! Qu'on imagine : s'il venait à
lui arriver malheur à mon colis !... L'irremplaçable !... J'aurais été incapable de tout recommencer à zéro. — Je me
disais que j'étais vraiment débile de ne pas avoir pensé à ça :
simplement la valeur marchande que représentaient ces
pages — des millions !... Pas pour moi, certes, mais tout de
même !... Les gens sérieux devaient prendre un taxi, au
moins, pour ce genre de transport.
    Décidément j'étais un gland ! Je ne changerais pas : un
pas démerdard, un minable ! Je m'accusais, je regardais les
gens autour de moi, sur les banquettes, d'un air méfiant...
Comme s'ils pouvaient bondir sur moi à l'improviste et
m'arracher mon ours. Ça devait me donner un côté « chien
défendant son os » cette inquiétude soudaine — je devais
dégager des ondes, parce que les passagers, effectivement,
me reluquaient aussi, un peu de travers !... Je sentais leurs
pensées : qu'est-ce qu'il trimbale, lui, dans son ballot ? Un
objet volé ou quoi ? Je changeais de fesse sur mon siège avec
malaise — ce serait cocasse qu'on dérobât Ronald Biggs en
papier ! L'ironie des vies malhonnêtes ! A moins que lui-
même, le champion de l'évasion ?...

Je me tenais ces discours, pour ainsi dire à la dérobée, et puis boum ! voilà mes compagnons de route qui deviennent des sans chair — des têtes à trous, orbites creuses... Des satanés cadavres. Une petite fille assise à droite près de l'entrée, qui voyageait de dos, me présentait son squelette... J'ai regardé dehors, intensément les murs des façades. Heureusement nous arrivions au Palais-Royal : le Louvre en face profilait ses Guichets... Je me suis intéressé aux colonnades de la Comédie-Française, le temps d'un feu rouge, puis, quelques minutes plus tard, la circulation étant fluide sur les quais, je suis descendu au Pont-Neuf... J'étais en avance. J'ai terminé à pied, tranquille, en rasant les murs de la rue Dauphine. Lorsque je suis arrivé dans le bureau de Berbis, je me suis aperçu que j'avais une crampe dans le bras gauche, à l'endroit du coude — à force d'avoir serré le paquet sur mon cœur.

Roland m'a reçu à bras ouverts — comme l'étaient ses fenêtres sur le beau temps. Deux croisées très hautes, côte à côte, pour une pièce assez modeste en dimensions, toute encombrée, gorgée de livres... Lui-même était en bras ouverts de chemise, dans la respiration de cette journée de printemps — le col béant sur le poitrail. Il m'a soulagé de mon fardeau avec sollicitude, et aussitôt il a défait la ficelle. Il rigolait de mon emballage — il a dit que ça faisait « ancien temps »... Comme si j'arrivais en fiacre ou par la diligence ! Il avait de l'imagination...

Il s'est mis à lire, hâtif, le sourire aux lèvres. Ça me faisait plaisir l'intérêt qu'il prenait à mon travail... Il feuilletait, s'arrêtait à un bout de page, lisotait, tournait le feuillet d'un doigt, on aurait dit « gourmand ». Il s'est assis, ce faisant, plus commodément, m'invitant à faire de même : « Assieds-toi, assieds-toi ! »... Il m'indiquait, sans regarder, où je voudrais, que je me posasse... Je me suis assis sans le quitter des yeux, sur un coin de fauteuil devant sa table. Il a souri, pincé le nez... Re-souri ! — j'essayais de juger, à l'œil, à l'épaisseur du tas de feuilles, le passage qui l'amusait ! C'était impossible... J'espérais que c'était un bout de dialogue — j'avais particulièrement soigné les dialogues, afin

que ce que disaient les personnages semblât naturel, que
tout coulât de bouche... J'eusse aimé qu'il le remarquât !
Il hochait la tête, de plus en plus vigoureusement — il a
fait :

— Tu as soigné les dialogues, hein ?

Il a dit que c'était bien, un beau travail il lui semblait. Il
s'était arrêté sur un morceau en claquant dessus du plat de
sa main, disant que voilà, ça par exemple, c'était torché ! Il
secouait la tête... Je me suis relevé à moitié, et j'ai avancé la
mienne pour tâcher de voir quelle page il approuvait si fort,
et c'était pas facile à l'envers... Et avant que j'aie pu repérer
mon passage, me rendre compte du beau morceau, il est
devenu soudain très triste, Roland. Et j'ai reposé mes fesses
sur le siège en cuir véritable pour entendre ce qui n'allait
pas. Il a commencé par pousser un soupir, disant : « Eh oui,
eh oui, eh oui !... C'est bien ce que je pensais : Chateaubriand traduisant Milton ! »... Et là j'ai fait : « Eh, oh ! »...

— D'accord, *Paradis perdu,* celle-là tu me l'as déjà faite !
Je me suis renseigné... Tu voulais m'y faire croire, goujat !

J'avais pris l'accent de Clermont pour que le temps reste
bien clair, qu'il n'aille pas se mettre des nuages sur la
rencontre. Mais il refusait de jouer... Ma réflexion le piquait
au vif au contraire — il a dit que oui, c'était trop bien, trop
littéraire, trop bien chiadé comme traduction ! Que ça n'aurait aucun succès !... Eh oui, il comprenait ma naïveté : mais
maintenant il s'était dépucelé, lui, sur la question — il
commençait à voir depuis le temps, les quelques années
qu'il éditait des livres, que ça n'était pas comme ça que ça
marchait ! Pas sur la qualité de l'écriture en tout cas... Ce
serait même plutôt l'inverse ! — Et plus j'essayais de glisser
que « oh ! tout de même ! » et de défendre mon bout de
gras, plus il s'excitait, s'agitait, monologuait...

Le ton montait dans la pièce ; il s'était levé de sa chaise, il
me disait :

— Tu as vu ce qu'ils lisent, les gens ? Ces conneries qu'ils
avalent sans sourciller ! Tu as vu les films à la télévision ?
Les dialogues qu'ils entendent, tous les jours que le bon
Dieu fait ?... T'es pas un adepte ? T'as pas remarqué ?...

Comment veux-tu après ça qu'ils aient du discernement ?
Qu'ils apprécient la belle ouvrage ?...

Il est allé à la fenêtre respirer un bon coup, et quand il
s'est retourné, j'ai vu une lueur sur sa figure, un truc
sauvage qui m'a rappelé le père Berbis, tout à coup... Une
fois qu'il se fâchait pour quelque chose du syndicat qui
n'allait pas, et qu'il était furibard le Berbère — un éclair il a
eu Roland, pareil ! Et là, il rigolait plus...

Il m'a dit :

— Tu sais le bruit que fait une bagnole dans un roman
français ?... Une automobile : tu sais ce qu'elle fait ?

— Ben... Ça dépend.

— Ça dépend pas. Le bruit du moteur ?

— Le moteur, il tourne, il...

— Il quoi ?

— Il ronfle !

— Non.

— Il ronronne ?...

— ...

— Y en a qui cognent.

— Il vrombit.

Berbis s'est avancé vers moi, assez troublé, nerveux :

— Il vrombit, pauvre con !... Toutes les voitures, dans
tous les romans français qui se vendent : elles vrombissent,
monsieur !

Il élevait la voix, ça résonnait malgré les piles de bouquins — il a hurlé :

— Elles vroooommmmbiiiisssent !... T'entends ! — Et
les lèvres des femmes ? Elles sont comment les lèvres des
femmes ? Elles sont purpurines !!!!... Purpurines ! C'est
tout de même pas difficile bordel de merde ! Purpurines, les
lèvres !...

Il montrait du doigt, ses lèvres à lui, il les sortait, il faisait
la moue effroyable... Il avait l'air un peu fou.

— Et ta traduction, c'est de la merde ! C'est pas dedans
ces jolies choses, j' l'ai vu ! Pas besoin de tout lire, va !...

Il m'a fait un petit volant sous le pif, un volant de
bagnole, mimé avec ses mains, se baissant, criant : « Vrom-

bissent!... Brrrrrrr... » Il faisait l'auto dans la pièce! Il courait, virages, miaulait! Totalement jeté!...

— Tu vois, comme ça : brrr, brooouuuuummmmm...! Vrombissent!... D'abord les bagnoles dans les bouquins, en France, ce sont des limousines. Parfaitement! Elles sont « puissantes » quand on a du style : « la puissante limousine vrombissait dans l'allée qui conduisait au... » Au quoi?... Hein?...

Il m'interroge, hautain, le doigt pointé sur mon front, instituteur du diable :

— L'allée qui conduisait au...? au...?... « Au château » nom de Dieu!... Voilà de la littérature, tu entends, abruti : « La puissante limousine vrombissait dans l'allée de tilleuls qui conduisait au château! »... Et moi je vais être obligé de faire réécrire ta traduction! Voilà! Chateaubriand!... Avec des dialogues jolis pour des lecteurs français! Qui regardent la télévision française! Où on dit pas : « Où c'est qu'il crèche, ton pote? » mais : « Où habite-t-il, votre ami? »... Oui, oui, même si ce sont des truands, des va-nu-pieds, assassins, malfrats de la pire espèce qui causent! Pareil!...

Il était revenu à son bureau ; il s'est mis à taper du poing sur la pile de feuilles :

— Là, j'ai bien lu : page quatre-vingt-sept de ton manuscrit : « Où c'est qu'il crèche, ton pote? »... Parce qu'en anglais ils parlent cockney peut-être? L'original est en argot, alors monsieur veut respecter l'ambiance, sans doute?... Rien à foutre! On est en France ici! On traduit français! On ne répond pas : « Il habite pas, il est à la cloche », on traduit par : « Il n'a pas d'habitation pour l'instant! »...

Il mimique, il parade, il fait du genre, la bouche en cœur, puis en cul de poule...

— Et si tu dois traduire « Fuck off! », tu mets : « Oh zut! Allez-vous-en! »... Compris?... Et si la femme de Biggs doit avoir des lèvres, ce seront des lèvres purpurines, tu entends! Purpurines!

Et il se met à gueuler comme un sauvage, à hurler au bout de la voix : « Purpurine! Purpurine! »...

Une secrétaire est entrée, effarée :

—... monsieur Berbis?...

Et Roland, qui était au comble d'une sorte de fureur, lui gueule sans reprendre haleine :

— Qu'est-ce que vous voulez? Vous vous appelez Purpurine, connasse?...

La fille a eu un joli haut-le-corps, un truc estomaqué impeccable, avec sourcils haussés, affaissement du menton... Elle a refermé la porte à reculons, avec un son d'avaler un dentier — elle a dit : « Glup ! ». Mais réellement, en parole !... C'était comme un film muet qui aurait été un peu parlant !... La fille a tiré la porte sur elle comme dans une bande dessinée.

Roland était saisi par cette apparition... Il redescendait. Il s'épongeait la figure. Il atterrissait devant moi... Il a dit : « Excuse-moi Bébert ! »... Il était assez paumé je dois dire. C'était comme si ses yeux étaient pleins de larmes. Il a tourné encore dans la pièce pour se remettre ; il est allé au bureau, il a saisi sa veste à tâtons, il a dit doucement :

— Viens, allons déjeuner.

Alors il s'est passé une chose très étrange... Une seconde et demie de pur égarement : il m'a tendu la main. Mais pas devant lui, saluant — il l'offrait sur le côté, pour saisir la mienne, comme on fait à un enfant !... Un geste machinal qu'on s'en va et tout... Et là j'ai eu une grande émotion — il est entré une bouffée d'air des montagnes par les fenêtres, et il avait neuf ans et moi cinq ! Et on lui avait dit : « Fais bien attention à Bébert ! »...

Puis il revient, il se rend compte, sa main tendue, comme je suis saisi. Il retire son bras... Il a un sourire gêné triste, il se frappe le front : toc, toc ! Il fait : « Tu vois, je déménage »... Il enfile sa veste sans penser qu'il fait chaud, il me dit :

— Ils m'auront la peau.

Et j'ai su que les mots avaient une autre histoire, comme la lune, dans sa cachée.

Dans la rue de Buci nous avons marché en silence ; je me demandais s'il allait vraiment faire retoucher ma traduction comme il racontait... J'étais un peu atterré. J'espérais que c'était seulement de sa part des paroles en l'air, une envolée de tristesse. Il avait peut-être eu des déconvenues ces temps derniers... Je me disais surtout qu'il n'allait jamais m'en filer une autre de traduction ! Je verrais ces choses pendant le repas — pour mon chèque aussi, est-ce qu'il l'avait fait préparer ?... Je notais mentalement tous les petits problèmes qu'il ne fallait pas que j'oublie.

Sur le trottoir, le marché allait son train, les marchands criaient aux étals. Des laitues pas chères, des pample-mousses en cadeau. Ils interpellaient la ménagère et le mé-nager de Paris : « Un franc l' pomelo ! »... Dans cette exu-bérance légumière Roland allait d'un pas ferme, il devait se sentir un peu ennuyé de sa sortie — si peu stoïcienne ! J'y songeais : les admonestations du Grec dans ces cas-là, hou là là !... En arrivant à l'angle de la rue, il m'a dit, mi-figue, mi-raisin :

— Tu sais, pour faire ce métier, il faut avoir du courage !

Mais il disait « métier » avec fierté, comme tous ceux qui ont un « métier » — et plus c'est dur, plus c'est palpitant ! Plus c'est payant même, des fois, malgré les soupirs, les « mon Dieu quel métier ! »... Et moi ?... Moi qui n'avais pas de métier, je ne pouvais pas me donner cette importance dans les sacrifices. Je ne pouvais rien me donner du tout — j'ai dit :

— Tu sais, pour ne pas faire ce métier, il faut du courage aussi !

Je ne savais pas s'il avait compris, ou s'il faisait semblant ; il était habitué à mes sottises, depuis l'enfance. Il trouvait naturel que je déconne un peu, à côté des baskets de tout le monde... Il m'a mis la main sur l'épaule, et nous avons tourné dans la rue de Seine ; il a dit : « C'est ici le restau-rant »... En effet, c'était très beau ; il fallait monter quel-ques marches.

Plus tard, il m'a servi du vin — une large flaque rouge au fond d'un vaste ballon, sur une nappe épaisse et blanche. Il a levé son verre en disant : « Jamais plus nous ne boirons si jeunes ! »... Puis il a récité, impromptu, hors du temps, ceci, du ton monocorde d'un prêtre : « Et de l'amitié qu'il y eut en ce temps, et de ces emportements lyriques qui nous faisaient hurler à pleine gueule dans les nuages du plateau, des chansons qui disaient nos seize ans. »

J'ai pensé que c'était une phrase tronquée — et où diable il avait mis le reste ?

7

Les jours suivants je continuais à me sentir cahoteux... Je restais sur ma lancée, comme un coureur qui court à vide à la fin d'un sprint, une fois franchie la ligne d'arrivée! J'ai rangé les papiers, la machine — je n'arrivais pas à m'y faire, que Ronald Biggs soit sorti de ma vie complètement, brutalement. J'avais le cœur lourd, et une boule qui montait, descendait dans ma gorge... J'aurais aimé faire l'amour pour être quelque part, en chaleur — et même ça j'avais pas envie.

Carolina m'a dit que c'était normal, que j'avais beaucoup travaillé... Puisque j'étais comme une âme en peine, nous devrions bouger — ce serait bien de changer d'air. Nous en avons parlé, la nuit ; je me faisais l'effet d'un petit poisson rouge, et qu'on allait changer l'eau de mon bocal!... Ma fiancée avait le ton amical, elle s'appuyait sur son coude pour me regarder. L'autre main elle la passait sur mon cou, mon épaule, ma joue... Elle s'était faite énormément douce de tout le corps, et les filles, je me disais, étaient bien comme des paquets de musique qui te viennent dans la gueule, des bouffées tropicales de tendresse exquise — au sens où l'on dit des « paquets de mer ». J'ai fait des tout petits baisers sur son poignet, face interne, l'endroit où c'est beau, où l'on voit les veines à fleur de peau battantes, et l'endroit où l'on met du parfum — mais bordel, pourquoi on meurt?...

Ce qu'elle avait derrière la tête, on pourrait dire près du bonnet, Carolina, c'était de faire un tour vers Berck-Plage, au nord. Elle voulait se rendre compte de visu de l'état de Riton dont elle n'avait plus de nouvelles. S'ils lui avaient guéri ses maux de crâne, si ses chevilles avaient désenflé, là-bas, au Centre hélio-marin ?... Elle a dit aussi que ça lui ferait tellement plaisir, le pauvre vieux, si nous allions lui rendre visite !

C'était la mer là-haut, la plage, l'étendue — c'était une idée... Nous étions déjà le trois juin, par là, ou bien le quatre — je venais de recevoir mon chèque. Il consommait la rupture définitive avec le truand du Train... On a dit : « En juin, fais ce qu'il te plaint ! »... Et j'ai crié :

— En juin les deux bouts !...

C'est ainsi que le sort en fut jeté, et que nous décidâmes, comme qui dirait — dame ! — sur-le-champ, sauf que c'était sur le pieu, que nous irions à Berck !

La voiture avait une bonne odeur de cuir vieilli et de carburant — malgré les objections de Carolina, qui aurait préféré le train, j'avais décidé que, pour Berck, une bagnole était indispensable. D'autant que lorsqu'il avait appris que nous quittions Paris pour un ouikinde en France, Clément s'était senti comme un canard migrateur dont personne ne voulait ouvrir la cage... Il montrait des yeux de bon chien qui se résigne, le cœur gros — enfin, il avait à sa disposition tout un registre animalier qui nous attendrissait l'âme... Ma fiancée n'avait pas caché que nous allions à la rencontre d'un grand invalide, un estropié à vie, logeant parmi des loques — dans des lieux, j'imaginais très bien, où c'est pas mal d'arriver en petits groupes réconfortants. Le Tiaf venait donc aussi, selon le principe que plus on est d'ingambes plus on rit !... Il en avait bien vite parlé à Clémentine. Elle avait d'abord presque dit oui, dans un mouvement d'enthousiasme spontané, puis, le lendemain, à notre grande surprise, elle avait dit oui tout à fait !...

C'était un plaisir cette bagnole ! Je l'avais récupérée la veille chez un copain de Nireug, un extravagant personnage nommé Zhelvin, que tous ses potes appelaient « Sel fin », et qui possédait, dans un garage de banlieue, une collection de cinq ou six vieux modèles qu'il louait de temps en temps pour des films. Il les confiait aussi occasionnellement à des gens sûrs, pour des petits galops d'entretien qu'il n'avait pas le loisir de leur faire faire lui-même. Vu l'importance du trajet, « Sel fin » m'avait prêté une Mercedes blanche magnifique, une 220 D tout en chromes luisants et cuir rouge à l'intérieur : une merveille !... Comme je n'avais pas conduit de véhicules à moteur depuis un bout de temps, j'avais fait un tour dans Paris au cours de la soirée pour me la mettre en main. Carolina n'avait pas voulu venir sous prétexte qu'elle n'aimait guère rouler en voiture — même la perspective de ce voyage lui donnait des regrets, sinon des sueurs. J'avais dû promettre de conduire comme un ange, à une lenteur de fourmi, de m'arrêter à tous les coins de haie, d'attendre que tous ceux qui voulaient passer aient passé... J'avais juré de ralentir dans les virages, et de ne jamais dépasser personne, même en ligne droite — même un tracteur !

J'avais eu un peu de mal sur le tronçon de l'autoroute du Nord, avant de dénicher la sortie vers la Nationale. D'autant que nous étions samedi, et pas tout seuls à sortir dans ce coin abominable. Ma fiancée angoissait terrible, elle disait que si ça continuait, elle préférait descendre — les deux autres au contraire, sans permis et sans aucune conduite, chahutaient derrière dans l'euphorie du déplacement. Ils ne se rendaient absolument pas compte de la concentration que cela exigeait de lire les panneaux, surtout ceux qui sont cachés par les camions ! De regarder partout, de ne pas se laisser glisser vers une de ces voies qui font sortir les gens avant qu'ils l'aient voulu, pour aller se planter dans la jungle des villes !... Clémentine était presque en cavale ; sa première sortie de grande fille, pratiquement — avec son luth qui suivait dans le coffre, car nous l'avions cueillie un peu après trois heures, à la sortie d'un cours.

Tout de même, une fois le chemin tracé, la N1 bien dans les jantes, passé Pierrefitte, les grands feux rouges, évité

Sarcelles à la perfection, passé Moisselles, dans les doubles voies — ça alla sur des roulettes. Une fois que nous fûmes sortis des soucis de direction, des embranchements troublants, des fragments de villes et détails conurbains, comme nous entrions dans un morceau de forêt épaisse, Carolina s'est mise à chantonner... Elle laissait son regard errer au bord des herbes folles du talus qu'elle m'obligeait à longer, bien à droite de tout, à son bon plaisir.

Tout à coup, comme j'avais l'esprit de nouveau un peu libre, j'ai pensé que quelque chose clochait dans cette panique en voiture... Il m'est apparu soudain, comme on sortait du bois pour s'engager sur une rivière, laissant Beaumont et l'Isle-Adam de côté, que ma fiancée était sans douleur ni réticence cet hiver, à Brighton, pour le taxi... A la sentir de nouveau détendue à côté de moi, j'ai pensé à ça — et aussi que c'était la première fois que nous nous retrouvions dans une bagnole ensemble, si l'on enlève les autobus!...

Je rêvais à ces choses en regardant la route, et l'eau de la rivière qui miroitait en bas du pont ; le moteur vrombissait bien comme il faut — et comme c'était un diesel il vrombissait de plus belle, je dois le dire, même de plus beau!... Je lisais les noms des villages sur les panneaux indicateurs, pour me distraire — plusieurs hameaux étaient « en-Thelle », à cet endroit, même un Neuilly, je me souviens. Je me demandais si nous traversions une région qui se nommait la Thelle, ou quoi?... Et après sept kilomètres et demi à peu près, pendant lesquels j'avais tourné cent cinquante fois ma langue dans ma bouche, j'ai demandé à Carolina comment se faisait-il qu'elle n'avait pas eu du tout la pétoche quand nous filions vers le bateau, à Newhaven, sous la lune?... Qu'elle était à l'aise, alors?... Et elle m'a répondu au bout d'un hectomètre, à peine, que ça n'avait pas été exactement le cas :

— J'étais morte de trouille!... Tu te rappelles, il coupait les virages cette andouille de chauffeur — tu te souviens? Je m'accrochais à toi tant que je pouvais!... Mais quand même, c'était bien.

Elle m'a souri. Nous avions fait du chemin... Elle a posé sa main sur ma cuisse pour me faire savoir qu'à présent aussi, c'était bien... J'ai ôté l'une de mes mains du volant pour saisir la sienne, et la serrer, mêlant nos doigts — mais elle s'est dégagée bien vite, parce que ça faisait négligé, à son idée, de conduire rien qu'avec une seule main. Et comme nous avions bien roulé, en arrivant à Beauvais, on s'est arrêtés pour boire un canon dans la première auberge qui s'est présentée avec une place facile devant, pour se garer.

Clément, à qui la traversée des champs était montée à la tête, a dit :

— A Beauvais, beau verre !

Il imitait une sorte d'accent paysan inter-prairies, comme ils en ont à la télé quand ils veulent faire rural : « A Bôvè, bô vèr »... en roulant les sons. Puis il a dit deux mots en faveur de la cathédrale gothique dont on voyait le clocher dépasser au centre-ville — et si nous allions la voir ? Un joyau !... Il avait la mine gourmande de l'amateur de voûtes qui aime se rincer l'œil à l'ogive pure. Mais il n'eût pas été raisonnable de s'arrêter si tôt en chemin, peut-être en revenant — les clochers ne devaient pas faire tomber ma moyenne... Le Tiaf faisait un peu la gueule comme lorsqu'on sort avec des rustres, et les filles sont allées aux toilettes ensemble. Quand elles sont revenues, elles pouffaient de rire de la découverte qu'elles avaient faite : il y avait un chiotte, là-bas derrière, qui possédait *deux sièges* ! Parfaitement, avec deux chasses, dans le même local ! Elles se tordaient. Elles ont tenu à ce que nous allions voir par nous-mêmes, sans quoi nous n'allions jamais les croire !...

C'était exact : un chiotte double, qui faisait salle d'eau également, avec un grand lavabo. Deux personnes pouvaient y faire leurs besoins en même temps que la conversation, et j'ai dit à Clément :

— Tu vois, chiale pas, on aura quand même vu quelque chose !...

Après Beauvais, nous nous sentions réellement en vacances, en randonnée loin du cercle d'attraction de la banlieue. Les panneaux nous indiquaient la direction de vraies villes : Dieppe et Rouen... Amiens, dans l'autre sens ! On se sentait comme en vacances en Picardie — c'était la Picardie et c'était quelque part... La bagnole avalait l'asphalte du tonnerre de Brest ! Une pêche incroyable cette limousine de derrière les fagots... Ça tournait au road movie, notre escapade — *Easy Rider* tous les quatre : l'espace !... On faisait « rode-mouvie », version Nationale 1...

Version escargot aussi, forcément : les voitures nous doublaient à toutes sortes de vitesses et un peu dans toutes les positions. On leur criait des âneries, glaces ouvertes. Un panneau nous a indiqué la direction de Songeons : nous avons dit « Songeons-y ! » Et « Songeons à ceux qui l'habitent », ce qui pouvait être un slogan territorial chauvin, et même raciste. « Ceux qui la bitent ! » a dit Clément qui ne faisait pas dans le détail, et on s'est mis à déconner sur les noms des patelins. Nous avons appelé Saint-Omer-en-Chaussée, « Saint-Omer-à-Boire », et là, justement, dans un carrefour, ça indiquait : « Pisseleu, 4 km »... Quelle rigolade !... « O mer à boire, pisse-le ! » — Chie-le ! faisait Clément. Nous étions pipi caca en liberté, la colonie de vacances... Après ça il y a eu Achy, et nous avons crié en chœur : « Parmentier ! » Clémentine n'arrêtait pas de glousser, dans une forme splendide ! Elle était toute rose des joues ; on lui a dit que la Picardie lui faisait un bien énorme !...

Deux minutes plus tard, au bas d'une descente, nous sommes arrivés à Marseille : « Oh peuchère ! »... Le Tiaf m'appelait Marius, il voulait qu'on s'arrête pour le « passe-tisse ». L'Arbre à Mouches, plus loin, nous a tenus en haleine. Nous avons failli nous arrêter pour voir, prendre des photos... J'ai ralenti à presque rien, mais c'était vraiment minuscule comme lieu : trois-quatre maisons banales plantées au bord de la route, dans le soleil. Il n'y avait rien à voir... L'Arbre à Mouches ! Ça faisait quelque peu tropical, hors saison dans ces terres aux labours lourds... Tandis que nous nous interrogions sur le pourquoi de cette appellation, j'ai dit comme ça qu'il fallait se souvenir qu'autrefois « mouche » désignait aussi bien l'abeille...

— Ah bon ? a fait Clément. Il faut se souvenir ?... Mais tu nous l'avais jamais dit !

Il ricanait de mes tournures ; ils se sont mis à battre des mains tous les trois sur l'air des lampions : « On veut savoir ! On veut savoir ! »... Et j'ai dit d'abord je vous emmerde, puis qu'il était une fois un arbre qui portait des essaims d'abeilles à cet endroit — un vieil arbre creux, au bord du grand chemin... Alors ils ont pris des mines que je leur en bouchais un coin ! Et, comme ils recommençaient leurs conneries, nous avons passé Airaines.

Tant qu'à faire nous avons voulu visiter Abbeville, avec son centre tout neuf, façon Nord après rasage... Toute cette région a ressurgi de ses cendres, comme l'oiseau d'Arabie ! Abbeville, comme ailleurs, possède des places carrées bâties brique dans le style des années quarante, seconde mi-temps. Un Monoprix récent, avec sa façade genre salle-des-sports-piscine, un Palais du Vêtement immense, en effet, qui occupe un bon morceau de la place centrale, et aussi un beffroi moderne, de couleur beige agréablement rayé de rouge... La haute masse de l'église éventrée, écrêtée, lamentable. On passe devant cette vieillarde qui demeure coincée entre les maisons de ciment — elle s'appuie sur des béquilles, on dirait, à cause des madriers qui l'étayent. Ses fenêtres sont crevées, ses niches vides, devant, des cages aux angelots désertées : un massacre...

Nous avons longé la rue neuve à boutiques, pleine de chalands nonchalants du samedi. Elle se terminait sur une place d'assez bel aspect, toute en verdure, plantée de massifs : place Bonaparte — c'était écrit sur la plaque. Pourquoi ?... Le Corse était-il venu traîner jusqu'ici ses exploits à l'époque de sa gloire juvénile ?...

Nous avons passé le pont sur la rivière Quoi — nous ne savions pas le nom du cours d'eau... Puis il y avait un autre pont sur un canal, juste après — à moins que ce ne soit l'inverse. Le quartier de la gare, au-delà, fait de vraies maisons Nord oubliées par les bombes, avec la gare elle-même, au fond, vachement élégante, en briques fines, rouge brique foncé. Ça devait avoir pas mal d'allure, l'Abbeville

ancien... Ce coin des cours d'eau faisait penser à Amsterdam, un peu, en poussant le bouchon — sauf les peupliers
et les herbages drus des rives. Encore que : derrière la gare
— celle d'Amsterdam, nous disions, dans le quartier aux
guinguettes où les canaux repartent aux champs...
En revenant vers la ville au pas du promeneur, en première, nous avons repéré un monument marrant, au bord
du deuxième pont ; un truc en pyramide que nous avons
déchiffré sans quitter nos places : « Monument élevé par le
Prolétariat à l'Émancipation intégrale de la Pensée humaine » — avec les majuscules... Plus bas : « En commémo-
ration du Martyre du Chevalier de La Barre, supplicié à
Abbeville le 1ᵉʳ juillet 1766, à l'âge de dix-neuf ans, pour
avoir omis de saluer une procession ». L'inscription était
datée, elle, du 7 juillet 1907. Mince alors !... Ça ne manquait pas de crânerie : ni le jeune Chevalier, ni le vieux
Prolétariat... Une plaque de bronze, avec quatre personnages en bas-relief qui en torturaient un cinquième, étendu
sur des tréteaux, commémorait le supplice. Les brodequins
aux pieds, le pauvre jeune homme semblait se tordre de
douleur... On avait tondu l'herbe, bien proprement, tout
autour du monument de pierre.

Nous sommes repartis lentement vers la place Bonaparte
— ça nous avait un peu coupé la chique, ce truc. On était en
train d'essayer de penser à l'Émancipation de la Pensée
humaine, lorsque la camionnette bleu roi de la Gendarmerie
nationale s'est mise à nous dépasser, longeant notre flanc
gauche quasiment sous mon coude... Le gendarme visible
au hublot nous a fait signe de nous garer contre les massifs
de fleurs, et ils se sont arrêtés eux-mêmes dans le mouvement, juste devant notre Mercedes blanche. Les deux képis
sont descendus avec quelque hâte, nous a-t-il semblé — la
manière dont ils ont sauté ensemble sur la chaussée trahissait même une vraie précipitation...
Certains se font cravater parce qu'ils roulent trop vite,
nous, on nous arrêtait parce que nous allions trop lentement
— au pas de procession, en vérité ! La façon qu'on rôdait,
on faisait rôdeurs... Une immatriculation parisienne, en

plus ?... Que sait-on ? Cette allure de flâneurs qui repèrent les bons endroits — qui regardent bien partout pour voir s'il n'y a rien à voler !... Au lendemain des casses importants dans les petites villes, le plus souvent les témoins disent avoir remarqué la présence d'une automobile immatriculée à Paris, ou dans les Hauts-de-Seine — et jamais dans les bas de gamme, les caisses ! Des torpédos élégantes, des coupés BMW, des Porsche — la tendance limousine allemande ! Après les coups durs on apprend que des inconnus ont sillonné les lieux de la délinquance, la veille, ou le matin même... Ah ! se lamentent les voisins du drame : si nous avions pu nous douter que ce véhicule était suspect !... On aurait évité les malheurs : il suffisait de prendre les devants !

Là, les deux gendarmes d'Abbeville avaient la mine de gens qui cherchent à prendre les devants, avec notre Mercedes et ses drôles de touristes... Deux couples, plutôt jeunes, mais déjà dangereusement mûrs côté mâles, plutôt majeurs mais pas beaucoup plus chez les dames — et puis cette allure générale d'ensemble, de cheveux, de négligé du costume...

Les deux flics ne cachaient pas une certaine crispation, voire un peu de fébrilité dans les mouvements :

— Papiers du véhicule ?...

Celui-ci surveillant mes mains : où est-ce que je vais les prendre ces précieux documents ?... L'autre, sous un air détendu très mal imité, ne quitte pas de l'œil l'intérieur de la bagnole.

— Permis de conduire s'il vous plaît ?...

Ouille ! je sens que ça va se corser sur la place Bonaparte : pas le même nom que sur la carte grise !... En effet, l'homme me dévisage. Je corresponds très vaguement à la photo du permis :

— A qui appartient le véhicule, il est à vous ?

J'explique que non, qu'on me l'a prêté.

— Qui vous l'a prêté ?

Il ne quitte pas les papiers des yeux ; il détaille l'assurance en connaisseur, pendant que je lui parle d'un ami, n'est-ce pas, à Paris... C'est facile à dire, lui pense : « prêté ou

volé ? »... Mais il est très class, moderne — pas baderne ni
guignol du tout ; il s'exprime d'une voix douce, agréablement timbrée, une diction presque distinguée. Ses doigts
sont fins sur le papier, les ongles taillés, très soignés... Il
veut savoir si je connais celui dont le nom s'étale là, sous ses
yeux, en toutes lettres :

— Quel est le nom de votre ami ?

Et c'est vraiment pas de bol, je n'arrive plus à retrouver
l'identité véritable de Sel fin !... J'ai beau me racler la cervelle, tout ce qui me vient c'est le sobriquet...

Je le lui dis :

— Attendez, on l'appelle « Sel fin », mais... Ah ! je l'ai
au bout de la langue !

Je bafouille, j'explique qu'en réalité ce type n'est que
l'ami d'un de mes meilleurs camarades, et alors... Bon, je
m'enferre. Je suis de plus en plus godiche, carrément
louche, là ! Cette fois-ci ils n'ont plus qu'à reculer le fourgon
cellulaire et embarquer tout le monde comme du bétail !...
Mes camarades présents me regardent avec des yeux de
veaux dans un silence d'étable...

Et puis :

— ...Zhelvin !... Ça y est : Zhelvin !

J'en ai presque crié de joie !... Le chef demeure impertur-
bé :

— Son prénom ?

— Franchement, monsieur... J'en sais rien.

Je suis accablé. Je vais probablement passer aux aveux
complets, ce sera plus simple... Il insiste, avec l'ombre d'un
sourire :

— C'est votre ami, et vous ne connaissez pas son prénom ?

Le shérif triomphant lit déjà les glorieuses manchettes du
lendemain : « Une bande de dangereux malfaiteurs appré-
hendée hier à Abbeville ! Un beau coup de filet de la Gendarmerie ! »...

— On peut voir les pièces d'identité de ces messieurs
dames ?

Mais certainement ! Je dis aux autres : « Vaut mieux

qu'on sorte, je crois qu'on fait louche »... Clément n'a pas
envie, son côté tête de lard. Je lui ordonne : « Fais pas le
con ! » Instantanément les deux flics se figent, raides
comme s'il allait y avoir du rififi chez les hommes ! Ils se
retiennent pour ne pas dégainer... Ce qui décide Le Tiaf à
quitter son siège, c'est que Clémentine n'a pas la moindre
pièce d'identité sur elle — pas même sa carte d'étudiante !
On ne sait pas du tout qui elle est cette nana... Une prosti-
tuée clandestine — droguée jusqu'au trognon, sans aucun
doute ! Et du coup voilà son mac qui commence à baliser,
grognon :

— On a fait de mal à personne !

Le gendarme lui prend son passeport d'un geste sec, il
confisque la Carte d'Identité de Carolina — la mienne en
prime... Quand nous avons tous été dehors, le plus jeune
des flics qui avait un air de fouine s'est penché à l'intérieur,
côté passager ; il a ouvert la boîte à gants d'un geste précis...
Clairement, il cherchait nos armes ! Un calibre dans la boîte
à gants, comme dans les films ? Ou peut-être aussi dans la
réalité... Puis le chef est parti vers l'Estafette bleue, sa
poignée de documents à la main. Clémentine ? Eh bien, il
verra plus tard... Quand nous serons sous les verrous !
D'abord il va vérifier tous ces papelards, énumérer les indications sur sa radio de bord.

L'autre reste avec nous, il demande :

— Pourquoi avez-vous stationné sur le pont ?

Ça les avait diablement intrigués, n'est-ce pas... J'ai expliqué que c'était à cause du Chevalier de La Barre, dont nous
étions en quelque sorte les disciples, puisque nous ne sa-
luions jamais les processions, nous non plus... Mais il a
parlé du Code de la Route qui interdit de s'arrêter sur les
ponts ; et j'ai argué qu'à mon sens, autant que je pusse en
juger, nous avions déjà passé le pont proprement dit. Nous
étions dans l'après-pont, pas dessus... Il allait me rétorquer
quelque chose, peut-être une nouvelle définition des Ponts-
et-Chaussées concernant les ouvrages d'art, lorsque deux
motards de la police sont arrivés à toute pompe ! Ils sont
descendus de leurs machines comme des cow-boys, et l'un

d'eux a crié à son jeune collègue : « Quelque chose ne va
pas ? »... J'ai compris que le chef, dans l'Estafette, avait
commencé par appeler du renfort, à tout hasard ! Toute
affaire cessante, au cas où... C'était sympathique. Il nous
avait donc pris au sérieux. Nous nous trouvions cernés, du
coup — et le second motard avait carrément dégrafé son
étui à feu ! Il s'avançait, la main posée sur la crosse, pourquoi se gêner ?... La demoiselle, donc, n'était en possession
d'aucun document pouvant justifier son identité ?... Bizarre,
mon cher cousin, bizarre !... Et les autres non plus ? Ah on
était en train de vérifier ! Très bien ! Belle voiture !...
    Nous nous sentions loustics importants ! J'avais beau
m'être débarrassé la tête de Ronald Biggs, j'éprouvais un
pincement de fierté. — Est-ce qu'ils pouvaient jeter un coup
d'œil dans le coffre ?... Bien entendu ! Empressement...
Bourré de drogue et de pinces-monseigneur, le coffre !...
Évidemment, j'essaie d'ouvrir, je me trompe de clef — ça
faisait encore bien dégourdi pour nos nouveaux amis motards qui ne savaient pas, eux, qu'on m'avait prêté la tire !...
Ah ! enfin !... Je soulève — et je les vois qui se penchent
d'un coup sec... Et je me rends compte à mon tour : là, au
beau milieu, c'est la boîte à luth qui fait son effet ! Toute
seule contre le petit sac de Carolina.
    — Qu'est-ce que c'est que ça ?...
    — C'est un luth, messieurs... Mademoiselle est musi-
cienne, elle joue du luth. Alors nous transportons son
luth...
    Il fallait voir leur crispation... Clément s'est approché
aussi, disant qu'elle y tenait énormément. Il a ajouté :
    — C'est son luth pour la vie !...
    — On peut voir ?...
    Clémentine s'est courbée pour ouvrir la boîte, mais elle
était vachement émue, elle s'accrochait les ongles, elle n'y
arrivait plus... Ça faisait un peu déminage, luth à retardement — elle a ouvert : et c'était vrai !... On n'aurait sans
doute pas su lui mettre un nom, de prime abord, mais il
s'agissait sans contestation possible d'un instrument de musique, pas d'une mitraillette d'importation soviétique.

Ça a créé tout de suite un soulagement chez les trois policiers. Ils ont tout de même tâté le sac de voyage, en passant, pour s'assurer qu'il ne contenait pas de grenades... Puis nous nous sommes mis à bavarder dans un nouveau climat de confiance mutuelle. Nous avons raconté que nous allions à Berck-Plage, voir un malade, un ami bien esquinté qui était en cure à l'hôpital. Que nous visitions simplement Abbeville, parce qu'on n'était jamais venus, et que ce monument nous avait séduits. On se détendait tout à fait, d'autant que le chef revenait de sa bagnole d'un pas tranquille, nos papiers à la main. Rien d'anormal... Sauf pour mademoiselle, évidemment, qui ne pouvait justifier de rien. — Alors l'un des motards qui portait beau sous son cuir noir, a dit à Clémentine :

— Vous nous dites que vous êtes musicienne, qu'est-ce qui nous le prouve ?...

On le voyait venir : farceur !...

— Soyez gentille, jouez-nous un petit air, ce sera la preuve !

Clémentine n'était pas d'accord : ça demandait de la concentration, le luth — là, tout de même, en plein air ?... Et je lui ai dit que c'était bien, que ça serait drôle ! Si elle pinçait un tout petit peu, une gamme, n'importe quoi... Ça faisait encore plus road movie si elle jouait du luth pour ces messieurs. Alors elle s'est placée sur le siège arrière, au bord ; elle a joué un menuet... Un genre menuet, pavanant, très beau. On sentait qu'elle était virtuose et sûre d'elle, et c'était très pur auprès des fleurs du grand massif, cette musique d'anciennes cours... Et la police souriait, épatée. Le respect leur montait au visage à tous les quatre — à nous aussi, car sans rien connaître, on voyait que ce devait être techniquement ardu, et qu'elle était du niveau qui impose le silence, notre amie, et vraiment pro !...
Nous avons discuté un bout de plus, puis nous pouvions repartir ensemble, les uniformes et nous, si chacun n'avait eu ses devoirs. Sauf que dans l'autre bande ils n'avaient pas de nanas, ça aurait créé des rivalités assez vite... Surtout que les filles auraient voulu monter sur les motos !... On

s'est quittés comme en 14 — sur la Somme, de surcroît ! Le nom, précisément, de la rivière au pont, là derrière... La Somme ! c'est eux qui nous l'ont dit. Ils nous ont indiqué la voie pour retrouver la Nationale vers Boulogne, comment tourner par-ci, par-là, les feux... Un moment j'ai cru que les deux motards allaient nous ouvrir la route — ça en prenait le chemin, galants hommes comme ils étaient !... J'aurais aimé ça les voir en ville devant la Mercedes, en toute simplicité. Et puis non, ils nous ont laissés partir tout seuls... C'était triste.

A la sortie d'Abbeville il y avait une montée. Dans la montée il y avait une usine à betteraves — et ça c'était joli ! J'ai pris la main de Carolina sur le siège, et nous avons traversé Le Titre. C'est une chose qu'il faut faire un jour dans sa vie : traverser Le Titre !... Après avoir tourné à gauche en direction du Touquet, nous approchions enfin de Berck et de sa plage. Le paysage devenait non seulement ultra-plat, mais humide. Des fermes, des haies, des labours infiniment plats, des hangars à foin... Des sortes de digues, des canaux de drainage, des endroits où l'on sent que les flots ont passé... Des lacotins, comment dire ? des grandes mares... On dirait que la terre garde ces flaques d'eau en regret de la mer.

Quand nous avons vu Berck il avait fini par se faire tard ; le soleil déclinait au-dessus de la mer. Nous sommes allés vers la plage — elle était immense, du moins ce qu'on en voyait... Elle s'étalait à droite, à gauche, à perte de vue. Nous avons laissé la voiture sur l'esplanade pour marcher sur le sable, et Le Tiaf a fait des photos, au soleil rasant, en contre-jour et autrement. Nous nous sommes déchaussés ; un sable fin chatouillait la plante de nos pieds tendres. Et la mer était basse et loin... Mais remarquablement loin, comme si elle n'avait pas été là — on la distinguait aux cinq cents diables, là-bas ! On n'en finissait pas d'apercevoir sa ligne miroitante sous les feux du couchant, au bout d'une plage humide qui aidait à comprendre la formation des continents par le débordement d'eux-mêmes... Et il y a eu

cette discussion idiote parce que ma fiancée a appelé ça une
« plage de débarquement », comme s'il s'agissait d'une catégorie géologique de plage ; et nous avons dit non, avec
Clément, qui s'est montré peut-être un peu narquois — que
les plages du Débarquement n'étaient pas du tout ici ! Les
vraies se trouvaient quelque part en Normandie. Carolina
arguait qu'elle avait vu une émission à la télévision — et
nous nous sommes entêtés bêtement à lui parler de la guerre
pour redresser l'erreur... A la fin elle était mécontente ; elle
a dit qu'on savait toujours tout ! Qu'on était chiants avec nos
certitudes de mecs !... Et Clémentine n'avait aucun avis du
nom des plages.

Je me suis senti vieux comme la guerre...

Nous avons couru alors, vers la flotte lointaine, pour nous
tremper les pieds et faire quelque chose d'amusant. De
là-bas, en se retournant, on distinguait parfaitement l'aspect
de la ville : un mur de béton tout du long... Une sorte de
rempart, ajouré de fenêtres, avec au bord, à droite, des
bâtiments de brique rouge : l'hôpital maritime. Sur la
gauche, dans le loin, une série également très hospitalière,
dont le Centre hélio-marin qui constituait un peu le but de
notre voyage... C'était là qu'était Henri, a expliqué Carolina. Et puis elle n'a plus rien dit, sauf que l'heure des visites
était passée... Demain, nous irions dès l'ouverture.

La longue plage était balayée par un vent du soir léger qui
soulevait nos chemises. Nous nous sommes mis de la mer
sur les jambes, et aussi plein la figure pour effacer ce qui
aurait pu être la poussière de la route. A force de s'asperger
en se poursuivant, nous dégoulinions dans nos jeans...
Quelqu'un a proposé de camper ici, et de faire un feu pour
rôtir quelques crabes.

L'hôtel des Flots Bleus, nous l'avons trouvé par hasard —
en soulevant une frite, derrière le front de mer. Il était le
plus près de l'eau, car à Berck le rempart loge uniquement
les familles, en paquets pendant la saison. Aucun hôtel « de
la Manche » là-bas, nul Palace de Paris ou de Trifouillis, ou
de la Reine Chose ! Pas question de restaurant étoilé à baies
immenses et en surplomb sur la promenade où les gens aisés

dégustent du homard en contemplant les embruns ! Rien. Le mur : uni, égal, un alignement de ciment peint, aux fenêtres carrées, semblables, et closes hors saison... Il existe juste des boutiques alignées au ras du pavé, avec quelques cafés aux grands néons de Jupiler. Tous les cafés, d'ailleurs, à Berck, s'appelaient JUPILER, en noir sur blanc souligné de rouge. On aurait cru la ville entièrement dédiée à un dieu mineur, un frère de l'autre qui sent la cigale et le romarin... Clément faisait la remarque, qu'ils sortaient de la cuisse de Jupiler, ici, les gens !...

Donc, dans cette villégiature pour prolétaires, les hôtels sont discrets d'apparence, nichés dans les rues étroites du centre-ville — au mieux, ils ont pignon sur carrefour... L'hôtel des Flots Bleus était plus ou moins situé derrière le mur, dans la rue du Calvaire. Nous avions croisé une maison d'angle, à deux pas, d'aspect austère comme un couvent, qui portait au fronton : « Les P'tits Quinquins, Colonie de vacances de la Police ». Puis nous sommes tombés sur ce gîte simple et coquet, qui, selon le panneau d'affichage, était à peu près dans nos prix. Il possédait un restaurant aussi, en renfoncement, au bout d'un jardinet d'assez bon augure... La patronne, en effet, était souriante, âgée sans le paraître — accorte, on pourrait dire, et même emplie de bonnes intentions vis-à-vis de la clientèle. Du reste, elle se présentait avec fierté comme originaire de Paris !... Mais, aussi dévouée qu'elle fût, il ne lui restait qu'une seule chambre — une grande chambre par exemple, avec deux grands lits pour deux personnes ! Et même un autre lit supplémentaire à une place... C'est qu'elle logeait des familles, n'est-ce pas, ordinairement. Des ménages du Nord-Pas-de-Calais, avec de nombreux enfants, qui avaient besoin de place... La seule chambre qui demeurait inoccupée en cette fin de semaine !... Bien sûr, elle était dotée d'un cabinet de toilette attenant, avec douche — et si nous voulions la voir, elle nous la laisserait pour le prix d'une chambre ordinaire à deux personnes, bien que nous fussions quatre, puisque nous étions jeunes et venions de Paris !... Puisque nous avions l'intention de souper aussi. Dame, à cette heure-ci, dans la ville, il était peu probable que nous trouvions deux chambres distinctes dans le même hôtel, car nous étions en juin et les congés commençaient d'arriver d'Arras, de Tourcoing, de Béthune, et même de Belgique, un peu!... Surtout qu'il avait fait un temps splendide ces jours-ci, et la météo annonçait encore du beau temps, un dimanche très ensoleillé. Est-ce qu'à Paris il faisait beau, au moins?... Enfin si nous voulions jeter un coup d'œil à la chambre, la clef était pendue là, au tableau!...

Les filles sont allées voir. Carolina a dit que bon, si ça ne gênait personne, elle ne voyait aucun inconvénient — Clémentine disait pareil, elle était de sortie de toutes manières et se pliait aux humeurs de la communauté... Et puis, pourquoi ne pas le dire : financièrement c'était un coup en or!... Alors nous avons passé à table, bien qu'il n'était pas encore huit heures — car plus on dîne haut, dans notre hémisphère, plus on dîne tôt!

Dans la piaule, Clémentine a commencé par nous jouer du luth... Un concert improvisé pour nous tout seuls, c'était beau. Et nous étions légèrement éméchés par le vin de Touraine. Elle jouait pour éviter la gêne qui nous avait pris en entrant, de ne pas savoir ce que nous allions faire, et si on se couchait ou quoi, immédiatement... En fait, la patronne nous avait filé son dortoir : trois lits de bonne taille, rangés parallèles dans une sorte de vaste hall haut de plafond. Le genre que tous les enfants d'une grande famille pouvaient dormir ici en frères et sœurs — les plus grands, les plus raisonnables, dictant la loi pour les petits... Pour commencer nous ne savions même pas comment nous allions nous mettre, dans quel ordre, et qui avec qui?... Tout à coup c'était évident sans l'être! Car les deux filles pouvaient décider de dormir ensemble, et les deux mecs dans l'autre lit, ou même séparément — nous avions le choix. Des pieux qui grinçaient abominablement, j'ai remarqué, dès l'instant qu'on y posait une fesse... Ça devait rudement amuser les mômes quand ils sautaient dessus à pieds joints. Hormis l'impromptu des gendarmes, c'était la première

fois que j'entendais jouer Clémentine ; elle possédait une
véritable aisance. J'avais la vague impression qu'en jouant
elle se rassurait — sa vie entière jusqu'à présent avait passé
sur ces cordes, jour après jour, son luth était comme un
talisman... En même temps cet instrument de jadis nous
donnait un côté *Visiteurs du soir* dans cette chambre haute ;
Carolina était assise sur le bord du lit, elle regardait les
mains de Clémentine... Je ne savais pas quoi faire, j'ai dit :
« Viendras-tu, ô ma bien-aimée, partager ma couche ? »...
en déconnant très fort pour faire naturel. Et puis personne
n'avait sommeil ; nous avons décidé de revoir la plage, du
genre : « Allons jouir du vent dans nos chevelures
m'amie ! »... Les damoiselles aussi avaient envie, nous
sommes ressortis en éteignant les torches.

Nous avons retrouvé le sable fin au bout de l'esplanade
qui demeurait illuminée la nuit pour deux ou trois pauvres
chiens errants, et quelques solitaires attardés qui balançaient
leurs laisses en sifflotant.

La mer était revenue. Pas encore complètement haute,
mais nettement sur le retour, avec patience... Nous avons
marché le long. Clément et Clémentine se sont éloignés
devant, main dans la main ; puis nous avons trouvé un rade
qui était encore ouvert dans l'alignement des boutiques. On
l'entendait depuis la plage : son juke-box hurlait à fond des
chansons de Brel. Sa voix nous arrivait de très loin par-
dessus le clapotis de la mer montante, le Plat Pays qui était
le sien... Et ça faisait étrange parce que nous distinguions en
effet devant nous le bord des dunes qui arrêtaient les
vagues.

Nous sommes remontés, attirés par ce son tenace, et
après par la lumière incroyablement crue de ce bistrot,
toutes glaces ouvertes, où des jeunes gens silencieux demeuraient courbés contre le bar de Formica dur. Ils restaient
ainsi, sans bouger, baignés de Brel, avec infiniment de
bières à venir...

Après le *Plat Pays*, il y a eu *Jef*, et ensuite « *J'veux qu'on
rie, j'veux qu'on danse* ». Carolina m'a montré une cabine
téléphonique dehors sur le pavé, tout près ; elle m'a dit, en

se glissant contre moi, que c'était de là qu'elle m'appelait, cet hiver, souvent... A l'époque où je croyais dur comme fer qu'elle était une espionne. Elle s'était mouillée plusieurs fois pour arriver ici, saisie jusqu'à la peau par les embruns de la nuit... Tout cela était devenu si simple, si vrai ! Un peu désenchanté aussi, comme un soufflet qui retombe.

J'ai posé un baiser sur son poignet et gardé sa main. Les garçons immobiles, gonflés d'ennui et de violence devant le vide du soir, ne regardaient rien ; nous avons aperçu Clément et Clémentine comme deux points qui couraient au loin... Ils se rapprochaient, s'écartaient, puis se collaient l'un contre l'autre dans les moments où ils s'embrassaient sans bouger. Et à ce moment la chanson hurlée à plein volume s'en allait vider sa plainte dans les vagues : « Ne me quitte pas ! Ne me quitte pas »... Et nos amis se sont rapprochés, enlacés, jusqu'à voir la peau de leurs visages roses.

A dix heures, le matin, le haut des dunes était balayé par un souffle d'air. Les herbes dures qui poussent en touffes sur le sable s'agitaient le long de la voiture au bord de la petite route déserte, derrière, qui mène aux hôpitaux. L'allure gentiment sportive, forcément estivale, du paysage côtier donnait à la série des bâtiments hospitaliers construits sur ces dunes l'aspect d'aimables villégiatures. Je me demandais si les gens qui souffrent ont la vue pareillement colorée lorsqu'ils se penchent aux fenêtres, ou si au contraire, la mer et le sable ne deviennent pas pour eux des visions de cauchemar ?... Pour ceux qui se remettent de leurs dislocations, c'est-à-dire, et qui redeviennent touristes un jour !

Le Centre hélio-marin était le dernier groupe de bâtiments dans les dunes. Nous avons garé la Mercedes sur le parking, côté visiteurs, tout contre le grillage en fil de fer qui séparait l'asphalte du sable en liberté ; puis nous sommes allés pousser les portes vitrées d'un bâtiment neuf, sur la gauche... Carolina nous pilotait ; elle avait le front plissé, la mine tendue. Elle s'est renseignée au bureau d'accueil, à droite du hall, pendant que nous humions l'odeur médicale des linoléums mêlée à des relents de peinture fraîche — dans un hôpital chacun ressent une impression liée à son passé intime, personnel, parfois à des douleurs d'enfant. Clémentine regardait partout avec une curiosité qui paraissait neuve, écoutant les échos du lieu et dosant l'acoustique. J'imaginais ce que pouvait ressentir Clément ; il promenait son regard avec une gravité vaguement apeurée — sans doute chaque fois qu'il se trouvait dans un endroit pareil il s'attendait à voir surgir sa mère au détour d'un couloir, le balai à la main, avec un seau. Il matait les blouses des infirmières... Il a fixé ses yeux vers la cage d'escalier où luisait un vitrail.

Carolina nous est revenue avec une raide assurance :

— C'est par ici !...

Nous avons pris l'ascenseur à gauche de l'escalier. Depuis que nous avions posé les pieds sur le parking ma fiancée s'était réfugiée en elle-même, elle ne communiquait plus de la même façon — déjà dans la bagnole, je l'avais sentie s'éloigner à mesure que nous nous rapprochions. A présent elle sympathisait avec l'ennemi : elle avait discuté d'une manière active avec la fille du bureau d'accueil qui avait l'air de la connaître... En haut, un couloir — un autre encore... Nous tournions les coins dans un silence respectueux, et là, dans ces dédales, nous avons croisé nos premiers blessés. Des gens tassés sur des fauteuils, bousillés, jamais entiers, victimes d'un fabuleux casse-pipe. Avec des outils bizarres qui leur retenaient les membres ou la tête... Il y avait des jambes plâtrées, des cous engoncés dans des minerves, et partout des forêts de béquilles... On jetait des regards par les portes ouvertes ; on entrevoyait des fameux alignements de jambes en l'air !...

— C'est là...

Elle est entrée sans avertir, poussant une porte en verre dépoli — mais au fond nous étions avertis depuis la veille... Tout de même, on est entrés dans la pièce et il y avait un type sur le lit... Lorsque j'avais pensé à lui, je le revoyais avec son bonnet, enveloppé de lainages rouge et vert, et je l'imaginais maigre dessous, sans chair autour des os puisqu'il était cassé. En fait, il était rondouillard mou dans son pyjama, et même bouffi du visage... Il portait des cheveux bouclés, très longs, avec le front dégagé, luisant, qui commençait à devenir chauve.

Il n'a pas bougé. Il n'avait pas l'air de pouvoir — il a juste tourné la tête vers nous et Carolina l'a embrassé en disant : « Bonjour Riton ! » Elle avait amené des copains !... Elle s'est assise au bord du lit, elle lui a demandé : « Ça va ? »... Elle se forçait un peu à paraître normale et détendue, elle a répété :

— Ça va bien ? C'est la forme ?...

Ça faisait cruel de poser une question pareille à ce gros tas, comme une blague atroce, je trouvais... Pourtant elle parlait sans crier, ni même élever la voix, et j'en ai conclu qu'il avait conservé toutes ses oreilles — et donc, en dedans la cervelle aussi, plus ou moins intacte, avec des pensées. Ce devait être gai !...

On faisait assez cons, nous trois, à vrai dire, dans une sorte de garde-à-vous surpris, à lui détailler la viande. Je nous ai présentés : lui, c'était Clément, et elle Clémentine, et moi, moi... Carolina a dit : « Lui, tu l'as déjà vu, c'est Ferdinand »... Il a proféré une sorte de phrase, avec une grande application de la mâchoire ; il disait un truc comme : « Vieux ougnant noir ! »... Carolina a dit tout de suite :

— Il est content de vous voir !

Alors on a fait : « Nous aussi ! » par pur instinct de protection, ou quelque chose. Mais nous avions l'air encore plus tartes, du coup, plantés là dans cette chambrette médicalisée — et c'est pas facile de savoir se comporter. Riton a ajouté, toujours en mâchant curieusement ses syllabes : « Vieux gnière à la nain, beurrier ! » — et Carolina a encore traduit très vite : « Il vous serre pas la main mais le cœur y est »...

Et l'autre a soulevé sa main gauche jusqu'au coude pour montrer, lentement, en excuse, qu'il avait un pansement pas un poil serrable... Par contre, il nous dévorait des yeux. Des yeux bleus, vifs, intenses... Intacts! Carolina a expliqué qu'on allait faire un tour tous ensemble, avec Riton, sur la plage. Mais d'abord elle devait voir l'infirmière en chef...

Une infirmière, qui devait être en second, est entrée juste à ce moment ; elle a lancé joyeusement que Riton avait une très bonne mine ce matin! C'était à cause des visiteurs, hein?... Et Carolina a répété qu'il était de sortie en ville, et la fille a dit comme ça : Ben mon vieux, qu'il en avait de la veine d'aller sur la plage avec ce beau soleil! — Et ça me donnait mal au cœur maintenant d'entendre des conneries pareilles, assenées à ce pauvre type qui manquait aussi cruellement de pot — qui manquait de tout! Même la tendresse humaine, dans son état de légume, il n'en goûtait pas lerche...

Le Tiaf avait un sourire forcé ; et comme il ne savait pas négocier ce genre de sourire, il faisait carrément une grimace désolante — on aurait dit qu'il avait une forte rage de dents!... Clémentine ne souriait pas. Elle ne disait rien, ne faisait rien ; elle avait l'air vachement malheureuse... L'infirmière parlait d'hypertension avec ma fiancée. Elle lui montrait les pieds de Riton qu'elle avait découverts, et les veines sur ses chevilles, disant qu'il faisait un peu d'insuffisance rénale — c'est ce que pensaient les docteurs.

Une odeur de chair rance bien lavée flottait dans la pièce, à cause des détergents, des remèdes, des pisses.

— Tu as toujours des mouches? a demandé Carolina d'un ton parfaitement naturel.

Il a fait signe que non, plus de mouches! Puis il a grogné quelque chose que nous ne comprîmes pas, et Carolina a fait : « Oui, oui, je sais! »...

Je crois bien que c'est à cause de la binette que faisait Clément — il portait un vrai « masque tragique »! — un passage du *Manuel* m'a sauté dans la tête, et les mots clignotaient : « Souviens-toi que tu es un acteur jouant le rôle que l'auteur a bien voulu te donner : court, s'il l'a voulu

court, long, s'il l'a voulu long. S'il t'a donné un rôle de
mendiant, joue-le aussi avec naturel ; pour un rôle de boiteux, de magistrat, de simple particulier, fais de même.
C'est ton affaire en effet de bien jouer le personnage qui
t'est confié ; mais le choisir est celle d'un autre »...
Finalement nous avons attendu en bas, dans le hall, pendant que l'on préparait Riton à la promenade. Ma fiancée était
allée voir l'infirmière-chef pour discuter du dossier... Des
familles qui venaient en visite traversaient le hall en habituées,
les enfants sagement attachés aux mains. Un malade en voie
de guérison sautillait sur ses béquilles dans le couloir en
compagnie des siens et des siennes, en pyjama rayé.

Ils sont descendus au bout d'un grand quart d'heure,
l'une poussant l'autre dans un fauteuil-lit-cage à quatre
roues ; un matériel très équipé de manettes, assez incliné
dans une position confortable pour le patient, qui pouvait
observer autour de lui sans être vraiment assis. Une autre
infirmière les avait accompagnés jusqu'à la sortie de l'ascenseur — quelqu'un qui connaissait bien Carolina et papotait
sur ses mômes. Elle a souhaité bonne promenade... A le
revoir habillé d'un survêtement vert pomme, mais sans bonnet, Riton faisait nettement plus gai ! Les chairs pâles et
flasques de ses joues se trouvaient joliment rehaussées par
cet habit barré sur la poitrine d'une inscription narquoise,
en jaune : « Je suis une grenouille sauteuse »... Nos yeux se
sont croisés ; dans les siens, qui luisaient de fièvre ou
d'autre chose, j'ai cru voir du défi.

Pour accéder à la plage il fallait contourner le bâtiment
central. Par là, on pouvait gagner la ville en passant devant
l'Institut Calot. Vieille bâtisse très imposante vue de la mer,
avec un clocheton d'inspiration pagode, à deux toits super-
posés, et des balcons qui couraient en façade — le genre
Grand Hôtel de Cabourg... Nous avons rejoint l'esplanade
devant le rempart. La mer n'était pas basse lointaine comme
la veille, mais pas haute non plus. Elle descendait, découvrant la partie dure du sable humide... Il fallait pousser la
charrette assez fort, car les roues traçaient des sillons qui se
remplissaient d'eau ; nous avons aidé Clément, lequel s'était

proposé, toujours serviable, pour véhiculer notre ami. Une
fois sur le pavé, ils sont allés d'un bon pas, devant...
Carolina me racontait le rapport médical : ce n'était pas
brillant. Apparemment, Riton souffrait d'une insuffisance
rénale assez grave. Il avait 1 gramme 50 d'urée dans le
sang ! disait-elle, avec une modification du « taux de créati-
nine »... Elle tenait à répéter les vrais mots exacts, comme
pour circonscrire le destin. En tous les cas, le professeur
urologue avait été formel : c'était ce qui lui avait causé ses
maux de tête, ainsi que le gonflement des chevilles, la
tension artérielle, tous ces troubles pendant l'hiver. Avec les
mouches noires en prime qui lui venaient devant les
yeux !...
    On lui donnait des diurétiques à hautes doses ; ses che-
villes avaient presque entièrement dégonflé. Mais ils ne
savaient pas, les médecins, pourquoi ses reins ne fonction-
naient pas bien ! Peut-être était-ce une séquelle des infections urinaires répétées qu'il avait eues au début, dans les
premiers temps de son rafistolage où il portait une sonde en
permanence — peut-être cela n'avait-il aucun rapport...
Avec le traitement, ça devrait s'arranger, disait Carolina,
mais les examens supplémentaires, la surveillance, les essais
et les erreurs, allaient obliger Riton à demeurer au Centre
hélio-marin plus longtemps que prévu ! Et ça, il ne supportait plus !... Les séjours en hôpital le déprimaient énormément — « Plutôt crever tout de suite ! » disait-il.
    Il y avait encore assez peu de monde sur l'esplanade, mais
plusieurs fauteuils roulants, dont certains avec des enfants
qui promenaient autour d'eux des yeux cernés, meurtris. A
l'hôtel, la patronne nous avait dit que cela se faisait de
moins en moins de sortir les malades. Autrefois Berck était
réputé pour ça : elle se souvenait, du temps qu'elle était
arrivée, c'était une procession continuelle tous les jours, le
long du front de mer. Mais avec l'augmentation des charges,
des prix de revient hospitaliers, les établissements n'avaient
plus assez de personnel pour aérer leur clientèle !... Les
malades restaient à l'intérieur, comme partout. Sauf encore
un peu le dimanche, parce que les familles venaient exprès

pour ça, parfois de très loin... Derrière nous, deux grands invalides, un homme et une femme allongés, avançaient de front, poussés à l'horizontale dans des lits ambulants... Lorsqu'ils sont passés à notre hauteur, côte à côte, nous avons vu qu'ils se tenaient par la main.

Quelques touristes en chemisettes, en chapeaux blancs, rôdaient en couples devant la mer. Et des chiens — beaucoup de chiens ! Et puis des mouettes ; elles venaient se poser sur le parapet, elles tournoyaient au-dessus de la plage en criant... J'ai pensé que les mouettes, ici, ressemblaient à des corbeaux sur un champ de bataille. Des corbeaux blancs !... Des corbeaux de la Croix-Rouge, en somme ! — Je gardais mes réflexions pour moi ; ça faisait trop douleur partout, et que la vie n'est rien du tout, que fragile... D'ailleurs Riton se régalait, lui, à voir les mouettes. Il jouait son rôle de bonne grâce — il remuait même son bras valide, le montait au-dessus de sa tête. C'était impressionnant cette agitation locale qui lui tenait lieu de gymnastique pour tout le corps.

Il a crié quelque chose, et Carolina s'est approchée pour savoir. Je me suis rendu compte — et je n'y avais pas pensé — elle ne s'appelait que « Viviane » de ce côté-ci du monde ! Il disait « Viva ! », c'était normal et étrange. Nous étions parvenus au niveau de la cabine téléphonique que je voyais maintenant de jour, bien isolée à côté du Jupiler au Plat Pays de la veille. Le café était grand ouvert, avec quelques tables qui débordaient sur l'esplanade — mais le juke-box était silencieux. Nous avons obliqué à gauche pour nous rapprocher de cette terrasse en plein air : c'est ce que souhaitait Riton, une halte au bistrot. « Une petite mousse ? »... a dit « Viva ». Ça avait ranimé son œil bleu, la perspective, comme à Nanterre ! Sauf que maintenant nous ne savions pas si c'était bien pour ses reins, ou non ?... Elle avait oublié de demander. Nous avons tous dit que la bière... Bah ! ça fait pisser de toute manière !

Deux mouettes se disputaient un morceau de croissant qu'un môme avait jeté sur le dallage ; elles ont avalé chacune leur bout, puis elles sont parties ailleurs, planer avec leur groupe. De près, elles ne ressemblaient pas du tout à des

corbeaux, mais bien à des oies de petite taille... Riton a bu
une gorgée de bière, à même la bouteille qu'il tenait négligemment dans sa bonne main. Il a fait, pour Clément et
moi — et déjà nous commencions à décoder ses propos sans
trop d'erreur :

— Alors ? Vous vous emmer'ez 'as trop dans c' coin hour-
ri ?

Nous avons dit que, ben, non — on n'avait pas eu le
temps de s'emmerder depuis la veille ! Mais sans doute
qu'au bout d'un moment, nous en aurions plein le cul de
cette jolie ville !... Avec une certaine habitude d'oreille, il
parlait assez distinctement — du coup, il nous paraissait
moins étrange. Nous avons fait la conversation, et sachant
combien il lui était pénible d'être ici, nous évitions de jouer
les villégiateurs émérites. En fait, il était extrêmement vigi-
lant, Riton, attentif à nous sous sa nonchalance, malgré son
accueil distant de tout à l'heure... Carolina lui avait parlé de
moi — de nous. Elle lui avait promis notre arrivée ; il nous
sondait, sur un fond très légèrement hargneux tout de
même, de timidité ou de jalousie... Il était au courant de
plein de choses, car il suivait de près l'actualité à la télévision. Nous avons rapidement compris qu'il était au fait
des courants, des tendances — et très vite aussi je me suis
senti un peu nul.

Toujours, en présence de ce sentiment « adulte » de
l'existence que donnent ceux qui savent, qui peuvent dire le
qui et le quoi de ce monde où nous vivons, et le nom des
pays, des chefs d'État, j'éprouvais mon indignité. A
l'époque j'avais constamment cette sensation en moi, que je
saurais plus tard... Je saurais un jour, lorsque le moment
serait venu de grandir dans ma vie, comme on grimpe à un
arbre... Je verrais alors tout ça d'en haut ! — Clément, sur
ce plan-là, était infiniment mieux ferré, forcément. Il représentait la tendance éclairée — sinon volontiers rado-
teuse ! Au bout d'un moment c'est lui qui a tenu le crachoir.
Ils se sont embarqués ensemble dans des tas de considérations sur les événements du jour... C'était bien ; je regardais
la mer. Les filles nous avaient laissés un moment ; elles

s'étaient dirigées vers la ville de l'intérieur, vers une course qu'elles avaient à faire.

Plus tard, nous sommes allés déjeuner, parce que le temps s'était couvert. Nous avons trouvé un troquet de la ville qui faisait brasserie... A Berck, les petites voitures sont chose commune, mais nous avons bien rigolé pour faire entrer la charrette chromée de Riton ! Lui, dessus, commandait la manœuvre à la manière d'un conducteur de char d'assaut... Il faisait le pitre. En mangeant il nous a raconté des histoires belges — il s'était fait apporter un bol qu'on avait fixé à son engin par un système de pinces particulières, afin qu'il puisse manger seul, d'une seule main. Ça lui donnait l'occasion de placer une ou deux blagues atroces sur les handicapés... Avec son articulation, tout de même défectueuse, c'était d'un grinçant insupportable ; il en était parfaitement conscient, ses yeux lançaient des flammes de malice ! Il a raconté, à l'intention spéciale de la jeune fille qui nous servait, l'histoire de cette serveuse infirme, aux jambes arquées, qui boitait péniblement ; un client distrait, qui lisait la carte, l'appelle et demande très fort : « Vous avez des cuisses de grenouilles ? »... Et la serveuse répond : « Non, mon pauvre monsieur, c'est des rhumatismes ! »...

Clémentine, peu habituée à l'humour noir, le regardait avec une sorte d'étonnement phénoménal — elle essayait de sourire comme tout le monde, mais elle n'y arrivait pas vraiment ; Riton se plaisait à voir ses yeux tout ronds, écarquillés, incrédules... Pour ne pas être en reste, et se mettre en quelque sorte à la hauteur, Clément en plaçait aussi, des vertes et des pas mûres, raclant des fonds d'histoires qu'il trouvait je ne sais où. A un moment il lui a sorti que, tout ratiboisé comme il était avec son appareillage compliqué, il lui faisait penser à une compression de César ! Riton connaissait ; il avait rigolé, de son rire bruyant et instable dans les aigus — un rire à dérapages qu'il contrôlait on ne peut plus mal, avec des soudaines cassures de la glotte. C'était dur à entendre, et gênant pour tout le monde, sauf pour lui ! Un peu comme si nous avions fait rire un grand singe... En tout cas, il avait vu à la télé ce bonhomme de Nice qui pilonnait les automobiles ; il s'est déclaré très fier d'être comparé à une œuvre d'art ! « Un César apha-sique ! »... Il a lancé ça triomphant, avec la voix frisson-nante de celui qui vient d'avaler un verre de vinaigre...

Carolina était visiblement rodée à ces numéros d'euphorie ; elle le relançait même, de temps en temps... Ma fiancée évitait de s'asseoir directement à côté de moi ; elle s'était placée de l'autre bord de Clémentine, par discrétion. Oh bien sûr, nous n'allions pas nous rouler des pelles en présence de Riton — mais il y avait tout ça entre nous, par instants, dans le bleu de son regard, que je lui avais pris sa meuf... A la façon dont il posait les yeux sur moi, il ne m'en voulait pas : c'était la vie, simplement, qui était faite de la sorte.

Peu à peu, d'autres tablées s'étaient mises à se marrer à leur tour. Comme nous élargissions le cercle de notre pu-blic, les patrons étaient venus nous saluer, et souhaiter la bienvenue à notre infirme réjouissant. Ils lui ont dit qu'il « faisait plaisir à voir ! » et du coup Riton a tenu à leur chanter quelque chose. Il avait sorti un harmonica de sous son survêtement : l'instrument des manchots par excellence, disait-il ! Il jouait pour se donner le ton, puis il chantait... Curieusement, il avait conservé la voix juste, mais avec des sautes, des glissades impayables, comme pour le rire... Il semblait pouvoir passer à volonté d'une phrase juste à une phrase abominablement fausse ; puis il se rattrapait, ce qui, là aussi, produisait un effet cocasse. Il nous a exécuté comme ça sa propre version de la *Marseillaise* — la salle était pliée de rire, avec le patron qui se tenait les côtes...

Nous avons traîné longtemps dans ce rade, à prendre des cafés... Plus tard, le soleil est revenu ; nous avons passé du temps sur la plage, abrités par le mur, en bas, assis dans le sable. Riton nous a joué des blues sur son harmonica — et un truc assez beau qu'il avait composé, qu'il appelait « Ver-tige ». Il faisait trembler sa main pour les vibratos... La mer s'était perdue, si loin de son rivage, après cette fabuleuse étendue de sable mouillé que des chiens traversaient contre le soleil, en trottinant.

8

L'été fut long. Encore heureux que nous n'allions nulle
part !... Nous étions sans hâte encore, ni précipitation d'aucune sorte.

Depuis le mois de mars Carolina avait reçu régulièrement
des nouvelles de Finlande ; le bébé Aki croissait comme une
belle plante. Sa maman Leena composait de longues lettres
emplies d'amour sur les progrès stupéfiants du jeune personnage ; il développait son poids avec régularité, et il amé-
liorait de semaine en semaine l'art précieux du sourire... Un
bébé résolument adorable, cet Aki qui, déjà, connaissait
bien son entourage et avait des gracieusetés pour tous :
« Such a sweet little darling ! »... Photographies à l'appui,
naturellement — il était arrivé plusieurs portraits en couleurs de ce Finlandais extraordinaire, dans des poses et des
décors naturels parfaits d'élégance... Maintenant, disait sa
mère, il était conduit au sauna comme un grand — et
Carolina m'avait rapporté, simplement d'ouï-dire, cet usage
sublime que font les Nordiques du chaud et froid.

Au travers de ces lettres ma fiancée s'intéressait à des
détails de biberonnage polaire, avec une sincérité, un enthousiasme, qui m'épataient complètement... A vrai dire,
depuis l'arrivée du mouflet les deux filles avaient repris leur
dialogue un moment interrompu. Elles échangeaient un
courrier chargé en confidences, et je m'apercevais que Leena était au courant pour Riton, depuis toujours... Je perce-

vais de larges échos de leurs entretiens, Carolina me consul-
tant souvent sur le déchiffrage de certains passages en
anglais ; ainsi, à la fin du mois de juillet, elle avait reçu une
très longue lettre qui méritait réflexion.

Leena, son mari, et l'enfant, avaient pris refuge, pour
leurs vacances, dans une cabane au bord d'un lac, dont on
disait qu'il se trouvait quelque part en pleine forêt. L'endroit était tellement écarté du monde bourgeoisement habité, que l'on n'y côtoyait que d'heureux poissons dans les
eaux, et de joyeux moustiques dans les airs ! Parfois, avec
un peu de chance, si l'on s'aventurait dans la profondeur des
bois, on pouvait apercevoir, entre les troncs luisants des
bouleaux, « le dos d'un ours qui s'enfuyait » — the back of
a running off bear. Mais il fallait posséder, à défaut de
jumelles, un œil exercé !... Dans ce havre de paix du bout
du monde, Leena disposait du temps infini de journées qui
n'avaient point de chute. Surtout lorsque l'enfant dormait,
et que Jukka, son père, pêchait sur les eaux du lac, seul
dans la barque, pour nourrir la famille. Alors Leena s'asseyait devant la cabane, toute nue dans le soleil. Elle écrivait
à son amie, longtemps...

— C'est la femme à Robinson Crusoé, dis donc, ta copine !

Ça nous donnait envie de charrier, Clément et moi, ce
paradis terrestre ! En même temps, toute cette fraîcheur que
l'on sentait d'ici, cette verdure, dans le feu du ciel qui
surchauffait notre soupente, nous mettaient des envies de
voyages — des urgences d'étangs... Le Tiaf, qui venait de
se réveiller et buvait son café, pour ainsi dire à tâtons,
poussait de joyeux grognements de bête. Il a dit que les
moustiques, là, par contre, c'était pas le pied ! Il en avait eu
un justement qui l'avait emmerdé dans son sommeil toute la
matinée, le salopard ! Il nous montrait les piqûres sur sa
poitrine... On lui a dit qu'on n'avait rien à cirer des cirons,
et il a fait « Ah ! ah ! » d'un air imbécile. Et Carolina a
continué sa lecture.

Leena racontait aussi, après les prouesses d'usage de
maître Aki — lequel finissait ses premiers cinq mois d'exis-

tence terrestre dans ce décor des premiers âges du monde
—, la manière plaisante dont l'année scolaire s'était terminée, au lycée. Au mois de juin il y avait eu, comme tous les
ans, la fête du Bac à Tampere : la remise des diplômes aux
heureux jeunes gens. La chose se pratiquait avec une solen-
nité mémorable pour tout collégien finlandais : les lauréats,
garçons et filles, vêtus de leurs plus beaux habits, et coiffés
d'une casquette blanche achetée pour cette occasion, recevaient leur titre un à un, accompagné d'une poignée de
main, en présence de tous les professeurs de leur établisse-
ment en grande tenue ! Après la cérémonie, ils se rendaient
tous sur la plus grande place de la ville pour célébrer leur
joie. Ils se réunissaient ensuite au monument aux morts de
la guerre, et chacun des garçons et des filles en casquette
déposait une rose sur la stèle — cela faisait un sacré monceau de roses !

Ce trait d'ethnographie nous plaisait ; il montrait combien
ce peuple prenait l'enseignement de sa jeunesse au sérieux.
Le Tiaf, qui n'avait jamais fait d'études régulières et n'était
diplômé de rien, ouvrait des mirettes pleines de convoitise...
Ce respect des masses pour le savoir témoignait d'un pays
hautement civilisé... Il a dégoisé que les jeunes Français, à
côté, pardon ! Il s'excusait de le dire : c'étaient des beaux
merdeux fils-à-papa tout permis qui baignaient dans l'insolence ! Sinon dans la plus parfaite connerie ! — Décidément il nous pompait l'air de partout en cette fin de matinée
déjà chaude, et j'ai fait : « Ho ! hé ! attention là ! Moustique,
moustique ! »... Et j'ai chassé dans sa direction en claquant
des mains, et menacé de lui en écraser un gros sur le pif !...
Il a failli échapper sa tasse, avec du café répandu sur le
plancher, dans la poussière.

Avant de prendre ces quartiers solitaires dans la forêt
lointaine, Leena était allée passer une journée à Helsinki
pour des emplettes qu'elle voulait faire — c'était une très
grande ville, disait-elle, et la capitale de ce pays. Elle avait
été effrayée par la vitesse des voitures, la soudaineté des
tramways qui sillonnaient les rues, dont les roues miaulaient
parfois sur les rails dans les carrefours... Elle n'aimait pas

non plus le côté affairé de la foule, là-bas, le manque de courtoisie si l'on comparait aux doux usages de Tampere — pourtant une « large cité » aussi... Leena avait ajouté néanmoins une vue de cet Helsinki troublant : on voyait une vaste place avec une église haut perchée, vachement russe d'aspect ! « Place du Sénat » : c'était marqué derrière, en français !

Ensuite la femme de Robinson, étendue au bord de son lac, parlait sur trois pages entières de la Saint-Jean passée. Elle décrivait l'exaltation qu'apportait la venue de l'été dans ces régions du globe, si près du chapeau du monde ! Elle était lyrique sur la profusion de la lumière pendant le jour le plus long, où le soleil rasant du côté de l'étoile immobile se glissait un moment sous l'horizon afin d'y « coudre mystérieusement l'aube au crépuscule » — stick dawn to dusk. En somme, disait Leena, le soleil s'en relevait la nuit tellement il aimait la Finlande ! Littéralement ! — (It loves Finland so dearly that it rises at night to contemplate its forests and lakes, and cities...) Tout cela n'était pas sans humour, bien sûr, mais elle parlait du soleil comme d'un vrai dieu qui leur accordait ses largesses. Elle décrivait la reconnaissance des foules qui « dansaient éveillées », pendant cette « nuit sans nuit », pour mieux sentir le baume de l'existence... « Une humeur que ne pourront jamais connaître vos contrées du Sud, tellement gorgées de lumière que les habitants doivent s'y protéger du soleil comme d'un ennemi qui leur apporterait la souffrance et la mort. Comment imaginer une pareille chose ici, où la terre l'attend folle de désir (yearning of swolen lust — je traduisais grosso modo, pour Clément, c'était assez coton !)... où les humains se prosternent devant sa toute beauté, où les hommes, les femmes, les enfants, évitent d'aller dormir leur repos la nuit la plus courte, pour ne pas l'offenser, le dieu soleil »...

J'ai dit que cette fille Leena ne se mouchait pas du coude... Et peut-être, comme elle était prof d'anglais, elle s'amusait à faire du style dans une langue qui n'était pas la sienne ?... En tout cas nous étions comme deux ronds de frite, plutôt, Le Tiaf et moi !...

Ce n'était pas bien méchant, mais Carolina nous a engueulés : que c'était tout ce que nous trouvions à dire ?...
Que nous étions mesquins et petits ! Étroits d'esprit ! Que
nous ne connaissions rien à ces gens, que Leena était
comme ça vraiment dans la vie, merveilleusement sincère
dans son lyrisme ! Qu'elle aurait écrit pareil dans sa langue,
qui était le finnois : un idiome d'une grande poésie, disait-
on. Et rien à voir avec nos ricanements de franchouillards
blasés, et merde !... Nous étions des beaufs !

Et je l'ai prise dans mes bras parce que ça faisait comme
un vent frais venu du Pôle pour nous, et j'ai dit pardon !
Que je la croyais tout à fait maintenant, et que j'avais été
stupide. Et cet enfoiré de Clément encore plus ! mais lui
c'était naturel, il était empaffé de naissance... J'ai dit encore
qu'un pays, en effet, où l'on pouvait mater des nounours
cavalant dans les bois de « shining birches », c'était pas un
pays comme les copains ! Qu'il devait être peuplé de gens
avec des vibrations merveilleuses, assurément. Et que Leena, ben, on irait la voir tous les deux, y avait plus que ça à
faire — et Aki aussi, nous irions lui porter nos câlins !... Et
Le Piaf, il resterait là, parce qu'il était trop bête, et qu'il
méritait pas !...

Ça a fait rire Carolina. Alors je l'ai embrassée riante,
encore plus tendrement, et serrée couinante, et fait tourner
dans la piaule par manière de danse sauvage dans les bouleaux — ah ! demande à la poussière !... Et elle a dit :
« arrête ! arrête ! » parce qu'il allait être midi ou presque,
dans le moment de la forte canicule de chien — nous
transpirions déjà bien assez dans le galetas : nous allions
devenir mouillés comme au sauna, pas moins !... Aussi j'ai
mis à rafraîchir à la fenêtre la partie de mon corps appelée
buste, et j'ai lancé au soleil qui passait à l'aplomb de la place
Saint-Georges : « Soleil ! Cherche bien sur la terre du Nord,
au milieu des forêts qui bordent la Baltique, un lac où se
mire en ce moment une jeune femme très belle, très nue,
qui a nom Leena... Toi seul tu la vois en ce moment même !
Elle s'offre à ta chaleur bienfaisante, à tes rayons généra-
teurs de vitamines D ! Alors soleil, dis à Leena que nous

l'aimons, ici, à Lorette ! Fais ça pour nous... Dis lui bien
qu'on se fout absolument pas de sa gueule, ni de sa lettre,
mais qu'au contraire nous la jalousons dans le secret de nos
cœurs — et même l'ignoble Thiafarel que voici trouve
qu'elle a bien du pot d'être ainsi au bord de la baille »...

*
**

Depuis le début du mois de juillet Clément s'était découvert une activité lucrative, qui, en principe, aurait dû se
trouver en accord avec son tempérament d'insomniaque : il
était devenu veilleur de nuit !... Bien entendu il ne s'agissait
que d'un job à mi-temps, et encore, instamment provisoire.
Il remplaçait l'étudiant marocain qui nous avait sorti des
tranches de jambon à l'époque de la Grande Dèche. Mohammed, voulant repartir au Maroc pour les vacances, avait
demandé au Tiaf de lui garder sa place pendant les deux
mois d'été. Il s'agissait d'un emploi de confiance, que l'on
ne confiait pas à n'importe qui si l'on voulait être sûr de le
retrouver à son retour en septembre !... Clément avait un
peu hésité, car l'hôtellerie en général lui rappelait des souvenirs qu'il préférait fuir... Cependant c'était un peu tarte de
refuser ; furieusement désobligeant, aussi, de ne pas rendre
service à un ami dévoué — je le lui avais fait remarquer ! Et
puisque de toute façon il ne s'endormait pratiquement pas
avant l'aube, surtout en cette saison, je l'avais engagé à
endormir au moins ses scrupules : il pourrait tout aussi bien
lire son journal là-bas...
    A l'hôtel, la patronne n'avait fait aucune difficulté. Après
tout, il possédait des références — pas seulement en tant
que décorateur de palaces — il avait occupé le poste de
réceptionniste de jour, on pouvait dire dans une autre vie !
    — Nous l'appelions « Portier de nuit », à cause du film. Il

travaillait trois soirs hebdomadaires, prenant son service à neuf heures jusqu'à huit heures le lendemain — c'était long, et cela suffisait à le fatiguer pour la semaine. Mais l'avantage sur les chantiers, c'est qu'il avait toute sa journée devant lui pour se réveiller !...

Les premiers temps il n'avait plus sommeil du tout quand il rentrait — alors il avait dépéri. Par la suite il s'était rétabli, mais il se trouvait tellement épuisé qu'il s'endormait souvent une heure avant de partir au travail !... Il avait donc fini par se sentir en insécurité tout le temps, et si le titulaire de l'emploi avait habité Créteil, au lieu d'un continent intouchable, il serait allé lui remettre sa démission sans préavis.

En attendant, il s'était acheté un réveil — une sorte de boîte électrique rouge vif ; il en surveillait le fonctionnement comme si elle portait en elle l'organisation de ses viscères. Il mettait son réveil à l'heure avec une sorte de maniaquerie, à la seconde près !... Puisqu'on lui avait vendu cette chose comme une merveille technique, disait-il, elle n'avait qu'à le prouver. Il arrêtait le mécanisme en écartant délicatement la pile de sa logette, fixait les aiguilles en avance de deux ou trois minutes, puis il composait le numéro de l'Horloge parlante. Il attendait, chasseur aux aguets, l'arrivée solennelle du « quatrième top » fatidique ; il enfonçait alors la pile pour faire repartir l'engin simultanément...

Le principe était simple : la mise au point s'avérait plus délicate qu'il n'y paraissait. Il lui fallait viser l'instant précis du contact, appuyer juste sur le « top » de l'Horloge parlante — d'accord : mais si la pile résistait un tout petit poil ou glissait de travers ?... L'aiguille restait en rade, puis démarrait à retardement ! Alors Le Tiaf se coinçait le téléphone sous l'oreille, l'épaule relevée, pour disposer de ses deux mains libres — mais même là, dans l'affolement du premier échec, il poussait trop tôt, une fraction — un demi-rien : c'était foutu, parti avant le signal ! Il fallait tout reprendre à zéro : le repérage préalable des aiguilles... Il s'énervait ! Il devait amener d'abord la trotteuse sur la graduation précise, en quelque sorte sur la ligne de départ —

ça aussi il le ratait ! La trotteuse dépassait la minute entière
pendant qu'il arrachait la pile !... Plus ça devenait un casse-
tête son histoire, plus il refusait l'à-peu-près : tant qu'à s'être
mis en frais, il voulait jouir de l'heure exacte !

C'était intéressant, je trouvais, comme forme de dé-
mence... Je le lui disais. Ce souci de la précision dans le
merdier général qu'était sa vie ! L'heure tapante quand il
conduisait son existence avec des années-lumière de dis-
jonction dans les plots de sa cervelle molle ?... C'était, il en
convenait assez vite, loin d'être net !... Alors, ça le prenait
comme une envie de pisser, cette ponctualité, juste au moment où il se remettait à bosser dans un hôtel ? Il trouvait
pas ça bizarre, comme forme d'angoisse ?... Le traumatisme
du loufiat ! Non ?... Nous en discutions — il se rangeait à
mon avis, mais ça n'arrangeait en rien ses affaires.

Par ailleurs ses tendances maniaques trouvaient à s'exprimer dans le goût immodéré qu'il avait pris pour les
idéographes de l'écriture japonaise — ce qu'il appelait le
Kira-kana. Sa toquade d'apprendre le japonais, que j'avais
crue éphémère, persistait bel et bien. Il passait désormais
des heures à recopier des petits caractères qui exigeaient à
peu près la même patience, sinon la même technique que
ses dessins à la plume. Le soir, il emportait ses nipponeries
à l'hôtel, et dès que les choses du bureau de réception
s'étaient suffisamment calmées, il se plongeait dans l'étude
des pattes de mouche pour la plus belle partie de sa nuitée.
Aussi, la journée, à Lorette, il n'était guère à prendre avec
des pincettes ! Il jouait au gros travailleur, à l'homme épuisé, au prolétaire surmené... Il mettait pour la vingtième fois
sa pendule à l'heure — il devenait de plus en plus mé-
content de sa vie. Il haïssait les Français, naturellement,
plus que jamais, mais il finissait par englober dans sa rancœur les autres sortes d'Européens, ces emmerdeurs ! Il
râlait à présent contre les Allemands butés, les Anglais
bégueules et faux jetons, il pestait contre les Italiens... Lui,
si courtois et serviable dans la vie courante, il devenait
furieux d'avoir à s'arracher un instant de son ouvrage pour
ouvrir la porte à un noctambule, ou donner un coup de

main pour faire entrer une valise dans l'ascenseur — il en
parlait comme d'une corvée intolérable !... Le moindre geste
amical, pour ne pas dire galant, dans l'enceinte de ce hall
d'hôtel le rendait rogue et parfois vaguement brutal...

J'avais imaginé que ce qui le gênait c'était d'être payé
pour faire les choses. Au fond, il avait horreur de recevoir
de l'argent en échange de sa peine — Clément était un
homme du gratuit... Il ne niait pas, ça le flattait plutôt. Et
pour la gratuité, Dieu merci, il se débrouillait très bien ! Il
s'exécutait de si mauvaise grâce dans l'exercice ordinaire de
ses fonctions, avec le visage si fâcheusement rembruni, qu'il
ne touchait jamais aucun pourboire ! C'était trop, il découra-
geait les largesses les plus mesurées ! Il repoussait les pié-
cettes comme un aimant un pôle contraire... Aussi, devant
pareille absence de gratification, il traitait l'univers de rat,
de pingre ! Tout ce qui voyageait l'offensait par sa ladrerie !
Ah, il lui tardait que son copain revienne, que l'été finisse !
Qu'on n'en parle plus !...

Les soirs où il n'était pas là, Carolina et moi vivions en
amoureux dans l'appartement. Nous tâchions d'y faire le
plus de courants d'air possible.

Un dimanche matin nous sommes allés nous balader aux
Puces, à Montreuil. C'est le cinéma intérieur, les Puces. Ces
gens qui marchent lentement le long des allées baignent
forcément dans une sorte de nostalgie. Nous discutions de
cela, avec ma fiancée, en matant les vieux matos, les postes
de radio, beaux et crasseux comme des armoires normandes
avant lessivage, les clefs à molette qui voisinaient avec des
tasses... La brocante organisée, avec mise en ordre et en
rayonnage n'aura jamais ce charme des greniers pour jouer !
Nous disions que c'était un vieil instinct de pillage qui
conduisait cette foule lente. L'humanité ne s'éloigne jamais
tout à fait de ses vieilles sources...

— Tous ces gens qui défilent sont en fait des brigands
refoulés ! Des saccageurs d'abbayes, mais non prati-
quants !...

Il faut dire qu'ils étaient bien pâles, les reflets de cor-

saires : des non-violents affichés d'allure, d'habits. Ils voulaient leur part du butin sans se salir les mains du sang des
implorantes victimes !...

Vers le milieu du marché, sous une vaste ombrelle rectan-
gulaire, un bouquiniste des greniers étalait des piles de
livres, dont certains, bien reliés, représentaient la partie
noble du pillage... Ils étaient alignés sur la tranche, dos
exposé à l'œil, avec des prix accordés à l'effet des dorures et
la brillance des cuirs. La masse des livres usagés vivait en
vrac sur la table, et les moins jolis, voire les décousus,
restaient dans des cartons par terre, sur le pavé. Nous avons
fouillé, ma fiancée et moi, avec cet appétit qu'ont les poules
quand elles grattent dans une basse-cour — un peu le même
automatisme aussi, car nous n'avions pas un vrai désir de
lire, juste l'instinct pillard...

Nous avons fait séparément le tour de la table, avec cet
air triste et distant que tout le monde prend pour feuilleter
des bouquins en public. J'ouvrais des histoires de batailles
célèbres par le maréchal Untel, avec plans, cartes dé-
pliantes. J'ai feuilleté un petit manuel d'instructions des
Sapeurs-Pompiers de la Ville de Paris ; il comportait le
maniement des pompes à bras, avec description des organes
et croquis... Nous allions quitter le stand, lorsque Carolina
qui farfouillait dans une caisse par terre, accroupie, s'est
relevée avec un truc à la main dans lequel elle était plongée.
Elle m'a fait signe : « Viens voir »... Je me suis penché vers
son doigt qui m'indiquait, au milieu d'une page : « L'orteil
du dieu s'imprime plus facilement sur le plancher d'un
grenier, à cause de la poussière. » Elle m'a dit :

— Chez toi, au moins, on peut suivre le dieu à la trace !

Le bouquin broché avait du mou dans la couture. Sa
couverture était déchirée, mais la page de titre portait :
« Alexandre VIALATTE, *Les fruits du Congo* ». Je n'avais lu
aucun bouquin de Vialatte, mais je savais que c'était un
Auvergnat fameux — particulièrement apprécié de mon camarade Berbis. Un temps, Roland n'avait juré que par lui
— il le citait, il était même allé le voir, une ou deux fois,
chez lui, à Ambert... Vialatte était mort depuis cinq ou six
ans, il me semblait bien ; j'en avais perçu des échos.

Sur le bord de la caisse c'était marqué : « Tout à deux francs », et j'ai donné deux balles au type, dans le creux de sa main, en lui montrant la caisse. Après on s'est éloignés fissa vers les verreries et carafes qui faisaient aussi dans la pendulette en bronze, et même dans le bijou des années trente. Nous nous sommes faufilés jusqu'à l'extrême bord du marché de Montreuil, au début de la rue de Bagnolet qui est face aux tours immenses et neuves... La première maison à gauche, échappée aux démolitions du périphérique, abritait un bistrot qui portait un nom de péniche : LA CROUSTILLANTE. Dehors, les tables installées sur le trottoir étaient toutes complètes, mais comme il n'était pas encore midi l'intérieur se trouvait presque vide... J'avais beaucoup fréquenté ces bords, à deux hivers de là, grâce à des circonstances. Je connaissais les gens du lieu...

A La Croustillante tout le monde était très gentil, mais très agité à l'approche du coup de feu du dimanche, dans la pleine affluence du marché... Gigi d'abord, la patronne, toute brune et vive derrière son bar. Tout en servant sur le zinc, elle dirigeait les opérations d'ensemble, à la voix ; elle activait la cuisine volante installée sur le devant, à l'extérieur, protégée par des toiles. Un cuisinier bien joyeux y cuisait des côtes de porc et des frites... Derrière lui, sous l'auvent, se tenait un grand maigre que l'on appelait « Le Marquis » — il assistait le cuistot avec des airs de mystère, coupait les patates, ébouillantait les grands plats de moules dont il s'était fait une spécialité.

Nous avons fait bonjour à Ginette, en entrant, et à Marthe, la vieille dame en chaussons qui servait dans la salle ; puis on s'est bloqué un coin sur la banquette en commandant des moules... Nous avons ouvert *Les fruits du Congo*, et penché nos têtes joue à joue dans les cheveux, et les bras autour l'un de l'autre, à la taille. Le bouquin avait souffert de multiples lectures, il en avait le dos rompu ; plusieurs pages un peu froissées s'étaient cornées... Le surprenant est que quelqu'un avait souligné des passages entiers, ligne à ligne. Du crayon à bille bleu courait un peu partout de page en page ; ces traits à main levée, sinueux, avaient pâli...

Nous parcourions ces morceaux choisis ; il y en avait plusieurs dans un premier chapitre qui s'intitulait *Les îles* : « Dora avait commencé dans nos cœurs bien avant cette banale affaire »... Puis, à la page suivante : « Et l'amour devait toujours sentir pour Frédéric cette odeur de panier de pêcheur et de grand vent qu'avait le soir sur les îles du fleuve. » En face, dans la marge extérieure, le souligneur avait écrit : « Et moi ! »... Nous avons conclu que ce lecteur — ça pouvait être une lectrice — avait connu ses premières amours au bord d'un fleuve, aussi. La page était sans doute restée longtemps ouverte au soleil ; l'encre avait passé au point de n'être plus qu'une trace un peu violette. Autant qu'on pouvait juger à cette calligraphie éteinte, l'écriture semblait moulée plutôt rondement — le lecteur était quelqu'un d'âgé. Il était mort — l'on avait jeté ses livres au grenier pour prendre la place de sa vie... Il ne restait alors de ses amours passées plus même une odeur de panier ni de grand vent, seulement ces deux mots : « Et moi ! » avec leur point d'exclamation presque illisible.

Ces histoires d'îles et de bord de l'eau nous faisaient penser à Leena, là-haut, dans son été lacustre... Nous nous sommes avoué que cette image nous poursuivait depuis des jours... Carolina a dit : « Il a l'air beau ce livre ! » Et nous restions joue à joue avec l'envie de nos bouches, et il y avait cette odeur de frites qui venait de la rue avec les rires des premiers dîneurs, je m'en souviens... Et plus loin dans le livre, à un endroit où la brochure vraiment cassée ne tenait qu'à un fil, nous avons lu tout un passage : « Jamais Dora ne nous a dit son vrai nom. Nous ne sûmes pas où elle habitait. Nous ne savions pas d'où elle était venue. Elle n'était peut-être qu'un songe du fleuve. Elle était là avec ses coudes pointus, ses taches de son et ses histoires, assise à la façon du conteur oriental. Elle jouait de la flûte, nous dansions à ses pieds comme des pythons inoffensifs, ravis et parcourus, dès qu'elle ouvrait la bouche, par une ondulation magique. Elle fut notre danse et notre mal de mer, elle fut la transe de notre jeunesse »... Et la phrase : « Elle n'était peut-être qu'un songe du fleuve » avait été soulignée deux fois, dans un large gribouillis de lignes croisées.

Le Marquis s'est dérangé pour venir en personne nous apporter nos moules. Il m'avait à la bonne : nous avions bu tant de bières ensemble, l'année d'avant. Il a fait :

— Y a longtemps qu'on t'a pas vu ! Tu étais en voyage ?...

Il avait un sourire très doux, et beaucoup d'élégance dans les gestes — c'est pour ça qu'on l'appelait Marquis, à Montreuil, comme un aristocrate déchu. Au point que personne ne savait plus son vrai nom. Il en avait perdu l'usage... Quand il n'avait plus rien à manger nulle part, Gigi le nourrissait quelque temps en échange de menus services, des légumes à éplucher. Quelquefois elle lui donnait à manger pour rien du tout, parce qu'il était gentil et doux...

Il a posé le gros plat en inox devant nous, et j'ai dit que j'étais content : il avait mis un monceau de moules en notre honneur. Elles débordaient toutes fumantes... Il a souri :

— Tu vois ! Pour les amis !...

Déjà il s'excusait : en toute hâte ! Il devait retourner aux fourneaux — juste le temps de dire si ça allait ? Et que j'étais resté longtemps absent !... Et plein de sourires à Carolina aussi, qu'elle se sente accueillie. Maintenant il se retapait, mais il avait été très fatigué, au printemps... J'ai dit qu'il demande une mousse à Gigi sur ma note : surtout qu'avec ce beau temps il devait avoir la pépie !

Ma fiancée me regardait d'un air drôle ; ça l'amusait de découvrir cet endroit — pittoresque bien sûr... Est-ce que ça levait un voile sur un coin obscur de ma vie ? Je la voyais s'imaginant des choses, et d'autres filles avec moi, parmi ces gens... Elle m'a demandé — ce qui m'a paru une sorte de biais : « Clément connaît ici, lui aussi ? »... Mais non ! Pourquoi connaîtrait-il les mêmes espaces que moi ? S'il était venu, nous n'en avions jamais parlé ensemble... Et puis tout ça était cloisonné béton : elle pouvait comprendre, elle !... La vie s'en va par petits bonds, pas forcément les mêmes.

J'ai dit :

— Mange, mon amour ! Ça sent le panier du pêcheur et le grand vent...

Les gens entraient, ça commençait à être la foule à présent. La salle était envahie : des types des Puces qui avaient confié leur bazar un moment pour déjeuner, des groupes qui s'installaient à trois ou quatre après s'en être mis plein les yeux de vieilles choses... Les femmes portaient des grands châles malgré la chaleur, les hommes étaient en chemises, en cheveux de broussaille et barbes pleines pour la plupart. Certains transportaient leurs achats avec eux, ils se montraient leurs trouvailles... Marthe s'activait de table en table pour les commandes, revenait d'abord servir les boissons en traînant ses chaussons — elle ne pouvait pas quitter ses grosses pantoufles à cause de la mauvaise santé de ses pieds !...

Le zinc s'est vidé d'un seul coup — Gigi en a profité pour chercher quelque chose dans son réduit, derrière. En ressortant elle a fait un crochet pour venir me faire la bise, en coup de vent... Elle rapportait deux autres bières, en bienvenue, disant que j'avais été bien long. Et j'étais resté tout ce temps-là en Angleterre ?... Elle a fait la bise à Carolina pareil, pas de jaloux ! Et ma fiancée était rouge, de plus en plus surprise, mais touchée... La patronne a posé un quart de fesse sur la moleskine, en surveillant toujours au bar, du coup d'œil rapide ; elle a dit que Gérard était passé — environ trois semaines. Il avait demandé après moi... Il avait l'air très en forme, oui, avec du travail. Par contre, quelqu'un qui avait dévissé sérieusement, c'était Le Marquis, là... Maintenant il était remis, mais il avait été pas bien du tout ce printemps. On avait craint pour sa peau... Elle a crié : « J'arrive ! » — que déjà elle n'avait plus le temps de causer !

Comme il était une heure ou presque, en pleine affluence, Loulou est arrivé avec son accordéon. Rien n'était changé là non plus... Quand il s'est mis à jouer, au premier balancement du soufflet, ça m'a fait un pincement au cœur pour des raisons très personnelles... Les doigts de Loulou couraient sur son beau clavier à cinq rangs — ses longues phalanges, diablement agiles. Toute la salle dégustait sa musique, et aussi les tables à l'extérieur, la rue... Alors Carolina m'a parlé pour Riton, que ça recommençait à être la merde...

Elle avait des informations fraîches depuis la veille où elle avait parlé à Viviane, sa sœur... Viviane Dubois, la sœur d'Henri. — Ben, oui, elle s'appelait Viviane aussi sa frangine !... Du reste, « Viva », c'était un peu à cause de cela : pour créer la différence... En tout cas des soucis nouveaux se faisaient jour. L'invalide devait regagner Nanterre, où Viviane s'occuperait de lui, désormais — son état, pour l'instant stationnaire, devenait inquiétant. Les urologues de Berck n'étaient pas optimistes... Sa sœur avait parlé au Professeur qui dirigeait le service, un grand spécialiste du rein et des canaux y afférents : l'avenir ne s'annonçait pas brillant.

Carolina m'informait de tout ça parce que nous avions bu plein de bières finalement. Avec les moules — et aussi l'accordéon de Loulou nous mettait le cœur sur les lèvres. Elle m'avait pris la main pour raconter comment Viviane n'avait pas été particulièrement aimable au téléphone. Elle s'était montrée agacée, voire agressive. Elle râlait que ce n'était pourtant pas de sa faute à elle si son frère était handicapé à vie... Elle avait eu une attitude pas ordinaire, sa sœur, disant qu'elle aussi avait ses soucis, ses problèmes, ses choix à faire dans l'existence !... Il n'y avait pas que les anciens musicos de merde — elle avait dit ça — qui avaient leur mort en face ! Elle aussi, elle aussi !... Et Loulou jouait une mazurka, au moins — un truc très sautillant avec plein de trilles dans les doigts, des remontées de clavier très virtuoses, haut en bas, bas en haut, la main ailée. Il faisait ça avec un sourire, très lointain...

Gigi disait toujours que c'était un bonheur d'avoir Loulou, le samedi et le dimanche, car il était un vrai artiste — et très gentil, très réservé. Pas un chieur comme on en voit, qui friment...

Carolina avait presque peur, car jamais Viviane ne lui avait fait une pareille sortie ! Au moins depuis quatre ans — parce qu'avant, si. Il y avait eu des râles... Elle avait senti comme une haine cette fois. Et je lui tapotais sa main sur mes doigts, pour signifier qu'elle n'était pas seule. Loulou a parcouru la salle après sa première demi-heure de concert ininterrompu — il passait entre les tables avec une assiette, pour la manche. Il m'a fait un clin de son œil, en approchant...

Ma fiancée feuilletait *Les fruits du Congo*, sans voir, au milieu des coquilles de moules et des taches de sauce. Elle avait fait une clairière pour le livre, en repoussant les bouteilles de bière et le sel — et j'ai appris, depuis lors, que le destin se lit aussi dans les coquillages, les nappes maculées, toutes sortes de signes qui s'étalent autour de nous, grassement... Et tant pis si Dora n'était qu'un songe du fleuve ! Ou si cette aventure de moi n'était, tant que j'y étais, qu'une poussière de lune...

Carolina disait qu'il ne faut rien savoir des gens ; quand on sait tout, il ne reste plus rien. Ils sont mangés... Souvent il n'y a plus qu'à les vomir ! Ce qui est une rude entreprise. Parfois ça peut durer toute la vie.

*
**

Il arriva qu'un matin, vers la fin du mois de juillet, Clément revint de son hôtel portant une grosse cage en osier. Il l'éleva devant sa poitrine, comme on ferait d'une lanterne, d'un air qu'il allait éclairer notre existence, et je vis que la chose, qui avait la forme d'un panier à chat, contenait un lapin... Un gros lapin blanc, à longs poils, qui remuait les moustaches en nous regardant. « C'est Rabbit ! » a dit Clément — et il faisait son mystérieux sur les tenants et les aboutissants de ce visiteur imprévu... On le lui avait donné. La cage aussi, évidemment !... Un cadeau au Portier de nuit !

— Tu vois bien que les pourboires commencent à arriver !

J'ai dit qu'il avait dû se montrer particulièrement brillant dans l'accomplissement de sa tâche ! Parce qu'en Auvergne, autrefois, c'était ainsi que l'on récompensait les instituteurs pleins de mérite — j'ai raconté au Tiaf, comment les gens offraient une paire de poulets, un beau canard, un lapin ! Mon papa en recevait en abondance, parce qu'il était très fort ! Sauf qu'on ne les apportait pas dans une cage, généralement, mais les pattes attachées par un bout de chiffon, au fond d'un panier...

Carolina, qui n'était pas encore levée, est venue voir en hâte et en chemise ce phénomène lapin, qui était vraiment balèze et râblé comme un Suisse. Il ne paraissait pas du tout inquiet de nous voir, la pauvre petite bête ! Il présentait son nez aux barreaux d'osier pour flairer nos doigts comme s'ils étaient de pâles carottes... Nous avons su que des gens un peu fous l'avaient donné au Tiaf dans la nuit — une actrice. Pas même des clients de l'hôtel, un petit groupe assez bourré, vers trois heures du matin, qui faisait du chahut et cognait à la porte vitrée. Clément s'était approché, plutôt dans l'intention de les faire taire, et deux femmes lui avaient fait signe de sortir : « Vous ne voulez pas un lapin ? » avait demandé un type très distingué... L'une des nénettes, passablement saoule, était venue lui parler sous le nez.

L'histoire, c'est qu'il y avait eu cette pièce de théâtre qui venait de se terminer, aux Mathurins peut-être bien. Ces gens-là — au moins cette actrice, qui jouait dans la pièce — venaient de fêter la dernière représentation... Le lapin avait joué toute la saison avec eux — alors ils avaient énormément de mal à se séparer de lui. « Rabbit ! Mon rabbit ! » disait la fille, baisotant les barreaux de la cage. Ils l'avaient emporté en ville, ce soir, pour qu'il puisse faire la fête avec eux ! Mais à présent il était tard... Aucune de ces personnes ne pouvait s'en charger vraiment, du Rabbit. Ils voulaient bien lui prendre une chambre à l'hôtel pour lui tout seul, mais en fait ils cherchaient un parent d'adoption. Parce que la comédienne, celle qui était très schlass, elle quittait Paris dans quelques heures pour aller tourner dans un film, loin, quelque part en Yougoslavie, au diable... Dieu savait combien ça lui était un crève-cœur de se séparer de son cher compagnon, mais elle ne pouvait pas l'emporter, voilà !... Bref elle avait supplié Clément de le lui prendre — elle l'appelait « Monsieur le portier », elle s'était mise à genoux sur le bord du trottoir, avec sa cage, en lui récitant des vers. Les autres rigolaient, et l'un des mecs, le seul qui avait l'air sobre dans la bande, lui avait dit que s'il voulait bien le prendre, ça les arrangeait : il lui avait tendu un billet de cent balles !... Clément avait accepté — pas tellement pour le lapin, mais pour les cent balles.

Pendant qu'il faisait son récit il avait posé la cage sur la table, parmi mes papiers. Le lapin s'est mis à pisser et nous ne l'avons pas remarqué tout de suite ; simplement il s'est fait une rigole de pisse jaune qui dégoulinait sur le plancher. Et là il est devenu beaucoup plus clair que Clément avait encore fait une connerie en apportant cet animal dans nos foyers...

On s'est regardés, on a dit : « Ben, on va le manger ! »

— C'était un peu l'idée, a fait Clément. J'ai pensé qu'on pourrait toujours en faire un civet.

Carolina était partie aux toilettes ; pendant que je nettoyais la table avec une éponge, que je mettais deux ou trois feuilles à sécher, nous nous disions que c'était bien dommage de ne pas l'avoir eu cet hiver !

— Au mois d'avril, tiens ! Ça nous aurait changé du jambon de l'hôtel !

Enfin, mieux valait tard... Puisque l'heure de la gibelotte avait sonné. — La gibelotte ?

— Hé, Tiaf ! C'est génial, on va pouvoir essayer la recette !

C'est ainsi que Rabbit a vécu quelques jours parmi nous. Il paraissait assez heureux : nous lui avions établi ses quartiers dans la salle Gavarni où il disposait de tout l'espace. Il visitait les recoins inaccessibles à l'homme — ignorés de la femme ! — comme l'endroit rétréci où les parois en angle rejoignaient le plancher, sur la périphérie de la pièce... On lui donnait des croûtons de pain rassis qu'il rongeait comme un hamster — et puis des fanes, des carottes, des bettes cardes que nous sommes allés chercher rue des Martyrs...

L'ennui, c'est qu'au bout de trois jours, avec la chaleur qu'il faisait, la pièce commençait à sentir comme à Vincennes, les abords du zoo ! Nous avions beau enlever les crottes les plus voyantes, éponger les pipis à portée de main, ça cocottait ferme dans la piaule à Clément — même si l'unique fenêtre ouvrable restait béante jour et nuit... En plus l'aimable bête parcourait son lit comme un champ de manœuvre : il se fourrait dans les coins derrière le matelas, au milieu des livres. Il réveillait Le Tiaf juste au moment où celui-ci avait fini par s'endormir, vers neuf heures, après sa nuit de veille, épuisé de labeur. Ils étaient mal coordonnés tous les deux : Rabbit dormait plutôt en fin d'après-midi, mais le matin il était déchaîné... Il venait lui brouter les cheveux dans son sommeil !...

La quatrième nuit, Rabbit a entamé les draps du lit sous prétexte que nous ne lui avions pas servi assez à manger dans la journée... A partir du cinquième jour on s'est dit que c'était plus possible ! Les habits de Clément commençaient à schlinguer. Cette odeur surie du célibataire qui se néglige à mort lui valait des regards dans le bus, et à l'hôtel alors !... Lui si tatillon sur son propre — il avait été élevé par les Orphelins selon la formule du « pauvre mais digne » ! Il en était bleu de honte quand il s'est aperçu : il a voulu tout descendre à la blanchisserie, en bas...

Le sixième jour nous avons organisé un colloque : déjà que nous habitions un bouge, ce n'était pas une raison pour le transformer en clapier... Le septième jour Carolina était occupée dans la banlieue, où Riton avait enfin été rapatrié, après Berck. Nous nous sommes dit que de toute façon cet animal allait maigrir, glouton comme il était : à ce train nous n'en tirerions qu'un tas d'os ! Bien pire, à force de l'appeler par son prénom, qu'il connaissait parfaitement, nous étions en train de créer un attachement tout à fait malsain pour des anthropophages...

On s'est dit tout ça, Clément et moi, le septième jour vers les onze heures et demie du matin — et j'aurais dû réfléchir davantage. Mais Le Tiaf s'était réveillé furieux, deux de ses dessins saccagés, entièrement noyés de pisse, foutus ! Il a demandé où était Carolina, ma fiancée? J'ai dit qu'elle était à Nanterre.

Le coup du lapin se donne avec le tranchant de la main, de haut en bas, fort sèchement, à la manière des démonstrateurs de karaté qui cassent des briques à la télé. Sauf qu'il faut frapper juste derrière les oreilles de l'animal, que l'on tient de l'autre main, suspendu par les pattes de derrière. L'intention est de rompre les vertèbres cervicales afin d'entraîner la mort... Sauf que la première fois, ça rate. A la dernière seconde le lapin fait presque toujours un faux mouvement — qui pour lui est assez juste, du reste! Ou bien, pour les débutants, le manque d'assurance fait cogner à main trop molle...

Le novice y va de main morte, et ce n'est pas bien. Dans les deux cas le lapin pousse un cri horrible et se secoue à s'arracher les pattes dans un dernier sursaut pour sauver sa vie. Vite, il faut refrapper, plus fort, avec hargne, avec terreur, et certains poussent un grognement rauque — ils disent : « Han! »... Et le lapin se raidit et tremble de tout son corps, et parfois il continue son épouvantable gémissement qui perce les oreilles et ameute tout un quartier au point que les chiens se mettent à aboyer au fond des cours...

Clément criait :

— Vas-y encore, il est pas mort!...

Et je me suis mis à frapper comme une bête, frapper à m'en tordre le poignet, jusqu'à ce qu'il soit devenu tout mou, Rabbit. Et sa tête pendait parce que je lui avais brisé le cou, tout entier réduit en bouillie sous mon poing — et il s'est mis à saigner par la bouche. Il saignait à plein museau par terre, dans la bourre blanche qui s'était arrachée de lui.

J'ai dit :

— Apporte un bol, vite!

Parce que je me suis souvenu qu'il fallait recueillir le sang. Même qu'il fallait lui arracher un œil tout de suite, à la pointe du couteau... Et là j'ai manqué de courage. J'avais des perles de sueur au front, les jambes flageolantes. Je me suis assis avec la bête flasque en travers des genoux, et Le Tiaf ne trouvait pas de bol propre ; il gueulait qu'on aurait dû le prévoir, merde ! — et ça n'avait plus d'importance. Tout le sang était sur le plancher... C'est là que je me suis mis à savoir que le monde avait bougrement changé. Le monde était méconnaissable, à vrai dire — et j'ai dû tourner mon regard vers l'intérieur pour me rassurer...

Je regardais Rabbit mort ; je touchais la douceur infinie de son poil encore chaud, et ça ne ressemblait plus à rien de ce que j'avais connu là-bas, dans les montagnes, autrefois...

Autrefois, dans la montagne, mon père nous apprenait à tuer notre lapin, à saigner notre petite volaille, comme à des bons garçons qui devaient grandir et savoir vivre... C'était un instituteur qui prenait sa tâche au sérieux, et qui profitait de l'occasion la plus ténue pour faire œuvre d'éducation ; quand il devait tuer un lapin, par exemple le samedi pour le dimanche midi, il s'arrangeait pour que ce fût une leçon d'anatomie aussi bien que d'économie domestique, pour les grands du Certificat. Il opérait dehors, par beau temps, dans la cour, à côté des cabinets en pierre, sous le grand tilleul. Il pouvait ensuite accrocher la bête aux branches pour la dépouiller de sa fourrure. Il faisait ranger son monde commodément, en demi-cercle — déjà pas la foule énorme au village, une douzaine de certifiables au mieux, dont plusieurs très incurables, pour qui il fallait se dévouer encore plus. Il parlait en agissant ; il montrait le bol pour le sang, les bonnes manières, le couteau de Thiers toujours convenablement affûté, sans oublier le plat pour recevoir le corps... Et alors, s'il pleuvait ou quelque chose, on se mettait sous le préau.

C'est ainsi qu'à partir de l'âge de quatre ans, ce qui sous d'autres cieux eût été un jardin d'enfants, une pimpante et rieuse maternelle, j'assistais régulièrement aux exécutions initiatiques avec la classe des grands. Après avoir bien expliqué la direction du coup, de haut en bas, montré le point d'impact derrière les oreilles, mon père confiait souvent le geste décisif à un costaud de quatorze ans aux bras d'acier, à la main déjà de chêne, lequel mettait son point d'honneur à ce qu'il n'y eût pas de second coup. Un seul, pan ! — ou alors, un petit coup après, doucement, sur les oreilles, pour la forme. Pourtant, si l'élève ratait, le lapin se mettait à hurler tellement aigu pathétique que les larmes m'en venaient aux yeux, et que les grands me prenaient sur les épaules pour que je n'aie pas peur. Et si l'élève choisi n'était pas un vrai robuste, simplement un premier de la classe, s'il s'épouvantait lui-même, alors mon père donnait le coup, très vite, pour arrêter ce hurlement qui déchirait l'air comme on dit, de toute la cour, s'en allait partout dans le village où il ameutait les chiens... C'est de là que je sais « rompre les vertèbres cervicales afin d'entraîner la mort ». Du moins je crois... Enfin, il me semble...

Quand c'était fini, mon papa enlevait l'œil, pendant qu'un dégourdi prévu d'avance tenait le bol dessous, pour que le sang pisse. Et puis il faisait sa démonstration d'écorchage, avec les tendons, les muscles, les viscères (ou entrailles), le cœur, le foie — et le fiel auquel il faut faire très attention en enlevant la poche qui le contient. C'est la « bile » aussi, chez l'homme, la liqueur vert-jaune que contient cette vésicule... Quand il est mort, après, c'est moi qui l'ai fait à sa place — mais tout seul. Et seulement aux vacances... Seulement lorsque des anciens élèves apportaient un lapin à ma mère, par habitude, par affection, par respect, en souvenir de l'homme qu'ils avaient tant aimé... Mais pas à Clermont : on ne tuait jamais de lapins chez Blaise Pascal qui a inventé la brouette — et alors, justement, le monde a commencé à bouger...

— Alors, qu'est-ce qu'on fait ?

Clément demandait... Il était sans impatience, mais un peu paumé par la situation. Il m'avait regardé en train de regarder vers le haut de la rue Monnier ; il avait porté ses yeux ailleurs. Il se demandait si j'allais mieux... Et qu'est-ce qu'il fallait faire à présent ? Nous avions pour ainsi dire un cadavre sur les bras. Il fallait continuer... Dépouiller la victime.

J'ai dit :

— Comment ça, qu'est-ce qu'on fait ? On va pas le porter chez le vétérinaire !

J'ai soulevé le rabbit et me suis aperçu qu'il m'avait pissé sur le pantalon, la sale bête ! Alors, pendant qu'il était encore chaud dans les chairs, je me suis mis à retrouver mes gestes, les pattes délicatement dégagées à la pointe du couteau — sauf que celui-là n'était pas de Thiers, et qu'il coupait comme les genoux de ma grand-mère ! Ça ne facilitait pas le travail... J'avais suspendu l'animal au bois de la cloison, le mouvement le faisait saigner de nouveau quelques gouttes — Le Tiaf a étalé un journal dessous. Il me regardait opérer avec l'attention instruite de l'ethnologue à qui il est donné d'observer un moment privilégié de la vie de la tribu... J'ai pensé que Clément c'était ma classe des grands. Et il avait juste la taille, ce con, en fait !

Quand tout a été terminé, les choses sont redevenues normales ; nous avons nettoyé les traces. J'ai mis la proie dans le frigidaire : il était énorme, jamais je n'aurais soupçonné une telle carrure sous sa moumoute ! Et j'ai pendu la peau derrière la porte de la salle Gavarni, sans y penser — pour ainsi dire par habitude ancienne : pour qu'elle sèche... Tout simplement parce qu'il y avait un clou planté dans cette porte-là et pas ailleurs, et que c'était un geste commode — et que jamais de ma vie je n'avais vu personne jeter une peau de lapin à la poubelle, dans un pays où il n'y avait pas de poubelles ! L'idée d'une pareille innovation ne m'aurait pas effleuré... Derrière la porte, c'était normal — et je ne m'attendais pas à ce que Carolina revienne.

Tout de suite j'ai éprouvé un serrement de cœur en la voyant dans la porte. Elle portait un bouquet d'herbes fraîches dans un petit sac en plastique. Des rebuts de choux qu'elle trimbalait sûrement depuis la banlieue — des trognons de salades. Elle avait dû mendier à l'étal d'un légumier... Elle a commencé par me donner des nouvelles brèves de Riton, lequel semblait tout à sa joie d'avoir réintégré ses pénates ! Tout en parlant elle défaisait ses herbages, et j'étais sur le point d'ouvrir la bouche pour proférer des préludes, prenant des gants sur l'inévitable. J'allais lui annoncer par petites touches les changements survenus pendant sa trop brève absence, quand le téléphone a sonné. J'ai hésité à répondre...

Ça a sonné trois fois et j'ai dit :

— Écoute, j'ai besoin de te dire un truc...

Ma fiancée était surprise, elle a fait : « Tu réponds pas ? »... J'ai décroché juste après la cinquième reprise, en priant qu'il n'y eût plus personne à l'autre bout. Mais si ! Le destin veillait : il y avait une voix de femme... Une voix sympathique, enjouée, m'appelait, à laquelle je ne pouvais pas faire l'offense de raccrocher au nez. C'était Marie Famote elle-même ! Oui, l'écrivaine — je ne l'avais pas oubliée ? Elle me rappelait un peu plus tard que prévu, mais tout de même !... Et alors justement, elle se trouvait dans mon quartier, au bas de Montmartre, dans un café. Elle sortait de chez une amie qui habitait le coin, et si j'avais une minute nous pourrions prendre un pot ensemble tous les deux, qu'est-ce que j'en pensais ?...

Le temps que j'explique, que, mon Dieu, après tout, ça devait pouvoir s'arranger, en effet — non ! non ! elle ne me dérangeait pas du tout... Bien au contraire ! J'étais très heureux qu'elle m'appelle !... Le temps d'être sympa, en reculant, un peu courtois, voire obséquieux pour mieux sauter — j'ai vu Carolina qui passait dans la salle Gavarni en dépit de mes signes véhéments... Car je voulais lui dire « approche » et l'accrocher, la retenir par la main ! — Déjà elle appelait Rabbit, à croupetons, à petits baisers fluets, en agitant une feuille de chou... Où était-il ce coquin joueur ? Dans quel coin ?... Elle tournait le dos à la porte, et j'ai tiré sur le fil à tout arracher les connexions, pour me rapprocher d'elle, interposer mon corps au moins — éviter le choc... Marie Famote me disait qu'elle se trouvait au bas de la rue Lepic, en face de chez sa copine, et qu'elle avait du temps... Et je revois encore le mouvement de Carolina quand elle s'est relevée, trop vite, qu'elle s'est retournée et qu'elle est tombée nez à nez avec la peau flasque, pendue comme il se doit le poil à l'intérieur, même les oreilles en doigts de gant. Je vois nettement son visage s'immobiliser, avec les yeux qui se sont véritablement agrandis à mesure que la vision lui entrait dans la cervelle, qu'elle ne rêvait pas — tout à fait comme dans un film muet... Tout son corps s'est figé en

plein élan, comme dans un ralenti de cinoche extraordinairement réussi... Là, le monde a rebougé d'un cran. Nous
étions sur une boule, semblablement, actionnée par un
mouvement d'horloge — la boule a l'air immobile, puis il y
a ce déclic, irréversible, et les couleurs changent, d'un coup,
les odeurs ! Et nous sommes passés à une autre époque de la
vie...

Carolina fixait la défroque, elle a ouvert la bouche, ir-
réversiblement. Il est sorti ce cri d'épouvante aigu, affreux,
qui faisait écho au cri du lapin au moment où il avait
compris qu'il était en train de mourir... Et seulement à ce
moment-là je me suis rappelé qu'elle ne pouvait pas suppor-
ter la violence.

En même temps il s'est installé un drôle de calme au fond
de moi. Je me suis détaché de tout, d'elle qui criait, des
meubles ici, de la poussière... Il s'est installé un froid dans
cette chaleur un peu moite du soir de plein été. Et je voyais
sa bouche ouverte avec les dents jusqu'au fond, je regardais
ces images comme dans un film — en même temps j'avais
mal pour sa douleur, et le hurlement me faisait venir un
frisson dans les coudes, qui irradiait mes bras...

— C'est chez vous, ça ?... Allô !...

La voix inquiète de Marie Famote, qui elle aussi, avait
observé un silence. Ça devait faire curieux dans l'écouteur,
pour l'écoutant, cette longue plainte. J'ai fait : « Non...
Attendez, oui ! »... J'ai dit :

— Attendez, ne quittez pas, il y a un meurtre.

Et j'ai posé le téléphone dans le lavabo parce qu'il se
trouvait juste à ma gauche — ça faisait « Allô, allô ! »
comme pour un jeu de mots involontaire. Mais je n'avais
plus le temps de rire. Carolina avait porté ses mains sur sa
poitrine, puis à sa gorge, elle était secouée d'un drôle de
tremblement. Elle est tombée à genoux, et maintenant au
lieu d'un cri c'était un râle. Elle vomissait... Je me suis
approché pour la soutenir, mais elle a repoussé mon aide.
Ce qui était ridicule et touchant c'est qu'elle avait conservé
sa feuille de chou à la main, elle s'essuyait la bouche avec,
sans se rendre compte, entre deux accès de vomi — on
aurait dit un éventail grotesque...

Et puis elle est partie comme le vent dans le corridor...
J'ai couru aussi en criant :

— Attends !... Attends que je t'explique !...

Elle était déjà dans l'escalier là-bas, comme une balle qui
dégringole — un ballon échappé aux mains d'un enfant qui
rebondissait sur les marches. Je criais très fort : « J'ai eu
tort ! »... « Moi aussi ! », me vint du fond de la cage — et
nous demeurâmes silencieux de mort, moi tenant la rampe,
elle enfuie... Au-dessus du toit aux vitres polies qui éclairait
les marches, je vis le ciel bleu de cette journée-là, et par
moments il déborde encore sur ma vie. — Et je voulais
expliquer quoi, au juste ? Que le monde avait tourné sur
lui-même ? Normalement c'était mon père qui expliquait le
monde...

Dans la pièce j'ai repris le combiné ; Marie Famote était
toujours là qui attendait, un peu crispée tout de même...
J'ai expliqué que tout cela n'était rien du tout, que j'étais
navré...

— Vous m'inquiétez, disait-elle. Vous ne croyez pas qu'il
vaudrait mieux...

J'ai dit non, non, tout allait bien à présent... Et que j'étais
d'accord pour venir, bien sûr, entièrement libre ! Le Lux-
Bar, oui, je voyais très bien : en montant à droite, à l'angle
d'une petite rue — juste en haut de la place Blanche en
somme. Elle a dit oui, tout juste, mais il y avait des personnes qui voulaient téléphoner derrière elle, gentiment impatiente... J'ai dit OK, que je serais là-haut dans dix minutes. Elle a dit qu'elle m'attendait.

Alors seulement j'ai été infiniment triste de Carolina disparue, avec une grosse envie de pleurer qui m'a saisi...
J'aurais voulu la prendre au creux de mes mains, la consoler, et dire que le monde avait mal, que nous mourrions, de
grâce ou de force, et qu'en attendant il fallait se faire plein
de câlins. Et merde, merde !... A l'angle de la rue de Douai
j'ai échappé un sanglot — un seul, très bref. A cause de ce
mot-là « Douai », que j'ai lu sur la plaque en levant les yeux
— je ne sais pas pourquoi, sans doute la douceur que ce mot
trimbale, il m'a fait pleurer... Ça m'a desserré l'étau dans la
poitrine.

L'envie de pleurer m'a quitté tout à fait en haut de la rue
Fontaine, en apercevant la place Blanche qui grouillait de
son monde d'été. Les cars en queues et en bandes déversaient leurs flots d'étrangers saisonniers devant le Moulin-
Rouge... J'ai pensé qu'on leur mentait, à eux aussi, d'une
manière abominable, pour les conduire en cet endroit d'un
autre âge, qui n'avait même plus rien de folklorique tellement il était privé de ses indigènes. Totale imposture !... Ce
symbole de Paris ne se trouvait quasiment plus à Paris, mais
sur une place intermédiaire où se rencontraient uniquement
des gens du globe, comme la tour de Londres à Londres, ou
la place Saint-Marc à Venise — sauf que je n'avais jamais vu
Venise, mais on dit toujours ça : la place Saint-Marc à
Venise, en prononçant « mar ». Et j'ai pensé qu'elle portait
un nom de lessive.

Marie Famote était dans une tenue légère et colorée,
assise à la minuscule terrasse du Lux-Bar formée par l'angle
des deux trottoirs où débordent seulement trois petites
tables rondes. Elle m'a dit que c'était marrant ici, les gens
du quartier... Elle y venait assez souvent — est-ce que
j'avais vu l'intérieur du bistrot? Derrière le bar, la céramique? Décors 1900 — en tout cas avant la guerre de 14-18
si l'on en jugeait par le prix du café : dix centimes! Deux
sous la tasse, en termes d'alors... Et nous avons parlé de nos
centimes actuels, comme des gens qui se rencontrent sans se
connaître et se font la conversation sur des riens. Eh oui, en
fait !... Il valait donc un millième de nos francs à nous, ce
café-là ! Si nos calculs étaient exacts... Marie disait que l'on
sentait encore un climat du vieux Paris dans ce troquet
montmartrois.

Nous avons parlé longtemps ainsi, pour nous fixer la tête.
Nous faisions connaissance à deux... De temps en temps,
j'avais des bouffées de sueur froide en me demandant si
Carolina était rentrée à Lorette après avoir fait un tour dans
les rues — mais je pensais que non. Je pensais qu'elle devait
avoir mal, et qu'elle s'était réfugiée quelque part pour me
haïr à l'aise... Marie ne parlait plus de son livre, *Femme à
toile*; je ne savais pas si je devais en faire mention le

premier — j'ignorais tout des convenances... Le bouquin avait eu de grands échos partout dans les journaux, ce printemps — Le Tiaf, qui parcourait les feuilles, m'avait plusieurs fois alerté sur des articles élogieux. Nous les lisions, nous étions contents lorsque les critiques disaient du bien du livre ; et s'ils témoignaient des réticences, cela nous chagrinait. Nous nous étions sentis quelque peu solidaires. Je me suis enhardi à glisser que j'étais au courant du succès qu'elle avait eu... Elle a souri. Elle a dit que le bouquin marchait bien, en effet ; et j'ai eu l'image imbécile d'un livre à pattes qui se déplaçait tout seul ! J'ai failli m'écrier « Déjà ! » comme pour un petit enfant extraordinairement précoce. Mais c'était moi — ma tête. J'ai toujours eu de curieuses visions... Marie était passée plusieurs fois à la télévision pour présenter l'ouvrage ; encore récemment, un mois avant, à la fin juin — j'ai expliqué que je n'avais pas la télé.

Ses façons m'étonnaient. Elle affichait un air business — pas vraiment blasée mais distante. Je ne reconnaissais pas la fille excitée, marrante, telle que je l'avais vue au coquetèle, avec sa copine. Ses yeux ne brillaient plus d'audace, comme quand elle avait peur, avec la fièvre dedans... Je regrettais d'avoir abordé le sujet du livre, et je n'aimais pas la manière dont elle en parlait à présent. Elle disait des choses à côté, ce que les gens en pensaient, l'effet qu'il produisait — y compris l'impact de la couverture sur les lecteurs !... Elle m'a décrit comment l'éditeur s'y prenait pour le faire vendre — elle a même employé le mot « stratégie », et je me sentais assez choqué.

Et puis je me sentais un peu corniaud ! Alors Marie s'est mise à dire que le titre, à l'épreuve, s'avérait excellent. A présent tout le monde était d'accord là-dessus, mais n'empêche : j'avais été un bon témoin !... Qu'est-ce que je lui avais été utile, moi ! Il fallait que je sache combien j'avais été décisif !... Oui, ce soir-là, elle était au bord d'abandonner son titre, face à l'hostilité unanime qu'il provoquait chez l'éditeur... Nous lui avions filé une combativité pas possible, Kiline et moi, au cours de cette soirée ! Et là,

maintenant, son regard de nouveau s'allumait en pensant à
la lutte :

— Ah oui, c'est vrai ! Vous ne savez pas !...
Elle avait cité tout mon discours à témoin ! Mais oui !
Épique !... Le combat d'Achille ! — Elle me narre tout, en
accéléré, en rattrapage : que je suive bien les détails ! Les
réactions des vendeurs, des littéraires, le scandale !... Elle
avait dû menacer de se mettre à poil, en pleine réunion
extraordinaire — et de sortir dans la rue comme ça !...
Maintenant Marie était en flammes — un plaisir de la voir.
Elle me refaisait les gestes, elle se claquait les jambes de
joie !... *Toile à matelas ?...* Dérision ! Ce qu'elle aimait,
c'était la bagarre ! C'était là que les Athéniens s'atteignaient,
elle adorait livrer combat !...

J'ai demandé des nouvelles de Kiline... Elle allait bien.
Elle n'était pas à Paris ces temps-ci, mais quelque part dans
le Sud. Kiline passait l'été sur la Côte, elles se téléphonaient
souvent... Je me suis dit que c'était rigolo, mais les gens
d'un certain standing, lorsqu'ils étaient absents de Paris, ils
résidaient rarement dans le Nord ! Dans leur villa de Picardie, château dans les champs !... Ils séjournaient normalement en Provence, ou en Corse, dans des endroits où l'on
sue l'eau et le sang !...

La table à côté de nous était occupée par un couple très
étranger qui ne parlait apparemment ni anglais, ni hollan-
dais. Peut-être même pas allemand !... Alors j'ai pensé à
cette fille Leena, qui pataugeait dans son lac au-dessus de
tous les horizons. Elle donnait la mamelle à son petit comme
une bonne femelle d'homme, à cette heure, vu le moment
de la journée... J'ai eu le cœur serré — non pas à cause de la
mamelle ! — car tout me ramenait à ma fiancée. Est-ce
qu'elle était dans le train ? Dans le RER toute chargée de
chagrin ?... Ou bien elle se dirigeait déjà vers les tours,
après la gare, à Nanterre. Elle approchait du terrain vague
des footballeurs ? J'essayais de me figurer sa silhouette en
pensée, marchant menue dans le béton, en haut des marches
du grand hall... Est-ce qu'elle était si bouleversée que j'allais
ne plus la voir ?... Marie Famote a demandé comment ça

marchait, de mon côté, pour le voleur anglais dont elle avait oublié le nom ? J'ai été obligé de reconnaître que je n'en savais rien. J'avais rendu le texte depuis longtemps, mais je n'avais aucune nouvelle. Ils le publieraient à l'automne, probablement — du moins c'est ce qu'ils m'avaient dit. Du coup je me suis senti tout fier, de ce que mes phrases allaient paraître dans un livre ! Mes pages si chèrement gagnées sur le blanc — imprimées, là, comme le bouquin de Marie ! Maintenant qu'elle se montrait au mieux de sa forme, je me sentais vaguement de la famille...

J'en ai profité pour lui demander si elle connaissait quelqu'un aux Éditions Réserve, parce que tout de même je n'avais pas été très fidèle à Roland. Lui qui m'avait demandé de lui venir en aide !... Si je pouvais glisser quelque chose en sa faveur, à cette terrasse, en passant. Je tâtais le terrain, et tout de suite elle m'a mis à l'aise : « Ah c'est des cons ! »... Impérialement, sans discussion ! Elle répétait « C'est des cons » avec une intonation différente chaque fois, de conviction, d'évidence.

— D'ailleurs il y a un type qui me fait des avances, chez eux, je ne peux pas le sentir !... Comment il s'appelle déjà cet imbécile ? Il a un nom d'animal domestique... Brebis ?

Elle rigolait. J'ai dit : « Berbis »...

— En tout cas il me fait devenir chèvre !

Elle m'a rapporté que cet affreux avait essayé de l'inviter à déjeuner ! Mais oui !... Il voulait lui faire des propositions pour une collection qu'il montait. Le malheur c'est qu'il prenait un ton si fat, au téléphone, si prétentieux ! Parce qu'il n'arrêtait pas de l'appeler, ce culot ! Elle l'avait envoyé se faire voir ! Quel affreux bonhomme !... Le genre odieux vous savez, qui essaye de faire sentir qu'il est au-dessus de tout le monde, le plus fort, le plus malin !... « J'ai horreur de ces gens-là ! »

Il avait été maladroit, Roland, et plus encore que je ne pensais. Elle agitait ses longues mains en parlant — elle a dégagé ses cheveux de sa nuque, les soulevant par-derrière d'un geste gracieux tant elle avait chaud à penser à cette histoire.

— Vous savez ce qu'il m'a dit ?... Il était vexé le petit
monsieur ! Il m'a cité un truc sur les femmes, une phrase
d'Érasme, je crois, je ne sais plus !... Un machin complètement tordu ! Il faisait : « Chère madame, ce n'est pas moi
qui le dis, c'est Érasme ! Ah ah ah ! »... Vous vous rendez
compte ? Ce toupet !...
    Elle s'illuminait... Elle était jolie ! Elle lui faisait un bras
d'honneur — discret, sous la table, mais tout de même :
Roland, qu'il aille se faire foutre ! Érasme avec ! Hop !... Ce
bide qu'il avait pris mon copain !... En plus, ça ne me
déplaisait pas trop. Je n'ai pas dit qu'il était mon cousin.
D'ailleurs il n'était pas mon cousin !... Encore un de ses
mensonges ! Nous n'avions aucun lien de parenté, finalement... J'étais heureux que cette nana ait vu au travers de
son côté bidon.

    Elle rattachait son pendant d'oreille qui avait dû glisser
dans le feu qu'elle avait mis à me conter l'affaire. Elle
redressait fièrement le front, toujours riant — que la vie, au
fond, était drôle ! Infiniment cocasse... Et tant qu'on pourrait s'amuser comme ça ! — En même temps je me disais
que Roland Berbis n'était pas aussi mauvais. A force de
vouloir paraître, c'était sûr qu'il se plantait. Mais c'était un
peu dommage... L'idée m'est apparue qu'au fond il avait un
comportement d'Auvergnat qui craint le mépris — qui se
défend avant qu'on l'attaque !

    J'étais content d'avoir trouvé ça. Le boulanger en face,
dans l'angle de la rue Coustou, s'apprêtait à baisser ses
stores ; chez le traiteur, à côté, la patronne au visage rond et
rose nettoyait l'étalage avec une vivacité qui sentait l'écurie
— elle s'agitait des bras, à grands coups de torchon sur les
plaques de verre... Il faudrait que je lui dise mon opinion
là-dessus, un jour, à Berbis. Je l'avais trouvé mal barré la
dernière fois, pendant le repas. Il n'était pas gai, il avait l'air
miné...
    Marie n'aurait pas compris. Je ne pouvais me faire l'avo-
cat de personne. Elle ne sortait pas d'un trou de montagne,
cette souris — elle n'aurait jamais pu me croire !... Je l'ai
raccompagnée à l'autobus, en bas, sur le boulevard poly-

glotte. Elle m'a dit qu'elle avait parlé à une de ses meilleures amies qui avait la haute main sur les collections étrangères dans une maison d'édition. Sa copine avait promis de voir — il faudrait que je lui fasse parvenir un chapitre du bouquin que j'avais déjà traduit — c'était quoi ? Elle n'avait pas su dire... Histoire de se faire une idée du ton dont j'étais capable — mon genre de beauté quoi ! Normal... Si je lui donnais ces documents à elle, Marie, elle se chargerait de les transmettre. Ça lui rafraîchirait la mémoire !...

C'était adorable de faire ça pour moi ! Le hic, diable, c'est que le manuscrit, je ne l'avais plus !... Non, hélas, je n'avais rien conservé... Nous étions contre l'arrêt du bus, et elle m'a regardé avec tendresse, j'ai trouvé. Elle m'a dit que j'étais réellement nul ! Je devais récupérer un bout, un chapitre, n'importe lequel — mais au plus tôt, parce que tout ce monde allait se barrer en vacances d'ici quelques jours !...

Elle se chargeait du reste, et je l'ai remerciée copieusement comme le bus arrivait de Pigalle. Elle a dit que rien du tout, elle aimait à rendre service à des types bien. Et avant de monter, elle m'a fait la bise ; maintenant on se connaissait. J'ai attendu que le bus reparte, et j'ai fait des petits signes de la main...

Quand elle s'est éloignée dans la forêt des corps, derrière la vitre, je me suis demandé si elle ne me draguait pas un peu, des fois ?... Oh, ce n'était pas de la fatuité ! Juste un souci — parce que je ne savais pas. Je ne me rendais jamais compte de ces choses-là. Alors parfois cela créait des malentendus, après, avec les filles... Souvent les copains m'avertissaient — mais là c'était sans témoin, cette histoire...

J'ai appelé à Lorette pour voir si quelqu'un allait répondre. J'ai eu Clément... Non, il n'avait pas vu Carolina, pourquoi ?... J'ai laissé tomber. Je me suis mis à errer dans la rivière des gens de rue. Je me suis laissé porter dans aucun sens, vers la place de Clichy. J'avais envie d'être un peu seul...

*
**

J'ai fini par téléphoner à Nireug, pour le lapin. Il reposait depuis deux jours au milieu du frigo, il fallait bien prendre une décision... Comment j'allais l'accommoder ? Les indications, tout de même complexes, de Madame Saint-Ange m'intimidaient ; j'avais jeté un œil, machinalement, relu en entier la gibelotte — il aurait fallu un four, des tas de machins, je craignais de faire fausse route... Sans compter que je n'avais plus du tout le cœur à l'enthousiasme, même culinairement. Il tournait à la mauvaise farce, ce putain de gibier ! Alors, qu'on le cuise, le plus simplement, qu'on le mange et qu'on en reste là !... Clément aussi volait au ras des branches depuis qu'il avait su l'esclandre — lequel, disait-il avec un culot monstre, ne l'avait pas surpris une miette. Pour un peu il aurait dit qu'il s'y attendait !...

En somme j'éprouvais un genre de dégoût, j'avais envie que quelqu'un me guide, me dise comment arranger un lapin, sans chichis. Et sans bouquin...

Nireug, lui, était un prince en cuisine ! Un archiduc de la sauteuse — « vous prenez une sauteuse, choisissez-la de préférence avec le fond épais » — d'accord ! On croit qu'il suffit de lire... Nicolas, lui, depuis l'enfance, sa grand-mère, son arrière-aïeule même qu'il avait bien connue, l'avaient morigéné dans l'art des sauciers. Il était bizarrement issu d'une longue lignée de femmes, mon camarade ; les mâles avaient dû disparaître prématurément, je ne sais pas, se faire tous enguerroyer ! — il ne parlait que de sa généalogie de cuiseuses. Dans sa famille la bonne conduite des fourneaux était non seulement un devoir, mais une tradition... Par conséquent il était toujours prêt à un bon conseil : il suffisait de demander !... Seulement, comme avec tous les gens de métier, il était obligatoire de prendre les affaires par le bon bout — dure discipline ! Comme tous les experts Nireug ne souffrait pas l'à-peu-près... Pareil les médecins, ce genre-là. Si vous avez mal au ventre, votre vieille tante qui s'y connaît va tout de suite vous faire avaler une tisane d'eau de fleurs ! Douceur assurée, impeccable... Soulagement sous quinzaine de minutes ou peu s'en faut. Plus vite parfois, le temps de finir la tasse bien chaude ! — Allez demander à un docteur :

il est évasif ! Il veut savoir les antécédents des organes, les conditions climatiques de votre dernier accouchement, vos récents voyages, la coqueluche du facteur ! Le praticien répond ensuite qu'il ne sait pas, que tout dépend... Nireug, au téléphone, c'était un peu ça : la consultation d'abord. J'avais juste indiqué que j'avais un lapin à faire cuire...

— C'est un lapin domestique, ou un lapin de garenne ? Lui, tout de suite ! Où elles sont les garennes à Montmartre ?... Il nous croyait revenus au temps des Abbesses ?

— Ça ne s'accommode pas de la même façon, c'est pour ça que je te demande.

— Il s'agit d'un lapin acteur.

Il s'est poilé :

— C'est encore mieux : s'il est bon tu pourras l'applaudir !

J'ai expliqué le cadeau, la provenance : les terriers des Mathurins, ou bien de la Michodière — il n'avait pas bien saisi, Clément. Par là... « Disons entre les anciens remparts, et l'ex-mur des Fermiers généraux, tu vois ? »... Nireug n'avait cure, mais il a dit que là, il fallait être sérieux : il m'a demandé si j'avais un four — bien sûr que non ! Une cocotte assez grande alors, en fonte ?... Sans doute. Encore que... Il était mahousse, la bête. Je lui ai décrit : il tenait tout un étage de notre réfrigérateur. Mais pourtant, oui, ça devrait aller pour la cocotte... Je me rendais pas bien compte. J'ai fait : « Dis donc, c'est pas trop compliqué au moins ? »

— Compliqué ? Pourquoi compliqué ?... Ce n'est pas compliqué du tout ! Tu coupes ton lapin, bon — pas trop gros les morceaux. Tu fais revenir des petits oignons dans un peu de beurre dégraissé, auquel tu ajoutes un tout petit peu d'huile parce qu'il est préférable de mélanger les gras...

— C'est quoi le beurre dégraissé ?

— Le beurre dégraissé ?... Eh bien mais c'est du beurre que... Quand tu chauffes le beurre, tu sais, dans la poêle...

— Où est-ce que ça s'achète ?

— Ça s'achète pas ! Tu fais chauf...

Il a réfléchi cinq secondes, puis il a dit :

— Tu veux pas l'amener ton lapin ?... On le fait cuire ici, j'ai tout ce qu'il faut. Tu viens avec ton acolyte (c'est comme ça qu'il appelait Clément). On se fait une petite bouffe gentille tous les trois ! Non ?... C'est plus simple.

C'était inespéré... Le lapin s'était probablement endurci dans son rôle, la pièce avait duré longtemps. Le grand Nini serait à même de voir, d'agir en conséquence. Le temps de cuisson, les aromates... Et puis je devais reconnaître que ça nous sortirait d'ici — il m'a semblé que dans une chaude ambiance amicale, j'aurais un meilleur appétit... Nireug insistait de son côté, pour la forme :

— J'ai un excellent sauternes qu'un ami m'a rapporté de chez son oncle. Tu verras, c'est une splendeur ! Tu es d'accord ?

— C'est inespéré, Nicolas ! j'ai dit.

Mon acolyte s'est déclaré enchanté de cette solution. La perspective d'un dîner en hommes lui plaisait vraiment. Puis, en fin de compte, Clémentine est venue avec nous. Ça aussi c'était inattendu ! Mais elle n'avait pas connu Rabbit de son vivant, et nous nous sommes bien gardés de lui faire un dessin... J'ai rappelé Nicolas pour l'avertir, finalement, nous serions un de plus — c'était surtout pour les chaises, comme elle ne mangeait rien, ça n'avait aucune incidence sur le menu.

Nireug était en grande forme ; il avait appris la veille que « l'Avance sur recette » acceptait son scénario : la perspective de cet argent le rendait quelque peu frénétique. A présent il pouvait foncer : les deux ou trois producteurs avec lesquels il était en contact allaient se décider en sa faveur. Il irait voir les banques !... C'était compliqué, et je ne désirais pas vraiment savoir, mais je me réjouissais à l'unisson.

J'étais arrivé très à l'avance pour l'assister dans la préparation du repas, éventuellement prendre quelques notes sur la meilleure façon de braiser. Pourtant, plus je voyais agir mon camarade face à la cocotte, au tranchoir, découpant ses petits lardons par-ci, émincant l'oignon sur une planchette, châtrant le persil — plus les bonnes intentions me tombaient le long du corps. J'étais décidé à ne jamais faire de la grande cuisine.

Quand l'animal a été bien lancé sur feu doux, j'ai pris une douche. Le chef descendait chercher du serpolet à l'épicerie — il n'avait plus ni serpolet, ni sarriette ! Oublié de vérifier : le flacon était vide. Or, une pincée de serpolet, m'expliquait-il — étant donné que le lapin avait abusivement traîné dans des coulisses, où il n'avait pu brouter que du décor, qu'il était gras comme un blaireau ! — ça lui paraissait une bonne chose, du serpolet — à rajouter en milieu de cuisson... — Ça lui donnerait un petit coup de garenne dans le corps. Le côté clair de lune, justement, moulin d'Alphonse Daudet, la pauvre bête !

Le repas fut succulent ; le lapin était moelleux, la sauce parfumée !... Même Clémentine avait accepté de goûter — « Pourquoi elle goûterait pas ? Elle est pas malade ? »... avait clamé Nireug, surpris. Il nous trouvait étonnants !

— Tu n'es pas malade ?

Rigolard, gentil, engageant... C'est vrai qu'en sa compagnie on ne se serait pas senti d'entrer dans des complications de dernière heure : elle avait fait honneur à sa sauce sans rechigner. Prudemment en toute petite quantité — mais Nicolas avait affirmé que c'était la vraie façon des gastronomes de prendre du plaisir à des échantillons : « Les gourmets sont des gens sobres ! » Il le décrétait. En petite quantité, toujours, la bonne cuisine s'absorbe. Pas de goinfres chez les fins palais : « Du reste, les taste-vin, les goûteurs, ils ne boivent pas : ils recrachent, c'est bien connu ! »

Clémentine avait rougi de plaisir... Elle avait pris un doigt de sauternes, elle parlait en abondance. Sachant par voie de présentations qu'elle était musicienne, Nireug la recevait en artiste ; il parlait luth... Et le sauvage savait ! Il étalait des connaissances à caractère technique dans l'art de cet instrument ; sur le répertoire aussi... Il avait commencé par lui demander si elle travaillait sur tablature, ou sur transcription ? Du coup ils s'étaient engagés tous les deux dans une discussion assez hermétique sur les problèmes d'édition de la musique pour luth du XVIe siècle qui nous laissait pantois, Le Tiaf et moi. Nous faisions cornichons

comme c'était pas possible !... La crapule ! Il en connaissait
un vrai rayon. Il s'est mis à discourir d'un certain Boesset,
qui avait été musicien de Louis XIII — « Antoine Boesset,
c'est bien ça ? »... Mais ils avaient été plusieurs luthistes
dans cette famille, de père en fils, en neveux, cousins. Ça
grouillait apparemment !... La grande époque du luth, n'est-
ce pas, le règne de Louis XIII ? Le roi lui-même y tâtait
comme un chef !

— Il en pinçait, le monarque !

C'était le cas de le dire... Et les voilà parlant sarabandes,
courantes et gavottes ! Et Nicolas allant à son piano, dans la
chambre, pour un thème qu'il voulait indiquer, de Josquin
des Prés !... Jouant des bribes entre deux bouchées. Elle y
allait aussi, rectifiant un truc, un ton plus mineur que
l'autre, un arpège voisin... On les entendait se filant des
échanges sur le clavier. Une bien belle soirée pour Clémentine ! Jamais je ne l'avais vue aussi à l'aise, dynamique
et enjouée... Elle faisait très gamine.

Clément par contre semblait gris et morne à l'intérieur.
Contrairement à ses habitudes les plus chères il ne cherchait
nullement à attirer la discussion dans son coin à lui, il ne
faisait aucun effort pour ramener sa fraise. Il devenait carrément sombre, par moments ; il oubliait de manger, franchement ailleurs... Puis il nous souriait gentiment, pas hostile à
rien, content de se trouver parmi nous.

J'ai fini par lui dire :

— Tu n'as pas l'air dans ton assiette, Tiaf. Tu nous
couves une maladie, ou quoi ?... Tu vas pas nous faire une
varicelle avec cette chaleur !

Il m'a regardé intensément, dans un silence un peu pâle ;
Nicolas lui a resservi du sauternes, pour chasser le virus...
Il s'est déridé quelque peu, mais plutôt comme quelqu'un
qui veut faire honneur ; tout son comportement manquait
de franchise... Moi-même j'éprouvais des passages à vide.
Pendant que les deux artistes argumentaient leurs propos
musicaux, je pensais à Carolina. Son absence me faisait
froid... Non pas qu'elle fût fâchée vraiment, mais elle avait
une vraie peine.

Elle m'avait téléphoné le jour du drame, dans la soirée. Elle désirait s'excuser... Navrée d'avoir eu une attitude aussi idiote, disait-elle. J'avais tenté de la rassurer, disant que cela paraissait naturel... Non! Elle insistait : franchement démente! — Elle avait dû me paraître folle, ou quelque chose! Mais c'était malgré elle, elle n'avait pas pu se contenir... J'avais dit être bien désolé moi-même, que tout cela était entièrement de ma faute : je ne m'étais pas rendu compte de la gravité de mon acte... Parce que voilà : autrefois mon père m'avait fait faire ça. C'était naturel à l'époque — un autre monde alors, la montagne... Maintenant — eh bien, j'avais pas fait gaffe! J'étais un rustre, mais pas méchant... C'était idiot — je ne m'étais pas soucié suffisamment de son état de sensibilité à elle...

Ma fiancée m'avait répondu qu'elle comprenait parfaitement. Son oncle aussi tuait des lapins quand elle était petite fille, dans le jardin... Cela se passait ici, à Nanterre, ils habitaient un pavillon. Elle m'a dit qu'elle avait été élevée par son oncle, ce que j'ignorais — j'ai dit : « Ah bon? »... Mais elle a ajouté que ça n'était pas un type bien, cet oncle. Et comme je m'étonnais — que les tontons, d'habitude, c'est assez mignon, non? — elle m'avait dit, d'accord, mais celui-là il était spécial. Je l'avais entendue avaler sa salive, puis elle avait ajouté que comme spécialité il lui faisait faire des jeux sexuels quand elle était gamine, en plus de tuer des lapins dans le jardin... Et des poulets aussi, certains jours.

Notre conversation avait pris une drôle de tournure, et elle avait une drôle de voix. Alors j'ai voulu faire le malin, le type très au-dessus des bisbilles des familles — j'ai dit que je comprenais tout, et au-delà! Évidemment, si tel était le cas, elle avait dû être assez profondément choquée. Ça expliquait sa réaction physique violente!... Je lui ai parlé « souvenirs enfantins », et vivisection du lapin. Je lui causais fantasmes, je me trouvais subtil. Je lui démontais la fâcheuse coïncidence — l'image de l'oncle, peut-être un peu abusif, — et quand elle en a eu marre de mes salades, elle a été prise d'une respiration courte, agitée. Elle a dit :

— Il essayait de me violer, mon oncle, quand j'avais quatorze ans.

Et là il y a eu un blanc. Le téléphone me chauffait l'oreille gauche, et j'ai dû un peu l'écarter... Et puis je l'ai passé sur l'oreille droite, en changeant de main pour me relâcher les muscles du côté qui avait tenu le crachoir...

Ce fut Carolina qui reparla la première — et sa voix était blanche, et sourde comme le fond du vent... Elle m'a dit :

— C'était ici, à Nanterre. C'était pas la faute à Voltaire !

Entre la poire et le fromage, après, nous avons bavardé longtemps chez Nireug... La conversation avait glissé sur la danse, et Nicolas qui avait des idées précises sur la question, nous avait raconté quelle torture c'était, en réalité, cet art du danseur !

Il nous avait servi de la tomme de Savoie fermière au goût laiteux suri en cave, au parfum de vieux bois humide, à vous enchanter le palais — il s'en était resservi une longue tranche tout en parlant. La danse, assurait-il, supposait une discipline peu enviable — il y avait eu des danseurs dans sa famille, il savait. Un danseur ça se couchait pour dormir, ça s'asseyait pour manger, mis à part ça :

— Du jarret ! Toujours, encore, et hop !... La barre, le miroir, toute la journée. Et le soir gala !...

Un perpétuel enfer musculaire. Bien pire que la musique, cent fois !... Laquelle musique, cependant, ne se présentait pas toujours comme une continuelle partie de plaisir, hein ?... Il s'adressait directement à Clémentine qui hochait bien à propos.

— Dieu sait s'ils travaillent les instrumentistes ! Tu en sais quelque chose ?...

Eh bien, une vie de musicien c'était comme un long fleuve tranquille, comparé au sort du danseur, de la danseuse étoile ! Il fallait être un disciple fervent et appliqué de Monsieur Sacher-Masoch pour se plier à des exigences pareilles ! En un mot il fallait avoir tué père et mère ! — Nous ne connaissions pas Sacher-Masoch ?... Ah tiens !... Nicolas se coupait machinalement un morceau de pain supplémentaire, histoire d'accompagner sa languette de fromage dont il demeurait un bout esseulé sur un coin de son assiette. Il poursuivait son idée, le couteau brandi au bout de son bras sur la tomme :

— D'ailleurs, il n'y a qu'à voir, en France, comment la danse se propage depuis quelques années !... Ça fait tache d'huile, c'est incroyable !

Il s'est taillé une autre tranche de tomme finalement, histoire de finir son pain, en nous invitant à nous resservir. Clément opinait, le menton grave, comme chaque fois que l'on trouvait moyen de dire un peu de mal de la France, de ces crétins de Français... Nicolas nous a redemandé, sans blague, si nous ne connaissions pas Léopold Sacher-Masoch, l'écrivain autrichien ?... Ah bon ?... L'inventeur du « masochisme », précisément !

Au demeurant, tout cela n'était pas sans rapport avec notre projet, la théorie des sécrétions dans le monde occidental industrialisé — Nireug résumait pour les deux autres... Le développement de la danse, cet auto-châtiment, était une intéressante manifestation du masochisme de nos pays d'Occident, particulièrement des populations jeunes. Est-ce que nous ne remarquions pas l'étendue du ravage ? Les proportions que cela prenait, chez les filles surtout ?...

— Dans la petite et moyenne bourgeoisie, t'as plus une demoiselle de plus de dix ans qui ne soit pas inscrite dans un cours de danse !

Les cours de danse se développaient à un rythme tel qu'on en trouverait bientôt dans toutes les rues de la capitale... Hygiène du corps ? Pas du tout !... Cela traduisait au contraire un profond malaise : une sorte de narcissisme destructeur, la négation de sa chair, particulièrement de la chair sexuée.

— C'est une branlette géante, cette histoire de cours de danse ! Jamais elles ne deviendront des artistes, les gamines ! Ça n'a rien à voir ! C'est seulement le besoin de bien se crever, de s'épuiser la viande... Vous avez vu comment elles sont maigres, les pauvres louloutes ? Des pattes comme mon doigt !...

C'était bien le refus de leur épanouissement, chez ces adolescentes, le rejet de leur féminité naissante.

— Parfaitement ! Ce qui les tient, c'est l'idéal du squelette. Attention : froid devant !...

Il rigolait ferme ; il agitait devant nous les fantômes dé-
charnés de ces petites mignonnes dévoyées.

— Les malheureuses !...

Clémentine buvait ses paroles... Elle le regardait, avec ses
gestes arrondis de bon vivant subtil et lettré, son enthousiasme et son rire. Nireug établissait la correspondance
entre ces pratiques sado-masochistes et la peur profonde de
la baise dans nos générations. C'était à rapprocher des crises
mystiques et tout ça ! Il voyait là l'équivalent des vieilles
vocations de jadis : l'appel du couvent...

— Les jeunes filles se rabattent sur l'entre-chas ! Ce sont
les mêmes gamines que l'on rencontrait autrefois novices au
couvent !... Voilà ce que c'est, les cours de danse : le
couvent des oiseaux de cette fin de siècle ! Du néo-mysti-
cisme tout pur !...

Car ces nénettes, en plus, elles ne mangeaient rien ! Des
purs esprits !... Il le redisait : la tendance cadavre ! Elles
briffaient des salades, comme les escargots !... Alors que les
danseurs, les vrais — les artistes —, ils doivent se taper des
steaks dès le matin pour tenir leur turbin...

— Il faut voir ce qu'elles se descendent, les petites dan-
seuses, là, quinze, seize ans ! Doubles rations !...

Il parlait des professionnelles, naturellement : l'Opéra, les
corps de ballet ! L'effort physique en pleine croissance : elles
dévoraient. Des petites gouffres !... Comme tous ceux qui
fournissent un effort physique soutenu — les terrassiers !...
Les musiciens aussi mangeaient bien, hein ?... Il prenait
notre Clémentine à témoin, qu'elle ne crachait pas sur les
morceaux, pour sûr ! Profession oblige... Il lui disait :

— Hein, si tu cassais pas bien la croûte, tu tiendrais pas ?
Pour jouer du luth, il faut avoir un bon coup de fourchette !

Elle rougissait, elle ne disait pas non... J'ai regardé Clément : il faisait une tête impayable d'étonnement. Clémentine nous a regardés, le sourire tout de même gêné, comme
une crainte qu'on aille cafter... Mais à la pensée de son
« fameux coup de fourchette » je n'ai pas pu m'empêcher, je

suis parti d'un rire nerveux… Ça a fait ricaner Le Tiaf à son tour, il s'esclaffait — ce qui faisait que le grand Nini était bouche bée de nous voir nous boyauter. Il se demandait où était la blague, prêt à partager, le couteau en l'air… J'ai dit que c'était à cause d'une amie que nous avions en commun nous trois, qui ne mangeait rien du tout ; et Clémentine était rouge comme un corne-cul, mais elle faisait semblant de rire aussi de cette supposée copine ! Et cette rougeur, finalement, lui allait très bien au visage. Ça lui donnait une luisance : elle est apparue toute jolie. Et l'éclat de son œil aussi était beau de ne pas être traitée en ridicule — c'était un peu magique comment elle se transformait… Et Nireug a dit :

— Bon, c'est pas tout ça, je vais vous faire un café !

Nous avons terminé la journée au La Fayette, en revenant. Au dernier moment Nicolas nous avait accompagnés ; une fois au métro, après qu'on s'était fait les au revoir, il avait dit : « Bof ! »… Nous continuions à parler : il était descendu aussi. Après tout, il faisait beau !…

Nous nous sommes installés en terrasse — disons, c'était carrément dans la rue, car il n'y avait pas une place du diable le long de la vitrine. Mais il y faisait plus frais qu'à l'intérieur. Des Américains en culottes courtes s'étaient placés là aussi, pour boire à l'ombre du store… De temps en temps ils échangeaient des phrases brèves avec leurs Américaines aux cuisses brûlées.

Quand Clémentine est partie aux toilettes, dans le fond de la salle, j'ai dit combien elle paraissait en forme, ce soir… Juste pour donner du liant à notre conversation qui s'effilochait ; j'ai fait une remarque sur sa participation au banquet — inhabituelles agapes ! Nireug s'est mis à rire… Il tournait le dos à la rue ; il nous regardait, énigmatique, l'un après l'autre, en relevant le buste — et même assis il faisait toujours un peu haut… Il a déplacé sa chope de bière sur la table ronde, avec le carton dessous, jouant à les mettre tout au bord du marbre, à la tangente du cercle en laiton. Il hésitait à nous livrer sa pensée… Il a dit tout de même :

— Vous êtes des cons !... Elle a pas besoin qu'on lui rabâche son peu d'appétit. On voit bien qu'elle est maigre comme un cent de clous ! Elle bouffe pas cette petite !... Et justement, elle a besoin qu'on lui dise qu'elle a un bon coup de fourchette !...

Il rigolait, avec sympathie... Il ne nous en voulait pas, simplement ça l'enchantait, notre balourdise. Il a bu une gorgée de sa bière, léchant la mousse sur la lèvre du haut, comme un chat. Il nous contemplait... Clément était devenu de moins en moins loquace ; il croisait et décroisait ses jambes, comme si le trottoir lui brûlait la plante des pieds. Il ne semblait pas du tout concerné par ces reproches amicaux, l'air absent, terriblement songeur... Il a souri, puisqu'on le regardait, mais avec cet air détaché de « rira bien qui rira le dernier » — qui est si difficile à dépeindre...

Nicolas a levé ses grands bras au-dessus de sa tête, en s'étirant ; puis il a glissé ses mains derrière sa nuque, en tirant les coudes en arrière : bonne gymnastique du dos... Un petit vent circulait sur le trottoir, montait vers la gare du Nord, genre brise du soir. Après le bout de la longue rue droite, on pouvait imaginer les bords du canal Saint-Martin.

— C'est une évidence ! faisait Nireug qui poursuivait sa pensée. Il faut faire semblant de croire qu'elle s'en met plein les trous de nez. L'effet Pygmalion, voyons !...

Il me regardait, le sourcil levé :

— Toi qui es fils d'instituteur, Thuilier, tu devrais savoir ça !...

Il riait débonnaire. Il s'amusait de nous voir aussi couillons élémentaires... Nous avions tout à apprendre des tours subtils et somptueux de l'âme humaine !... Le mouvement de ses bras en l'air avait fait remonter sa chemisette sur son nombril, découvrant une large bande de peau brunie, ferme, plantée de poils que lui caressait le zéphyr.

— Tu ne connais pas l'effet Pygmalion ?

Et Clémentine est revenue ; elle a demandé de quoi on riait, elle qui ne demandait jamais rien...

Elle est restée debout un moment, en suspens de nous ; elle devait nous quitter maintenant, à cause de son travail pour demain... Nireug a dit que boulot, boulot ! C'était l'usage ! Elle était tout excusée de nous lâcher : « Au bagne, on n'a pas souvent la permission de minuit ! »... Tout de même il a voulu noter ses coordonnées, pour le cas où il aurait besoin d'un petit coup de luth dans son film. On ne savait jamais, hein ?... Pour l'instant, il ne voyait pas très bien encore, naturellement — mais a priori, pourquoi pas ? Qu'elle lui laisse toujours un téléphone où l'on puisse la joindre le moment venu !... Cette touche professionnelle couronnait assez bien notre soirée de bons rapports et de détente. On la sentait presque émue, Clémentine, que le grand Nireug lui ait demandé ça — après tout, elle allait bientôt devoir courir le cachet comme tout le monde !... Elle nous a fait la bise, gentille, à lui et à moi — Clément l'accompagnait jusqu'au métro, galant homme.

C'est en revenant qu'il a lâché le morceau... Le Tiaf avait attendu que nous fussions seuls — au retour de son brin de conduite il avait un air soudain agité. Il a dit en s'asseyant, comme quelqu'un qui soulage sa conscience en se jetant à l'eau :

— J'ai une grande nouvelle. Tu ne devineras jamais !

Il se frottait les mains ; sa joyeuse impatience tranchait avec son aspect rêveur de tout à l'heure... J'ai pensé qu'il allait être papa ! — Clémentine était enceinte, ou quoi ?... Mais non ! Il n'avait pas pu s'expliquer plus tôt à cause d'elle : voilà, il partait.

— Comment ça, tu pars ?

Oui, il se tirait !...

— Tu sais bien !

Il émigrait quoi !... Clémentine n'était pas encore au courant, il n'avait pas voulu m'annoncer ça devant elle, forcément !... Il quittait la France. C'était décidé depuis hier au soir.

— Ah bon ? a fait Nireug, très surpris. Tu t'en vas où ?

— Au Japon.

Clément était content de son effet !... Il l'avait tellement tourné dans sa tête, ce moment où il pourrait tailler la route ! Depuis des années !... Depuis le matin, il attendait pour lancer sa phrase, en toute simplicité : « Je vais au Japon ! »... D'ailleurs il l'a prononcée doucement, avec un détachement extrême, comme s'il énonçait une station de métro : Japon ! Pareil Auteuil, ou Châtelet... Indifférence, alors que je voyais son menton sur le point de trembler !

En même temps il s'excusait auprès de moi, avec une sorte d'urbanité exagérée : il n'avait rien voulu me dire tant qu'il n'était pas absolument certain que cela se fasse. Un peu par superstition — des coups foireux, il en avait connu !... Il avait attendu confirmation de la combine dont il m'avait touché deux mots déjà : des négociants qui lui payaient son billet aller en échange d'un transport de fringues... Une affaire pas franchement illégale, pas complètement transparente non plus : ces coups-là demeurent très aléatoires tant que le feu vert n'est pas venu... Or, depuis hier soir, c'était certain, les gens s'étaient déplacés à l'hôtel exprès : il partait quand il voulait.

C'était une nouvelle, en effet !... Le temps prenait une accélération brutale qui me collait à mon siège ; ma chaise en rotin craquait. Aussi, je lui trouvais un air drôlet au Tiaf depuis plusieurs jours — je l'avais attribué aux perturbations psychologiques que lui entraînait son état de portier... Je me suis mis à détailler les petits stores bleus, crénelés, sur la façade de l'immeuble en face, qui soulignaient chaque fenêtre de l'hôtel Hamilton... C'était donc ça ! Ces airs qu'il avait pris lorsque nous avions parlé des projets de l'automne. Et son aspect à côté de ses pompes, toute la journée d'aujourd'hui...

La serveuse était de passage sur le trottoir ; elle encaissait aux tables voisines. Nireug a fait, d'une grosse voix :

— Eh bien, ça s'arrose ! Profites-en, tu ne sais pas s'ils auront de la gueuze là-bas, c'est pas sûr !

Il a commandé une autre tournée. Clément semblait fort ému ; j'ai demandé :

— Tu pars quand ?

— Quand je veux.

— Et l'hôtel ?

— Je vais prévenir Mohammed. J'ai un téléphone où le

toucher en cas de panique. Je l'avais un peu averti que ça risquait d'arriver. Il reviendra plus tôt, à la fin de la semaine.

Quelle aventure !... Le Tiaf se précipitait d'un grand pas en avant. Une enjambée de continents ! Bientôt il allait pouvoir marcher dans ses rêves : l'Orient extrême... Je le voyais naviguant sur des jonques — et j'avais beau me représenter leur envahissante industrie de moteurs, je confondais tout dans un grand amalgame d'Asie.

Mais aussi je me trouvais sous influence à ce moment-là. Je relisais *Les fruits du Congo*, ce bouquin que nous avions trouvé à Montreuil — je le resavourais le soir, par petites étapes, phrase à phrase... Il teintait mes humeurs d'une nostalgie un peu étrange, à cause de Frédéric, de Dora ; la quête de ces gens qui cherchaient leur enfance, leur amour. Et cette ville qui s'appelait Zacrouchlov débordait sur mon tous les jours, surtout la nuit.

Maintenant il faisait bon devant les maisons, dans le courant d'air. Je pensais que Clément allait partir pour Zacrouchlov ! Il y partait bien tard dans la vie, je me demandais s'il arriverait à l'heure. Et lui, qui lisait l'ambiance de mes pensées intimes, il a fait, en soulevant sa bière :

— Tu te rappelles ce que tu m'as dit un jour ?

— Non.

— Le soir où tu es revenu de Londres, cet hiver... Tu avais perdu une dent.

— Et alors ?

— Tu m'as dit : « On vieillit, Clément, il va falloir faire quelque chose. » Tu te souviens pas ?...

Le mot l'avait travaillé, il pouvait me le dire à présent. Cette nuit-là il avait très peu dormi ; il avait décidé de se donner un grand coup de pied au cul !... Il m'avouait : la remarque l'avait empli de panique. Il avait senti très fort, que s'il ne prenait pas une décision radicale tout allait demeurer immobile, épais, gluant, infiniment.

— L'appel de Zacrouchlov, Clément...

Nous avons discuté là-dessus longuement dans la nuit qui tombait. Le patron est venu tourner sa manivelle qui remontait le store beige et vert pour que la fraîcheur descende sur nos nuques... La rue La Fayette avait l'air de pencher davantage dans le crépuscule ; elle se cabrait vers l'est comme une planche qui bascule. Les lignes fuyantes des longs balcons sur les façades pointaient toutes vers un petit carré clair, découpé dans le ciel comme un trou qui sortait de la ville, loin. Comme un chemin qui se perd dans les vignes.

Peut-être qu'il y en eut, autrefois, du raisin, après le canal, là-bas, vers Pantin ?...

Deuxième partie

Les vieilles femmes, dans la montagne, disaient jadis :
« Demande aux cailloux noirs s'ils ont souffert quand ils
étaient volcans ! » Des femmes sombres, dans les villages
rongés de suie, récitaient en chevrotant des proverbes inson-
dables, au flanc des puys... Parfois elles riaient d'un rire
aigu de vieilles tôles que le vent agite, puis elles me faisaient
des contes absurdes : « Écoute le temps venir, petit, écoute
bien, il va passer !... Tu l'entends ?... Chut ! Ça y est : il est
passé ! » Elles mâchonnaient des fèves dures entre les mots
qui leur venaient du menton : « Il reviendra, écoute encore ! »...

Je suis retourné à Brighton, un soir d'hiver, bien longtemps après que cette histoire fut close, ses êtres évanouis...
Carolina avait repris sa quête d'elle sous un autre ciel que
moi, qui portais dans ma tête des châteaux laineux. C'était
sur le tard de notre amour qui s'était enfoncé dans la nuit
comme un oued sous le sable — sauf qu'elle avait choisi la
pluie... Par hasard c'était un dimanche aussi. Il y avait une
brume légère dans la campagne anglaise, je n'avais rien pu
voir du train, pas même ces cônes bizarres qui se dressent
dans les champs du Sussex comme les chapeaux païens d'un
monde qui a perdu le bon sens... Devant la gare une file de
taxis attendaient ; ils étaient cinq ou six, rangés dans la
lumière orange des lampadaires, filtrée par ce brouillard
tenace et léger comme une gaze.

Je suis allé regarder les chauffeurs un à un, à travers leur pare-brise. J'aurais aimé reconnaître l'homme qui nous avait conduits ce soir-là en décembre, quand la lune était grande où Carolina riait — et je n'avais su que plus tard que c'était de peur... Je voulais faire un tour dans ce taxi-là de mon histoire qui commençait, que j'avais crue si belle et qui s'était perdue.

J'ai marché vers la dernière voiture — il me fallait cet homme lui-même qui avait connu ma fiancée pendant une vingtaine de bonnes minutes. A mon idée nous aurions roulé le long de la plage, au bout de la ville, et j'aurais entendu sa voix sortir de sa nuque raide. Nous serions retournés sur la route, vers Newhaven, sans lune, jusqu'au port — et j'aurais dit : « The moon ! The moon ! » quand même. Aussi je regardais ces hommes au visage, comme sous le nez ; mais personne ne ressemblait à personne.

Ils se demandaient tous pourquoi ce type venait les observer ?... L'un d'eux m'a crié par la portière — sa voiture était verte et luisait sous le crachin :

— What d' you want ?

J'ai dit que non, non, c'était rien !... Car sa voix n'était pas aimable.

— D' you want a ride, or what ?

Qu'est-ce que je branlais là dans la nuit ?... Il avait baissé sa vitre, j'entendais la musique de sa radio. J'avais besoin d'un tac, ou merde ?

J'ai dit :

— I'm after a man I met, once...

J'ai bafouillé. C'est vrai que mon histoire s'était brouillée avec le temps.

— What man ?

J'ai dit que c'était pas la peine... Il m'a pris pour un détraqué, je pense — un homme ivre et sans manteau. Il a remonté sa glace, et je n'ai plus entendu la musique de rock'n roll. Des traits s'étaient dessinés sur la vitre qu'il avait remise en place entre nous — des raies verticales sur le verre...

Un autre chauffeur, devant, a rigolé doucement, si j'avais perdu mon ami ?

— Lost your friend, my friend?...

J'ai cru entendre qu'il avait dit ça, et j'ai fait comme s'il n'avait pas d'importance. Je me suis éloigné sur les marches qui descendaient, et je suis entré en bougeant dans les halos des réverbères. La ville s'ouvrait sur ces lueurs dorées... A présent il y avait une sorte de musique dans ma tête — je me voyais marcher dans la brume, ce qui fait que je m'éloignais de moi-même.

Je savais que si je descendais la rue humide jusqu'à la jetée, je ne verrais pas la mer qui serait fondue ce soir. Alors j'ai pensé à Riton... Demande aux cailloux noirs ! Je me disais qu'au fond ç'avait été une bonne erreur d'amener Riton à Lorette ; le cours du temps en avait été changé. Je revoyais la manière de gaieté immobile qui l'avait saisi en débarquant là-haut, sous ces toits nouveaux pour lui... Il y avait été un temps heureux.

En plus, tout septembre avait été splendide, cette année-là — et rien n'empêche de juger une année à la beauté de son arrière-saison.

J'ai pensé que Carolina avait emporté ma dernière parcelle d'enfance, et je me suis dirigé au fond de la ville vers le Grand Hotel, sur le « sea front ». J'avais envie d'une chambre avec vue pour le lendemain. J'avais envie d'un bain, un grand bain chaud, d'une vraie musique, et d'alcool... Et aussi le besoin de caresser le fond de la mémoire qui porte à écrire. Puisqu'à présent, aussi bien, je vivais cette « époque où l'on vit », ce jour d'aujourd'hui, ou de jamais, nulle part inscrit...

9

Les choses s'étaient soudain précipitées pour Henri, à Nanterre. D'abord son insuffisance rénale s'était avérée bien autre chose qu'un malaise passager — et tout le monde avait commencé à lui mentir... Sa sœur Viviane, ensuite, était cruellement sur le point de partir — on lui offrait, à grand prix, de quitter la région parisienne pour le bonheur de sa maisonnée, ce qui la plaça quelque temps dans une situation intense, souvent appelée cornélienne. Son caractère fut momentanément agité par cet écartèlement entre l'avenir fragile de son frère et sa carrière de femme raisonnable — au point qu'un soir Carolina revint de la banlieue en fureur et en larmes à la suite d'une escarmouche. Elle se jeta sur moi dans un état de désespoir aigu. Elle abandonnait, disait-elle !... Sa vie était devenue trop insupportable — est-ce qu'elle était douée pour ça ? Est-ce qu'elle attirait les emmerdes, comme le lait les mouches ? — Et j'ai dit que le lait attirait aussi les serpents, même les hérissons... Mais ma fiancée n'avait plus la force de songer à l'humour ! Non, franchement — elle agrippait le col de ma chemise — elle était née comme ça alors, à mon avis ?... Avec la poisse au corps ? Depuis l'enfance ça n'arrêtait pas ! Elle n'en finirait donc jamais avec la scoumoune ? — Elle voulait que je lui dise... Elle me demandait, sérieusement : est-ce que j'avais cru remarquer une prédisposition quelconque chez elle, un don de la chierie ?... Puis elle s'était jetée sur le lit, en sanglots : c'était trop, mille fois au-dessus de ses forces !

Ce fut à ce moment que je décidai d'aller voir Viviane, la vraie : sœur unique et soutien d'Henri Crobarre, dit « Croquis » depuis l'école primaire, et parfois « Croquignol » par déclinaison... A présent on ne l'appelait plus guère que Riton, sauf les médecins qui disaient « Monsieur Crobarre ». Viviane, donc, épouse Dubois, habitait elle aussi Nanterre, dans la même tour du hachélaime, à quelques étages d'Henri... Ce n'était pas la première fois que les deux filles avaient des mots — Carolina m'avait raconté leurs débuts houleux : avant l'accident déjà, bien que très jeunes, les prises de bec... Tout de suite après le drame, bien sûr, le temps de reformer la vie — et plus tard, surtout, lorsque « Viva » avait tenté de fuir, l'année précédente. Ce n'était pas passé tout seul, comme une lettre à la poste !... Mais à présent l'affaire prenait un tour inquiétant, crucial dans les choix : si Viviane partait, Riton restait à la seule charge de « Viva ». Elles s'étaient traitées comme des chiffonnières, pire que ça ! Et Carolina, sous son autre peau, avait curieusement les mots pour ça : des violents chapelets adéquats qui lui remontaient de l'enfance, des insultes ordurières qu'on n'aurait pas imaginées dans sa bouche, et qui lui donnaient envie de vomir dès qu'elle avait terminé de les dire...

Le dilemme avait surgi brusquement, à la fin du mois d'août, lorsque l'entreprise où travaillait Madame Dubois lui avait proposé de l'avancement. On lui avait offert, hors de toute attente, un poste de cadre supérieur — elle devenait chef de tout un secteur important, avec un traitement qui sautait à plus du double, en comptant les primes, à condition qu'elle acceptât de s'expatrier dans la région de Toulouse, où la société créait une nouvelle antenne d'électronique. Le contrat était de cinq ans, les avantages hallucinants — on embauchait son mari en extra sur un poste convenable : facilités de logement, et d'école pour les enfants — mais il fallait donner son accord dans la semaine et déménager dans les quinze jours au plus tard. En effet, cet Eldorado venait de se découvrir — ironie du sort ! — parce que l'ingénieur nommé dans cet emploi depuis six mois, qui devait prendre ses fonctions au premier septembre, venait de se tuer en voiture en rentrant de vacances. Viviane Dubois avait une spécialité pointue dans le domaine des microprocesseurs et bien qu'elle ne possédât pas exactement tous les diplômes, la Direction lui proposait ce poste à cause de ses compétences acquises, de son ancienneté dans la maison, avec la confiance absolue que sa conscience professionnelle bien connue inspirait en haut lieu. Le grand patron insistait pour qu'elle parte, car il n'avait sous la main aucune autre personne formée disponible sur le moment... C'était une chance inouïe, à condition de savoir la saisir. Malheureusement il n'y avait aucune place pour Henri dans cet envol de prospérité — vu l'état où il était, en plus, avec le rein artificiel qui s'annonçait maintenant à brève échéance !

« Tiens, montre », a dit Viviane à son mari qui se tenait debout à côté du sofa — puis elle est allée prendre elle-même dans un tiroir une enveloppe décorée d'un soleil stylisé sur des vagues, à l'en-tête de l'Union des Établissements Hélio-Marins. Elle a sorti la lettre pour me la tendre, avant de se rasseoir lourdement sur le canapé, l'enveloppe pendant entre ses doigts... C'était un mot du professeur urologue de Berck-Plage qui donnait ses derniers sentiments, impeccablement tapés à la machine : « ... On peut donc en conclure que les reins de Monsieur Henri Crobarre sont définitivement déficients — cela de manière probablement irréversible dans l'état actuel de nos connaissances — et qu'il n'existe d'autre salut que dans *l'épuration extra-rénale du sang* (souligné) c'est-à-dire l'utilisation permanente du rein artificiel. Cette technique est très contraignante — continuait le savant — puisqu'elle impose au malade de se présenter au minimum tous les deux jours dans un centre d'urologie très équipé pour y être branché pendant plusieurs heures sur un appareil compliqué, ou de disposer à son domicile (si la couverture sociale le permet) d'un appareillage ambulatoire dont la maîtrise est complexe »...

— Vous voyez si c'est jojo ?...

Elle m'a apostrophé comme ça, d'un ton légèrement pro-
vocant, dès que j'ai levé la tête ; et son mari a ajouté :
« Non, c'est pas jojo ! »... En tous les cas, il était hors de
question qu'elle l'emmène ! Avec toutes ces complications il
lui fallait quelqu'un en permanence, à Henri... D'un autre
côté elle ne pouvait absolument pas refuser une situation
aussi inespérée — qui ne se représenterait jamais ! Une
promotion qui la plaçait au rang de cadre supérieur — avec
toutes les incidences attachées à ce statut pour la retraite...
On ne pouvait pas laisser filer une aubaine sans précédent
dans la famille qui jusqu'à présent n'avait eu que des malheurs. Avant tout elle devait penser à l'avenir de ses enfants ! Son mari, Jean-Michel Dubois, dit Jean-Mi, se faisait
une joie immense de s'installer à Toulouse. Surtout qu'ils
seraient dans la banlieue ! Ils logeraient en pavillon, avec un
jardin pour les enfants, dans lequel il pourrait aussi cultiver
des tomates, des radis... C'était à Muret, exactement, à
deux pas de Toulouse : « Vraiment tout près, disait Jean-
Mi, avec toutes les commodités. » Il était allé voir, d'un
coup d'avion. Devant sa réticence à elle, toujours à tergiver-
ser, à se demander si ça risquait encore d'être galère ou quoi
— avec le pot qu'ils avaient ! — la boîte avait offert un billet
aller-retour par Air-Inter, afin qu'ils puissent se rendre
compte sur place, par eux-mêmes — le Grand Patron avait
dit : « Mais non, madame, il est normal que vous vouliez
savoir à quelle sauce vous serez mangée ! », en riant... Et ils
pouvaient même prendre des taxis là-bas, en arrivant, pour
visiter la maison toute prête qui leur était dévolue — dans
laquelle ce pauvre Jaubert devait aménager ces jours-ci... La
Direction espérait que ces façons luxueuses emporteraient
une décision dont elle avait instamment besoin — elle
n'avait pas tort. Il était allé seul, finalement, mais il était
revenu séduit, Jean-Mi. Il le disait lui-même : « J'ai été
séduit. »

C'était un homme brun et mince, assez pâle, avec des
yeux tristes, cernés de bistre qui luisaient de gentillesse... Il
demeurait debout près du canapé, appuyant les réflexions

de Viviane d'un mot, d'un hochement de tête — quelquefois il répétait la fin de sa phrase... Quand elle disait : « Pas vrai, Jean-Mi ? », il répondait : « Ah ça c'est sûr ! », en levant un tout petit peu sa main droite qui pendait, comme pour un serment, mais pas trop haut, discret, vers la hanche... Là, pour la maison, il a dit : « On peut lui montrer ». Il est allé chercher les photos qu'il avait prises pour elle et les enfants, tout un rouleau il avait fait, en couleurs. La belle maison dans le soleil — pas très grande, juste un rez-de-chaussée — et là-bas elles ont toutes des toits plats faits de tuiles rondes et roses. D'ailleurs on l'appelait « la ville rose »... Pas Muret spécialement : Toulouse — mais c'est pareil, le même ensemble. Un ensemble urbain... Et là, l'intérieur, les pièces : un grand séjour, très spacieux !... Deux chambres à coucher, salle de bain, et une cuisine où l'on pouvait manger à six si l'on voulait !... Et puis, naturellement, ce qui était incomparable : le jardin, tout équipé ! — C'est-à-dire une partie agrément, et une partie potager si on le souhaitait ; il y avait même une petite cabane derrière, pour ranger les outils — il ne l'avait pas prise sur la photo. Le garage !... Tout ça n'était pas gratuit, entendons-nous bien : mais vraiment le prix était dérisoire, comparé à ici ! Oui, même vis-à-vis du hachélaime : une misère !... Bien sûr, c'était un arrangement spécial de l'entreprise, pour loger ses cadres.

Viviane avait la sensation que leur existence allait enfin changer. Le vent, pour eux, était en train de tourner — et ce ne serait pas trop tôt ! Ils en avaient trop bavé sur ce coin d'asphalte, de béton, de Nanterre. Leur « chienne d'enfance », elle disait — en particulier depuis la mort de leur père... Peut-être qu'ils allaient enfin avoir droit à un peu de repos, côté guigne, sous d'autres cieux. Tout reprendre à zéro — elle touchait du bois !... Elle a posé fermement sa main gauche sur l'anse du porte-revues en rotin, au coin du convertible — on aurait pensé qu'elle voulait redémarrer dans l'existence, cette fois, avec ce panier ridicule à la main... Repartir d'un bon pied, avec le droit d'être un peu heureux — ils ne demandaient pas la lune ! Mais heureux gentiment, loin d'ici, des bicots, de la crasse, et de l'univer-

sité à côté ! Pour eux c'était une chance fabuleuse qu'ils ne
pouvaient pas laisser filer — ils n'avaient pas le droit, ne
fût-ce qu'à l'égard des enfants ! Jean-Michel le confirmait
lui-même :

— C'est sûr. Pour nous c'est inespéré !

Le beau soleil qu'il avait vu jouer dans les fleurs du jardin
brillait encore sur ses yeux rêveurs. Il avait un sourire en
pensant à Muret, un sourire qu'il retenait, à moitié incré-
dule, comme un enfant à qui on a fait une belle promesse. Il
tapait les photos dans sa main, sans hâte, comme des cartes
pour un château — un château loin en Gascogne, et pour
bientôt... Son regard étonné restait fixé sur le mur en face,
au-dessus de la télé ; quelque part au fond de ses yeux des
bouffées de vent chaud passaient sur les tomates.

Seulement voilà : il y avait ce clou, douloureux fil à la
patte... Henri, qui était dans leur chair comme une écharde
de remords planté. Viviane avait trois ans de plus que son
frère, et dix ans de galère pour le faire tenir dans le droit
chemin — sans succès. Depuis que leur père était disparu,
c'était simple, elle n'avait pas connu un instant de répit. Et
pour quel résultat ?... La preuve !... C'est à la mort de leur
père que tout avait commencé — Paul Crobarre était contre-
maître en usine, il était décédé subitement, dans la fleur de
l'âge, à quarante-cinq ans, du cœur. On l'appelait Paulo...
Elle avait dix-neuf ans, à l'époque, et Riton seize. C'était là
le drame pour ce gosse : il avait tout bousillé, ses études, son
avenir, le Parti.

— Ben oui, il était entré aux Jeunesses communistes,
comme papa était militant.

Alors, pour faire le malin, il s'était laissé entraîner par
une bande petits-bourgeois — des fils à papa qui voulaient
faire de la musique ! Il était trop jeune, trop faible, trop
influençable... Les plis de sa bouche se creusaient lorsqu'elle évoquait cette jeunesse dorée qui avait entraîné son
petit frère sur la mauvaise pente... « Les gosses de riches,
ils s'en foutent ! Ils s'en sortiront toujours d'une manière ou
d'une autre. Ou bien ils crèvent, ou bien ils retombent sur
leurs pieds parce qu'il y a papa-maman derrière ! »... Elle

m'a dit que Riton, il aurait dû rester ouvrier, comme leur père. C'était son sort — ou alors qu'il fasse des études sérieuses, comme elle, un IUT. Mais il n'avait pas la volonté ! Il s'est laissé entraîner par ces petits voyous, il s'est mis à faire de la musique — et puis le tabac, le haschich, la marie-jeanne !... Elle l'avait assez mis en garde, elle, Viviane, sa sœur ! Elle l'avait assez engueulé, dès le début !...

— Si seulement papa avait vécu !

Elle soupire, elle essuie une larme... Jean-Mi s'attriste aussi, il dit : « C'est certain, si leur père avait vécu ça ne se serait pas passé comme ça »... Il a rangé ses photos dans le tiroir du buffet, avec la lettre de Berck. Il me regarde avec sympathie, il joue un peu le chœur antique. « Pour les ouvriers, me dit Viviane, quand c'est raté, c'est raté ! » Elle me met au courant, elle ne sait pas d'où je sors :

— Chez nous, quand le jeune se réveille de ses conneries, il n'a aucune situation, rien. Il n'a aucun recours. Sauf, des fois, la prison !

Elle parle d'expérience, ils ont un air entendu — qu'il ne faudrait pas aller très loin pour trouver des exemples, et dans la tour même, ici autour... Peut-être sur le palier, la porte à côté, que sais-je ! Enfin bref, évidemment, elle n'a rien pu contrôler du tout dans les agissements du frangin — leur mère avait déjà son cancer au sein, et il y a eu Mai 68 presque tout de suite. Alors, là, ce fut le bouquet !... C'était fini, ils ne l'avaient pas revu pendant des mois, le Riton ! Il vivait avec sa bande de jeunes cons... Après il y a eu Viva — elle aussi, elle en trimbale une responsabilité, je le sens. « Ce n'est pas ce qu'il a fait de mieux »... Et là, Jean-Mi, pour une fois, contredit : « C'est pas ce qu'il a fait de pire !... C'est vrai, il faut être juste ! » — Bon, elle veut bien, elle est juste :

— Remarquez, elle est gentille, elle a bien eu sa part des malheurs.

Elle aurait pu avoir une bonne situation elle aussi, malgré tout ce qui lui était tombé sur la gueule !... Ils s'étaient comportés comme des gamins — des sales mômes ! C'est seulement ça qu'elle lui reproche à Viva, au fond, qu'elle n'ait pas aidé à mettre le holà — mais elle était encore plus jeune que lui, alors... Des vrais gosses !

Là, tous les deux, barrés dans leurs soucis jusqu'aux oreilles, ils ne se rendaient plus compte que j'étais arrivé comme le copain de « Viva »... Son mec, en somme. Ils me parlaient à cœur ouvert — mon côté bon jeune homme, déjà mûr pour comprendre. Je leur faisais l'effet d'un travailleur social en visite, quelqu'un qu'ils avaient fait asseoir. Peut-être le facteur... Ils m'en sortaient sur cette Viva qui, maintenant, en avait bien marre aussi ! Qui subissait les consé-quences... J'allais en apprendre de jolies, je le sentais ! Et déjà je comprenais mieux pourquoi le mur qu'elle avait voulu mettre entre eux et moi, entre nous et ici !... C'était Riton lui-même qui l'avait sortie du pétrin, elle était toute gamine...

— Elle avait quoi, Viva, dix-sept ans, même pas ?...

Jean-Mi ne se souvient pas non plus, il a un geste vague, puis il dit : « A peu près ça : je dirais seize, dix-sept ans. »... Ah ils se sont assez foutus d'elle, tous les deux, au bon temps de leur bamboche ! De ses recommandations de sœur aînée ! Ah oui ! Ils s'en tapaient complètement de ses mises en garde !... Qu'elle était trop sérieuse, Viviane, chiante comme la pluie ! Et bon, maintenant ils voient ! La vie apporte ses leçons...

— Ah la putain d' sa mère !...

Viviane a dit ça avec dégoût, une expression de fatalité autour de la bouche... Depuis un moment elle ne soigne plus ses phrases. Son accent devient moins soutenu, la voix gouaille ; elle laisse aller la rancœur avec le vocabulaire de la zone, je la sens qui parle comme papa parlait — une langue d'atelier de mécanique... Et Jean-Michel intervient pour souligner que c'est Riton, tout de même, qui l'a tirée des griffes de son oncle, Viva. Il veut dire par là qu'elle lui en était reconnaissante — ça explique, dans une large mesure, qu'elle faisait tout comme lui. Ah le sauvetage ! Une belle action dans tout ce caca — ça ne s'oublie pas. Le geste !... « Il lui a cassé la figure à ce salopard. » La vraie expédition punitive !... Ils étaient allés une nuit dans le pavillon de

l'oncle, avec deux copains de sa bande : c'était sa fête ! Ils
l'avaient laissé sur le carreau — en fait ils lui avaient brisé
des tas de choses, parce que l'autre avait voulu se défendre,
faire le méchant : il s'était retrouvé à l'hôpital... « On peut
dire qu'il l'avait mérité, ce fumier ! » Il l'avait presque mise
sur le trottoir : sa propre nièce, il faut le faire quand
même !... Et elle, quand elle avait su qu'ils l'avaient sérieusement amoché, cette gourde, elle a piqué sa crise : elle
chialait, elle voulait aller le voir à l'hosto ! — « Tu te
souviens ? »... Ben mon cochon !... « Je lui ai dit : T'es pas
dégoûtée ! »... Enfin elle avait du mérite tout de même, elle
avait eu son Bac du premier coup... Et puis c'est vrai,
merde ! elle avait un boulot, elle était secrétaire, elle aurait
pu réussir !... Mais voilà !... Un peu la drogue, un peu
l'alcool, un peu la musique ! Ah ils l'avaient cherché !...
Riton, ce qui lui était arrivé, on peut pas dire qu'il l'avait
pas frôlé vingt fois avant ! — « Et que tu l'aies pas averti ! »... Il me dit, Jean-Mi, combien elle est raisonnable, et
judicieuse, Viviane. Et de bon conseil... « Elle l'avait averti ! »...
Ils devaient se connaître depuis une paye tous les deux.
Depuis la maternelle, je réfléchissais...
— Toi aussi tu lui avais dit...
Oh oui, mais lui ! Ce qu'il pouvait dire, lui, ça ne comptait pas beaucoup !... Il sourit sans amertume : « Moi, ça ne
comptait pas »... Ils devaient même le charrier salement le
pauvre Jean-Mi, avec toute la cruauté de la jeunesse ! Maintenant ils voyaient !... Enfin quoi — elle résume, Viviane —
ils se sont bien payé sa tronche, les petites vaches, tous les
deux. Ils la traitaient de demeurée parce qu'elle voulait pas
tremper dans leurs salades... Qui est le demeuré à présent ?... Elle s'échauffe, elle fait des gestes, et comme elle
est un peu forte, elle fait grincer le canapé convertible dont
le skaï vert bouteille se ride sous ses cuisses charnues.
— Ah si papa avait vécu !
Elle crie ça, et elle éclate en sanglots ! Elle se laisse aller.
La voilà qui a des cris de gamine, de petite fille qui appelle
son papa dans les aigus : qu'il est aux fleurs, son père ! Qu'il

reviendra plus !... Elle s'abat tout d'un côté sur le canapé qui craque, elle n'a plus d'amour-propre. Elle n'a plus rien ! Que le désespoir aux tripes qui la secoue, l'envahit... Et lui, il sautille, il n'ose pas, il lui touche l'épaule, il dit : « Vivi ! Vivi !... Je t'en supplie ! Tu te mets dans des états ! »... Il a envie de pleurer lui-même, à la voir se trémousser comme ça, couchée. Il se retient. Il dit : « Vivi ! »... un peu mieux suppliant — et puis il pleure, ça y est, il a des larmes qui coulent. Son visage est rouge comme une tomate, il me dit : « Excusez-la ! »...

Mais là, sur le canapé, Viviane s'agite sans contrition, elle beugle qu'elle a besoin de partir : elle part ! Elle ne va pas rater sa vie pour lui, là-haut ! Ah non alors ! Il l'a fait trop chier !... « L'a qu'à aller à l'hôpital ! »... Il ricanait quand elle lui disait qu'il crèverait à l'hôpital ! Il lui disait qu'elle était grosse ! Une grosse vache, il disait ! Oui, oui !... Pas baisable ! Il disait ça à sa propre sœur qui faisait tout pour lui ! Il aurait mieux valu qu'il se tue sur le coup !... Pour lui et pour tout le monde !... « Ma mère »... Elle sanglote, elle pleure sa mère à présent... « Ma mère serait peut-être en vie ! »... Et là Jean-Mi dit que non, tout de même ! Il s'interpose avec une tendre indignation — qu'elle dit n'importe quoi ! Qu'elle sait bien qu'elle serait morte quand même, avec son cancer... Il lui demande de se calmer — il renifle très fort — qu'elle fait un drôle de spectacle. Mais elle oublie qu'elle va être patronne, qu'elle a pris du galon. Elle oublie Toulouse et tout ça, qu'elle doit surveiller ses gestes... Là, pour l'instant, elle se tord les doigts — un cri la transperce, une douleur de banlieue, elle crie d'un gosier rauque : « J' m'en torche ! »... Elle a la zone au bout de la voix.

Puis elle a demandé un Kleenex, la boîte était sur le réfrigérateur, dans la cuisine... Dehors, par la fenêtre ouverte, venaient les bruits de la cité. Les bruits sont forts dans le silence... On entendait des cris d'enfants, tout en bas, sur le terrain vague, des enfants qui jouaient — des petites voix flûtées qui piaillaient : « Enculée Aïcha ! »...

C'est là que Viviane m'a dit en finissant de se moucher :

— C'est mon frère quand même, je peux pas le tuer !...

Elle s'était redressée, le fard avait coulé jusque dans son cou, elle s'essuyait à la torchonne avec une poignée de Kleenex... J'ai pensé à Nireug — et ça n'était pas bien venu du tout dans le pathétique de l'instant —, j'ai pensé que ce serait un bon plan pour le film sur les pleurs et crachats... Cette fille qui mouillait toute une poignée de Kleenex et qui s'en foutait. Juste cette image... Elle a dit que la vie est dure aux petites gens. Qu'il avait voulu péter plus haut que son cul, son frère... Il n'en serait pas là s'il était resté au Parti — il aurait une famille, une affection. Puis elle a répété : « Il faut pourtant bien décider quelque chose, on peut pas en faire des conserves !... — Bien sûr que non », a fait Jean-Mi. Il soupirait. Il avait repris plus ou moins sa couleur normale, avec des filaments rouges dans le blanc des yeux et des reflets de pluie au bistre de ses cernes.

— Il ne veut pas retourner à l'hôpital... Il sera pourtant bien obligé !

C'est là que je leur ai fait ma proposition... J'ai annoncé que j'allais le prendre avec moi, s'il voulait venir... J'ai dit : « Il peut venir chez moi, au moins pendant un temps »... Ils m'ont regardé tous les deux comme des acteurs que le public interpelle — ils m'avaient un peu oublié... « On peut essayer à Lorette, si ça l'amuse : il y a une place, un copain qui vient de partir ». Et je me suis fait l'effet que je tenais un pensionnat, ou un truc... J'ai ajouté : « Il faut tout de même que je demande à Caroli... à Viviane. Je veux dire : à Viva »... Je m'embrouillais. Tout à coup ils se sont souvenu que j'étais le copain actuel de Viva — ils se sont regardés, ils avaient peur d'avoir gaffé :

— Vous étiez au courant pour son oncle ?

— Un peu... Elle m'avait dit, oui.

Ils étaient soulagés ; ils m'ont expliqué que de ce côté-là je pouvais être parfaitement tranquille : il était en prison à vie ! Il avait eu de sales histoires ensuite. Mais ce n'était pas la peine de déballer toutes ces horreurs, puisque à présent il était hors d'état de nuire. Pas la peine non plus de raconter à Viva que nous avions parlé de ça, de lui... Évidemment la pauvre petite, ce n'était pas sa faute à elle, et une chose était certaine : si elle avait été sur la moto, à l'époque, elle aurait été tuée sur le coup ! Ça c'était sûr.. Il suffisait d'avoir vu les lieux : à vous donner des cauchemars !... Lui, Riton, sans le grillage qui l'avait amorti, il faisait pas un pli ! Hein ?... Jean-Mi confirme : « Sans le grillage il était mort ! » Et le ton qu'il avait, on ne savait pas si c'était une chance inouïe ou un manque de bol... Il a ajouté que c'était la destinée : « On ne peut rien contre la destinée »... Ça devait bien être la première fois que Viva n'était pas sur la moto avec lui ! Alors après, elle s'était sentie en sursis... Elle disait qu'elle n'était plus tout à fait vivante. Elle avait eu du mal à remonter la pente !... « Du mal à remonter dans une voiture également », a-t-il précisé, conscient de prendre la balle au bond avec beaucoup d'à-propos. « Pendant longtemps tout ce qui roulait lui fichait la panique »...

Bien sûr, elle ne pouvait pas sacrifier toute son existence, elle non plus. Elle avait fait sa part, en un sens... Ils ont répété qu'ils ne pouvaient pas lui en vouloir à Viva. Ils avaient toujours su qu'elle partirait un jour, ce n'était pas une vie pour une jeunesse !... N'empêche que lorsque Riton avait eu sa dépression cet hiver, qu'il avait fait sa tentative... « Vous n'êtes pas au courant ? » Il avait essayé de se supprimer — « Avant Noël, par là »... On perdait la notion du temps, à force ! En fait cela correspondait au début de sa maladie, en décembre : il avait enflé un peu et tout ça. Il se plaignait de maux de tête... Bref, Viva, à ce moment-là, elle était revenue. Pourtant elle était à l'étranger ! — « Elle était à Londres »... Ils me racontent, ils ne savent rien de moi. « Elle est arrivée un soir, sans prévenir — c'était avant les Fêtes... Il était huit heures, je me souviens, j'entends sonner »...

— Huit heures dix, précise Jean-Michel, les infos venaient de commencer.

Elle était allée ouvrir, en se demandant, qui à cette heure ?... « Ah ça m'a fait quelque chose ! »... Elle porte ses mains à sa gorge, un peu en dessous, là où ça lui a fait un frisson. « Riton était à table avec nous, je lui ai dit : Regarde qui est là ! »... Ils sont émus en repensant à cette arrivée — ils relatent pour eux, autant que pour moi. Qu'elle restait là, interdite, Viva, au milieu de la pièce — et Riton immobile... Bien sûr ! Et personne ne disait rien, même les enfants... Il n'y avait que la télé qui continuait toute seule, qui parlait dans le silence. La façon qu'ils se regardaient était étrange — depuis des mois et des mois qu'elle était partie !...

Ils me décrivaient la scène, et j'ai su que toutes les histoires ont une autre face, comme la lune, qu'on ne voit pas. Henri avait été comme un gosse, ce soir-là. Il ne voulait plus la lâcher, et les jours suivants il refusait qu'elle s'éloigne... Il faisait des scènes de désespoir dès qu'elle disparaissait quelques heures, ou quelques jours. N'empêche elle s'était occupée de lui avec beaucoup de dévouement, on pouvait le dire ! Elle l'avait accompagné à Berck et tout ça, dans l'hiver... Ça l'avait rudement aidé à se requinquer, Riton !... Non, elle était gentille !...

— Faut la comprendre, a fait Jean-Mi.

Et Viviane a répondu :

— Je veux bien, mais il faut qu'elle me comprenne aussi ! Elle m'a fait une scène parce que je partais à Toulouse — non, elle ne se rend pas compte !... Moi aussi j'ai ma vie !

L'idée de Toulouse à présent revenue, de la promotion sensationnelle, la secouait. Elle pensait à la maison de Muret... A nouveau elle surveillait sa diction, elle disait : « J'ai ma vie à gérer, voyez-vous, mes enfants »... D'abord assurer leur bien-être, c'était cela son projet — tant sur le plan matériel qu'au niveau de leur éducation ! — Alors, nécessairement, la pensée que quelqu'un pourrait prendre Riton en charge, ne fût-ce que quelque temps ? Ne serait-ce que pour lui changer les idées, au moment de leur départ : qu'il ne se sente pas complètement abandonné de tous, le pauvre ami. Après tout ce n'était pas un vagabond, on n'allait pas le laisser à la rue !...

Viviane a dit d'un air fier, tout de même, du ton qu'ils ne demandaient pas l'aumône :

— Il a sa pension !

Et j'ai pensé : au fait, c'est vrai, au plan fric, comment ça se passait, les soins, la bouffe et tout ça ?... Mais bien sûr qu'il n'était pas sans argent ! Jean-Michel a renchéri, l'œil empli d'évidence :

— Ah oui ! financièrement il est autonome.

A la pension d'invalidité civile s'ajoutait d'ailleurs l'allocation de la « tierce personne » destinée à payer la personne qui s'occupait de lui. Tous les grands invalides, incapables des gestes courants de la vie, touchaient la « tierce personne ». C'est comme cela qu'ils faisaient avec Viva — du moins au début. Fallait bien qu'elle vive !... D'accord, à présent elle refusait l'argent la plupart du temps — « Sauf quand elle est obligée ! » a précisé Jean-Mi. Bon, mais c'était par fierté ! Elle avait préféré travailler, elle s'était trouvé un petit job, sans doute pas fameux !... C'était pur orgueil de sa part ! Et pour se dégager, progressivement, de ce fardeau...

J'opinais de la tête, je crois bien, et ça voulait dire bon d'accord, ça ira — que ces bassement matérielles considérations ne retenaient que médiocrement mes pensées... Jean-Mi me regardait comme un bienfaiteur, un soutien humanitaire des familles dans l'embarras ! Un messie doucereux j'étais, dans ses yeux cernés, pour l'essentiel du moment : qu'ils puissent s'en aller sans remords vers ces terres lointaines qu'il n'avait fait qu'entrevoir. Je prenais des allures de Roi mage, considérant ce potager dont il rêvait continuellement depuis quatre jours ; je me sentais l'intercesseur miraculeux de la culture des tomates...

Alors les enfants sont arrivés ; ils sont entrés en coup de vent, le garçon et la fille. Ils m'ont dit bonjour par respect, mais ils étaient excités comme des puces de la bonne nouvelle qu'ils apportaient : « Maman, Riton il dit comme la télé, qu'il fera beau jusqu'à dimanche ! »

**

Au début, on s'est bien marrés ; il y avait cette face du tout nouveau tout beau que nous aimions... Henri n'avait jamais logé à Paris, il ne connaissait la capitale qu'en touriste. De voir toutes ces perspectives en surplomb, ces quartiers célèbres à vol d'oiseau, il se régalait... Nous l'avions installé salle Gavarni, avec ses meubles et son train — et même ça ce ne fut pas une mince histoire ! La porte de communication s'était trouvée heureusement assez large, juste au poil pour y faire glisser la charrette...

Pour la première grimpette, j'avais d'abord pensé faire appel aux copains ; seulement Nireug était plongé jusqu'au cou dans la préparation de son tournage, lequel débutait dans un mois. Je n'avais même pas osé lui en parler... Ensuite j'avais imaginé d'utiliser les services de déménageurs professionnels ; je connaissais un magasin de musique, au bout de la rue Clauzel, côté Martyrs, devant lequel je m'arrêtais souvent. J'aimais rêver, en passant, devant le fourbi des caisses et des cymbales dans la vitrine — les saxophones luisants, les guitares neuves... Un jour j'avais assisté au chargement d'un piano ; deux armoires à glace avaient fait passer le gros instrument de la boutique dans une camionnette avec une virtuosité et une bonne humeur qui m'avaient laissé baba ! Je me suis dit qu'après tout Riton et son trapèze ambulant étaient infiniment moins lourds qu'un demi-queue ; et puis ces types, outre leur savoir-faire, possédaient des sangles terribles, des bretelles spéciales, garnies de mousquetons.

La vendeuse avait été un peu surprise par ma requête ; puis, devant l'originalité du cas, l'aspect social du service, elle m'avait fourni sur un bout de papier les coordonnées des deux braves — s'ils n'étaient pas trop débordés, pourquoi pas ?... Les malabars étaient frères ; ils aimaient bien les paris extraordinaires, mais jamais on ne les avait réclamés pour ça. Et puis ils ont dit bon, si c'était une manière de se rendre utiles... Il venait d'y avoir une campagne à la télé en faveur des handicapés, qu'il fallait se montrer coopératif à leur égard, lorsqu'on avait la chance de se porter bien soi-même, et que nul n'était à l'abri d'un accident !

Roger et Jean-Claude avaient été formidables — et rigo-
los, en plus ! Après coup ils n'étaient plus certains de vouloir être payés... C'était une promenade pour eux, six
étages ! Avec juste un lit en fer. Ça les gênait un peu, avec
leur époustouflante forme physique, de prendre des sous à
un malheureux qui n'avait pas eu de veine.

— Notre santé, on l'a pas achetée, hein ! Ça peut nous
arriver à nous...

Ils étaient transporteurs, n'est-ce pas, pas infirmiers !
Alors une petite mousse en bas, au comptoir, si nous insis-
tions, ça ferait la farce !... Seulement j'ai voulu être très
ferme : dans mon esprit Riton ne pourrait pas demeurer
éternellement là-haut, en cage, sans sortir ; la balade dans
l'escalier du 33 risquait de devenir une histoire à répétition.
Je préférais établir des rapports commerciaux sains dès le
départ — avec TVA s'il le fallait, plutôt que de fonder nos
relations sur la charité publique.

Par ailleurs, la situation de l'appartement était suffisamment élevée pour que le poste de télévision de notre pensionnaire fonctionnât parfaitement avec sa seule petite antenne intérieure. La chose avait occasionné des craintes, car
désormais Riton ne pouvait plus vivre sans sa télé... Depuis
quatre ans, elle lui servait non seulement de compagnie
journalière, mais de véritable « cadre de vie », plus important que le cadre étriqué de son existence réelle. Il avait là
ses rencontres avec le monde, désormais, et l'on voyait, à
l'intensité de son regard, qu'il se projetait tout entier dans
l'écran, d'un bout du programme à l'autre... Le soir, quand
tout disparaissait, lorsque la dernière image s'envolait, pla-
nant sur les accents de la dernière musique, il attendait
quelques secondes avant d'appuyer sur sa télécommande. Il
voulait être certain du vide — que l'écran se soit enneigé,
figé dans son bruit blanc pour la nuit... C'est ainsi que,
malgré ses dénégations, les premiers maux de tête dont il
s'était plaint, l'hiver précédent, avaient été attribués par tout
le monde, y compris par les médecins, à l'abus de la télévision. On était allé jusqu'à l'obliger à porter des lunettes
teintées qui n'avaient rien empêché du tout.

Au début, je m'étais mis à regarder avec lui — ces gens qui bougeaient, qui parlaient dans la lumière, faisaient sur moi l'effet d'une lampe sur un papillon. Très vite, je m'habituais aux visages, aux voix pressées — au retour incessant de ces familiers de lucarne... Car ce qui était merveilleux avec les programmes de télé, c'est qu'ils étaient prévisibles. On pouvait les attendre ; on les espérait... On savait que tel jour, telle minute, Machin présenterait des variétés. Il y avait l'actualité de la chanson, à laquelle Riton se montrait particulièrement sensible ; des groupes débutaient, que l'on voyait réapparaître bien vite, sur une autre chaîne, s'ils avaient eu le temps de lancer un tube. Ou bien ils disparaissaient, ils sombraient dans les souterrains de l'inconnu, hors de portée des caméras.

A la même heure, toujours, arrivaient les informations ; peu à peu nous étions entraînés à ouvrir le regard sur le monde. Le plus fascinant, c'est que d'une série de nouvelles à l'autre il se tissait un réseau d'horreurs domestiques. Une rébellion dans un coin paumé, qui dégénérait en guérilla sanglante ! Qui menaçait de dégénérer en guerre véritable à mesure qu'elle prenait de l'ampleur dans ses opérations. On nous montrait les troupes en action — c'était comme les groupes qui prenaient de la notoriété : on les revoyait. On nous les représentait tous les jours, midi et soir. Les émeutiers nous tenaient en haleine pendant quelque temps, puis, si les choses s'arrangeaient, tout redisparaissait dans l'ombre... De même, les faits divers — ceux qui se hissaient à une importance nationale : ils créaient un suspense. Un enfant disparu mystérieusement un matin ? On se demandait, à midi, le quoi du qu'est-ce ?... Les gens le cherchaient. On était obligés de regarder les informations suivantes pour en savoir plus ! Le soir, d'entrée, en premiers mots, nous avions un résumé de l'évolution — les nouvelles brèves des ravisseurs qui seraient développées quelques minutes plus tard... On s'indignait. La curiosité était vraiment piquée... Chaque fois on voyait des circonstances un peu plus précises de la disparition : la maison des parents, les déclarations de la grand-mère, de la voisine qui avait obser-

vé une auto... On devenait des familiers de la famille — on
savait le montant de la rançon ! Ça devenait un compte à
rebours, éprouvant, certes, avec le visage du père, de la
mère, qui lançaient des appels — mais tout de même magnifique...

Ce que je trouvais épatant, c'est que très vite on s'habi-
tuait à côtoyer les présentateurs ; on connaissait leurs petites
façons, leurs tics, leurs préférences... Ils devenaient des
sortes de connaissances en aller simple, des amis sans retour... On savait leur nom. Et puis leur prénom ! C'était les
années soixante-dix, une époque formidable où les mœurs
évoluaient, comme les chenilles qui deviennent papillons.

Riton faisait son miel de tout : des jeux, des devinettes,
des feuilletons, et même des conseils de jardinage ! La mé-
téorologie lui fournissait l'un de ses rendez-vous de prédilec-
tion : les graphiques, les photos du temps, lui servaient de
base dans ses observations pratiques sur lui-même... Car
selon la pression atmosphérique, l'humidité de l'air — donc
le passage des anticyclones ou des dépressions —, il éprou-
vait des gênes plus ou moins importantes dans les muscles.
Lorsque le temps changeait, ça prenait carrément la forme
de petites douleurs dans les parties encore sensibles, les
chairs en marge de l'actif qui lui servaient de sismographes.
Il s'était mis à en déduire des prévisions qu'il affinait sans
cesse depuis quatre ans. Maintenant il établissait ses prédic-
tions météorologiques personnelles qui prenaient en compte
les microclimats des endroits où il se trouvait. Son système
devenait de plus en plus fiable avec le temps, l'expérience ;
il avait acquis une telle habitude dans l'analyse de la météo
nationale, comparée à ses propres élancements, qu'il savait
vraiment le temps qu'il allait faire plusieurs jours à
l'avance !... Il nous avertissait, tirant de son art une fierté
considérable ; il s'appelait lui-même « la grenouille sauteuse »... Il causait longuement de la pluie et du beau temps
avec l'infirmière.

En effet, Riton étant soumis à une surveillance médicale
régulière, il avait été convenu qu'une infirmière monterait
deux fois par semaine lui prendre sa tension ; à des inter-

valles de dix jours, elle lui faisait une prise de sang pour contrôler le taux d'urée, afin de savoir si la dose de diurétique prescrite agissait suffisamment. Pour l'instant les quatre comprimés de Lasilix qu'il absorbait quotidiennement suffisaient à maintenir les choses en l'état ; mais il fallait conserver le « blister » vert sombre à portée de la main !... Par ailleurs, sur les conseils pressants de Viviane Dubois, laquelle nous téléphonait deux fois par semaine de son bureau de Toulouse, nous avions eu recours aux services d'une aide soignante pour les soins quotidiens de la toilette. Riton avait des précautions à prendre pour ne pas se remplir d'escarres sur son lit de douleur — surtout aux endroits les plus immobiles qu'il était nécessaire de surveiller, et de panser chaque matin.

Le passage de ces femmes provoquait un va-et-vient agréable pour lui — il tâchait tous les jours d'en extraire le maximum de conversation. Malheureusement, la soignante, une femme mûre assez autoritaire, n'était pas bavarde avec sa clientèle ; elle nettoyait à fond la salle Gavarni, qu'elle était parvenue à rendre presque clinique à force d'entêtement — en revanche elle traversait l'autre pièce avec un air de souffrance sur sa figure. Les accumulations de poussière lui faisaient l'effet d'une insulte à sa bonne tenue, et rabattaient son entrain. Elle abordait son patient tous les jours avec les mêmes mots :

— Alors ? Il a bien dormi ?...

— Oui, faisait Riton, ça va. Il est même réveillé ! Et elle ? Elle n'est pas trop essoufflée d'avoir monté les six étages ?

La dame ne répondait pas ; elle saisissait ses outils, le visage grave. Ces manquements aux lois sacrées de la conversation irritaient le camarade alité ; il s'était inventé une petite chanson à fredonner pendant qu'elle lui faisait sa toilette :

Je cherche fortune,
Tout autour du Chat-Noir,
Et au clair de la lune
A Lorette le soir !...

L'infirmière, plus jeune, plus gaie — plus épisodique aussi ! — lui taillait au contraire des bavettes interminables, à croire qu'elle n'avait de client que lui ! Elle lui faisait raconter tout son savoir météorologique dès l'entrée... Elle disait en riant, sur un ton fabriqué doctoral : « Dites-moi ! L'anticyclone sur l'Irlande, où est-ce qu'il vous chatouille aujourd'hui ? »... Elle s'attardait ensuite, le temps de remplir son carnet de visites, de ranger ses petits flacons... Au bout de quelques semaines elle s'était mise à suivre elle-même la météo à la télé ! Elle se mêlait à ses conjectures, apportait son grain de sel, sa goutte de pluie... Riton était radieux : cette émule constituait une sorte de triomphe — il lui avait déclaré :

— Si un jour vous passez sous un autobus, ça vous servira à vous aussi !

Dans les premiers temps de l'installation, vers la mi-septembre, nous avions eu la visite de Nireug. Il était arrivé un après-midi, en coup de vent, un grand cageot de poires dans les bras ! Il avait profité de ce qu'il avait une bagnole pour faire un saut et saluer « mon invalide »... Les poires étaient pour Riton : il s'agissait de fruits précoces qu'il avait rapportés d'un verger d'Orgeval où des amis les lui avaient offerts — pour minimiser la portée de ce don il a expliqué qu'avec la préparation du tournage et l'agitation où il se trouvait presque nuit et jour, il n'en ferait lui-même aucun usage. Tandis que nous pourrions les manger en fruits, mais aussi nous pourrions en faire de la compote, toujours bonne pour les malades. La compote de poires, avec un soupçon de cannelle à la cuisson — sans bouillir, et surtout sans eau ou presque, juste un fond ! Une merveille !... Il faisait comme si, dans son esprit, Riton était un alité occasionnel qu'il convient de choyer provisoirement — quelqu'un qui a chopé les oreillons.

Avec son côté à la fois incurable et narquois, « l'invalide » lui avait plu tout de suite. Dès que Nicolas avait été capable de discerner, dans sa diction tordue, ce que les sons voulaient dire — et au fond, la première surprise éteinte, cela n'avait pris que quelques minutes — ils se sont engagés tous deux dans une dispute sur la télévision... Pour l'heure Nireug haïssait toute forme de télé, de toutes ses forces. Il vomissait les crétins qui la font et ceux qui l'écoutent dans un même élan de dégoût!... Le nouvel opium du peuple!... Il ne pouvait trouver de mots assez durs, de termes assez insultants pour ces misérables!...

Sa haine, il faut dire, était devenue d'autant plus féroce qu'il avait dû renoncer, au cours de l'été, à notre projet commun sur les mollards et les postillons! Il portait cet affront comme une blessure cuisante :

— Hein, La Tuile? Ces crapauds! Tu te rappelles!...
Je devais reconnaître que la séance avait été édifiante.

— Nous les retrouverons ces bandits! Ils ne perdent rien pour attendre!...

Nireug s'était débrouillé, grâce à ses relations pour obtenir un rendez-vous avec des gens des chaînes, juste avant les départs en vacances de la mi-juillet. Pas du menu fretin, attention!... Sur la recommandation expresse d'un des barons de l'audiovisuel, nous devions être reçus par les personnes ad hoc, qui avaient le pouvoir de décider, et dont le rôle était précisément de s'occuper de ce genre de projets, à cheval entre la fiction et le reportage. Car Nicolas avait absolument tenu à m'emmener, pour me présenter, au cas où nous conclurions sur-le-champ ; il imaginait assez bien que, comme au cinéma, nous pourrions déboucher sur un accord séance tenante..

En fait, nous avions d'abord attendu trois quarts d'heure dans une espèce de couloir étroit, inquiétant, avant d'être admis dans le bureau de Monsieur Tranchet des Élois, notre interlocuteur privilégié... Sa secrétaire, elle-même tout à fait débordée, avait pris le temps de nous expliquer qu'il était en retard à cause d'une réunion hyper-importante à laquelle il avait dû assister inopinément. Devant le frémissement mauvais des sourcils de mon camarade — « Mais j'avais rendez-vous, il fallait prévenir ! » — la fille avait ajouté, dans une suite de phrases hachées par sept ou huit coups de téléphone, qu'il s'agissait d'une de ces conférences impromptues de la Direction où l'on réglait entièrement le sort de la chaîne. Toujours ça s'éternisait, on ne pouvait pas prévoir...

Lorsque enfin nous avions franchi la porte capitonnée qui ouvrait sur une pièce spacieuse, au sol garni de haute laine, Tranchet des Élois nous avait présenté, sur un ton joyeux, ses vifs regrets pour le contretemps. Il s'exprimait avec grande classe, à la mondaine, à l'imparfait : « ... eût-il fallu que je fusse prévenu à temps ! » Il nous avait fait asseoir avec une grande courtoisie, devant son immense bureau d'acajou — et partout des trophées élégants, des cristaux, des bois rares... Quelques peintures. Il se tenait cambré, glorieux comme un ministre sur le dossier de son fauteuil — Tranchet lui-même, le vrai, l'authentique descendant de la lignée fameuse : l'arrière-petit-fils en personne du grand Maréchal Tranchet des Élois !... Il avait un rire parfaitement délicieux, qu'il faisait sonner à la fin de chaque phrase, comme on souligne en écrivant. Ce tintement de sa gorge donnait un peu l'idée de ce que pouvait être la distinction naturelle ! Un homme racé !... A ses côtés, un grand échalas aux mouvements lents et souples, à la mine glauque, se tenait à califourchon sur le bras d'un fauteuil. Nous avions visiblement interrompu leur conversation ; l'on sentait en eux quelque hâte de la reprendre...

Nireug s'était d'abord installé avec aisance, lui aussi — bien que le siège, assez mou, fût profond, ce qui l'obligeait à une posture mal adaptée à son grand corps. Il paraissait totalement confiant dans le déroulement de l'entrevue qui devait normalement se solder, selon lui, sinon par une commande ferme, du moins par un second rendez-vous de travail avec nos partenaires... Il m'avait présenté comme son co-auteur, le co-scénariste du projet, puis il avait commencé par exposer le sujet de ce qu'il croyait pouvoir être une petite série de cinq ou six épisodes télévisés sur l'histoire des sécrétions humaines. Il avait conté, brièvement, en avant-propos, les exploits initiaux du vieil Arabe de Tlemcen, pour enchaîner sur la philosophie du crachat et le rôle social des glaires à travers les âges. Les deux hommes l'avaient écouté avec une politesse exquise, ne l'interrompant de temps en temps que pour saisir le combiné du téléphone qui sonnait — Tranchet soulevait l'appareil avec un vrai charme, disant à Nicolas : « Vous permettez ? »... Pourtant, on sentait qu'ils avaient mille affaires importantes qui grouillaient autour d'eux à chaque bout, qu'il était nécessaire d'aller vite... Ils nous recevaient, certes, d'assez bonne grâce parce que nous étions recommandés, mais ils avaient bien d'autres choses en tête qu'un projet de télévision !...

A mesure qu'il exposait d'un ton ardent la trame de ses expectorations diverses, sueur et sperme — et larmes ! — Nireug se rendait compte de l'incongruité de ses propos devant ce bureau lisse, ces bois laqués, ces cuirs précieux, ces verreries... Ces visages ! — Il parlait aux princes. Il s'adressait aux seigneurs nouveaux qui règnent sur le peuple du pays de France... Nos seigneurs avaient des airs accablés. Tranchet des Élois jouait aristocratiquement avec une fine règle en plaqué or qu'il faisait tourner dans ses doigts... Il ne riait plus ; son regard buté assombrissait maintenant toute sa figure d'un air éberlué assez gênant à voir. Il a même refusé un appel téléphonique, disant sur un ton d'outre-tombe qu'il était occupé, qu'il rappellerait plus tard.

A ce moment le nonchalant s'est agité ; il a déplié ses longues jambes et demandé à brûle-pourpoint, nous regardant de haut, l'un après l'autre, dans les yeux :

— Qui cela concernera-t-il ?... Excusez-moi, j'aimerais savoir.

Nireug a dit, assez décontenancé : « Eh bien, mais... les spectateurs du film. Ceux qui le verront ! »... Son interlocuteur, censeur hautain des choses de l'esprit et de la culture, avait eu soudain le sourire de l'homme que tant de naïveté amusait ! Il avait répondu, avec un geste las, d'une élégance mesurée :

— Parce que vous voulez intéresser les téléspectateurs ?...

Mais les téléspectateurs, c'était le peuple de ce pays, les crétins, les tout le monde ! Ils ne s'intéressaient à rien !... Il s'était détourné de nous, après sa sortie, comme un fauve en cage qui boude, un grand félin repu...

Alors Tranchet, qui riait de nouveau sur son timbre

superbe de cristal, a dit que son sentiment était différent. Les crachats, au contraire, dégoûteraient le peuple des écrans, si pointilleux, si naïf — si enfant !... Des crachats, grands dieux ! Comme c'était dégoûtant !... Et Nireug lui parlait de l'Histoire du monde, des forces profondes qui régissent nos mœurs, nos instincts séculiers, millénaires — il avait cité Hérodote !... Cet homme s'éventait le devant du visage avec sa règle, disant qu'Hérodote aussi allait dégoûter les chalands !

— D'ailleurs ne dit-on pas « vieux comme Hérodote » !... N'est-ce pas ?

Nireug était devenu blanc... Il avait articulé, râpeusement :

— Vieux comme Hérode, monsieur Tranchet des Élois.

— Ah bon ? Croyez-vous ?... Ce n'est pas le même ?

Nireug faisait pitié à voir... Il comprenait tout à coup qu'il était un couillon — que les décisions importantes ne se prenaient pas ici, mais dans des cercles, des soupers, des familles... En ville, ailleurs !... Qu'il était en train de se faire bafouer par ces gens qui partageaient le gâteau dans les arrière-boutiques — qui n'entretenaient ces grandes vitrines meublées de bois précieux que pour la forme, pour créer l'illusion... En un mot pour donner le change à des gogos de son espèce. — Il voulait les tuer !

Dans le couloir, il voulait revenir et leur ouvrir la gorge ! Il roulait des yeux fous — il avait sorti son Laguiole !

— Thuilier, quand on fera une révolution, on les pendra ! Il faudra les pendre, tout de suite ! Tu te souviendras : dès les premiers fracas, on les pendra... Et on filmera ! En direct !

Sa voix résonnait sur les murs, s'engouffrait dans la cage d'escalier ! Des secrétaires bien coiffées se retournaient sur nous en marchant ; elles serraient des dossiers sur leur poitrine.

— Tu comprends, la guillotine, c'est une ordure. De la boucherie macabre !... Il faut pendre, Thuilier ! Par le cou ! Avec un gibet !...

Il me montrait. Il garrottait des corps imaginaires, les soulevait comme des fétus.

— Hein ! Haut et court ! Avec une corde !... Ça les fera bander !

Là, salle Gavarni, il me brandissait le souvenir de ces ignobles ! Le plat qui se mange froid, il le cuisinait... Car, comme si cette aventure n'avait pas suffi à son écœurement, à quelque temps de là il avait rencontré, au hasard du milieu cinématographique, un vieux briscard de la télé. Réalisateur célèbre et pionnier de l'ancienne ORTF, Samuel Khagansky conduisait à présent ses propres productions : son influence demeurait grande sur les trois chaînes, tant il magouillait avec les Directions... Khagansky connaissait tout le monde — il connaissait Nireug. Il l'avait écouté verser son fiel, puis raconter ses projets. Il avait prêté une oreille très professionnelle qui entendait ce que filmer voulait dire... Il avait dit à Nicolas : « Tu sais, les sudations, les sécrétions, tout ça c'est triste... Tu ne veux pas me faire quelque chose sur le rire ? »... Plusieurs comiques, soulignait-il, étaient morts dans l'année, le rire passait pour sujet à la mode. « Le rire à travers les âges ? Hein ?... »

Nireug avait fait la gueule, mais poliment... Il avait promis d'y réfléchir. Intérieurement, il avait traité Khagansky de vieille merde séchée, de dinosaure des Folies-Bergère ! Il s'était juré de l'ajouter à la liste des pendables, des faux jetons, des complices du décervelage de l'humanité pensante !

Riton ignorait ces déboires. Il était impressionné par la véhémence soudaine de mon copain qui semblait prêt à assassiner père et mère, ou qui que ce soit qui l'obligerait d'une manière ou d'une autre à suivre un programme de télévision !... Il faut dire que Nireug, avec ses problèmes de distance au plafond que lui créait sa taille, se trouvait encore plus à l'étroit dans la salle Gavarni, dont il représentait en quelque sorte l'usager limite, celui qui disposait du moindre espace debout. Il n'avait pas la place de gesticuler à son aise, ce qui donnait à sa fureur un ton concentré, un peu malsain...

Avant de partir, il nous a invités à venir le voir sur le tournage, le mois prochain, si cela nous amusait ; il se

montrait de nouveau patient et chaleureux. Il pensait bien
que mon pensionnaire avait besoin d'amusements — et surtout, hein! de distractions plus saines que celles de son petit
écran!

**
*

Carolina se montra assez vite insatisfaite ; elle râlait même
d'une manière qui me surprenait. Non pas qu'elle me reprochait d'avoir provoqué cet arrangement — elle m'en savait
gré, d'un côté, tout en ronchonnant qu'elle étouffait la nuit.
Je devais reconnaître que l'héritage d'Henri n'avait pas positivement enrichi notre intimité — un temps, ma fiancée
s'était mise à dormir le jour pour fuir le contact.

Le plus fort c'est qu'elle continuait à aller à Nanterre!
Bien entendu, il y avait les questions du linge — nous
n'avions pas déménagé Riton entièrement. Il existait également des plantes vertes, qui réclamaient des soins... Mais
elle y dormait aussi, au moins deux fois par semaine. En ce
sens mes efforts d'assimilation s'avéraient plutôt ratés.

C'était vrai ; je n'avais pas prévu que Riton prendrait
autant de place — infiniment plus que Le Tiaf!... D'abord
Clément sortait! Il disparaissait des journées entières, parfois des nuits — surtout les derniers temps. Dans les cas de
grand luxe il s'absentait une semaine, parfois dix jours —
lorsqu'il entreprenait une cure à Savigny je n'étais jamais
tout à fait certain de le revoir!... Avec sa télévision en plus,
dont nous percevions obligatoirement les murmures toutes
portes closes, Riton comptait double, largement! Certains
jours sa musique filtrait dans notre intimité avec la nocivité
d'un courant d'air.

Je profitais de journées où nous étions seuls, lui et moi,
pour l'inciter à des activités moins bruyantes. Malgré son

peu d'entraînement à la lecture, je tâchais de l'intéresser aux bouquins... A Lorette, le stock était particulièrement varié ; d'abord Clément, imitant en cela nos prédécesseurs, avait abandonné sur les lieux l'essentiel de sa bibliothèque. Tout de même, avant de partir, il avait rassemblé une caisse des ouvrages les plus précieux qu'il était allé confier à ses amis en banlieue, parce qu'ils avaient une cave sèche — mais le reste demeurait à mes bons soins.

Le premier livre que j'ai essayé sur Henri, fut le *Manuel* qu'il m'entendait citer... La courtesse des réflexions du vieux sage, chaque fois sur un thème différent, convenait bien, dans mon esprit, à quelqu'un qui ne lit pas de longue main — au fond, il s'agissait d'une collection de brefs articles, faciles à relire sur-le-champ afin de mieux les assimiler. Il me semblait également qu'étant donné la nature du stoïcisme, cet enseignement convenait à merveille à un jeune homme que les accidents de la vie et de la circulation avaient contraint à prendre son mal sans impatience. D'une certaine manière, j'avais vu assez juste : Riton se plongea dans le dépouillement des pensées d'Épictète avec un sérieux qui me fit plaisir... Je le voyais qui méditait, le bouquin ouvert sur le ventre !

Au bout de quelques jours il m'a dit :

— Il me fait vraiment chier ce bonhomme, avec ses airs supérieurs ! Le philosophe qui crache sur la gueule à tout le monde ! Pauvre tare !... Ça veut dire quoi ce machin ? Se placer tout le temps au-dessus de la mêlée ?

Il avait réfléchi que même si l'on parvenait à se détacher des choses — ce qui n'était pas vendu ! —, ce ne serait pas souhaitable.

— Moi, je suis pour la passion, tout le temps ! Et que ça saigne !... Tu me diras : j'ai été servi !...

Non, cette froideur chez ce type — « et embrasse surtout pas tes enfants parce qu'ils vont mourir, alors tu risques d'avoir de la peine ! »... non, il trouvait ça assez révoltant !

Il n'y avait qu'un seul passage qui trouvait grâce, et qui, à la rigueur, l'amusait. Il avait fait une corne à la page : « Ce n'est pas en apportant de l'herbe aux bergers que les brebis leur montrent combien elles ont mangé, mais, après avoir digéré au-dedans leur nourriture, elles fournissent au-dehors de la laine et du lait ; toi de même, ne montre pas aux profanes tes maximes, mais les actions qui en proviennent quand tu les as digérées. »

— Là, d'accord ! Il faut faire ce qu'on dit.

En gros, c'était ça le sens ?... Mieux valait la mise en pratique que les théories fumeuses — mille fois d'accord avec Totoche-pitèche ! Et puis, cette manière de présenter la chose, avec ces brebis qui apportent de l'herbe aux bergers... Ça faisait assez *Génie des alpages* ! Déconnant, bien !... Il en avait parlé à Sabine, l'infirmière météorologue à qui maintenant nous offrions un café à chacune de ses visites. Elle s'installait pour la causette, c'était sa pause, elle disait... « L'herbe aux bergers » était devenu synonyme de « belles promesses » dans notre conversation courante. La formule s'appliquait à tous les flots de paroles creuses que déversaient les débattants télégéniques en particulier.

Fort de cet engouement, je lui avais présenté *Les fruits du Congo,* comme une alternative à sa réflexion, ou plus exactement par envie de partager ces gens dont nous parlions quelquefois, ma fiancée et moi. Il avait fait de son mieux pour le lire jusqu'au bout, en une semaine... Puis nous avions parlé de Dora, et des Iles. Mais il m'avait avoué que tout cela avait un aspect un peu lointain pour lui — il avait surtout achevé le livre pour me faire plaisir. Cependant, il avait surnommé nos deux transporteurs de pianos, Roger et Jean-Claude, « les Frères Panado » !

J'avais décidé qu'à l'exemple de toutes les bonnes pensions, il y aurait sortie une fois par semaine. Les deux colosses venaient nous chercher, de préférence le samedi s'il faisait beau — et ça, nous le savions toujours à l'avance !... Ils manipulaient Riton dans sa charrette comme un jouet. Ils faisaient mine de le balancer dans l'escalier — Riton rigolait ferme de ses propres frayeurs, et les deux frères se régalaient de l'entendre. Ils provoquaient de leur mieux son rire atroce pour film d'horreur qui les faisait se marrer comme des baleines !

Une fois dans la rue, ils nous laissaient. Tantôt nous montions vers Blanche, en poussant, tantôt nous descendions vers l'Opéra, en freinant... Nous faisions prendre à Riton un bain de foule, comme à Berck. Pour remonter dans nos pénates, il fallait naturellement attendre le bon vouloir des Frères Panado, dont les heures de retour étaient assez irrégulières. Nous les attendions au Floris, en bas de l'immeuble... La patronne, toujours débitant ses cigarettes derrière le comptoir, s'était habituée à nous voir entrer — elle venait parfois nous tenir la porte. L'ennui de ce système, évidemment, c'est qu'il nous était interdit de rentrer en nocturne, après que les frères, qui habitaient dans la banlieue Est, eurent débauché... Donc, pour aller au sixième, ils se repayaient le même cirque : ils faisaient semblant de déraper, de trébucher sur les marches, de faire dégringoler tout le chargement !... Une fois, ça a failli se produire tellement ils se fendaient la pêche — ils l'ont rattrapé de justesse, les diaboliques bonshommes !

La seule personne franchement hostile à notre organisation était Alphonsine. Ce va-et-vient l'avait terriblement intriguée. Qui donc était cet affreux blessé qu'on amenait dans l'immeuble ? Pourquoi il n'allait pas à l'hôpital ?...

Je lui avais raconté dix fois que c'était un ami, qu'il avait eu un accident de moto. Sur le moment elle tombait d'accord avec moi que la moto était un outil dangereux, comme du reste tous les deux roues dans leur ensemble ! Un jour, il y avait longtemps, elle avait fait une chute, elle qui me parlait, à bicyclette !... Elle savait à quoi s'en tenir. — Puis elle oubliait ces détails essentiels ; la semaine suivante elle voyait Riton descendre avec les déménageurs, elle sortait de sa loge comme un diable !

— Qui c'est celui-là ? D'où c'est qu'il sort ?...

Elle tournait de moins en moins rond, pourtant ses tâches domestiques n'en souffraient aucunement ; un jour qu'il était arrivé une lettre avec des timbres étrangement étrangers — des tampons fastueux ! — elle me l'avait tendue en disant : « Ça vient du Japon, c'est pas votre ami qui vous écrit ? »... D'habitude elle oubliait où était Clément, qui

pourtant lui avait fait ses adieux dans les formes — elle m'avait même demandé si c'était lui, « l'estropié »?...
Chaque fois que je lui rappelais qu'il était au Japon, elle disait : « Ah c'est vrai ! » Elle se frappait le front du plat de la main comme dans les films muets : « Où est-ce que j'ai la tête ! » — puis elle passait à autre chose, avec naturel. A part ça, elle menait son train. Dans le courant de l'été elle avait été gênée par une invasion de cafards dans sa sombre cuisine. Le casse-tête que cette vermine lui avait causé ! Elle me montrait, elle m'avait fait entrer pour inspecter le carrelage avec elle, le dessous de l'évier :
— Vous savez ! J'aurai tout vu dans ce trou !
Elle essayait des poudres, leur tendait des traquenards de ménagère accomplie. Ah les sales bêtes !
— C'est pas commode de s'en débarrasser : quand j'en tue un, y en a dix qui viennent à l'enterrement !

La lettre de Clément était énorme, des pages et des pages sur papier pelure — il nous avait fait un roman ! C'était d'autant plus surprenant que jusque-là il ne s'était rien foulé dans la correspondance ; un mot assez court pour annoncer qu'il était bien arrivé à Tokyo, et deux cartes postales ensuite, pour nous faire saisir un peu l'enchantement des empires du Soleil-Levant. Nous ne savions pas grand-chose de sa vie nouvelle...
Nous avons lu son histoire, Carolina et moi, chacun notre tour — nous l'avons relue après, afin d'en faire profiter Riton. Le Tiaf s'organisait à présent, mais il avouait que les deux premiers mois avaient été durs. Ce qui signifiait qu'il avait dû en baver comme un Russe ! Cela malgré ses contacts protecteurs : la famille de ses amis de Vavin qui l'avait accueilli et aidé les premières semaines... Il n'arrivait pas à trouver du travail, seulement des cours de français, ici et là, à des étudiants. La réglementation des séjours était extrêmement rigide, là-bas, pour les étrangers : impossible d'obtenir un permis de longue durée — sans parler d'une carte de travail ! Il n'y fallait même pas songer — or personne ne lui ferait un contrat de travail sans carte... Le

serpent — ou peut-être le dragon, qui se mord la queue ! Clément se résignait à demeurer touriste, avec les problèmes de visa à renouveler tous les trois mois, en sortant des frontières un jour, pour mieux revenir — là, il allait devoir passer en Corée d'ici quelques jours. — Il se trouvait exactement dans la situation de Ronald Biggs au Brésil, j'ai pensé ! C'était drôle !...

De plus, Le Tiaf racontait tout ça sur le ton que ces Japs, tout de même, c'étaient des sérieux ! Des gens organisés, fallait voir — qui n'ouvraient pas leurs frontières au premier zozo venu, comme les pauvres couillons de Français ! Tellement laxistes et invertébrés nous étions, en France !... Il fallait voir, là-bas, comment ils traitaient le problème de l'immigration ! — C'était la meilleure ! Il tirait une sorte de fierté de ces rigueurs nippones ! Même battu, il aurait été content !...

Enfin, avec des cours à donner par-ci, par-là, au noir, il parviendrait à subsister... A condition qu'il demeure à Tokyo, forte de sa population universitaire. On lui avait parlé de Kyoto, plus au sud, une belle ville au bord de la mer, avec des pagodes, des temples, et aussi pas mal d'étudiants — mais tous les Français du Japon s'y trouvaient déjà... Lui-même s'était inscrit à un cours du soir, en japonais. Il travaillait la langue, dans sa chambre, cinq ou six heures par jour ! Il avait réussi à se procurer une piaule, petite — et comme là-bas on logeait sur des nattes, il n'avait besoin ni de lit, ni de chaise, ni de table ! Quelle économie !... Les Européens, nous étions de vrais tarés avec notre obsession du plumard : rien de plus facile que de s'en passer ! Au prix de quelques courbatures, évidemment, les premiers jours.

Il nous a particulièrement fait rigoler avec les problèmes alimentaires : le plus souvent il ne savait pas ce qu'il mangeait ! Il achetait des boîtes au supermarché, mais il était incapable de lire le nom du produit, ni aucune des indications, cuit ou cru, salé ou sucré — sauf si, parfois, il y avait une traduction en anglais. Il se servait donc totalement au hasard sur les étagères ! Le marché les yeux fermés... Il était certain, écrivait-il, d'avoir bouffé plusieurs fois du pâté pour les chats ! Au goût c'était impossible à dire... Alors, ma foi, il se rabattait sur le riz, excellent. — Là, nous nous sommes fendu la pipe pour de bon ! Penser qu'il avait fait tout ce chemin, la moitié de la Terre, pour retrouver son ordinaire de Lorette !... C'était joyeux !

En tout cas ! Nous lui avons répondu une lettre assez gaie, un soir, Carolina et moi. Nous lui parlions de notre organisation nouvelle... Riton a tenu à ajouter un mot, de sa grosse écriture de gaucher par contrariété — lui aussi s'était durement entraîné à dessiner des pattes de mouche !

Clément avait pensé à mettre un mot pour Alphonsine — je le lui ai montré le lendemain. Il la saluait bien ! J'ai attendu qu'elle prenne ses lunettes pour lire le passage — je vérifiais ! Qu'elle n'aille pas croire n'importe quoi : Le Tiaf, là-bas, de l'autre côté du monde, il pensait à elle !... Elle a dit : « C'est gentil ! »... Mais nous étions déjà au déclin de l'été ; elle avait recommencé à crier, aux approches de l'équinoxe. Son visage était défait... Certains jours elle effrayait Sabine, notre gentille infirmière, pourtant bien aguerrie aux accueils : « Où allez-vous ? »... Elle pointait son air de folle à lier dans l'entrebâillement : « Je ne suis pas une putain, moi ! »... Elle riait fort aussi, si aigre, que moche.

Un matin, vers dix heures, deux agents discutaient avec elle devant la loge ; elle avait sa robe de chambre chiffonnée, les cheveux hirsutes. Lorsque je suis arrivé au bas de l'escalier, elle a pointé un doigt vers moi :

— Tenez, c'est lui, là ! Demandez-lui.

Les deux flics se sont retournés — j'ai eu un moment de flottement. Qu'est-ce que la police pouvait me vouloir ?... J'avais un fâcheux pressentiment. Les agents me regardaient, hésitants — alors Alphonsine m'a fait des gestes, derrière leur dos, et un gros clin d'œil qu'elle m'adressait, le visage tordu, que je sois de mèche ! Elle a fait :

— C'est bien vrai que vous l'entendez, vous aussi ?... Le voisin, là derrière. Vous l'entendez bien, vous me l'avez dit !

— Ah bien sûr !...

J'ai dit que oui, tiens ! En effet !... Le voisin mitoyen ? Il était même exaspérant, par moments. — Alphonsine triomphait sagement :

— Voyez ! Je vous l'avais dit, ce locataire l'entend aussi ! Il n'y avait pas qu'elle à être incommodée par ce personnage ! Elle était justement en train de causer de moi à ces messieurs, du fait que nous en parlions ensemble, des fois, du voisin bruyant, n'est-ce pas ?... Je certifiais. Je ne pouvais pas dire avec précision d'où venait le bruit — c'était confus, surtout dans la nuit. Mais nous souffrions de nuisances, assurément.

L'un des deux flics m'a demandé à quel endroit j'habitais dans l'immeuble, et j'ai expliqué, en haut, au sixième étage ; et que le son montait... Ils étaient de plus en plus perplexes. Ils m'ont dit qu'il y avait eu des plaintes — alors ils enquêtaient. C'était souvent inextricable ce genre d'embrouilles ! Eux, n'est-ce pas, on les envoyait — ils ne cherchaient pas à savoir outre mesure... Ils ont dit, bon. Au fond ils s'en foutaient !... Pourtant, c'était une chaude alerte.

Ce fut vers la fin du mois de septembre que la porte de la loge demeura fermée toute une journée... Je m'étais fait du souci, parce que quelques jours plus tôt Alphonsine m'avait parlé de ses varices, qui, de nouveau, la faisaient affreusement souffrir. Elle m'avait montré sa jambe gauche enflée, bleuâtre. Il lui faudrait consulter, disait-elle avec un soupir — et je l'avais engagée à le faire au plus tôt, en effet. J'avais même ajouté, pour l'aiguillonner, sans trop savoir, qu'elle risquait dans cet état une embolie !... Alors ? Est-ce qu'elle s'était rendue chez un médecin — ou bien dans un hôpital, en consultation ?... Le jour suivant ce fut pareille porte close, sans aucun son ni lumière. Le facteur avait déposé trois ou quatre enveloppes sur le rebord de la petite fenêtre, coincées de chant contre un barreau. Je suis allé cogner aux carreaux — est-ce qu'elle pouvait avoir eu un malaise ?

Le soir, ma fiancée et moi avons décidé de lancer une enquête dès le lendemain matin. Foldingue ou pas, nous ne pouvions pas laisser disparaître cette pauvre amie sans lever le petit doigt ! Si elle avait été hospitalisée en urgence nous devions le savoir — Peut-être, devant l'ampleur de ses mollets, les médecins avaient-ils décidé de la garder au chaud, de la mettre au pieu séance tenante?... Après tout, j'avais dit ça au flan, mais elle pouvait réellement friser l'embolie!... Au moins il nous fallait trouver dans quel hosto, quel service? Nous devions aller la voir, lui apporter des fleurs! Un peu d'humanité, que diable!... On en parlait avec Riton, qui était de cet avis que la loufe, elle méritait notre attention.

J'avais décidé de frapper aux portes des locataires du premier, pour commencer, au cas où ils posséderaient quelque indice... Mais, quand je suis descendu, une table était apparue dans le hall, sous la fenêtre intérieure de la loge. Quelqu'un avait accroché une pancarte en carton à l'un des barreaux, avec cette indication au marqueur, en grosses lettres bleues:

33 RUE NOTRE-DAME-DE-LORETTE.
PRIÈRE AU FACTEUR DE DÉPOSER LE COURRIER
DE L'IMMEUBLE SUR LA TABLE. MERCI.

Une seconde note, dactylographiée, avait été rajoutée, fixée au carton par une agrafe-trombone. Elle disait, sur trois lignes: « Suite au départ de Mme Ben Tahar les locataires sont priés de prendre chacun son courrier en attendant que soit apposées des boîtes aux lettres individuelles pour tout le monde. » Sic !... Signé: « Le Gérant. » Suite au départ?... Elle était partie? Comme ça? Tout naturellement, sans prévenir?... J'en restais sidéré. Alphonsine avait quitté sa loge et elle n'avait rien dit avant? Pas le moindre au revoir?... Fabuleusement louche!... J'ai pensé aux deux flics: des plaintes, ils avaient dit... Ce que nous redoutions le plus pour elle, depuis longtemps! — Ça m'est venu comme une évidence: on l'avait internée, la pauvre femme!... Mais comment? Si brusquement! C'était possible?... Et que les gens autour n'y voient que du feu?...

Je suis remonté quatre à quatre informer les autres; nous étions assez consternés — et comme c'était le jour de Sabine, qui est arrivée peu après, nous l'avons criblée de questions. Quelle procédure ?... Comment avait-on pu nous souffler la concierge aussi soudainement, ni vu ni connu ? — Car le mot « départ » ne laissait pas entendre un congé, ni qu'elle allait revenir, par exemple après une opération de ses fameuses varices. D'ailleurs la mention des boîtes aux lettres à venir donnait à ce « départ » un caractère plutôt définitif !...

L'infirmière s'interrogeait — elle ne pouvait pas dire avec certitude. Mais elle nous a expliqué qu'il pouvait s'agir d'un « placement d'office », pour désordre mental, qui serait intervenu après enquête de la police... Non, elle n'avait pas forcément été violentée — probablement pas, même ! Les agents avaient très bien pu la conduire à l'hôpital sous le prétexte d'un malaise ou d'un bobo quelconque, en principe pour la faire examiner — par exemple au sujet de ses varices : un excellent motif, en effet !... Auquel cas elle était partie de son plein gré — à l'hôpital on l'aurait probablement orientée vers le fameux « placement » en milieu psychiatrique... C'était le cas le plus fréquent, disait Sabine, à sa connaissance. La méthode douce...

Je suis allé frapper chez les gens du premier ; ils étaient absents. Il n'y avait personne non plus au second... J'y suis retourné dans la soirée ; ils ont pris des mines fermées. Non, ils ne savaient pas ce qu'était devenue la concierge ! Personne n'avait le moindre indice à ce sujet... A croire que nous étions sur une autre galaxie — aucun mélange. On m'a conseillé de m'adresser au gérant, si je tenais vraiment à retrouver sa trace. Mais un bonhomme âgé, très triste, m'a dit : « Elle était zinzin, la pauvre vieille ! »... Une femme ronde, que je n'avais jamais croisée en trois ans, m'a affirmé que des gardiennes comme ça !... Elle n'en disait pas davantage ! Elle avait mis des lèvres pincées, pour m'indiquer que motus, n'est-ce pas !... Au bout de cinq secondes elle a ajouté que pour son compte, elle s'en passerait volontiers d'une concierge comme ça ! Elle a repincé les lèvres, mais la minuterie s'est éteinte ; aussi elle m'a refermé sa porte au nez sans dire bonsoir.

C'est vrai qu'elle avait dû les lasser, Alphonsine, ces

témoins des premières loges! Dans le secteur il valait mieux ne pas trop éloigner les boules Quiès du chevet de son lit! Probablement!... Et d'où pouvaient venir ces fameuses « plaintes »?...

Au second, un homme à lunettes, du genre bien informé, et qui était sorti sur le palier avec sa serviette de table, m'a expliqué que de toute façon le gérant avait décidé que dorénavant il n'y aurait plus de concierge. C'était une trop lourde charge pour la copropriété... On allait faire mettre un de ces appareils nouveaux sur la porte, avec une clé individuelle — ce serait à l'ordre du jour de la prochaine réunion, en décembre, avec les boîtes aux lettres, avait dit le gérant... Je n'ai pas osé poser la question qui devenait essentielle : c'était qui, le gérant? Où est-ce qu'il avait son bureau? Quelle adresse?...

Ce fut deux jours plus tard seulement, que Carolina remarqua la chose, par terre. En sortant, elle avait aperçu un bout de ruban coloré qui dépassait derrière la porte de la rue. Des détritus avaient commencé à s'accumuler dans l'encoignure du battant que l'on n'ouvrait jamais... Elle s'est baissée pour dégager le truc sous un papier de réclame, dans la poussière — c'était une médaille attachée à un ruban.

Je l'ai reconnue tout de suite : la médaille militaire de la loge!... Mais qu'est-ce qu'il faisait là, son précieux trophée? Est-ce qu'on avait déjà tout déménagé chez elle? Jeté ses affaires aux boueux? J'ai couru jeter un œil au travers du carreau — il faisait sombre, mais les meubles ne paraissaient pas avoir bougé. Tout avait l'air en place... Il parvenait la même odeur inchangée à base de soupe à la julienne, et d'onguents... Alors?... La seule explication était qu'Alphonsine avait essayé de l'emporter en s'en allant — elle avait dû la décrocher au moment de sortir, et puis la semer tout de suite en route, dans le hall, dans l'affolement! Méthode douce peut-être, mais avec une belle panique sûrement, par les temps qui couraient! Et la prescience qui devait l'envahir, en sa qualité d'ancienne fine mouche...

Elle était partie sans son talisman : la vraie preuve qu'elle était française! Presque une ancienne combattante, par émigré interposé... Elle voulait la montrer aux médecins, sans doute. Qu'ils prennent soin d'elle! Que personne n'aille confondre! Madame Ben Tahar? Peut-être! Mais de Châteauroux... Avec un père qui avait combattu de même, avant, jadis, pendant la vraie, la der des ders!... Qui s'était fait faucher une jambe! J'avais appris ces derniers détails dans le courant de l'été— lors d'une de ses ultimes confidences. — Elle devait lui faire faute, maintenant, sa décoration, là où elle était. Comment est-ce qu'elle pouvait expliquer, sans preuve, que son mari était avec les Français pendant la guerre?... Aux gens de là-bas, à l'hôpital? Une femme respectable!... On n'allait pas la croire! C'était peut-être à cause de ça qu'elle n'était pas revenue: ils l'avaient gardée parce qu'elle avait égaré sa médaille!...

J'ai glissé l'objet dans ma poche. J'ai dit à Carolina:

— Faudrait la lui rapporter...

J'ai pensé, intérieurement, sans oser le dire, que c'était un tour de Monsieur Panado, cette vacherie-là! Je me demandais, de temps en temps — oh, à part moi! — si des fois ces personnages qui avaient surgi au hasard d'une caisse, ne s'agrippaient pas à nos vies?... Je commençais à me méfier moi aussi! Après tout, ce n'était qu'un livre — mais que savait-on de Monsieur Panado, au juste?... J'avais envie, secrètement, de me tenir sur mes gardes. C'était vraiment un vilain tour que l'on avait joué à cette pauvre femme!... J'étais loin de me douter, ce faisant, qu'il allait y en avoir d'autres.

Riton, certains jours, manquait d'entrain. Au début d'octobre il est resté une semaine assez prostré ; le temps, d'ailleurs s'était brusquement rafraîchi, comme il l'avait prévu.

Il avait plu plusieurs nuits durant, avec du vent... Du coup, il n'avait plus assez chaud, sans bouger, salle Gavarni. Heureusement, Clément n'avait jamais rendu le vieux radiateur à gaz butane emprunté pour le Noël de l'année dernière. Nous l'avions rangé au printemps dans un cagibi qui servait de débarras communautaire, à l'autre bout du couloir, du côté des chiottes. Je suis allé le récupérer, un soir — avec la bouteille neuve achetée le lendemain, cela faisait un excellent dépannage.

Nous attribuions la tristesse de Riton au mauvais temps : dehors, ça sentait l'automne, soudain... Cependant, un matin, Sabine m'a fait signe de sortir avec elle, après qu'elle eut plaisanté à son ordinaire sur les dépressions du ciel ! Elle souhaitait que je l'accompagne dans le couloir. Elle m'a annoncé qu'il n'allait pas fort, en fait, notre malade : sa tension avait encore remonté depuis la semaine d'avant — elle la lui avait reprise trois fois ce matin, pour être sûre... Cela pouvait indiquer une augmentation du taux d'urée. Elle le saurait au vu des résultats de la prise de sang qu'elle venait de faire, et qu'elle allait déposer comme chaque semaine au laboratoire... S'il en était ainsi il faudrait lui augmenter sa dose de Lasilix probablement — le médecin déciderait. Mais surtout, ce qu'elle voulait me dire, c'est qu'il ne pourrait pas demeurer ici longtemps, à Lorette...

Je l'avais accompagnée jusque dans la rue, dans l'intention de lui offrir un pot au Floris — mais elle n'avait pas le temps ! elle s'envolait sur son vélomoteur bien pratique, qui lui ouvrait la voie à tous les embouteillages... Avant de me quitter, elle m'a confié qu'à son avis il aurait réellement besoin de dialyse — c'est-à-dire du rein artificiel — à très court terme. C'était une question d'un mois peut-être deux ; elle se rendait compte, elle avait eu un autre patient dans ce cas : Riton suivait la même évolution... Elle préférait m'avertir, en infirmière consciencieuse.

J'en avais touché deux mots à Carolina, sans rien affoler, ni grave... Elle avait hoché la tête, qu'elle s'en doutait. Puis elle avait continué à hocher, longtemps ; c'était étrange. Elle balançait sa tête en silence à la manière des vieilles femmes,

comme si déjà elle allait être vieille un jour... Tout de suite
Riton lui-même corrobora ces mauvais augures : il recommençait à être tourmenté par des essaims de mouches
noires qui lui venaient devant les yeux. Il me l'a avoué sur
un air de fatalité... D'ailleurs Sabine lui avait tâté les chevilles, longuement. Pourquoi ?... Elles enflaient de nouveau,
n'est-ce pas ?

J'essayais de raconter des salades... Les mouches pouvaient avoir d'autres origines. Qui sait ? Le contrecoup du
choc qu'il avait reçu lors de l'accident — il n'était pas
demeuré dans le coma pour rien ! Son encéphale pouvait
avoir subi des dégâts qui se manifestaient à retardement...
Je lui ai raconté ma chute à bicyclette, quand j'avais douze
ans ; je m'étais assommé dangereusement, avec une légère
fêlure du rocher, derrière l'oreille... Eh bien j'avais éprouvé
de drôles de symptômes, après. Par exemple, je voyais les
gens en cadavres, de temps en temps. Surtout la tête des
gens — ça me faisait comme une radiographie, je percevais
les orbites creuses, les crânes à nu, les mâchoires tendues...
L'horreur ! Même encore... Parfois ça me prenait subitement...

Riton me regardait d'un œil morose. Il a fait sur un ton
sinistre :

— Tu sais, te gêne surtout pas. Quand tu me regardes !... Parce que vous allez être nombreux à le voir,
mon squelette — et dans pas longtemps !

Il avait tenu un long discours à sa sœur, au téléphone. Il
lui avait parlé de la précarité de la vie... Il lui avait déclaré :
« Te fais pas trop de mouron, Vivi ! Ce qui trouble les
hommes, ce ne sont point les événements, mais les juge-
ments qu'ils portent sur les événements »...

— Attends, écoute ça : « La mort, par exemple, n'est
rien de terrible ; mais le jugement qui nous fait déclarer la
mort terrible, voilà ce qui est terrible. » Hein ?... C'est pas
envoyé ça, ma louloute ?... T' sais qui c'est qui a écrit cette
pensée ? C'est Épictète ! Ouais !... C'est terrible, non ?

Viviane avait demandé à ce que je la rappelle, si je pouvais. Ce qui signifiait qu'elle voulait mon avis particulier et

sincère sur l'état de son frangin. Et comme Riton servait de standard pour toutes les communications, ce n'était pas commode ; j'avais dû aller à la poste pour l'informer en privé !...

Riton en avait conclu les mêmes fatales conséquences, aggravées du fait qu'on lui cachait la vérité. Il avait dit d'un air rogue :

— Je le sais que je suis foutu, c'est pas la peine d'en faire des messes basses !

Ce fut peu de temps après, et sur ce fond maussade, qu'il arriva du Nord des nouvelles grosses comme un ciel d'orage... Carolina, qui était partie passer deux jours à Nanterre, revint le lendemain avec une lettre qui était arrivée pour elle de Finlande. Elle est entrée comme je venais de suivre une émission pour la jeunesse, assez débile, en compagnie de Riton... J'étais plutôt furieux contre moi, au point que je ne me suis pas aperçu tout de suite que ma fiancée avait un air soucieux. Elle s'est fait chauffer un café — ce qui était extrêmement inhabituel de sa part : elle prenait rarement du café à cette heure...

Les habitudes imposent si fort leurs lois imbéciles, en même temps qu'un sentiment de sécurité fallacieux, qu'il faudrait de temps à autre faire systématiquement le contraire de ce qu'on aime. Non par masochisme, mais seulement pour secouer le vieil homme ! Pour demeurer souple de la peau du cœur — pas le palpitant, l'autre : le « cœur » fruitier, intérieur, au sens du noyau de nous autres ! La peau du centre... Il faudrait ne jamais savoir, afin de ne jamais s'étonner de l'autre mais en être constamment remué, plaisamment « désarçonné », comme on dit lorsque le cheval de dessous ne laisse aucun répit qu'il ne nous ait mis le cul par terre, le nez dans le ruisseau c'est la faute à Rousseau ! Quelque chose d'approchant... Un état d'alerte, il faudrait. Pour ne pas être conduit à dire, jamais, une chose aussi sotte que :

— Tiens ! Tu bois du café ?...

Et Carolina m'a regardé longuement. Au point que j'ai

senti mon erreur. Et j'étais encore plus contrarié, car cette faute de sensibilité, je l'attribuais à l'émission complètement conne que je venais d'ingurgiter presque malgré moi ! J'ai pensé à Nireug, à son couteau... J'ai pensé que l'enfer c'était la stagnation et la mort...

Quand elle m'a eu assez longuement observé, Carolina m'a dit gravement :

— Je n'ai pas dormi de la nuit, Ferdinand.

J'ai senti que quelque chose était en train d'arriver là, entre nous, qui n'était pas trop télévisuel, mais vivant. Vivant et flou devant moi, de l'insaisissable — et j'ai pensé aussi à Dora, à cette ardeur qui nous conduit...

Dans la salle Gavarni le bruit du présentateur présentait pour la je ne sais combien de fois les mêmes nouvelles brèves ! Il rappelait, je m'en souviens, que le Président de la Merlavie-Orientale rencontrait toute la journée le Roi de Sodomie-Unie, et que c'était vachement important ça ! Et qu'ils allaient parler ensemble — et j'avais envie de crier, de hurler qu'il fallait faire quelque chose ! Que toutes ces informations qui me parvenaient faisaient ma raison vaciller sous leur nullité, ma tête s'égarer, se perdre, que ça me donnait, en plus, une vraie et sincère envie de gerber — et que je devais appeler au secours, très fort ! Comme ça le Père Noël m'entendrait.

Carolina m'a dit qu'effectivement elle ne me sentait plus bien depuis quelque temps, moi non plus. J'avais changé... C'est là qu'elle a commencé à me dire que d'avoir pris Riton avec nous était sûrement une erreur ! C'était bien, et généreux, et plein de bonté — certainement ! Mais ça frôlait la méprise... Et là j'ai dit, au fait : comment se faisait-il qu'elle n'eût pas fermé l'œil de la nuit ?... Alors, en buvant son café, les jambes croisées, elle a sorti de son sac la lettre de Finlande :

— Tiens, lis !

Leena disait d'abord que tout allait bien ! Elle avait regagné depuis longtemps son logement de Tampere, près du parc qui commençait à devenir vraiment superbe (« gorgeous ») à mesure que les couleurs se faisaient automnales, vives, éclatantes, et que la nature faisait ses préparatifs pour ce qui serait « le long voyage de la nuit ». Bref elle lui mandait des choses gentilles, sa copine. Elle racontait qu'Aki se portait superbement, qu'elle-même avait repris son boulot bien-bien, dans son bahut accueillant... Je commençais à lever des yeux interrogateurs, me demandant où était l'inquiétante pièce de niouze qui l'avait disturbée si fort, et ma fiancée qui lisait dans ma pensée comme je lisais dans sa lettre, a fait :

— Continue, continue...

Et j'ai tourné la page.

Et, justement, Leena disait qu'au sujet de son bébé Aki et de ses cours en ville, il se posait à elle un problème de garde... Un problème qu'elle croyait avoir résolu à cause d'une voisine amie qui possédait, elle aussi, un bébé à soi, et il avait été convenu qu'elles s'arrangeraient, l'autre étant « au foyer ». Malheureusement cette amie devait déménager brusquement à cause du travail de son mari ! Le résultat étant que Leena se trouvait dans la merde — elle ne le disait pas comme ça ! « I am unsettled », écrivait-elle...

Je recommençais à penser entre les lignes, que tout cela était, en effet, désolant pour elle — mais en quoi est-ce que je devais me mettre, moi, martel en tête ? — lorsque Leena, ouvrant un nouveau paragraphe, expliquait tout uniment : « So, I thought *you* might come over ? You would stay with us for some time and look after little Aki »... Elle lui proposait de venir en Finlande lui garder son enfant ! En tant que « amie au pair » !... Enfin l'idée géniale de cette saison d'automne, qui se résumait ainsi : Carolina devait se rendre là-bas toutes affaires cessantes !... C'était la seule restriction : elle avait besoin d'une réponse urgente. Si l'idée lui plaisait, lui paraissait réalisable à très bref délai — it would be terrific ! — elle pouvait même lui téléphoner au numéro qu'elle indiquait, car elle devait trouver quelqu'un au plus tôt.

J'ai rendu la lettre. Carolina l'a pliée en quatre, puis elle l'a posée sur le bord de la table... Je sentais que j'allais bientôt perdre le sommeil, moi aussi. Il nous restait quel-

ques heures — étant donné que la missive avait passé deux
jours au moins dans la boîte à Nanterre, il fallait appeler dès
ce soir ! Dernier délai.

Les yeux de ma fiancée brillaient d'une certaine fièvre qui
n'était pas seulement de l'insomnie. J'ai dit :

— Alors ?...

Elle a répété, « Alors ? » avec une intonation à peine
différente, et d'abord nous n'avons rien dit de plus. Puis
nous avons parlé, parlé... Nous nous enfoncions dans de
bouillonnants projets d'avenir proche. Elle pouvait toujours
accepter, pour quelque temps au moins. Se donner jusqu'à
Noël... Elle verrait ensuite si elle se plaisait ou non. Ça
donnerait à sa copine le temps nécessaire pour trouver une
organisation différente...

Et puis, à Noël, si je parvenais à dégotter un peu de fric,
je pourrais aller la chercher — nous en profiterions pour
passer une semaine ou deux ensemble, là-bas, si près du
bonnet du monde !

*
**

J'étais au courant pour le bus, depuis longtemps — depuis le début, à notre arrivée à Lorette, lorsque nous
construisions nos châteaux en Hollande. Clément aimait à
s'informer des réseaux de voyages, combines et charters
inter-globe, ce qu'il appelait ses « portes de sortie »... Il
m'avait montré le guichet, place Stalingrad, d'où partaient
les bus pour l'Europe. Lui-même avait utilisé les lignes
d'Allemagne, mais on pouvait se rendre n'importe où pour
trois fois rien, même en Scandinavie !...

C'est de là qu'elle partit en effet, comme un papillon qui
déménage, avec son sac, Carolina, un matin, peu avant
l'aube. Et toute la nuit avait été dure et triste, sans sommeil

depuis le soir, car Riton nous avait fait cette étrange demande tout à coup... Nous regardions un film à la télé, en silence, tous les trois. Ma fiancée — qui avait été la sienne — tenait son sac prêt, zippé jusqu'à la gueule. Elle avait l'air déjà ailleurs qu'ici, sur un chemin qui l'occupait ; et je ne suis pas certain qu'elle suivait l'histoire du film qui semblait assez compliquée.

Riton l'observait en coin comme on dit « à la dérobée », car il était en train de voler quelque peu son image. Je me rendais compte qu'il fermait les yeux après, quelques secondes, pour mieux l'imprimer sous son crâne, lequel avait recommencé à lui faire mal, surtout en fin de journée...

Ce qui fait que j'étais mal concentré sur l'écran, moi aussi ; à un moment j'ai entendu Riton qui disait, assez fort, dans un creux du dialogue de la télé : « Vous devriez me tuer »... J'ai fait semblant que nous n'avions rien entendu, je fixais l'écran de mon mieux. Au bout d'un moment, pendant que l'on voyait une poursuite en bagnole avec Lino Ventura au volant, Riton a gueulé :

— Faites pas semblant que vous m'avez pas entendu !

J'ai menti quand même, bafouillant, quoi ?... Non — il avait parlé ?... Alors il nous a expliqué, en pesant ses mots sur des petits silences, que si nous étions sympa, et même disons-le charitables au genre humain, on le tuerait.

Et Carolina a pris un air vachement détaché :

— Ah bon ? elle a fait. Quand ça ?

Elle ne quittait pas la télé des yeux... Il a continué :

— Ce soir... Là, maintenant, avant de partir !

J'ai fait remarquer que je ne partais pas. Je restais avec lui, non ?

Il a dit de ne pas jouer sur les mots, que nous savions bien, tous, qu'il allait crever. C'était la dernière soirée que nous passions ensemble, non ?

Ça faisait une gêne parce que ça sonnait terriblement vrai, mais difficile à entendre. Et nous n'osions pas non plus nous donner le ridicule de protester trop fort — je pensais à ce que m'avait répété Sabine, la veille encore : qu'il ne tiendrait pas plus d'un mois sans devoir retourner à l'hôpital... La pudeur nous retenait de jouer les copains rassurants. Je voyais Carolina qui se blindait ; elle mordait ses lèvres à petits coups nerveux et faisait du forcing pour suivre l'histoire sur l'écran...

Alors Henri s'est mis à plaider pour de bon — qu'il faisait pas du cinéma, du charme, ni rien. Il nous a raconté que ce serait bien si nous l'aidions un peu à lâcher la rampe — oh, juste un peu ! Foutu pour foutu !... Ce serait doux pour lui de mourir de notre main... Parce qu'il fallait y aller tout de même, et de ne pas savoir bien comment c'était encore plus apeurant !

Il n'avait plus la mine de celui qui fomente un gag. Il a entrepris très sérieusement de nous convaincre que sa vie n'avait aucun sens à partir de maintenant — un long tunnel de douleur absurde. Infirme, déjà, ce n'était pas drôle du tout ! Mais infirme et les reins bloqués ! Ça servait à quoi qu'il vive ?... On le prenait pour un con, ou quoi ?

Il élevait un peu la voix devant notre silence ; et il accrochait sur les mots simples, comme s'il lui manquait la force d'articuler. Il a dit :

— Moi, je veux crever tout de suite — et je n'ai même pas la force de me foutre en l'air tout seul ! Vous croyez que c'est rigolo ?...

Selon lui, nous pourrions le tuer. Au moins l'aider, quoi... Là, ce soir, maintenant !... Après le film, mettons. Lino Ventura avait rejoint ses ennemis, il tirait au revolver de la main gauche, en conduisant ; les autres ripostaient par la vitre arrière de leur voiture qui était brisée par une balle... Ce serait le plus immense service à lui rendre, disait Riton — et le dernier !... Après, il promettait, il ne demanderait plus rien !... Il a ricané. Il a fait son rire de chien à nous glacer la moelle des os.

Le plus fort, c'est qu'il n'avait pas l'air de prendre ce qu'il disait à la légère ; il avait un air déterminé. J'ai eu le malheur de dire : « Comment veux-tu qu'on te tue ! On sait pas faire. » Il a pris la mine de celui qui veut bien se mettre à ma portée, et qu'avec un peu d'imagination nous allions trouver bien vite... Carolina qui savait, qui sentait bien qu'il

ne plaisantait pas, devenait de plus en plus nerveuse. Elle
s'est agitée, protestant dans ce langage direct qui lui montait
quelquefois comme un bouillonnement des tripes :

— C'est ça ! Pour qu'on ait la police au cul, et qu'on
finisse en cabane !

— En cabane ?... Pourquoi en prison ?... Je ne dénonce-
rai personne !

Il a re-ricané d'une manière atroce.

— Tu crois peut-être que des enquêteurs vont se mettre
en frais pour savoir comment est clamsé un pauvre type
dans mon état ?... Déjà pratiquement rayé de la carte !

Il nous poussait dans la conversation par force. Il nous
obligeait à entrer dans son idée, dans le dos, malgré nous...
Il existait un moyen facile de déguiser ça en accident !
L'accident qu'il souhaiterait avoir, en fait, s'il le pouvait...

Les types avaient échappé à Lino Ventura, mais il y en
avait un de blessé ; il saignait comme un porc dans la
voiture en fuite, avec des gros plans sur son épaule que les
copains dénudaient pour essayer de colmater — ils enlevaient leurs propres chemises pour fabriquer des tampons...

Carolina est passée dans l'autre pièce, je l'entendais farfouiller ; j'ai craint un moment qu'elle s'en aille fâchée...
Puis elle est revenue ; elle avait pris un cachet d'aspirine,
elle a dit, parce qu'elle avait mal à la tête. Alors Riton nous
a expliqué quelle jolie fin ce serait pour lui de terminer ici sa
galère, à Lorette, ce soir même, juste avant le départ de
Viva — et il a crié de lui-même : « Viva la muerte ! »... Et
puis aussi le lien que ce serait entre nous — il voulait dire
entre ma fiancée et moi, de commettre ce meurtre sur sa
personne. Un lien à la vie, à la mort !... Quel terrible et
merveilleux secret ! — Ses propres mots : « terrible et merveilleux ». Une chose à ne jamais nous oublier ! De toute
notre existence, commune ou séparée... Une occasion ex-
ceptionnelle ! Même chacun à un coin de la terre nous
penserions à l'autre. Il a crié :

— C'est ça l'amour !

Et Carolina pâlissait — sans doute parce qu'il faisait des

allusions privées à des choses d'entre eux, des promesses particulières, des coups de leur cœur d'avant, et qu'elle savait qu'il était sérieux comme tout, qu'il avait vraiment l'intention qu'on le tue... Elle s'est mise à avoir peur. Elle a hurlé : « Arrête ! Arrête ! »... Plusieurs fois.

— Mais arrête tes conneries, Riton, une bonne fois !

— Oui, une bonne fois ! il a fait. La dernière, Viva !... Tu veux bien ?... Tu veux bien ?...

Il nous a dit que c'était facile et enfantin, par exemple le radiateur à gaz, là... Il suffisait de ne rien toucher : on fermait le robinet de la bouteille, on comptait jusqu'à sept, lentement, puis le rouvrait à fond en même temps qu'on poussait le bouton de sécurité du poêle, en bas, au fond... On laissait siffler, c'est tout... C'était un vieil appareil, qui n'avait aucun système de protection sophistiqué, pas de problème : la bouteille se viderait toute seule... Nous pouvions aller faire un tour dehors ! — Nous pouvions fermer la porte sur nous, sans éteindre la lumière ni rien... Aller boire un pot. Juste comme ça : les choses bien à leur place ! Nous lui laissions la télé allumée bien sûr, qu'il puisse s'occuper l'esprit... Nous partions faire un tour, ça lui convenait ! Il avait lu que c'était très doux comme mort, pas pénible un seul moment. La conscience disparaissait avant... Il a dit : « Le trépassement sans douleur ! »

Maintenant il nous enfonçait ça dans le cigare à mots prudents, sans trop de cynisme afin de ne pas nous heurter... Il insistait bien sur l'absence de traces. L'accident ordinaire, bête et fréquent, du poêle qui s'éteint... La fausse manœuvre d'un infirme, en plus ! Un estropié qui s'était probablement assoupi en regardant la télévision ! Enfantin comme histoire : nous ne serions jamais inquiétés — que disait-il, inquiétés ? pas même soupçonnés un seul instant !... C'était infiniment préférable aux barbituriques — où les aurait-il pris ?... La strangulation, n'en parlons pas ! Le couteau de cuisine encore moins !... Non, nous étions des êtres raisonnables !...

Il plaidait avec une belle ardeur : aucune violence, juste le truc qu'il ne pouvait pas faire tout seul — sans quoi il ne

nous demanderait rien du tout! Malheureusement il fallait
deux mains!... Il était certain. Il y avait suffisamment réfléchi...

Lino Ventura se retrouvait captif à son tour... On le
voyait dans une sorte de cave, cul-de-basse-fosse, avec des
gens au-dessus, dans les étages, qui complotaient comment
ils allaient se débarrasser de lui après qu'il aurait livré un
tuyau essentiel pour leur bande du crime.

Riton a dit :

— Vous n'aurez même pas besoin de faire disparaître le
corps! Quand tu reviendras tu ameuteras la police, le voisinage... Ils constateront, c'est tout. Si tu veux, tu peux
même te faire accompagner par un copain en revenant — à
cause du désagrément. Oui, je sais, l'angoisse, un peu... Et
comme ça tu auras un témoin!...

Il me parlait au futur à présent, il m'y croyait... Il plaidait le fait accompli.

— Tu te rends compte, au lieu d'être là comme un con,
demain à te morfondre... Je veux dire, tu vas te faire chier
maintenant qu'elle part! Mon truc, au moins, ça t'occupera
l'esprit. Au lieu de penser à elle toute la journée, tu auras
des bricoles à faire... Ne serait-ce que les menues démarches, les déclarations à la police, prévoir mon inhuma-
tion! Il faut que tu téléphones à ma sœur, tout ça... Tu
veux que je te fasse une liste ?

Il arrivait à me faire poiler malgré moi, cette andouille!...
Mais il a dit sur un ton de désespoir vraiment atroce :

— Tu as tort de rigoler.

Il y a eu un silence assez long, sur une musique assez
forte, violons et cuivres, le genre que la tension monte...
Des copains de Ventura s'approchaient à pas de loup de la
maison où il était enfermé. Ils transportaient de gros ca-
libres à la main, et l'on voyait bien, à leurs airs, que ça allait
chier des bulles!... On n'entendait que le froissement de
leurs pas sur les feuilles mortes du jardin, et cette musique
ronflante, terrible, qui balayait l'atmosphère de ses vagues
inquiètes...

Alors Riton s'est mis à vociférer — il se foutait totalement
du suspense :

— Vous avez vu la gueule que j'ai ?... J'ai encore enflé depuis hier ! C'est pas vous qui avez mal, si ?... C'est pas vous qui avez un pied dans la tombe ! Vous avez pas l'horreur en face, vous !... Foutez-moi au trou tout de suite si vous êtes pas des couards !

Il gesticulait de son seul bras valide, c'était pitoyable.

— Ouvrez-moi ce robinet, je vous dis : là, tout de suite, et foutez le camp ! Vous m'entendez !... Je vous le demande. Je vous le commande... J'en peux plus, merde !... Allez, ouvrez-moi ça comme j'ai dit. Mettez chacun une main, si un tout seul ça vous fout la trouille — ce que je comprends, je vous en veux pas ! Un coup fermé, un coup ouvert ! C'est pas dur !... Et vous irez attendre dans un bar, c'est pas ce qui manque. Je vous en supplie... Viva, au nom de tout... D'avant, tu sais ?... Fais-le... Soyez pas cons. Personne saura, personne vous en voudra... Ce sera un secret entre toi et moi — entre vous deux. Allez, maintenant... Vous allez m'embrasser, si vous voulez, avant de sortir. Vous faites le truc et vous m'embrassez, okay ? On se dit au revoir comme ça... C'est pas dangereux pendant un bon moment, on a tout le temps de se faire la bise ! Après vous fermez bien la porte, et basta... Tu seras dans le bus, ma Viva ! Y aura du monde, et puis les paysages... Ce sera beau. Tu dormiras, tu seras bien... Et moi aussi, je serai bien. Ça fait bientôt cinq ans que ça dure, tu trouves pas que c'est assez ?... Et depuis presque un an, en plus, t'as vu !... Okay, j'ai perdu. Alors fais vite !... Fais ça pour moi, tu réfléchiras après...

Et j'ai vu Carolina qui pleurait... Elle ne répondait pas ni rien, ni fâchée. Elle sanglotait sur sa chaise... Je me suis demandé s'il avait ce pouvoir — si nous allions lui obéir, au fait ? Parce qu'il avait vachement raison ! C'était clair qu'il était totalement réaliste... Carolina pleurait très fort, et une fusillade a éclaté sur l'écran, au moment où les copains de Ventura pénétraient dans la maison — lui-même, en bas, il se débarrassait de sa sentinelle à mains nues. Il l'assommait puis il lui piquait son flingue... Il montait un escalier en écoutant, comme un chasseur à l'affût.

Riton a dit : « Prenez votre temps, je ne suis pas pressé à la minute »... Il nous laissait la marge d'adieu. Et quelque chose, de toute manière, se terminait dans nos vies.

Lorsque tout a été nettoyé, les méchants vaincus, balayés par des rafales d'armes méchamment automatiques, affalés lamentables, l'un contre une table, l'autre en travers d'un fauteuil, en vrai massacre, Lino Ventura a dit adieu à ses copains. Ils lui avaient amené un hélicoptère, justement, afin qu'il puisse s'en aller plus vite, car il n'avait pas fini sa journée ! L'hélicoptère attendait dans la cour... Il est monté aux commandes de l'engin, et il a décollé en faisant des gestes fiers vers ses amis qui restaient au sol, les cheveux ébouriffés par le souffle des pales...

Nous avons laissé filer le générique, les images des nuages dessous, avec le point noir de l'hélico qui se balançait à la manière d'une mouche entre les noms des gens. Et personne n'a osé éteindre la télé... Il y a eu une présentatrice qui est venue dire des trucs sur le programme du lendemain, et nous n'avons pas bougé... Il y avait une de ces densités affreuses dans l'air, un peu sexuelle en même temps — comme dans certains moments d'attente où l'on ne sait pas qui va commencer, ni quel geste va déclencher quoi...

Nous avons attendu encore longtemps, de plus en plus mollement, comme qui dirait, sans parler. Et la télé s'était mise en veilleuse ; elle avait passé toute seule au bruit blanc... Riton, son plaidoyer pour la mort l'avait épuisé. La façon intense dont il nous avait parlé au sommet de la lutte l'avait vidé de tout... J'ai vu que sa tête avait croulé sur sa poitrine, et il faisait un bruit de ronflement inachevé... J'ai compris que Carolina avait prévu cela — elle avait attendu le moment de sa chute ; et c'était maintenant comme s'il n'avait jamais rien dit, aussi absent que Ventura n'était qu'un nuage...

Nous avons alors quitté la pièce infiniment silencieuse-ment, en laissant tout, la lumière et le poste ; le chauffage aussi, naturellement... Il n'y a pas eu d'autre adieu, et Carolina l'a regardé avant de tirer la porte derrière elle, un long moment elle est restée les yeux ouverts sur lui, comme on fait lorsqu'il y a un mort que nous avons aimé... Elle l'arrachait au temps — et puis elle était devenue si pâle ! Elle a appuyé son front contre le mur, et on entendait encore le sifflement qui venait de la poitrine d'Henri.

Elle a pris son sac sans plus rien voir, son manteau, elle a dit : « Je pars »... Elle renonçait à dormir ici une dernière nuit avant le bus — je comprenais. Je n'avais pas sommeil non plus, et comme le dernier métro était passé, grilles fermées à Saint-Georges, nous sommes allés à pied jusqu'à la place de Stalingrad, par la rue La Fayette.

Et comme nous avions du temps avant l'aube, nous nous sommes arrêtés dans les cafés ouverts, à la gare du Nord.

Quelques jours après que je lui eus remis une pincée de photocopies qui représentaient l'un des beaux morceaux de ma traduction de Biggs, Marie Famote s'était brusquement éclipsée de Paris... Nous devions nous revoir sous huitaine — nous étions alors à la fin juillet — j'avais reçu un mot laconique disant qu'elle partait, qu'elle ignorait pour combien de temps, qu'elle me souhaitait bien du courage, et qu'elle me préviendrait de son retour... J'avais flairé un coup de cœur brutal, comme en ont les gens l'été. Puis, vers la fin août, une grande carte postale était arrivée, éminemment décorative, postée en Inde. Marie m'y confiait qu'elle pensait à moi sous les ——?... J'avais été incapable de déchiffrer le nom de l'arbre, ou du quelque chose de spécial sous quoi elle s'abritait...

Cette luxuriante image exotique avait du reste déclenché l'une des dernières jaseries de notre pauvre Alphonsine, juste avant qu'elle ne commence à dérailler à fond les soupapes !... Elle avait lu la carte, naturellement, selon l'habitude distrayante qu'elle avait acquise de très longue main, puis elle me l'avait remise, la mine émerveillée, les yeux clairs, disant que ces beaux arbres lui rappelaient de magnifiques souvenirs, à elle !... Oui, il y avait les mêmes plantes dans le jardin de son enfance. Disons, à peu près les mêmes — des arbres en tout cas, comme ceux-là, touffus, aux ramures palmées... Pareils à ceux de la carte : elle me montrait, là, les couleurs, les palmes, l'envoûtement... Elle était causante, émue, un peu fébrile à contempler cette flore indienne si proche de son cœur ! Elle souriait tendrement, de sa bouche cerise...

— Vous m'étonnerez toujours, madame Alphonsine ! Vous aviez ça à Châteauroux ?

— Oui !... Enfin, à côté. Un village, dans les environs de Châteauroux... Des arbres, monsieur !... Et puis des fleurs !

Je la laissais me décrire l'enchantement de ce jardin :

— Mon père me faisait grimper dans les arbres !... Ah !

Elle avait ri. Elle s'était tordue de son rire acide, les mains aux côtés, à l'ancienne ! Son père, qui régnait sur ce parc d'Éden magnifique, lui revenait, hilarant !... Elle me le dépeignait comme un seigneur déambulant, qui caressait les belles tiges, les jolies feuilles. Il cueillait des fruits succulents, son papa, et il n'arrêtait jamais de lui faire découvrir les beautés de la nature.

J'étais étonné — j'avais suffisamment l'habitude de ses divagations ordinaires pour voir qu'elle n'était pas en train de déconnecter.

— C'était un château, monsieur Robert !... Oui, nous habitions là, avec mon père et ma mère — et ma sœur ! Mais elle était plus âgée, ma sœur.

En creusant davantage cette généalogie début de siècle, j'avais découvert que son père avait été jardinier, et même un peu gérant d'une très belle demeure de l'Indre — vers la fin de la guerre de 14, et plus tard... Cet homme avait été blessé dès les premiers combats — il en était sorti unijambiste, et gardien de propriété !

— C'est une tradition de famille, alors ? j'ai fait.

— Quoi donc ?

— La conciergerie.

Elle a ri, en effet... Elle a eu un geste du bras, à la ronde, englobant les lieux, le hall, les murs pisseux. Elle a dit :

— Mais alors, vous parlez d'un château !...

Puis, comme elle revenait à la carte de Marie, aux couleurs d'Orient qui la mettaient en extase, je lui en avais fait cadeau.

A cette heure, Marie Famote était de retour en Europe depuis une quinzaine, après deux longs mois d'un périple à travers les Indes et Ceylan. Le voyage s'était découvert soudainement, m'expliquait-elle, à cause d'une copine empêchée de partir et qu'elle avait accepté de remplacer au pied levé pour un reportage. Une occasion superbe, qu'elle n'avait pas voulu laisser s'enfuir — mais tout s'était fait si brusquement qu'elle n'avait pas eu le temps d'annuler certains des ses rendez-vous !... Depuis son retour elle avait tout de même pensé un peu à moi, malgré les mille et un tracas causés par l'absence ; elle avait donc organisé un petit souper de fortune auquel elle me conviait avec son amie Étiennette ! — Étiennette Lezi, c'était le nom de la directrice littéraire pour les traductions, avait aimé ma prose, du moins le passage qu'elle avait lu, et voulait bien faire ma connaissance. En réalité — m'expliquait Marie au téléphone — elle s'appelait Lezigue, cette dame, mais elle avait choisi pour sa vie publique, et l'édition, un raccourci plus mondain. En tout cas !... Elle se déclarait toute disposée à me connaître, de sorte à savoir mes goûts, mes tendances, et sans doute à me donner du travail.

Tout ça baignait joliment ! — J'ai dit qu'en effet, après avoir glandé tout l'été, je me sentais fort dépourvu. J'aimerais ça, trouver de quoi subsister jusqu'à la saison prochaine ! J'aurais d'autant plus besoin d'un petit boulot dès que la bise fut venue, que pour tout arranger, ils avaient décalé la parution de Biggs. Ils ne sortiraient le bouquin qu'au printemps — et c'était bien la peine que Roland m'ait autant fait presser ! J'avais de quoi attendre, donc, les retombées de ce triomphe-là !... Une seule consolation : je disais à Marie que la disparition soudaine de ma concierge m'avait dispensé de payer mon loyer — j'ignorais royalement à qui je devais offrir mon terme !... Je n'avais rien dit de Riton, au début, afin de ne pas compliquer les affaires...

Marie habitait sur cour, un appartement de deux grandes pièces dans les étages, rue Léopold-Bellan, sans ascenseur. Elle m'a ouvert comme à son frère : bisous, bisous... Elle était enveloppée dans un sari de soie jaune clair — un tissu joliment authentique dès le premier coup d'œil, avec des parements verts, des broderies. Elle avait tiré ses cheveux vers l'arrière, tenus par un chignon bas... Avec son teint bronzé, le déguisement était impeccable — j'ai secoué la main devant mon œil pour dire combien c'était beau ! Je me suis avoué penaud d'être sorti en taille, que j'aurais dû au moins me dessiner une étoile au milieu du front !... Elle m'a présenté à Étiennette, qui était arrivée tôt — directement de son travail, en fait, car elle habitait en banlieue. La fille sympa, une quarantaine affinée, réservée ; sur le qui-vive, mais sans manières...

Marie a raconté qu'elle avait voulu inviter Kiline aussi — mais la jeune étourdie s'en était allée suivre son époux dans une pérégrination du diable !... Elle riait d'insouciance, dans sa façon de chantonner : Ah tant pis ! tant pis !... Chez elle, à circuler parmi ses meubles, elle n'avait pas cet air intense, ce regard aux aguets qu'elle promenait en ville — ou alors peut-être c'était le bouddhisme qui faisait son effet : je la trouvais énormément détendue...

Ce fut une soirée connaissance de l'Inde, un peu. Marie nous avait cuisiné un ragoût, avec légumes — le tout en provenance directe du marché de la rue Montorgueil, à côté ! Mais le mélange était parfumé aux épices délicieuses qu'elle avait rapportées dans ses bagages... Elle nous a montré des dizaines de photos en couleurs, prises par elle-même — un échantillon seulement ! D'ailleurs tous ses rouleaux n'étaient pas encore développés. Elle avait sillonné ce morceau de continent un peu dans tous les sens, des montagnes de l'Ouest, à Sri Lanka, l'ancienne Ceylan. Et puis le Nord, bien sûr, le fameux Gange ! Elle était même passée au Bangladesh, à partir de Calcutta... Quelle misère ! Pire que ce que l'on pouvait lire... A voir, à toucher du doigt, on se rendait compte que la lecture de ces choses, ni la télévision, ni tout ça, ne donnaient une idée exacte... La réalité avait son odeur, sa chaleur, ses cris — la réalité était proprement insupportable. Son reportage n'était prévu que pour trois semaines, mais elle avait prolongé d'elle-même ; elle avait

rencontré des gens, une famille qui l'avait accueillie — eh !
elle tenait ses recettes de cuisine des femmes !

Plus tard nous avons parlé d'Angleterre, de l'influence sur
ces peuples de l'ancienne colonie... J'ai raconté, en gros,
mon passé à Londres. Nous avons parlé un peu de l'Auvergne, car Étiennette avait des attaches à Thiers, du côté
de sa mère ; et des cousins à Cusset aussi, près de Vichy.
Elle y était allée souvent lorsqu'elle était petite fille...
Thiers ! Elle se souvenait d'une fabrique de couteaux que
possédait un de ses oncles — l'oncle Albert ! Son grand-
oncle à elle, en réalité... Un homme fier, volontaire, qui
portait des moustaches. Un maître coutelier, comme le père
de Diderot — oui, ce rapprochement l'avait frappée, naturellement, lorsqu'elle faisait ses études de lettres !... De là
peut-être lui était venue sa passion pour Diderot — est-ce
que j'avais lu ?... Ah ! le plus jeune des écrivains anciens ! Je
connaissais sûrement ce texte délicieux qui s'appelait *Regrets sur ma vieille robe de chambre*?... Non ? Ah quel
dommage !..

Nous avons parlé de Thiers, pendant que Marie répondait au téléphone dans l'autre pièce ; Étiennette considérait
l'Auvergne comme une partie importante de ses racines...
Elle n'y allait plus, cependant ; l'oncle Albert avait eu des
ennuis, après la guerre de 39-40 — elle ne se rappelait plus
exactement pourquoi, car on en parlait bas, à cette époque,
dans la famille. On lui reprochait d'avoir fourni des couteaux aux Allemands ! Toujours est-il qu'il avait dû vendre
la coutellerie — le jour de ses quatre-vingts ans !...

Dans son souvenir la ville était toute en ronds et en bosses
— avec des escarpements, des cascades ? Non ?... Je ne
pouvais rien en dire, malheureusement, car pour ma part, je
n'avais jamais mis les pieds à Thiers. Je n'y avais aucun
parent... J'ai dit, en riant, qu'il y avait une plaine entre nos
racines — nous n'étions pas du même bord de la Li-
magne !...

Étiennette est partie de bonne heure — c'était toujours
ainsi lorsqu'elle sortait le soir chez des amis : elle devait
regagner sa banlieue Sud, après !... En tous les cas, elle

allait avoir une belle histoire pour moi — un roman dont elle venait d'acheter les droits. Justement, une partie du récit se passait en Inde ! Si j'avais des soucis, je pourrais toujours demander des renseignements à Marie !... Un beau roman ! Une œuvre magnifique — le texte était très « parlé », avec des passages entièrement dialogués... J'aimais bien travailler sur les dialogues, n'est-ce pas ? Elle avait cru remarquer cela dans l'extrait que je lui avais fourni...

Alors c'était entendu ! Le texte serait disponible dans une semaine ou deux — elle me téléphonerait. Je le lirais, puis nous en parlerions ensemble. Ça devait me plaire, elle pensait ! — Et j'ai dit oui, je le sentais déjà !... D'après ce qu'elle en disait, c'était tout à fait ma tasse de thé... Elle en parlait très bien, j'ai dit. Alors, pour gagner du temps, elle allait me faire préparer un contrat. Et Marie qui revenait a ajouté, les pieds dans le plat :

— Oui, et tu lui fais le bon tarif, hein ! Pas de blague, ma vieille, c'est mon copain !

J'étais fou de joie !... Je le montrais le moins possible. Je ne voulais pas donner l'impression que j'étais à ce point à l'affût des sous, au malaise... Je me tenais. Mais je lui ai baisé la main, avant qu'elle sorte. Je me surprenais — c'était la première fois qu'il me venait un geste comme ça, officieux en somme, que je n'avais vu faire qu'au cinéma... J'avais un peu bu, je crois.

Le matin, en rentrant à Lorette, j'ai croisé le facteur qui sortait ; un garçon tout jeune, avec un gros sac — nous avons failli nous rentrer dedans dans la porte du hall, je ne l'avais pas vu dans l'ombre... Je suis allé fouiller dans le tas de lettres qu'il venait de déposer sur la table, devant la loge...

J'ai reconnu son écriture immédiatement sur l'enveloppe colorée AIR MAIL. Il y avait le cachet rond de Tampere...

« Ferdinand, cher Ferdinand ! Tu avais raison, l'autobus c'est vraiment formidable ! A cause de lui j'ai fait un long vrai voyage, avec des vraies gens que l'on touche, comme dans les anciens livres de l'époque des diligences où il y

avait des compagnons de voyage et tout. Leena et Jukka
m'attendaient au bout, avec leur voiture. Ils m'ont accueillie
comme si je venais d'une autre planète, et c'est vrai que
j'étais *réellement* fatiguée ! Le bus, ce n'est pas du tout
comme le train où les autres passagers sont des ombres.
Rien à voir ! Là on est bien obligé de parler entre nous, avec
le temps, les arrêts. Il y a les descentes, les remontées, pour
faire un peu connaissance »...

Je m'étais assis sur les marches, contre la rampe de cet
escalier si vide ; j'ai dû actionner la minuterie car je n'y
voyais plus assez pour déchiffrer son écriture en bataille...
Je sentais un pincement dans la poitrine en lisant. Peut-être
une pointe de jalousie devant cet enthousiasme ; Carolina
était arrivée quelque part... Pourtant je me sentais sur un
quai, moi aussi, depuis la veille. J'avais déposé des planches
sous mes pas, un pont... « En arrivant à Turku, qui est la
première ville où l'on débarque en Finlande (prononcer
"Tourkou" !) je t'assure que nous avions tous envie plutôt de
se faire la bise entre voyageurs après toutes ces heures
passées ensemble. Et je l'ai faite (la bise) à une Américaine
qui continuait jusqu'à Helsinki (le terminus du car) avec son
petit garçon de quatre ans, très mignon. Ils étaient montés à
Cologne, et l'enfant était passablement fatigué ! Nous avons
promis de nous revoir... Les chauffeurs se sont montrés très
gentils, serviables, ils s'occupaient de nous pendant les arrêts — on s'arrête plusieurs fois, pour faire pipi, pour
acheter des sandwiches dans les cafétérias. Mais il y a
d'autres bus qui sont là en même temps, alors il faut faire
très attention de ne pas perdre de vue son propre groupe
dans les queues ! A Hambourg nous sommes restés presque
une heure, puis aussi à Warnemünde pour embarquer sur le
ferry. La nuit était venue avant Hambourg, et après ce fut
la nuit tout le temps, et l'impression qu'on allait rouler des
nuits et des nuits. Je n'arrivais plus à dormir... »

Carolina me parlait de la traversée comme d'une féerie sur
la mer Baltique — et rien que ça, le mot « Baltique »
scintillait de reflets d'eau froide ! Baltique, ça avait une
autre gueule que la « Manche », qui fait bourgeois et

complet-veston!... Elle mettait un mot sur la famille: des
gentillesses sur le bébé Aki, enfin venu dans sa réalité... Son
amie Leena se montrait particulièrement ravie de la voir, et
accueillante! — et bien sûr le plaisir de s'être remise à
parler anglais tout le temps! Elle m'avouait que tout à
l'heure, en commençant d'écrire, elle avait eu un peu de mal
à penser en français, et pardon si sa lettre était un peu
décousue!... J'ai senti qu'elle avait été engloutie par le
Nord, avalée par la nuit... « I will write again fairly soon »,
concluait ma fiancée — elle promettait d'écrire encore, sans
trop tarder.

Elle avait ajouté un mot à part, pour Riton: une feuille
pliée en quatre sur laquelle elle avait marqué en gros:
« Pour Henri »... Je l'ai trouvé en train de jouer de l'harmonica à l'aide soignante, pendant qu'elle nettoyait la chambre
à genoux sur le plancher. Il paraissait plutôt en forme;
Nireug avait téléphoné dans la soirée... Nicolas était en
plein tournage, mais il avait pris le temps de nous inviter à
venir le voir sur les lieux, le mardi suivant. Il filmerait à
l'extérieur, dans une rue, avec plein de figurants — si
toutefois le temps tenait! Donc, nous serions de la fête.

Il avait insisté pour que Riton vienne aussi, car il lui était
venu une idée depuis l'autre fois. Il avait besoin d'un grabataire avec un chariot comme le sien. Au lieu qu'il prenne
quelqu'un d'autre, lui, Riton, serait parfait — s'il voulait
bien jouer l'infirme!... Avec moi pour le pousser, bien sûr!
Nicolas se chargeait des questions de transport; aucun souci! Il en faisait son affaire... D'ailleurs nous serions tenus au
courant par « la régie du film », m'a répété Riton qui avait
scrupuleusement noté les mots.

Ils avaient plaisanté tous les deux, apparemment; ils
avaient convenu — sans mon accord! — que nous « ferions
un passage » dans une séquence... Nireug avait eu l'amitié
de lui sortir quelques vannes: l'humour, sous une forme ou
sous une autre, avait toujours l'avantage de requinquer joliment mon pensionnaire... D'ailleurs, depuis huit jours que
nous avions augmenté la dose de Lasilix, il se sentait beaucoup mieux. Son urologue traitant, consulté par téléphone

sur les conseils de Sabine, avait été d'accord pour un comprimé supplémentaire tous les jours — en manière de pis-aller. En attendant, les maux de tête s'étaient provisoirement estompés, emmenant avec eux les mouches noires... Il avait sensiblement désenflé des membres, disait Sabine.

Bref, Riton se montrait excité et impatient — au point qu'il avait déjà appelé les frères Panado, chez eux, pour s'assurer de leur participation à sa descente le mardi matin. Ils pouvaient être à Lorette vers huit heures, huit heures et quart, ça paraissait raisonnable... Dans ces conditions, la lettre de Carolina que je lui tendais passa, je dirais bien, comme un colis à la poste ! Quand il a eu terminé sa lecture, il a secoué la tête... J'ai eu l'inspiration de dire que bof : « Hein Riton?... Viva? La muerte ! »...

Ça l'a fait rire, ce con ! Mais alors la vraie explosion de son boyau de la rigolade si partiellement aphasique lui aussi ! Il a couiné un bizarre étranglement, et Madame Longeat s'est relevée subitement, les yeux inquiets. Ça l'a fait jubiler davantage : c'étaient des cris ! Il se secouait !... J'étais content de sa joie — mais tout de même ! Il n'avait pas un rire d'homme...

Nous avions rendez-vous à Montrouge, à neuf heures du matin. Quelqu'un avait téléphoné, en effet, dans l'après-midi du lundi, une fille de « la régie », afin de nous préciser l'adresse. Elle avait parlé de « plateau », qui se trouverait rue Gutenberg, tout à côté du périphérique. Cependant nous devions d'abord nous rendre sur la place de la Mairie, où nous retrouverions toute l'équipe... Enfin elle a précisé qu'à la demande du metteur en scène la production nous envoyait une ambulance ! Elle serait devant chez nous — et elle vérifiait encore notre adresse, au 33, merci — à huit heures trente précises.

Une ambulance?... « Ah merde alors ! » répétait Riton.

— La vie de château !...

Il en chantonnait d'espérance, et sur l'inspiration il m'a joué *Vertige*, son morceau... Nireug n'avait pas menti : il assurait comme une bête !

Sauf que lorsque nous avons tourné devant l'hôtel de ville la place était bourrée de CRS ! Il y avait deux cars parqués le long des parterres, qui débordaient d'hommes en tenue, casqués, plexiglas au pif. C'était l'horreur !... Il a fallu cinq minutes pour nous convaincre que ces gens étaient là en représentation, pour les besoins du film ! L'émeute était feinte, la ville était sauve, et nos honneurs !...

On nous a indiqué l'endroit où se faisait le rassemblement, et où l'on distribuait les rôles : une cour d'école à côté de la mairie. La première personne sur qui nous sommes tombés devant le portail, fut Clémentine !... Elle savait que nous allions venir, elle était même chargée par Nireug de nous attendre !... Elle m'a embrassé comme du bon pain : « Bonjour Ferdinand ! » Elle a fait la bise à Riton : smack, smack !... Elle avait la même peau qu'avant, en même temps elle semblait appartenir à une autre personne : dynamique, assurée, marrante... A vrai dire, je trouvais, in petto, qu'elle en faisait une pincée un peu beaucoup dans le décontracté ! J'essayais de me rendre compte si des fois elle ne nous inventait pas un numéro ?... Riton rayonnait : il l'a reconnue au premier coup d'œil, depuis Berck — ça faisait une paye pourtant, Berck !... Quoi ? Quatre ou cinq mois !... Elle portait une jupe ample dans un genre tissu à rideau, serrée à la taille — et, voilà l'affaire : elle avait pas mal grossi ! En tout cas ce que l'on voyait de ses jambes avait acquis de la rondeur, comme la ligne de son cou, ses épaules — toujours un peu limande, certes, mais avec raffinement. Plus du tout Buchenwald ouverture des camps !...

Tout de suite elle m'a demandé des nouvelles de Carolina — elle avait appris, oui, par Nireug, son départ !... En Finlande, n'est-ce pas ?.... Elle a ri : elle ne savait pas bien où se trouvait la Finlande !... Enfin, tout cela était bel et bon !... Elle m'a aidé à faire passer le chariot de Riton dans le portail. J'ai demandé des nouvelles du Tiaf, si elle avait ? Est-ce qu'il lui écrivait, au moins, cette ganache ?... Non ? Comme à nous alors ! Elle a dit que sa dernière carte postale remontait à plusieurs mois... Je lui ai donc fait part des nouvelles gastronomiques récentes que nous avions reçues — les boîtes à canigou ! Elle ne riait pas, plutôt indifférente, j'ai pensé... Par contre je lui ai dit pour Alphonsine, la disparition ; ça lui a fait sincèrement de la peine, au point que j'en étais surpris...

Nous jasions, vieux amis, soudain plus proches camarades que nous n'avions jamais été. J'oscillais entre le plaisir de lui parler et l'étonnement d'entendre sa voix. La musique ? Bon, ça marchait !... Elle était ici justement pour cela : oui, Nicolas l'avait engagée pour jouer du luth dans le film — elle avait un petit rôle sympa. C'était vachement bien !...

A force, nous sommes arrivés au pied d'un petit escalier, et là une nénette animée m'a demandé si tout s'était bien passé, et l'ambulance bien à l'heure ? — C'était elle que nous avions eue au téléphone : elle s'occupait de la régie. Alors Nicolas était occupé sur le plateau, mais il viendrait nous dire bonjour dans un moment. Nous étions des amis à lui, n'est-ce pas ?... Il serait là « dès qu'il aurait fini le plan en cours »... En attendant, si nous voulions bien, quelqu'un allait nous maquiller, ce serait fait !...

Clémentine s'est sauvée, disant « à tout à l'heure » ! Elle expliquerait à Nicolas que nous étions là... Elle s'est sauvée comme une chèvre qui paraissait admirablement apprivoisée. — Nous nous sommes retrouvés, Riton et moi, au milieu de gens que nous ne connaissions pas, à nous faire badigeonner le portrait avec des trucs roses et bruns — mais gentiment ! La fille nous tripotait les joues avec une petite éponge très douce ; elle a passé un miroir à Riton pour qu'il puisse contempler le résultat dans sa position incommode... Tout le temps des gens passaient, venaient, repartaient — et certains portaient des talkies-walkies à la main dans lesquels ils murmuraient des informations brèves en se penchant ; ils se détournaient vers les murs, avec leur appareil, comme des gens qui veulent se moucher sans être importuns...

Nireug est apparu soudain, riant content : comment allions-nous ?... Il était à la fois tendu et chaleureux, avec une urgence dans le regard et dans les gestes. Aussitôt quelqu'un est venu lui demander des choses — si nous étions convenablement habillés tels que nous étions, ou bien s'il souhaitait autre chose ? Il a répondu que nous étions parfaits... Mais à la réflexion, non, il a réclamé une blouse pour moi ; beige de préférence — je serais un infirmier. En deux mots, ce que ce que nous allions devoir faire n'était pas compliqué... Et puis quelqu'un l'a appelé. Ça n'avait pas d'importance, nous verrions sur place ! Il m'a dit : « On mangera ensemble à midi — j'espère que tu peux rester, j'ai des choses à te raconter »... Il repartait. J'ai fait quelques pas avec lui en direction de la cour ; il m'a dit d'un air réjoui :

— Alors, tu as vu Hélène ?

Je ne voyais pas... Non.

— Hélène ?...

— Comment non ? Tu n'as pas vu Hélène ?

Qu'est-ce qu'il me demandait là tout à coup ?... L'étrangeté du lieu, ces va-et-vient de monde affairé, me rendaient sa question parfaitement opaque. Il devait se tromper ? Il avait un tel tourbillon dans la tête !

Le grand Nireug me regardait, yeux grands ouverts, lui aussi :

— Ah bon ?... Pourtant elle m'a dit vous avoir parlé !

— C'est curieux !... De quelle Hélène tu parles ?...

Nicolas était encore plus étonné que moi — il demeurait figé, tout à coup, dans son élan pour partir :

— Ben Hélène !... Y en a pas trente-six ! Hélène Chassiron... Elle est venue me dire que vous étiez arrivés.

Alors ça m'est venu comme une baffe en pleine figure ! Clémentine !... Elle s'appelait Hélène ?... J'ai bafouillé que oui ! Ah oui, bien sûr !... Ah tiens, Hélène ! Évidemment que j'avais vu Hélène !.. Là, tout à l'heure !... Mais si !

Je me sentais rougir sous mon fard comme un pensionnaire surpris en flagrant délit de détérioration de matériel !... Nicolas souriait de mon fatras :

— Tu vas pas me faire croire que t'es bourré à dix heures du matin !

Il se retournait pour partir enfin, lorsque Clémentine est apparue juste derrière lui. Il a levé ses grands bras au ciel, puis les a abaissés vers elle :

— Tiens, la voilà ! Arrangez-vous tous les deux !...

Il a descendu lentement son bras qui entourait son cou à elle — et elle a eu ce geste familier avec sa main qui agrippait la chemise de Nicolas, le visage levé vers lui... Elle a badiné : « Qu'est-ce qui se passe ? »... Il a dit : « Oh rien ! C'est Thuilier qui a la mémoire courte ! Comme tous les Français ! »... Il a déposé un bécot sur ses lèvres qui se trouvaient justement offertes — oh, très rapide ! Léger ! En vitesse !... Et j'ai vu que leurs mains se tenaient, plein les doigts. Clémentine a rougi à son tour jusqu'aux yeux tandis qu'il la plantait là, devant moi qui n'en croyais pas mes regards ! J'étais si ahuri, apparemment, qu'elle a tourné les talons en riant...

Elle était Hélène maintenant ! Elle m'a fait un petit geste par-dessus son épaule hélénique, avec ses doigts agités qui voulaient dire coucou, adieu, ou peut-être bonjour !... Et ça m'a fait comme si quelqu'un était mort.

Je suis retourné près de Riton ; je me demandais s'il avait vu ? Mais il était en conversation avec deux filles et un jeune garçon — j'ai entendu qu'il leur racontait le temps qu'il allait faire, sur le ton que c'était lui, effectivement, qui le faisait, et pas quelqu'un d'autre !... Une femme pressée m'a fait enfiler une blouse courte, en disant que c'était tout ce qu'elle avait — grognant que ces initiatives de dernière minute la tuaient !.. Elle m'a fait tourner, elle a ajouté que j'étais parfait !...

Ensuite on nous a conduits dans la rue, qu'ils appelaient « le plateau ». Nireug est venu nous expliquer l'action : je devais cavaler avec mon invalide pour échapper à une charge de CRS déchaînés qui poursuivaient des jeunes gens... La rue faisait un coude à angle droit : lorsque nous tournions le coin, nous tombions sur une escouade de quelques flics, embusqués à dix mètres, et qui accueillaient les

fuyards à coups de triques et de matraques réglementaires !
— Donc, le jeu était que les flics, surpris par cet équipage
d'infirme, hésitaient à nous charger. Mais je devais faire
comme si j'avais peur, et m'enfuir avec la charrette par un
passage qui se trouvait ouvert dans l'angle de la rue. Riton,
lui, se contenterait d'adresser une grimace aux policiers...
Hein ! Ce n'était pas la mer à boire ?... Mais, pendant ce
temps, la caméra, qui était montée sur un chariot, elle aussi,
lequel se déplaçait sur des rails, la caméra devait opérer un
mouvement complexe de translation, tout en faisant un
quart de tour sur elle-même...

Il a fallu recommencer huit fois pour que le train des
choses se mette en place à la satisfaction des gens qui
s'affairaient autour du chariot... On a fini par m'indiquer un
trajet précis sur la chaussée, marqué de petites croix
blanches à la craie, que je devais suivre sans les regarder ! Et
puis, comme je ne pouvais pas voir l'équipe au départ, un
assistant me faisait signe en abaissant son bras au moment
précis où je devais me mettre à courir...

Et puis le bruit a circulé que nous allions tourner pour de
bon !... Je me suis mis à avoir bizarrement la trouille, avec
l'ambiance qui se durcissait. Je devais fixer le camarade qui
me ferait signe, le bras en l'air... J'étais aveugle à toute autre
chose ! — Il y a eu des cris de « Silence partout ! » répétés
en écho, qui me serraient le ventre. Puis j'ai entendu la forte
voix de Nireug qui hurlait : « Moteur ! »... Au bout de
quelques secondes, il a crié, sec comme un coup de fouet :
— Partez !...

Du coup c'était la débandade de ceux qui galopaient,
nous dépassaient, tournaient le coin de la rue à cloche-
pied !... Mon assistant-sémaphore baissa violemment le bras
jusqu'à sa chaussure : que je ne puisse pas le manquer !
Alors j'ai démarré à fond la caisse, avec Riton qui se fendait
la pipe devant...

Et puis on a recommencé. On a refait le truc des tas de
fois : Partez !... Après chaque reprise on modifiait quelque
chose dans mon trajet — mes marques blanches, un chouïa
par ici, puis par là... Ils ont fini par me placer un boudin

par terre, en tissu empli de sable, à l'endroit exact où je devais m'arrêter. Je n'avais plus qu'à faire buter les roues dessus... Cela fait, ça commençait à devenir crevant — au bout de la première heure de ces galops spontanés en poussant la charrette, j'étais lessivé. Au point que des types se sont mis à ramener Riton à notre point de départ, entre les prises, pour me permettre de récupérer.

Après la cinquième reprise, Nireug est venu nous voir ; il avait tenu un long conciliabule avec son équipe — nous étions superbes !

— Vous êtes superbes tous les deux !

On était tellement bien, justement, que Riton ne pourrait-il pas ajouter une petite chose à son jeu ? Souligner davantage le défi aux représentants de l'ordre ?... Par exemple, au lieu d'une simple grimace, il pourrait faire un bras d'honneur, face aux flics ?...

— C'est possible ça ?

Diable !... Riton était enchanté de l'idée ! Se rajeunir de la sorte, quel pied !... Seulement il avait beau se montrer assez en forme, ce tournage n'était tout de même pas Notre-Dame de Lourdes ! Un bras d'honneur avec une seule main mobile — il aurait eu besoin d'un vrai miracle pour pouvoir bouger l'autre bras... C'est alors que le cadreur, un homme extrêmement silencieux qui était venu nous observer de près, l'œil luisant et le sourire en biais, s'est mis à proposer un truc à Nireug, en aparté, en murmure, me désignant du doigt...

Ça a donné ce machin curieux, probablement unique : le bras d'honneur en prothèse !... Je fus chargé de prêter la seconde main, celle qui arrête en frappant au pli du coude. Riton brandissait son bras gauche, et je venais compléter, fermement, avec mon bras droit — je me penchais au-dessus de lui, infirmier zélé ! C'était superbe !... Nous l'avons répété une dizaine de fois avant de le filmer, comme des clowns. Le bras d'honneur du manchot !... Toute l'équipe se tapait sur les cuisses !...

L'heure de midi est arrivée vers une heure, avec la pause du déjeuner. Nous avions fini, j'étais exténué ! Nireug est venu bavarder avec nous ; il a remercié Riton de ses efforts, disant qu'il était enchanté de sa participation, que ce serait formidable comme petite scène !... Ah il commençait là une belle carrière d'acteur couché, un emploi parfaitement original !... Cependant Nicolas ne pouvait pas déjeuner avec nous, contrairement à ce qu'il avait espéré — il avait une foule de choses à régler pendant cette pause. « A la guerre comme à la guerre ! »... Déjà on le réclamait ; son assistant crachotait depuis un moment dans un talkie. Nireug a suggéré que nous allions nous installer à la cantine, il viendrait nous voir avant que nous partions... Il tenait absolument à me parler.

Le repas se passait sous la tente, dans une immense cantine de campagne, réfectoire volant sur un plancher de bal champêtre. Près de l'entrée, nous avons croisé Clémentine qui s'en allait. Elle ne pouvait pas rester, à cause d'un rendez-vous en ville, mais elle nous a présentés au type qui servait, gentille à notre égard, comme si nous étions ses cousins de passage dans ce monde anonyme. Elle nous a aidés à nous installer auprès d'une table, commodément... Nous allions nous revoir bientôt, sûrement, avec Nicolas... On s'est embrassés. Je lui ai dit : « Au revoir, Hélène ! » pour m'entraîner. Pour indiquer que la porte était close, et puis ouverte, et que j'étais passé avec elle de l'autre côté... Je l'ai regardée sortir de la tente — j'ai pensé qu'elle s'en allait dans l'existence sur les grosses pierres d'un gué, son luth sous le bras, comme la fille d'un meunier qui traversait une rivière.

Après le repas Nireug est réapparu, en coup de vent ; il s'est assis en face de moi, à la table où nous étions les derniers. Il a fait :

— Bon ! J'ai des nouvelles pour nous... Tu te souviens, je t'avais parlé de Samuel Khagansky ? Le type de la télévision, c'est ça... Je l'ai eu l'autre jour au téléphone.

La chose était arrivée sans qu'il le cherche : au cours d'un repas avec un distributeur, il s'était trouvé par hasard avec la femme d'un des gros bras de la Première chaîne, pour qui travaillait régulièrement Samuel Khagansky. La dame était sympathique, très amie elle aussi avec Samuel, son vieux complice, qu'elle voyait tout le temps puisqu'ils avaient un projet ensemble!... Bref, le surlendemain, Khagansky lui-même avait appelé, disant : « Alors? Comment vas-tu? Patati... Et ce projet sur le rire? Quand est-ce que tu me le soumets?... Patata! »... Non seulement il n'avait pas oublié leur conversation, mais il avait l'usage d'une petite heure sur la question, agrémentée d'une somme d'argent en réserve dans son budget de production... — Nicolas, m'ayant narré les circonstances, demeurait irrésolu... Après tout? Qu'est-ce que j'en pensais?... Puisqu'il s'agissait en quelque sorte d'une commande, on pouvait peut-être y réfléchir à deux fois?... Qu'est-ce qu'on risquait? En tout cas ce serait bête de dire non comme ça, sans raison!...

J'étais d'avis qu'après tout nous ne risquions pas grand-chose... Nireug m'approuvait : d'autant plus, ajoutait-il, que si nous leur faisions un bon truc sur le rire, nous serions en bien meilleure position pour proposer les pleurs!... Hein? Le glaviot viendrait ensuite comme le prolongement naturel et logique de nos travaux!... On aurait dit que c'était fait exprès : les sécrétions entreraient dans la case comme papa dans maman!...

En conséquence il me demandait d'y songer, puisque j'avais du temps — lui, avec le tournage, il ne pouvait pas avoir l'esprit libre pour réfléchir en aucune façon. Or, il fallait donner une réponse à Khagansky, sans se bousculer, mais tout de même.

— Hein! Tu es d'accord?... Si on voit se pointer une idée originale, on dit oui tout de suite!

Il suffisait de concevoir un angle d'attaque qui sorte des sentiers battus, une trame du boyautage un peu singulière qui servirait à toute l'émission — ou la série d'émissions, pourquoi pas?... Nicolas s'est levé pour aller chercher une carafe d'eau sur une autre table. Riton qui nous écoutait avec une certaine intensité dans le regard a grogné qu'il pensait à une chose, lui, à ce propos.

— Riton me dit qu'il a une idée sur la question.

— Tu vois! C'est formidable!...

Nireug s'est avalé un grand verre de flotte, sans se rasseoir.

— Vous en discutez tous les deux, et tu me l'écris ! Oh pas besoin d'être long : trois pages, pas plus !

Il était à la bourre à présent : on l'attendait sur le plateau... Nous sommes sortis ensemble devant la tente — nous aussi nous allions partir. Il m'a aidé à pousser la charrette dans l'ouverture. Il nous regardait tour à tour, ses pensées déjà un peu ailleurs :

— Juste comme ça... Tu rédiges très librement, t'emmerde pas. Vous racontez la manière dont vous voyez la chose.

Il nous a salués avec plein de gentillesse encore, mon infirme et moi... Il a remercié Riton de nouveau, pour sa formidable participation !... Il a souhaité tout le bonheur, puis il s'est éloigné dare-dare, à très grandes enjambées, vers une voiture qui l'attendait. On lui faisait signe, là-bas — des signaux intenses, à tour de bras, que ça urgeait !... Nireug a dit, en se retournant : « J'attends tes pages ! »... Puis il a couru sur quelques mètres, souplement. Plus loin encore, au moment de monter dans la bagnole, il a mis ses mains en porte-voix :

— Il faut pas rigoler avec ça !...

Les gens apprennent à rire dans leur enfance — Riton me disait ça, les jours suivants. « Même bébé, avant d'apprendre à parler, tu rigoles »... Les moutards rient à l'imitation des personnes qui les entourent. Leurs parents, d'abord, leur mère... Ainsi de suite en grandissant ! — Henri pensait qu'un adulte avait beaucoup de mal à modifier le genre de rire qu'il avait acquis au début de sa vie — sauf accident grave, pardi !... Le rire n'était pas une chose facilement contrôlable, comme la parole. Les gens pouvaient changer d'accent, et même de langue, en changeant de pays, ou de milieu. Ils ne changeaient jamais de rire... Il me citait, en parenthèse, sa sœur Viviane : elle s'était exercée à modifier sa façon de parler, pour faire plus class. A son boulot, tout ça, elle avait besoin de soigner sa diction !

Là encore, il l'entendait très bien au téléphone qui s'égosillait la frime parce qu'elle était à son bureau — mais son rire ? Ah bien non ! Elle riait toujours comme riait leur mère ! C'est-à-dire aigre, coincé, comme une femme de ménage qu'elle avait été. Fille d'ouvriers !... Imparable ! Parce qu'il existait les rires distingués des bourgeois, et les rires vulgaires des gens de peine !

Riton était affirmatif, tout le temps... Il répétait :

— Tu verras !... T'as jamais fait attention à ça : tu n'as qu'à écouter !

J'étais surpris ; je me remémorais les rires aigus des gens des villages de la chaîne des puys, les éclats sonores mais brefs des hommes, les cascades un peu sèches, souvent cinglantes des femmes... Et puis ici, autour ! En effet, l'idée méritait d'être creusée... Riton, pour sa part, m'incitait à rédiger un topo sur le thème : « Rire et classe sociale »... Il en parlait sérieux, vraiment, en musicien ! Il disait qu'on pourrait faire une comparaison entre les rires ouvriers et les rires paysans — puis même entrer dans les finesses : les rires des pharmaciens, et ceux des marchands de tissu... Les rires commerçants en général, l'aspect « jovialo-servile » !... D'un autre côté les rires des gens de la haute — là, alors, on en trouverait des roucoulades ! Ça faisait quatre ans qu'il observait, en expert, les émissions de télévision ! Riton avait remarqué que les acteurs, dans les films, riaient tous à peu près de la même façon, quel que soit le personnage qu'ils représentaient. Un comédien changeait ses apparences, ses habits, voire sa façon de parler : il ne changeait jamais sa manière de rire ! Forcément, c'était la sienne, il n'y pouvait rien !... Ainsi, lorsque quelqu'un jouait un ouvrier, mettons, et que par hasard il devait rire, neuf fois sur dix ça sonnait faux ! Rire trop léger, trop coulant — il m'expliquait : des rires en *fa dièse*, abominablement décalés ! Personne ne pouvait faire un rire râpeux à volonté.

Je devenais de plus en plus séduit par sa vision, et convaincu ; nous écoutions la télé, ça me servait de travaux pratiques. On essayait d'établir ensemble des lois provisoires qui demanderaient à être vérifiées : il devait falloir trois générations pour que le rire évolue chez les membres d'une famille qui changeait de statut social. La première génération gardait son rire agricole de base toute sa vie — les enfants amélioraient ça pour obtenir un croisement plus ou moins réussi : le rire de parvenu ! Ce n'était que les petits-enfants qui acquerraient le rire souple et soyeux de leur nouvelle classe !...

Tout en discourant, d'une journée à l'autre, nous avions fabriqué une chansonnette sur un air de Brassens... On se la chantait tous les jours pour mettre notre sujet en train — l'écho des *Copains d'abord* lancé en prélude à l'harmonica :

> *Comment rit-on chez les bourgeois,*
> *Chez les macaques, et chez les oies?*
> *Mais oui chez les oies!*
> *Comment est-ce qu'on se fend la pipe,*
> *Chez les nantis, les hépatiques?*
> *Et les paralytiques?...*

Riton en régalait Madame Longeat, les matins, pendant que je m'escrimais à mettre nos théories noir sur blanc !... J'avais sué sang et eau pour rédiger trois pages sur le rire. Il était bon, Nireug ! « Tu rédiges très librement ! »... Ah c'était commode ! Autant on se marrait en parlant, à trouver des exemples, à se remémorer — autant, lorsqu'il a fallu que j'écrive, tout ça paraissait lourd, insipide, insupportablement pédant, voire grotesque !... J'ai mis huit jours à pondre trois petites pages un peu moins haïssables. Je les ai confiées à Nicolas après les avoir relues et modifiées cinquante fois. Quant à lui, il a trouvé ça curieux comme déclaration d'intention — il n'y avait jamais pensé... Il demeurait dubitatif. Il m'a dit :

— Tu es sûr que tu ne te trompes pas, là ?...

Fausse route ?... Non. A présent j'étais convaincu moi-même... Je lui ai dit qu'il écouterait les gens autour de lui, dorénavant !... En tous les cas, il reconnaissait que c'était original comme attaque. Bien davantage que les classifications attendues entre le rire gai, le rire moqueur... Il était satisfait d'avoir quelque chose à proposer à Samuel Kha-

gansky, au moins. On verrait bien sa réaction !... Il lui
faisait un dossier aussi sec !

— En attendant, ça mange pas de pain !

L'un de ces après-midi tranquilles, où nous étions en
train de chanter pour rire, Riton et moi, un homme a frappé
à la porte du couloir... C'était quelques jours avant la Toussaint, à la fin d'octobre ; dehors il pleuvait... Nous n'avions
pas entendu tout de suite, les coups se sont faits urgents et
forts. On tapait du poing et du pied sur le bois de la porte
qui faisait tambour ! Le type a crié : « Ouvrez ! »...

Je me suis trouvé en présence d'un grand maigre, la
quarantaine médiocre et affairée, chauve du dessus sans
vouloir le paraître... Costume-cravate, petite serviette noire,
plate, au bout du bras... Je me souviens de sa pomme
d'Adam : une proéminence énorme qu'il baladait sous son
menton et qui dépassait largement à la manière d'un goitre
sur le nœud de sa cravate rougeâtre.

Il était agité par son propre bruit. Il m'a fait, d'un ton
que je n'ai plus retrouvé depuis chez aucune des personnes
qui m'ont rendu visite à l'improviste :

— Vous êtes sourd ?...

Je l'ai regardé. Il flairait du nez, baissant sa longue tête
qui passait à peine sous l'encadrement de la porte. J'étais
suffoqué par cette intrusion... D'autant qu'il s'est avancé
directement dans la pièce, disant simplement, sans aucune
intonation interrogative de politesse : « Vous permettez ! »...

J'ai dit :

— Ben vous alors !... Quel bon vent vous amène ?

Riton s'entraînait de l'autre côté sur un couplet : « Comment rit-on chez les Cosaques ? Les kangourous, chez les
cornacs ? Et les têtes à claques ? »... Mais l'homme ne riait
pas ; il regardait partout, affectant une légère grimace de
grand dégoûté. Il suivait des yeux la poussière, et sa pomme
d'Adam extraordinaire se soulevait et s'abaissait, comme si
le monsieur, au-dessus, allait dégobiller d'un instant à
l'autre...

— Vous êtes combien là-dedans ?

Combien de quoi ? De chiens ?... Je lui ai dit que nous étions cent quarante-trois au total, mais qu'il y avait un absent. Ça ne faisait plus que cent quarante-deux ! Et maintenant ses manières de grossièreté commençaient à me gonfler les joues assez sérieusement, et si je pouvais savoir quelque chose de son identité, et accessoirement le but de sa visite ?...

Il ne s'est pas démonté :

— Je crois que c'est plutôt à moi à vous poser des questions. Je suis le gérant de l'immeuble et je ne vous connais pas.

Du coup j'ai senti que les affaires allaient se gâter ; je l'ai regardé, j'ai dit : « Eh bien alors moi, je suis votre locataire ! »... Il a souri, mais pas du sourire accueillant, enchanté ni rien. D'un sourire de chien qui veut mordre :

— Vous êtes mon locataire, c'est vous qui le dites ! Où sont vos quittances de loyer ?

J'ai expliqué que je payais mon loyer à la concierge, tous les trimestres, en me saignant aux quatre veines...

— La concierge ! Quelle concierge ?... Il n'y a plus de concierge dans l'immeuble, elle ne peut recevoir de l'argent de qui que ce soit !

Alors, évidemment, si c'était ça !... J'ai expliqué qu'en effet, ne connaissant pas son adresse, j'étais en retard d'un mois sur le dernier terme. Le seul qui n'avait pas été payé, et je voulais bien le lui régler séance tenante... J'ai fait un geste vers ma poche, mais le bonhomme continuait à fouiner dans les coins, il touchait le bois des fenêtres et notait des choses sur un calepin qu'il avait sorti de sa serviette — il m'a répondu que pas du tout ! Il ne voulait pas de mon argent, me répétant qu'il ne me connaissait « ni d'Ève ni d'Adam » — et ça m'a fait rigoler à cause de sa pomme qui n'en finissait pas de danser ! D'ailleurs, ajoutait-il, griffonnant à la diable, sans m'adresser un regard pour mieux ne pas me connaître, il allait y avoir des travaux dans tout l'étage, il allait tout mettre par terre pour reconstruire — c'était l'objet de sa visite ! En conséquence, il me priait de déguerpir le plus tôt possible, moi et ma famille si j'en avais une : pour lui cet espace n'était loué à personne !

Là, je commençais à sentir l'embrouille... Mais alors qu'est-ce qu'il faisait du loyer qu'il touchait depuis bientôt trois ans ?... Il n'était pas au courant que j'existais — mais l'argent que lui avait remis la concierge, il ne demandait pas d'où il venait ?... Il a déclaré, sans se gratter, que Madame Ben Tahar n'en était pas à sa première erreur !

— Vous voulez insinuer qu'elle gardait le fric pour elle ?

Je commençais à le haïr féroce avec sa tronche de lâche menteur !... Il le sentait, il s'ébrouait : tout cela ne le regardait pas — ne le concernait même pas du tout ! Pour l'heure, tout ce qui l'intéressait c'est que je n'avais rien à faire ici, que tout cela allait être rasé dans quelques semaines, et que je veuille bien prendre mes dispositions !...

Toujours palpant les murs et les cloisons comme si j'existais seulement dans ma propre imagination, il a pénétré dans la salle Gavarni, écartant la porte d'un geste volontairement brutal... Quand il a aperçu Riton sur son lit de douleur il a nettement fait tilt. Il contemplait cet attirail d'infirme d'un œil pour la première fois vachement interdit... Il a bredouillé :

— Lui aussi, il habite ici ?...

— Bien sûr !... C'est notre domicile.

J'ai compris que là, au moins, il avait une vraie surprise ! Alphonsine n'avait pas cru utile de le mettre au courant — et j'ai cru saisir que, dans sa pensée, la présence d'un handicapé de cette taille risquait de lui compliquer l'existence pour nous virer. Il a tourné brusquement les talons. Apparemment l'aspect de la déchéance physique lui pesait vite sur le cœur !... Il a filé vers la porte, que nous avions laissée ouverte ! Juste en sortant, il s'est retourné :

— Je vous donne quinze jours pour quitter les lieux... Passé ce délai, je convoque les démolisseurs. Si cela ne suffisait pas, naturellement, je ferais intervenir la police... J'espère ne pas vous revoir. Bonjour, monsieur !...

J'ai écouté son pas décroître ; il était alerte, et comme joyeux sur les marches. Je n'ai pas voulu alerter Riton par

l'étendue du désastre, et, plus tard dans la soirée, j'ai réussi
à joindre Nireug cinq minutes au bout du fil. Il s'est montré
réconfortant, disant que c'était de l'intimidation, pas plus.
Ils faisaient tous ça en ce moment, dans les logements
vétustes — ils essayaient de se débarrasser des locataires
pour faire des améliorations et relouer cinq fois plus cher !
Mais bon... Ils ne pouvaient pas virer tout le monde aussi
facilement. C'était des menaces bidon ! Mon type voulait
profiter de ce que la concierge n'était plus là pour témoigner
— mais pas de panique ! Même les squatters, les propriétaires avaient du mal à les déloger — alors moi !... Je n'avais
pas de bail, d'accord : mais j'étais un squatter payant !

— C'est une espèce rare de nos jours, le squatter payant !
Ça mérite d'être encore plus protégé que les autres !...
Il m'avait demandé où j'en étais de mon topo sur l'hilarité
humaine ?... Que tout ça surtout n'aille pas m'enlever mes
moyens !...
J'avais décidé d'attendre... Deux semaines après cette
algarade, le téléphone a sonné plusieurs fois sans que personne réponde au bout, lorsque je décrochais... J'ai fini par
conclure que belle-pomme d'Adam voulait savoir si sa menace portait ou non les fruits escomptés ; j'ai pris l'habitude
de répondre directement en décrochant le combiné, sur le
ton d'un standard d'entreprise : « Ici squatter payant,
j'écoute ! »...
Dans cette semaine-là, le facteur a déposé une enveloppe
pour moi sur la table, en bas ; elle avait des tas de timbres,
comme une lettre de fête :

« Ferdinand, il est tombé de la neige et je ne t'ai rien dit.
J'ai l'impression de vivre dans ce beau pays depuis si longtemps déjà ! La neige est immense pourtant, épaisse et
douce. C'est de la neige pleine de gaieté. Les arbres dénudés
me font penser à des poireaux dans un jardin plein de neige
(Je me répète : la neige, la neige, la neige ! Eh bien tant
mieux !)... Les arbres ne manquent pas, même en pleine
ville. Ici, partout où l'on va, c'est papa bouleau, maman
bouleau, et les petits bouleaux qui jouent parmi les sapins.

Et plus loin, c'est maman sapin, papa sapin, avec les petits enfants sapins qui courent dans les jambes des grands bouleaux!... Jamais je n'avais regardé la nature d'aussi près qu'ici (même en Provence!) Mais ici on baigne dedans, on respire avec, c'est difficile à expliquer... Le parc qui s'étend sous mes yeux devant les fenêtres de notre immeuble sert aussi de piste de ski!... Ce n'est pas étonnant que les gens soient doux, calmes, détendus. Ferdinand, je ne sais pas par où commencer. Il y a trop de choses neuves dans ma tête. Je ne dis rien: il faudra que tu viennes te rendre compte toi-même. Tu viendras bientôt?...

« Mais il y a une chose que tu ne verras pas parce que ça s'est passé il y a dix jours. Pour Toussaint, et le jour suivant, les gens de Tampere ont illuminé les cimetières avec des milliers et des milliers de bougies! Tu ne peux pas t'imaginer l'impression grandiose que faisaient ces tombes avec ces illuminations! Vraiment nos pauvres chrysanthèmes sont bien pâles et tristes à côté!... Et puis les gens marchent, se promènent, s'interpellent dans les allées: c'était extraordinaire! Nous sommes allés illuminer les tombes des parents de Jukka qui sont morts depuis plus de dix ans. C'était véritablement féerique! D'ailleurs c'est un conte de fées, même l'air que je respire est plus vif, plus pur, plus beau qu'ailleurs! Bien qu'il fasse sombre en ce moment, tu sais, on ne voit le soleil que le matin et au début de l'après-midi... Leena dit que dans un peu plus d'un mois il fera nuit tout le temps pendant quelques jours! (Est-ce que je dois dire pendant quelques nuits?)... Ça m'enchante. En même temps tout cela me calme prodigieusement. C'est comme de retourner dans un cocon. Dans un berceau peut-être... Je me compare à notre cher Aki (il va sur ses dix mois et rampe partout dans la maison) quand il est dans son joli "cot" bien douillet. C'est mon "cot" la Finlande (on dit aussi Suonie) je m'y berce toute seule!... Je t'attends... »

Après « piste de ski », elle avait gribouillé une étoile, puis la même dans la marge, avec ce renvoi: « Il va falloir que je m'y mette moi aussi sur les planches. Pas moyen de passer l'hiver sans ça. L'autre jour Jukka m'a donné ma première leçon, je te dis pas ! Ça glisse ! »... Derrière, dans un coin de la feuille, elle avait ajouté un post-scriptum, en travers : « J'ai fait la connaissance d'une Française formidable qui habite le même immeuble, elle s'appelle Aline. Elle vit ici depuis vingt-cinq ans et m'explique la Finlande en long et en large avec un lyrisme communicatif ! D'ailleurs elle a beaucoup d'humour et est intarissable, je voudrais bien avoir son talent ! C'est aussi une femme très généreuse et courageuse qui pète la santé. Elle me conseille d'apprendre à parler le finnois, car selon elle je m'intégrerai mieux ainsi à la population, alors je vais peut-être prendre quelques cours pour voir. Elle, elle enseigne le français et me dit que si je veux elle m'aidera à trouver un emploi dans un des instituts populaires qu'ils ont ici... Ferdinand, il y a des jours où ça me fait peur. Est-ce que j'ai choisi la fin de mon voyage ? Est-ce que je suis venue pour vivre toujours sous le bonnet du monde ?... Écris-moi ! » — Carolina avait tracé des croix, après, plein de petits signes qui voulaient dire autant de baisers.

J'avais lu debout, sans bouger, devant la table. La poussière s'était accumulée sur la poignée de la porte d'Alphonsine. De toutes petites araignées s'étaient logées aux angles de l'huisserie, en haut... Des bouts de fils pendaient, qui commençaient à poser leurs scellés sur la fin des temps.

*
**

Le jour où j'ai tué Henri Crobarre fut une terrible nuit — la plus pesante, sans doute, de ma vie... Le gérant était revenu le matin même — il nous avait sommés de vider les lieux pour le lendemain ; j'avais eu beau lui montrer mon infirme, il refusait tout entretien. Il revisitait la turne comme une hyène qui s'apprête à nicher ; il tapait sur les cloisons, le grossier personnage. Sa pomme d'Adam tremblait de fureur :

— Les ouvriers arrivent demain à neuf heures. Ils foutent tout en l'air : je vous aurai prévenus !

Il a arraché une baguette qui s'enlevait toute seule, et l'a jetée au sol, pour montrer ; il mettait lui-même la main à la pâte, la démolition était commencée ! Il a ajouté d'une voix stridente :

— Les squatters, dehors !

Je lui ai fait remarquer que les « squatters » étaient une sorte d'hommes valeureux qui avaient fondé une partie de l'Amérique, au demeurant, si je pouvais me permettre !... Il m'a regardé comme la lie de l'humanité : nous étions franchement un nouveau monde à nous seuls ! Une planète dérisoire et infectée qu'il importait de nettoyer très vite !... Comme il était de grande taille, il se méfiait pour son crâne, la tête rentrée ; il matait la soupente. Je lui ai dit, parce que réellement il nous emmerdait :

— Encore heureux que vous n'ayez pas des cornes ! Hein ?...

— Pourquoi des cornes ?... Qu'est-ce que vous insinuez ?

— Ben, tous les vieux boucs, ils ont des cornes ! j'ai fait.

Du coup il a multiplié les pas inutiles à travers les deux pièces. Il appelait la police sur-le-champ ! Quant au grabataire, il appelait l'hôpital... C'était très simple : il le faisait prendre par le service d'urgence d'un hôpital ! Je lui ai dit que ça paraissait un peu plus compliqué tout de même — sur le plan juridique... Là, il a eu l'air d'un moustique qui vient d'essuyer un coup de torchon ! Il n'arrêtait plus... Il était tellement agité que j'ai pensé qu'il pouvait sauter par la fenêtre, par pure erreur !

A ce moment j'aurais voulu être mon père, lorsqu'il avait flanqué à la porte son envoyé spécial de Vichy — le bonhomme de la milice qui voulait enquêter sur sa personne : « Monsieur, dehors il y a d'autres singes comme vous ; allez les rejoindre ! »... Et puis le geste, impérieux : le bras tendu comme sur les gravures des très vieux livres. « Dehors ! »...

Devant toute la classe des grands!... Le type avait cané.
Devant les yeux des enfants qui suivaient sa main vers sa
poche, le milicien avait hésité à sortir son revolver. Ah! on
l'avait sue longtemps par cœur, au village, sa sortie célèbre,
à mon papa!... Je la savais encore. Mais alors c'était 44 — il
avait toute une organisation derrière lui, mon père : les
combattants de l'ombre! Du reste il avait dû prendre les
bois pendant quelques semaines, par précaution...
   Moi, je n'avais personne dans l'ombre, derrière moi, pour
me soutenir. Je n'avais même pas tout à fait le sentiment de
mon bon droit et tout ça... La Patrie ne me commandait pas
de foutre mon propriétaire à la porte à coups de pied au cul!
J'étais démuni de soutiens, moraux ou balistiques! Je
n'avais guère que le grand Nireug comme appui — mais il
avait terminé son tournage, il s'était fourré je ne savais où!
Il ne répondait plus... C'est vrai que Nireug lui aurait fait
peur, avec son grand corps, à cet oiseau-là. Je réfléchissais :
qu'est-ce qu'il aurait fait, Nireug, dans la circonstance?...
J'essayais d'imaginer comment il aurait mouché l'adversaire
— il aurait parlé d'homme de loi! Sûrement qu'il aurait dit :
« Je vais téléphoner à mon avocat! »...
   Je l'ai dit... Mais je n'ai pas dû y mettre le ton qu'il fallait
— toute la conviction nécessaire. J'ai choisi un moment où il
avait le dos tourné, prêt à balancer un paquet de bouquins
d'une étagère :
   — Vous savez, je vais consulter mon avocat!
   L'autre s'est retourné comme s'il était piqué par une
flèche au curare — il m'a fait face, toisé, mais très lentement. Plus du tout pétulant, comme assommé par la nouvelle... Il m'a bien regardé, de l'air de celui qui n'en revenait pas! Il a fait — et je n'oublierai jamais sa grimace :
   — Pauvre type!... Votre avocat! Vous êtes bien trop
minable pour avoir un avocat!
   Nous étions salle Gavarni. J'ai pensé à mon père... Puis
j'ai pensé au milicien — je ne savais plus à qui penser.
J'aurais voulu avoir un revolver dans ma poche. Le gérant
s'est tourné vers Riton — il ne me parlait plus, j'étais trop
indigne :

— Demain matin j'envoie les maçons pour démolir. Tout ce qui n'aura pas disparu d'ici là ira dans la benne à ordures, en bas, avec les gravats !

Il désignait la télévision, les meubles, d'un geste large ; puis il a tourné les talons. Dans le couloir il criait encore : « Demain, neuf heures, n'oubliez pas ! »... Riton s'est montré soudain affecté, mais dans les couleurs fatalistes. Il m'a dit simplement : « Tu vois, un type comme ça, il y a cinq ans, je lui faisais bouffer sa merde ! »... Et maintenant ? Les infirmiers, les couloirs sinistres, les centres hospitaliers !... L'impotence. Avec les mouches qui recommençaient à le harceler... Il n'a plus soufflé mot jusqu'au soir — il est demeuré les yeux rivés sur l'écran de télé, sans voir.

Vers cinq heures, nous avons reçu un coup de fil d'un médecin — de quelqu'un qui se disait médecin et voulait nous rendre visite pour faire une admission à l'hôpital Lariboisière, « proche de notre domicile »... Je l'ai envoyé sur les roses, un peu rudement. Et après je me suis dit : que faire ?... Nous enfuir à Nanterre ? Nous réfugier, mais par quels moyens ?... Attendre et voir ? Mais si les ouvriers arrivaient vraiment ? Avec des ordres ?... Payés à une seule condition : qu'il fassent leur boulot ! Des squatters, c'est des cloches... On ne pouvait pas attendre de grands égards de la part d'hommes de main, déguisés maçons par pure convenance ! Des argousins, plutôt, acharnés au salaire !... Je voyais mal des maçons de la Creuse s'attaquer à mon infirme ! Jeter sa télévision dans la benne à ordures !...

Riton s'était assoupi — ses maux de tête lui devenaient insupportables ; il avait enflé de partout, ces derniers temps, et pas seulement des chevilles... Madame Longeat, le matin même, avait encore remarqué qu'il n'était pas bien ! Dès que j'évoquais, prudemment, la machine à épurer tout ça, il s'agitait, il hurlait : « Jamais je ne commencerai cette cochonnerie ! Ensuite je n'aurais plus la force de finir. » J'avais décidé d'appeler Toulouse, en consultation — de prévenir lâchement la famille ; c'était moche et cafard, je remettais de jour en jour...

Le soir, après les informations, je lui ai dit que j'allais

faire un tour. Je voulais essayer de recontacter Nireug, clandestinement — il me donnerait un conseil... Je préférais téléphoner en dehors de Riton, qui de toute la journée ne m'avait pas une seule fois demandé ce qu'on faisait, rapport aux menaces — au point que je trouvais son indifférence bizarre. Je pensais qu'il était peut-être plus malade qu'il n'avait l'air. Il perdait un peu le sens des réalités...

Nireug était toujours absent. J'ai appelé Marie Famote : j'ai raconté, pour me confier... Tout de suite, elle s'est montrée horrifiée : « Avec un invalide, vous plaisantez Jean-Robert ! Il y a des lois : on ne peut pas chasser les gens comme ça ! »... J'ai argué que depuis la disparition de ma concierge je n'étais plus vraiment locataire, mais que j'étais passé dans la redoutable catégorie des squatters. Pour elle, aucune importance, ce bonhomme n'avait pas le droit de nous chasser — et si les ouvriers se pointaient le matin, eh bien ils trouveraient à qui parler !... A qui ?... Mais à elle-même, parbleu ! Elle n'allait pas laisser jeter son glossateur à la rue ! Sur le pavé de Notre-Dame-de-Lorette ? Jamais de la vie !... Elle allait se pointer dès huit heures, bien sûr — et avec des copains, et des copines ! Une croisade elle allait prêcher, pour la délivrance de Lorette ! Dans la nuit !... Les téléphones allaient tinter, elle m'en assurait ! Non mais !... Elle allait prévenir des camarades journalistes qui travaillaient à *Libération*. On allait bien rigoler, l'autre furieux n'avait plus qu'à envoyer ses sbires — elle appellerait la police aussi, et avec la presse, il allait regretter ses menaces le gérant fasciste ! Les emmerdes allaient sérieusement commencer pour lui !... Il fallait réagir, la coupe était pleine : c'était tous les jours, à présent, qu'il arrivait des histoires pareilles. Nous allions faire un exemple !... Marie m'embrassait. Elle était tout exaltée ! Que je prépare du café en abondance, surtout — à huit heures pétantes, on commençait le siège ! Ils allaient être reçus !...

J'ai bu une bière en préparation de l'offensive du lendemain — à présent j'espérais que les démolisseurs allaient venir à l'heure dite, toute une équipe ! Avec leurs casques, je voyais bien... J'ai bu une autre bière pour faire passer la première. Je m'étais senti malheureux et terriblement démuni toute la journée — Marie était une femme extraordinaire !...

Ce n'était pas vraiment dans mes habitudes de boire seul devant un comptoir ; la patronne est venue me servir. Le garçon était en train de faire la salle... Elle me parlait par désœuvrement. Elle bâillait, réprimant la chute de la mâchoire en tapotant de sa main, le bout des doigts sur les lèvres — c'était l'heure creuse, le temps mort avant la fermeture. Elle m'a dit que le temps était malade, qu'il ne se décidait ni à faire froid, ce qui est sain, ni à faire beau. C'était pénible... Elle me parlait avec son accent du Rouergue occidental qu'elle croyait avoir entièrement effacé de sa bouche — je l'entendais au-delà des rondeurs de sa diction appliquée. J'avais une oreille pour ça, comme d'autres savent discerner, dans un moteur qui ronfle, le cliquetis d'une bielle baisée !...

Soudain, par inspiration, je lui ai demandé si elle connaissait le gérant de l'immeuble. — « Le nouveau gérant ? »... Non, elle ne l'avait encore jamais vu. Son mari l'avait aperçu, mais pas elle. Elle m'a parlé de l'ancien, qui était un brave homme ! Comme ils étaient propriétaires, n'est-ce pas, et qu'ils avaient leur escalier privé, à l'intérieur, pour l'appartement, ils se trouvaient, de ce fait, très à l'écart des questions communautaires. Ils disposaient même, pour le café, de poubelles indépendantes... L'ancien gérant, Monsieur Dufour, oui, la crème des hommes ! Il était venu leur faire ses amitiés quand il était parti à la retraite, au début de l'année... Ah, ce n'était pas Monsieur Dufour qui aurait cherché des chicanes à la concierge ! La pauvre femme, tout de même !... J'étais au courant ? Enfin ceci était strictement entre nous — elle était en dehors, cela ne la regardait pas. « C'est plutôt quand on parle. » Mais tout de même... Cela dit, elle était folle, la pauvre bourrique ! Ça oui, dérangée comme il faut !... Elle était âgée aussi. Mais pas méchante ! Oh non !... Et elle faisait gentiment son train-train. Alors ?... Est-ce qu'on sait comment on sera, nous, à son âge ?... Le savions-nous ?... Il était bien avancé maintenant !

— On peut bien dire ce qu'on veut, un immeuble sans une concierge, ça n'est pas pareil. C'est moins la sécurité pour ceux qui l'habitent. C'est pas pareil, allons !... Une concierge, ça rend des services, ça veille à tout. On a beau faire du nettoyage et tout ça — ce sont des maisons moins bien tenues.

En arrivant à l'étage, je sifflotais. Je prévoyais un peu le chantier, pour demain !... C'était très excitant. J'ai crié dès la porte :

— Riton, il va y avoir du grabuge !...

Il s'était probablement assoupi devant la télé qui marchait plein pot dans sa pièce... J'ai ouvert une boîte de cassoulet que j'ai versé dans la grande casserole pour le faire chauffer plus vite — il n'était pas loin de dix heures, et la bière m'avait donné un creux. J'ai ajouté un filet d'huile de tournesol, très léger, une manière de garder l'onctuosité des fayots en chauffant... C'est à ce moment que j'ai senti un courant d'air dans les jambes. Je m'en souviens, j'ai posé la bouteille d'huile à côté de la casserole— le froid semblait venir de la salle Gavarni, et je suis allé glisser un œil...

J'ai failli glisser par terre, et je me suis retenu au chambranle de la porte qui s'était ouverte toute grande sous la poussée d'un petit coup de vent. Je ne voyais Riton que de dos, sa charrette s'était coincée dans l'encoignure de la fenêtre d'angle, détruite, avec un trou qui donnait sur le toit et des débris de verre et de bois, autour, par terre... Riton avait son bras gauche éclaté, lacéré par les éclats des vitres qui demeuraient plantés dans le bois comme des poignards. Il était inerte... Il n'a pas bougé quand je me suis précipité pour extirper son chariot qui avait défoncé la fenêtre dans une tentative probable de sauter en bas avec armes et bagages... Du sang, partout, sur lui, sur le plancher... Son poignet était déchiqueté, avec une grosse pointe de verre qui était restée plantée dans les chairs !... Il n'était pas mort. Il respirait — il ronflait même, par la bouche ouverte, faiblement. Par terre, cassé et ouvert à la page de garde, était *Les fruits du Congo*. La page blanche portait ces mots, griffonnés à la main gauche : « Adieu Ferdinand, merci. Mon amour à Vi (barré) Carolina. » Au-dessous, il avait pris soin d'ajouter ceci, presque illisible : « Ce n'est pas en apportant de l'herbe aux bergers que les brebis lui montrent combien elles ont mangé, etc. Salut. »

Riton gisait, la gueule ouverte… Mais sa poitrine se soulevait et il était en vie. En vie précaire, suspendue à un fil, mais je savais que son cœur battait… Un caillot s'était formé sur ses veines déchirées, il ne saignait plus — il avait seulement perdu toute conscience. Il était déjà parti… Je me suis étonné de mon calme. La première secousse passée, à l'instant premier, je me sentais dans l'évidence. Je n'ai pas cherché à me précipiter sur le téléphone, à donner l'alerte. Je me suis assis avec *Les fruits du Congo* encore dans ma main, j'ai posé le livre — il me restait une chose à faire… Il ne fallait pas qu'elle prenne toute la nuit. La télé passait un film inconnu, avec plein de silences, et des bouts de dialogues qui venaient exploser en hurlant parce que le son était poussé maxi… Alors j'ai fait la chose qui me restait à faire. Je me suis levé, j'ai posé ma main droite sur la bouche entrouverte d'où sortait un ronflement obstiné, en appliquant bien, les doigts en conque — et jamais de ma vie à moi je n'oublierai le contact de ses poils de barbe piquants sur ma paume. Puis de l'autre main j'ai pincé ses narines… J'ai tenu ferme quand il s'est agité. Mes yeux portaient où ils pouvaient mais pas sur lui, et sur le mur devant moi il restait encore une banderole de nos inscriptions de Noël, la plus haute, qui disait : « Faites que je ne meure pas avant l'an 2000 », le reste était tombé… J'ai détourné les yeux de cette inscription que je n'avais plus vue jusque-là comme toutes les choses habituelles ; Riton a eu un soubresaut, et j'ai appuyé mon corps sur ma main, puis des convulsions terribles. Du coup ses jambes inertes se sont agitées ! J'ai failli lâcher — j'ai crié, un peu dans la panique, un peu pour couvrir le son de la télé : « Courage Riton, y aura sûrement un paradis ! »… Et ma voix faisait théâtral grotesque, sonnait faux affreusement dans le bruit général — mais je préférais ça au silence, et de la musique a éclaté heureusement, forte, très forte, étourdissante. Alors Riton s'est affaissé sur son lit baroque ; il avait ouvert les yeux... J'ai vu qu'il m'avait regardé... J'ai hurlé : « Riton ! » pour que ses yeux m'entendent et m'emportent dans l'imperceptible, et ma voix m'a fait peur... J'ai vu ses pupilles qui se ternissaient d'un drôle de voile — les veinules un peu jaunes dans son iris très bleu ont perdu leur éclat. Ses yeux se sont éteints, je peux le dire... Et je suis resté un très long moment à les regarder se ternir, s'abîmer... Je ne sentais pas grand-chose. Pas de pitié... J'ai seulement éprouvé le sentiment étrange d'une porte qui s'ouvre seule sur un courant d'air, en particulier le soir.

Alors j'ai pensé à enlever mes mains inutiles... Je me suis aperçu que j'étais énormément calme. Je ne trouvais pas les mots pour me dire à moi-même combien j'étais détendu à l'intérieur aussi de moi — sauf « serein »... J'ai pensé que j'étais « serein », et j'ai murmuré : « Une grande sérénité », comme si je me décrivais l'intérieur... Le film s'est terminé, et la voix du présentateur a surgi dans mon dos pour présenter le dernier Journal. Il faisait un tel vacarme que je suis allé baisser le son à un niveau normal — mais je l'ai laissé dire... Je me souviens que le Président Giscard d'Estaing revenait d'un voyage quelque part, il descendait d'avion ; il disait dans les micros, avec un sourire, qu'il avait « parfaitement confiance en l'avenir » !... Et j'ai pensé que c'était la première chose que Riton ne saurait jamais.

Alors j'ai pensé à Carolina, à tout un tas de choses que je devais accomplir puisque j'étais vivant, et bien en forme, physiquement et tout, et je n'étais même pas ému, ni rien... Je suis allé dans l'autre pièce, et j'ai cherché le numéro que Carolina m'avait laissé : le téléphone de sa copine, seul lien ténu qu'il fallait à présent que j'utilise, car c'était elle la première qui devait savoir — et le message d'adieu qu'il avait inscrit pour elle... J'ai pensé qu'il n'était pas encore trop tard dans la nuit, peut-être là-bas, au bout du monde ? Si c'était trop tard tant pis : il y avait la circonstance... J'ai pris l'appareil, et j'ai attendu la tonalité un moment ; des fois elle ne venait pas tout de suite. Pourtant à une heure pareille c'était rare qu'il y ait un encombrement... J'ai secoué l'engin qui ne tintait plus ni rien quand on tirait dessus, et je me suis rendu compte d'une chose : le téléphone était mort.

J'ai trouvé une cabine sous les arbres, vers Pigalle, sur le boulevard... Il y avait un Noir tout seul à l'intérieur qui prenait une bosse de rire. Il se pliait devant l'appareil ; j'entendais ses éclats aigus pendant qu'il se tenait les côtes de sa main libre, sur son gilet... Il se relevait, se balançait de plus belle, avec grâce, hurlant d'hilarité ! Il avait l'air parti pour la nuit dans sa danse, la bonne blague ! Je lui ai fait signe à travers la vitre que moi aussi je voulais rigoler un peu...

En marchant j'avais réfléchi que le gérant nous avait fait couper le téléphone en fin de journée — il avait le droit : la ligne n'était pas à mon nom, de toute manière !... Je commençais à être chassé de Lorette, par ce biais : demain matin ce serait sûrement le clou du spectacle ! — Je repensais à Marie, je n'avais plus besoin de ses troupes, maintenant : je n'avais pas envie de m'accrocher. Au contraire, je voulais déguerpir au plus vite ! Je me suis dit qu'il fallait laisser venir les démolisseurs, ils auraient les taches de sang en plus... Entre deux quintes, l'Africain m'a fait signe qu'il avait fini ; il est sorti, tranquille, désopilé, en paix.

Ça a sonné longtemps... Je n'étais pas absolument certain du numéro. Puis il y a eu un déclic, et une voix d'homme qui a lancé deux ou trois sons graves et rauques. J'ai dit, en mâchant les mots, très clair : « Please, I want to speak to Carolina. Is she there ? »... Il a fait : « Hang on a moment », et j'ai entendu des pas s'éloigner — et j'ai su qu'elle était là, ma fiancée, quelque part dans la nuit polaire... Ça m'a fait chaud et peur en même temps ; j'ai remis une pièce pour l'attendre, puis une autre encore, comme rien ne se produisait — et je me suis aperçu que l'appareil allait tout me bouffer à ce rythme, avant qu'elle arrive... J'ai laissé couper. Puis j'ai compté jusqu'à trente...

La deuxième fois que ça a sonné, il y a eu tout de suite sa voix de femme qui disait : « Hello ? »... J'ai dit : « Carolina, c'est toi ?... Je t'appelle d'une cabine, excuse-moi, il est un peu tard, mais j'ai une chose urgente, tu sais... C'est terrible... Attends ! » — mais ça a coupé de nouveau parce que dans l'émotion j'avais oublié de remettre une pièce lorsque ça avait clignoté ! J'ai tapé sur l'appareil, un grand coup de vengeance stupide ! Il a fait « gling-gling »... Quand j'ai voulu recomposer le numéro, c'était la merde. J'avais du mal à avoir le réseau international — ça sonnait constamment occupé, j'ai cru que j'avais détraqué le bidule. J'avais la haine. Une sorte de férocité glacée dont je ne me savais pas capable...

La troisième fois, j'avais mis toutes les pièces à l'avance. J'ai pris le parti du direct, sans manières ni circonlocutions. De nouveau il y a eu sa voix inquiète : « Ferdinand ! Ferdinand, où es-tu ?... »

— A Paris. Voilà : Riton est mort... Là, maintenant, il y a une heure...

Elle a dit : « Ah ! »... Il y avait toute la surprise du monde dans ce son modulé, un retour de présage, et la douleur de Viva, enfin...

— J'ai voulu te le dire, mon amour... C'est arrivé comme ça.

Et je n'ai pas dit comment était « comme ça »... Ni qu'il avait écrit sa petite pensée pour elle, gauchement. La communication s'est coupée pendant qu'elle ouvrait la bouche pour sortir du silence qui la clouait — et je n'avais plus de pièces... Sa voix était restée en suspens dans la nuit polaire, et moi je n'avais plus rien à faire que les choses pratiques. J'ai pensé qu'elle allait se mettre à pleurer, là-bas, dans cette maison sous la neige. Et repasser sa vie d'avant — et je voyais une petite cabane en bois pour gravure de conte, avec des chandelles et des frimas, ensevelie sous les congères, sauf un petit chemin devant la porte en bois, avec les clous... J'ai pensé qu'elle était Blanche-Neige dans la maison des nains, qu'elle sortait un mouchoir tout blanc pour s'essuyer les yeux, et que ses petits amis la consolaient

et lui offraient du miel, et peut-être du porridge... J'y ai
pensé longtemps, bien fort, pour être avec elle en fran-
chissant l'espace, et je lui disais : « Pleure, mon amour... »
J'ai entendu un type qui cognait sur la porte de verre,
derrière moi.

— Vous télévoné ou merde ?... Qu'est-ce qué vous fouté ?
Za vé oune demieur' qué z'attends !

Il n'était pas content, je lui ai laissé la cabine. J'éprouvais
un serrement au fond des amygdales, avec l'envie de boire
frais, le besoin d'un liquide dans ma bouche. Je me suis
dirigé vers le Pigalle illuminé, de l'autre côté de la place...
Et j'en étais à mon troisième whisky lorsque j'ai rencontré
cette fille, Zilda, ou Tilda, je ne sais guère. D'habitude je ne
bois jamais cette saloperie dont je ne supporte ni le goût ni
l'odeur. Mais il y avait le lieu, le cadre, et le pas ordinaire
tout de même de ma situation, avec cette pensée qui m'arrivait par vagues, de là où viennent toutes les pensées, que je
venais de tuer un homme — fût-ce le meilleur des copains !...

Zilda s'est approchée le long du bar, sans que je m'aper-
çoive ; elle a dit :

— Tu parles tout seul ?

Parce que je continuais à parler cœur à cœur avec Carolina qui pleurait là-bas, dans la banquise... Avec ce troisième
glass à jeun j'avais entrepris de lui dire : « T'en fais pas,
mon amour ! Je vais venir »...

Elle avait de grands yeux, Zilda, luisants et marron derrière ses lunettes épaisses. Du moins c'était mon impression... Elle a détourné ses grands yeux pour me dire que
j'avais l'air gentil : « Tu m'offres un verre ? »... Elle se
montrait sans façon, mais pas du tout insolente ni rien —
simplement impatiente de tout son corps. Elle sautillait sur
place, tremblante, il me semblait — mais je n'étais sûr de
rien : ça pouvait être moi... Nous avons continué de boire
ensemble, et ce fut l'escalade. Elle me disait : « La même
chose que toi ! » et nous avons parlé un peu de nous, du
monde, de la vie en général... Je lui ai raconté que Giscard
d'Estaing était revenu de voyage, qu'il avait l'air en pleine

forme! C'est là qu'elle m'a dit qu'elle s'appelait Zilda —
mais peut-être c'était Hilda... Nous nous sommes raconté
des tas de mensonges, je crois ; et après il devenait évident
qu'elle me conduirait chez elle, puisque je n'avais pas de
chez moi. Elle pensait sûrement que je m'étais fait lourder
par ma meuf à moi, que j'étais à la rue de passage, qui
sait?... J'étais loin de pouvoir expliquer quoi que ce soit. Ni
quoi que ce fût, non plus!... J'avais, si je pouvais dire, une
vie derrière moi.

Pour une fois aussi, je me voyais aller avec une pute —
moi qui avais horreur de ça! Mais il y avait la mollesse, et la
promesse d'un lit — je présumais qu'elle avait terminé son
service proprement dit, et qu'elle voudrait bien m'accueillir
à bas prix. Le temps de me refaire surface... Je me sentais
grandi, envahi d'une énorme tendresse pour ces filles du
trottoir ; il fallait être dans la peine, comme moi, ce soir,
pour apprécier, sans doute. Ces consolatrices de l'homme
seul!... Je lui ai dit, à Hilda, que je considérais sa profession comme l'une des plus nobles! L'ancienneté mise à
part!... Et puis on est restés silencieux, dans cette chaude
compréhension mutuelle ; dans ce silence très beau elle s'est
mise à essuyer ses lunettes avec un tissu mauve qu'elle a
sorti de son sac. Ce geste simple, maladroit, m'a vachement
ému je dois reconnaître, dans son quotidien — et ses yeux
dessous sont apparus encore plus larges, noyés, des yeux
perdus... Et puis nous avons recommencé à parler, plus
calmement.

Pourtant, il m'est venu une inquiétude : est-ce que j'aurais
assez d'argent, une fois payée la facture du breuvage, pour
aller dormir chez elle?... Dans quel genre de prix elle se
situait — je ne savais pas dire... Nous avions terminé nos
verres, nous nous regardions. Elle s'est aperçue que quelque
chose me tourmentait — et j'ai décidé d'être franc avec elle!
J'ai posé ma main sur son bras, j'ai dit, doucement :

— On va chez toi?... Combien tu prends?

Elle m'a regardé avec un étonnement non feint — je veux
dire un étonnement qui paraissait sincère. Elle s'est secouée
des pieds à la tête, esquissant un rictus de dégoût sur ses

lèvres... L'esquisse s'est renforcée en une grimace qui lui tordait complètement la gueule :

— Tu me prends pour une pute ?...

Elle a retiré son bras en même temps, d'un coup sec ; puis, comme je restais rond de flan, que je ne daignais rien dénier de ses affreux soupçons, elle a recommencé à se trémousser dans un haut-le-corps qui a failli la faire trébucher en arrière :

— Je ne suis pas une putain, moi !

Elle me fusillait derrière ses verres, haineuse à présent... Notre complicité s'était enfuie. Je ne savais que faire ; je l'avais tellement vexée !... J'ai dit que c'était beau, ce qu'elle venait de dire là ! Émouvant !... Est-ce qu'elle voudrait me le répéter, pareil ?... J'étais noir, mais sincère, j'ai dit :

— Zilda ! Je déconne pas !... Je voudrais l'entendre. Rien qu'une fois !...

Elle s'est cabrée :

— T'es taré, toi !... Oui, t'es taré !

Puis elle m'a tourné le dos, dignement. Elle a marché direct vers la porte, en oscillant un peu... Elle a été obligée de s'y reprendre à trois fois pour tirer le bon battant, celui des deux qui n'était pas encore verrouillé. Elle est sortie comme ça, comme une ennemie — sans un regard !

J'ai senti que j'aurais du mal à bouger, moi-même ; alors j'ai réfléchi encore... Je regardais dehors, la nuit véritablement avancée, qui approchait des petites heures du matin, comme on dit en anglais. Ces heures qui passent si vite, souvent si courtes de sommeil manqué... Je me suis rappelé que j'avais lu quelque chose sur elles, en visitant l'observatoire de Greenwich. On nommait ces heures de l'aube « petites », à cause de leur représentation sur le cadran solaire, où, forcément, elles étaient figurées par des traits moins espacés pour le soleil naissant — un truc comme ça... Il me semblait que j'avais lu cette explication ? Mais était-ce bien à l'observatoire de Greenwich ?... Il me venait un doute. C'était une de ces nuits où l'on n'est assuré de rien.

J'ai eu un vieux coup de flottement encore, lorsque j'ai

atteint la place Toudouze. Des ombres s'agitaient devant le café Floris, dans un va-et-vient bizarre, en bas... J'ai vu des hommes casqués passer sur le trottoir — et tout de suite après, faisant des grands pas, j'ai vu les camions rouges, et la grande échelle des pompiers dressée contre la façade du 33. Une nacelle se balançait devant mes fenêtres : celles de droite, qui étaient éclatées et noircies, charbonneuses du haut !...

J'ai couru un peu, avec un sentiment de surnaturel et d'enfer ! Je me sentais l'âme en folie !... Je me suis placé tout contre le groupe de badauds, devant la pharmacie. Ma tête tournait dans le vide, mes jambes flageolaient sous l'angoisse — et tout à coup ça m'est sauté à la gueule : la casserole !... J'ai failli crier : « Mon cassoulet ! »... Je l'avais oublié sur le gaz, ah ! malheur !... Avec la bouteille en plastique à côté. L'huile avait dû couler... L'horreur ! Je n'osais plus regarder vers le toit — comment était le reste ?... Je me suis mêlé au groupe qui bavardait, puis peu à peu j'ai remarqué que les autres fenêtres, celles de la salle Gavarni, paraissaient intactes... Le feu avait donc bien démarré du côté de ma tambouille.

Des gens sont sortis du 33 ; des pompiers qui redescendaient. Quelques locataires qui avaient passé des manteaux sur leurs pyjamas venaient apprécier le danger... Je me suis tassé instinctivement derrière les touristes. Je craignais d'être reconnu, que l'on m'interpelle : « Dites donc, c'est pas chez vous, ça ? ». Puis il y a eu un événement : un pompier est sorti par la fenêtre, du côté de mon lit ; il s'est glissé sur la nacelle que ses camarades lui avaient approchée, puis il a tiré vers lui le tuyau de la lance... A la suite de quoi il a fait un signe vers le bas : qu'on le redescende. Le sinistre était entièrement maîtrisé, sans doute.

J'ai demandé à un bonhomme à côté de moi, qui suivait l'affaire d'un œil passionné — il commentait pour les autres, et moi je venais d'arriver... Il m'a dit que le feu avait pris dans les combles, heureusement. Ainsi les étages en dessous n'avaient pas été atteints...

— Tout à l'heure, il y avait un mort. Ils l'ont descendu par la grande échelle, là. Il était plein de sang !

Ah ?... Où l'avait-on emmené ?... Il n'en savait rien, pardi ! — Il m'a regardé bizarre : est-ce que c'était des questions à poser !... Un autre type, qui semblait très au courant des choses de la ville, m'a expliqué qu'il avait été déposé à la morgue, forcément. C'était là que la police conduisait tous les morts, dans Paris.

— C'est automatique, il a dit.

D'ailleurs les policiers se trouvaient encore sur les lieux. Ils commençaient leur enquête. Il le fallait, n'est-ce pas, disaient les gens : il s'agissait peut-être d'un crime.

Une camionnette des pompiers a reculé dans la rue La Bruyère, puis elle s'est engagée sur le chemin du bas. En passant sur la place Saint-Georges, elle a déclenché sa sirène de pim-pom tragiques ! Ça m'a fait comme un glas dans la tête... Les syllabes « Ri-ton » transportées dans l'éloignement des rues. J'aurais voulu que Carolina entende ces deux notes dans la nuit... Il me venait des images, encore des images, brassées par cette clameur distante ! Comme si mon crâne avait besoin de se bousculer... Clément aussi, j'aurais voulu qu'il sache, quelque part. Il faisait grand jour sans doute, là où il se trouvait — on y sonnait midi ?...

Trois policiers, dont l'un en civil qui portait un cartable, sont sortis à leur tour de la porte du 33. Ils se sont dirigés tout de suite vers une voiture à gyrophare garée en face, devant la blanchisserie. Ils ont démarré, faisant un demi-tour audacieux dans le milieu de la chaussée...

J'ai attendu longtemps avant de monter... Bien après le départ de la grande échelle — après que les derniers badauds se furent, comme on dit, « égaillés »... J'ai attendu que les sons fussent éteints, que la rue fût redevenue morte. Alors je me suis glissé dans l'entrée, puis le long de l'escalier, pas à pas... En haut, j'ai cherché la bougie dans les WC, avec la boîte d'allumettes. J'allais rentrer chez moi à la chandelle — mon ami Pierrot ! Je fredonnais pour me donner du nerf : « Ouvre-moi ta porte, pour l'amour de Dieu ! »... Et, en effet, le vent l'ouvrait. Elle béait, carbonisée jusqu'à mi-hauteur, la porte. L'odeur de mouillé était atroce, mêlée à celle du charbon... Le feu avait bel et bien pris dans notre coin-cuisine : tout y était calciné. Le frigo, désormais immobile, gisait ouvert, grillé comme une sardine, sa peinture cloquée, lamentable... Tout cela était froid, âcre, dégoulinant — un bûcher après la pluie ! On avait saccagé mon intimité aussi. Le lit avait cramé en grande partie ; les pompiers l'avaient arrosé copieusement, éparpillant les lambeaux de draps sous le jet des lances. Tous mes bouquins étaient gorgés d'eau, dévastés, foutus. La machine à écrire gisait par terre, renversée, une ruine...

Je me suis glissé dans l'autre pièce ; et là seulement j'ai allumé ma bougie. La salle Gavarni paraissait intacte, à l'exception des traces d'eau qui avait coulé sur le plancher en longues rigoles... Le lit de Riton avait été poussé de travers, dans le coin — j'ai cherché à voir *Les fruits du Congo*, par terre, qui portait message d'amour posthume... Les flics avaient dû l'empocher, comme ils avaient emporté d'autres affaires de Riton : son portefeuille, que je ne voyais nulle part... Alors, pendant que je me baissais pour approcher la bougie du sol, il y a eu l'odeur. Je ne l'avais pas discernée d'abord, à cause de toutes les autres, roussies — une senteur douceâtre qui m'est arrivée aux narines. Elle montait de la flaque de sang, contre la fenêtre crevée du fond, qui luisait noirâtre dans la lumière de ma bougie...

C'est à ce moment que j'ai dégueulé. Il m'est monté de grands assauts de glaire acide ; j'ai gerbé, loin et fort... Un premier coup vers le lit, un second coup sur mes chaussures. La puanteur du whisky dans ma gorge me faisait jaillir d'autres flots, un horrible soulèvement de tripes. Je n'avais plus rien à rendre que toute ma viande se gonflait encore !... Et je suis resté là, en sueur, dégoulinant comme un mur dans le froid du courant d'air, baigné par le parfum indigne de la mort et de mes boyaux.

Un qui ne fut pas surpris du tout, ni de me voir, ni de l'incendie, c'était Nireug :

— Ça a flambé ? Je l'avais dit !...

Il sautait sur place, ne voulant pas en savoir davantage pour savourer son triomphe. Depuis qu'il le proclamait, que tôt ou tard ce trou à rats me jouerait des tours ! Enfin !... Même mieux informé, après que j'ai eu relaté les malheureuses circonstances, et répété que le poêle à gaz n'y était pour rien, il n'en démordait pas !... A son avis je l'avais échappé belle :

— Tu t'en es sorti ? C'est un miracle !

— Puisque je t'explique qu'il s'agit d'un accident ! Que c'est la casserole...

— Qui te dit que c'est la casserole ? Tu n'y étais pas !... Une casserole qu'on laisse brûler ne cause pas forcément un incendie. Elle se consume, à la rigueur, c'est tout... Ça arrive tous les jours que des gens oublient une marmite sur le feu, c'est pas pour autant que Paris brûle !

Son opinion était faite, il refusait énergiquement de croire à l'évidence de la bouteille d'huile :

— Je te répète que tu n'as rien vu !

Je ne voulais pas contrarier Nicolas ; il faisait des efforts immenses pour me mettre hors de cause. Il disait que ce pauvre garçon, finalement, lui aussi il avait échappé au pire par son geste désespéré... Au lieu de finir ses jours dans un cul-de-bas-service hospitalier, chez les incurables ! Il aurait disparu un matin bien tristement, par la petite porte, mon copain, oublié de tous, au bout du désespoir et de la souffrance...

— Dans tous les cas, vitupérait Nicolas, il était voué à la morgue !... Je ne sais pas si tu as déjà vu la morgue d'un hôpital ? Au moins, l'Institut médico-légal, c'est bien plus pompeusement funèbre !

C'était vrai ; Riton n'avait pas trop mal réussi son départ, en somme. Il aurait adoré ce genre de sortie — surtout l'échelle ! Des frères Panado suprêmes !... Ça l'aurait diablement flatté. « L'ai-je bien descendue ? »... J'entendais ses sarcasmes, toute cette sorte d'humour macabre qu'il aimait...

En fin de compte nous nous étions arrangés pour lui

mitonner une oraison, avec Marie. Elle avait été durement touchée par ce dénouement, scandalisée par cette réponse du destin à ce qu'elle appelait la férocité du gérant. Elle avait téléphoné à plein de gens, dans la presse, mettant l'accent tour à tour sur la tristesse des paralytiques, le désarroi des locataires impécunieux dans Paris, la dureté de l'immobilier, les malheurs de la ménagère... Les journaux parlaient du drame, des conditions de logement. *Libération* avait glissé un entrefilet : « Les taudis : chaud devant ! »... *France-Soir* titrait sur deux colonnes : « MENACÉ D'EXPULSION PAR SON PROPRIÉTAIRE, le squatter infirme se suicide. » Il y avait même une feuille extrémiste qui annonçait : LE GRABATAIRE HÉROÏQUE !... J'avais hâtivement découpé les articles pour les emporter avec moi vers le Nord... Je les avais étalés sur la table.

— Là, au moins, plaidait Nireug, tu peux dire qu'il termine avec un certain panache !

Il s'est fendu la pêche, d'un éclat bruyant qui voulait m'entraîner dans l'humour qui soulage :

— Un panache de fumée !...

Dehors il pleuvait à verse. L'eau arrivait en bourrasques sur les carreaux... La vie continuait. J'ai pensé que c'était la première pluie que Riton ne verrait jamais. J'ai pensé à ses os baromètres, ses chairs si sensibles aux intempéries. A présent il pouvait venir un déluge !...

Notre vie allait son train ; Nicolas, au fond, était de belle humeur. En fait, il rentrait de vacances... Son tournage terminé agréablement, il s'était octroyé une petite semaine de détente avant d'entamer la suite. Il était parti au hasard de la découverte — il me racontait — sur les routes colorées de l'automne, profitant de la courtesse des jours pour se faire de longues nuits... Il avait emmené Hélène. Ils étaient revenus la veille, en début de soirée, dispos, réellement enchantés !... Voilà pourquoi je ne l'avais pas trouvé avant ! Mais maintenant, oui, nous devions nous secouer les puces, lui et moi ! « Attends ! disait-il. Tu ne sais pas tout ! »... En vérité il me cherchait depuis hier au soir !

Nicolas allait et venait dans la pièce, en homme fébrile

qui doit annoncer une chose importante, déjà trop retardée par le contretemps tragique qui nous occupait depuis que j'avais pénétré chez lui. Il ne savait comment aborder à présent un sujet brûlant sans heurter ma sensibilité... Il tenait à me ménager, à me ramener à la vie, à demain, à l'avenir ! A la bouillance qui lui agitait l'esprit et le corps... Je devais avoir une drôle de tête aussi ! Il m'examinait du coin de l'œil :

— Si tu préfères, on peut attendre demain pour en parler ?

Je rangeais mes coupures de journaux ; elles quittaient le présent d'heure en heure. Elles étaient comme des fleurs de funérailles fanées.

— Non, vas-y, raconte-moi.

Voilà !... La transition n'était pas commode : nous avions du nouveau pour notre projet ! La veille au soir, en rentrant, il avait trouvé ce mot de Khagansky au courrier... Khagansky, très excité par la note d'intention que nous lui avions remise — il nous demandait de l'appeler au plus vite ! Donc, Nireug l'avait eu au téléphone, longuement, pas plus tard que dans le courant de la matinée : Samuel se déclarait positivement enchanté par mes trois pages sur le rire. Infiniment plus que lui, Nicolas, aurait jamais pensé !... Cette idée de la qualité différente du rire selon l'enfance, et par conséquent selon les couches sociales de la population, lui paraissait véritablement géniale !... Ça recoupait, disait-il, ses propres observations : toute sa vie il avait été sensible à ce phénomène — Khagansky lui avait tenu la jambe pendant une plombe sur le rire de son boucher ! Un rire si particulier pour un boucher peu ordinaire qui avait passé un temps dans la Légion !... Bref, en un mot, Samuel Khagansky voulait nous voir de toute urgence — il nous attendait. Et pas pour des prunes, cette fois-ci : pour signer un contrat !...

— Hein ! faisait Nicolas. Ça c'est une nouvelle !... Tu ne t'attendais pas à celle-là !

Il se frottait les mains, comme pour m'échauffer aussi... Il gesticulait pour occuper l'espace, chasser de mes yeux les images horribles :

— Mon vieux, il est totalement emballé !... Il m'a dit :
« C'est une des choses les plus intéressantes que j'ai lues ces
dernières années ! »... Tu me diras, Samuel, c'est pas forcément un génie — mais nous, on s'en fout ! L'important est
qu'il nous donne des sous pour pouvoir travailler !

Or, cet aspect-là, justement, était dans la poche !... Tellement sûr et certain que Nicolas avait saisi une bouteille de
beaujolais — un saint-amour du propriétaire qu'il avait dé-
niché au cours de son périple. Par parenthèse, un homme
charmant le vigneron, âgé et affable — il leur avait fait
visiter son chai :

— Le viticulteur amoureux de son cépage, tu vois... Le
bon vivant. Tiens ! lui il avait un rire qui t'aurait plu ! Tu
demanderas à Hélène !...

Nicolas me faisait glisser dans son camp, sans à-coups ; il
surveillait ma mine, la brillance de mon œil... J'allais goûter, et lui en donner des nouvelles de ce beaujolpif !... Il m'a
versé un grand verre de breuvage :

— Nous allons arroser ça, hein ? Ça vaut la peine !

Oui, car, donc, Khagansky se trouvait avoir du fric inuti-
lisé dans ses tiroirs. Une somme rondelette, avait-il précisé,
qui lui restait sur l'exercice de l'année courante. Ces crédits
devaient impérativement être affectés à un projet avant la
fin du mois de décembre, sans quoi c'était tout bonnement
de l'argent foutu !... Pour diverses raisons, ça l'arrangeait,
lui, personnellement, de pouvoir financer un projet de cette
envergure en ce moment. Il nous proposait donc du pognon
pour écrire, d'abord — et c'est moi que cela concernait au
premier chef, bien sûr. Attention : il y avait plusieurs
briques à la clef !...

— La seule condition, c'est qu'il faut démarrer tout de
suite ! Il demande d'avoir achevé au moins un premier jet
avant Noël... Bon, disons, une sorte de brouillon présentable.

Tout à coup les choses recommençaient à déraper... Je
devais passer prendre ma nouvelle traduction chez Étiennette. Après-demain !... Et puis j'avais décidé de partir en
Finlande. J'avais parlé à Carolina, plusieurs fois pendant ces

trois jours — elle disait que je travaillerais aussi bien là-bas !... En tout cas ce nouveau job était assez pressé, d'après ce qu'on m'avait laissé entendre. Ne serait-ce que par égard pour Marie, je ne pouvais absolument pas faire faux bond de ce côté-là !...

Nireug avait réponse à tout ; il arborait le visage radieux de celui qui ne se fait jamais des montagnes de rien — et vraiment, son saint-amour était un délice !

— Ça n'empêche pas ! Tu peux faire les deux... La traduction et le projet ! L'un te reposera de l'autre.

Lui aussi il allait devoir jongler ! Avec le montage de son film, il aurait l'esprit ailleurs... N'empêche : il lui faudrait se débrouiller pour distraire du temps afin de bosser un peu avec moi !

— Et puis, ça te fera plus de sous !

Il balayait mes objections d'un revers de bras :

— Tu vas être riche, Thuilier ! Tu vas pouvoir t'acheter une baignoire !... Peut-être pas encore la pièce pour l'installer, mais ça viendra !...

Et mon voyage en Finlande ?... Il allait bien, lui !

— Tu iras plus tard !... D'abord c'est pas la bonne saison pour se rendre en Scandinavie. Tu attraperais des rhumes !

Mais Carolina ?... C'était affreux tout ça. Elle allait avoir tellement de peine !... J'avais pris ma tête dans mes mains. Nicolas se montrait raisonneur :

— Mon camarade, dans la vie, il faut savoir choisir ! Khagansky compte sur nous : les villégiatures ça passe après.

Il forçait un peu la note, intentionnellement brutal — que les gonzesses, bon... Ne pas se laisser gouverner tout le temps par sa quéquette !... Il a pris le ton gouailleur, désinvolte, d'une évidence sauvage :

— En attendant, tu iras chez les putes !...

Il essayait de me choquer, là ! Mais franchement pote, entre hommes qui savent la vie !... Il bousculait ma pruderie. J'ai failli dire : « J'en viens, merci »... Et puis j'ai tenu ma langue parce que ma vie changeait. Quand la vie change, il faut se tenir de partout, se cramponner, bien fort —

même de la langue ! Sans quoi on peut glisser... On pourrait choir.

Nireug a rapporté de la cuisine un énorme morceau de fromage qu'il ramenait aussi d'un bled... Il a dit qu'en attendant je m'installais ici, bien entendu ! Dès ce soir — il y avait le divan... Et mieux que ça : il me donnait sa chambre, ce soir. J'avais besoin de me retaper par un bon gros sommeil des familles !... Si je n'avais plus de machine, on en trouverait une ! Je n'avais plus rien ? Qu'importe ! Il possédait des chemises pour quatre : je n'irais pas le cul nu !... Il me prenait en pension complète, et nous allions foncer, tous les deux, fendre la bise !...

Il se taillait des gros morceaux de fromage sur de larges tranches de pain. Ce serait notre souper — il n'avait pas autre chose !... Alors, puisque ma vie prenait un virage, autant valait manger une bouchée. Nous avons descendu la tomme, en finissant le saint-amour... Et Nireug qui faisait tout pour m'égayer a dit en me versant la dernière larme de la bouteille : « Cette fois, nous avons étranglé la négresse ! »... J'ai pensé aux *Fruits du Congo* — à l'affiche... Je l'avais finalement perdu, ce bouquin, pour toujours ! Il n'aurait fait qu'un petit tour par chez moi, une pirouette tragique... Je me suis mis à me marrer comme une baleine, c'était nerveux ! Je me fendais devant Nicolas, qui riait aussi, heureux que je me dégage enfin les trompes. Il pensait que c'était le bel effet de sa vanne de Montmartrois — de l'heureuse nouvelle, de la soirée ! Que nous étions au centre de tout...

Il a dit :

— Tu vois, nous sommes en plein dans le mille ! Au cœur du sujet !

Il m'a régalé de deux ou trois coups de son rire diatonique à lui, spécial, puis il a lancé :

— Au fait, comment on va l'appeler ?

— Appeler qui ?

— Notre film !... Khagansky voudrait un titre tout de suite, si c'était possible. Au moins pour ses dossiers... Mais on pourra changer par la suite.

Alors j'ai pensé à Riton, à son rire hors du commun des mortels de la planète. J'ai vu son gosier d'aphasique se tordre d'éclats impossibles, avec ce son de vieille porte pourrie qu'il faisait si bien !

J'ai dit :

— On va l'appeler « Rires d'homme ». Tu veux bien ? Et Nireug disait : « Excellent !... Rires d'homme ! Oui, c'est bien ! »... Il l'écrivait sur un bout de feuille.

— Au singulier, ou au pluriel ?...

J'entendais Riton chanter. Je le voyais fredonner sa chanson concassée : « *Je cherche fortune, Tout autour du Chat-Noir* »... J'ai pensé que je n'avais pas revu Sabine, que personne ne lui avait payé ses dernières prestations d'infirmière — « *Et au clair de la lune, A Lorette le soir !* ». Ça la faisait rire !... J'ai pensé qu'elle me souriait, à moi — je veux dire la fortune ! Que plus jamais je ne la chercherais là-bas...

Nireug s'était levé, agitant son Laguiole ; il arpentait la pièce de ses grands pieds qui faisaient gémir le parquet... Nous vivions une époque d'envie, où nous avions besoin de comprendre ; comme d'autres brûlent du désir de croire, nous avions ce souci d'expliquer la vie... Nous cherchions à saisir ce temps-là qui était le nôtre, le pourquoi des choses — et le comment que nous étions des hommes ? Et Freud, et Reich, Lévi-Strauss — Marx aussi, et Bettelheim — ces gens nous charmaient car ils nous expliquaient les contes... Nous aurions voulu savoir, en vrai, ce que nous foutions là sur ce coin de planète, comme tout le monde. Comme tant de gens avant nous, voyageurs d'ADN programmés par un fou, un ivrogne peut-être... Mais c'étaient les années soixante-dix, là-bas, le monde était devenu grand et beau, que vaste d'harmonies prochaines ! Il baignait dans l'huile, le monde, ou du moins c'était pour bientôt. Le bonheur complet allait naître, le vent nous l'avait promis...

En vrai, nous avions peur. Je le sais maintenant, nous étions pris d'une immense peur — une pétoche d'enfants dans le noir qui entendent gronder le tonnerre autour de la maison, partout dans la montagne.

Nireug a grommelé des paroles que je n'ai pas entendues... A ce moment j'ai pensé autre chose : que j'avais laissé ma dent là-bas. Ma dent tombée de Charing Cross ! Ma dent pourrie — je l'avais oubliée sur la cheminée à Lorette, à côté de mon lit. Elle avait définitivement péri dans le saccage — premier morceau de ma personne à s'acheminer dans l'au-delà du néant noir ! Je ne sais pas pourquoi, cette idée m'a empli de colère. Je me suis répété : « Ça va changer !... Nom de Dieu, oui ! A partir d'aujourd'hui, tout sera différent ! »... Je me suis senti secoué par une rage, et drapé à la fois d'un épais linceul de tristesse. Il y avait des morts — entendu ! Mais alors, dent pour dent !... Je l'ai dit tout fort : « Dent pour dent ! » Et je suis parti d'un autre éclat de rire, étouffé, haletant...

Nicolas avait ouvert une encyclopédie, à l'autre bout de la pièce ; il murmurait : « Rires d'homme !... C'est vachement bien. Je suis certain que Samuel va beaucoup aimer »... Il a crié :

— Tu sais quoi ? On va lui téléphoner tout de suite ! Il m'a donné son numéro chez lui, pour avancer les choses...

Puis il a vu que j'étais en train de pleurer... Il a fait : « Oh non ! Ce soir tu es trop fatigué... On l'appellera demain, hein ? Après tout y a pas le feu ! »... Et j'ai pleuré encore une minute ou deux. J'ai dit que c'était nerveux.

Il voyait bien, il comprenait... La pluie coulait moins fort le long des vitres ; je sentais ma tête lourde, je frissonnais. Il a dit que je devrais me coucher maintenant, ça me détendrait — il a dit que demain il ferait jour !...

Et j'ai dû reconnaître que ces derniers temps les émotions ne m'avaient pas été épargnées.

FRAGMENTS POUR UN ÉPILOGUE

Maintenant Raymond Blumenthal replonge vers son assiette ; il est pensif. Il picore sa grillade de saumon du bout de la fourchette... A la fin, il murmure sans me regarder :

— A quatre-vingt-dix-huit pour cent.

— Et les deux pour cent ?...

— L'écriture, monsieur Blumenthal, vous savez bien.

Il prend son verre, s'essuie la bouche d'un tapotement de serviette. Il boit une gorgée de chablis en me fixant de ses yeux gris. Une lueur d'homme très intelligent, habitué à savoir loin, au-delà des apparences. Il se renverse un peu sur son siège, pour mieux me doser.

— L'homme mûr est en train de vendre le jeune homme ? Pas vrai ?... Vous ne voulez pas avoir le sentiment de brader !

Je souris. Ces derniers temps je suis devenu bien meilleur dans les assauts mercantiles. Il sourit — il repose son verre...

— Notez bien, je ne discute pas le prix. Votre dernier scénario a fait de belles entrées !... Mais là, cette histoire est immense. Il faudra l'adapter énormément — c'est bien votre sentiment ?...

Le garçon, en passant, saisit la bouteille dans le seau à glace ; il l'égoutte, la redresse.

— Vous êtes certain que l'on peut réduire tout cela à un peu moins de deux heures de film ?

Le garçon nous sert une rasade d'appoint... Il a des mouvements précis, et le ton familier des endroits réellement cossus :

— Le saumon vous plaît, monsieur Blumenthal ?

. . . .

Deux hommes s'avancent dans l'allée entre les tables, précédés par le maître d'hôtel ; ils se déroutent légèrement pour venir saluer Raymond, en coup de vent, à la diable — des gens du cinéma... Un mot, tout sourire. Poignées de mains — mais pas tellement. Hochements de tête vers moi, qui suis l'invité du producteur.

Il me présente :

— Vous connaissez Jean Thuilier ? Mon scénariste... Ah ! Oui !... Ce sont des mains tendues !... D'ouï-dire seulement ils me connaissent. Très chaleureux !... Ils passent — ils ne nous dérangent pas davantage ; le maître d'hôtel les attend. Ils vont s'asseoir là-bas, au coin, auprès de la petite fenêtre opaque aux vitres teintées. Ils se posent rondement, tous les deux, comme chez eux. Ils rapprochent leurs têtes par-dessus la table pour se confier un mot, pas fort — une remarque sur nous ?... Puis ils s'adossent à leur chaise, dans un renversement discret, et saisissent chacun une longue carte armoriée qu'on leur tend...

. . . .

. . . .

. . . .

— Dites-moi, Jean... Puisque tout cela est du vécu, votre ami, celui que vous appelez Clément, vous l'avez revu ? Le Tiaf !

Raymond fait le geste de lisser ses cheveux, mais ses doigts glissent, sans toucher, à un ou deux centimètres de sa coiffure, comme chaque fois qu'il est tendu, ou ému.

— Jamais. Il s'est incrusté au Japon... Ou ailleurs !... Je pense qu'il n'a jamais eu assez d'argent pour s'acheter un billet de retour, d'où que ce soit !

— Et la petite ?

— ... Carolina ?

Je n'aime pas qu'il dise ça : « la petite »... Même si loin, si longtemps en arrière, elle était ma fiancée... Elle n'a jamais été petite.

— Je l'ai revue une seule fois, quelques mois après cette histoire... Je suis allé la retrouver en Finlande. Nous avons passé une semaine à Helsinki vers la fin de l'hiver. Nous logions chez une amie à elle, une Américaine... Et puis nous nous sommes écrit, d'une manière assez irrégulière. Dans sa dernière lettre, elle partait faire du ski en Laponie !...

Je m'aperçois que je ne sais toujours pas comment est la lune là-bas, chez eux, sur ces steppes du Père Noël. J'ignore la position qu'elle prend dans le ciel, sur les lacs, la nuit...

— Elle partait avec un copain ; je n'ai plus eu des ses nouvelles... Elle s'est fondue dans le Grand Nord, je pense, bonne femme de neige !

— Vous ne lui avez jamais tout raconté, n'est-ce pas ? Je veux dire, tous les détails ?...

— Non.

— Alors vous écrivez ce film pour elle ?

. . . .

Normalement la lune devrait passer plus bas sur l'horizon... Comme les étoiles, comme le soleil — tout le ciel de ce pays-là qui penche doit basculer au ras des sapins, des bouleaux... Je pense : « The moon ! The moon ! »... Mes yeux s'embuent. Je vois Raymond qui balade ses doigts au-dessus de ses tifs. Il est un peu flottant...

Là-haut, Carolina doit avoir des rides à présent, malgré le froid qui bien conserve. Sa peau sera pâle, translucide, mais cassée en sillons légers... Et ses cheveux ? En train de les teindre ? Déjà !

Le diable d'homme en face de moi se montre très à l'aise, il dit, comme si j'étais transparent :

— Elle a peut-être des enfants ?

— C'est possible.

— Ce sont des choses qui arrivent, même en Finlande !
Il mâche, les yeux baissés... Il rassemble la dernière
bouchée de poisson sur son assiette, puis il hésite. Il me
regarde, les sourcils froncés :

— Vous savez, nous serons probablement amenés à changer la fin. Un amour de jeune homme, ça doit finir en
beauté, toujours ! Qu'en pensez-vous ?...
Je n'en pense rien. Je dis :

— C'est ma vie, monsieur Blumenthal. On ne pourra
jamais changer la fin... Maintenant, il faudra que tout soit
vraiment à sa place, même la mort.

. . . .

Il regarde ailleurs... Il déchire le pain, trempe un gros
morceau de mie dans la sauce parfumée de son assiette...

— Cela dit, n'est-ce pas, il y a des choses très belles !
Vraiment !

— Merci.

— Vous avez soigné le dialogue aussi.

— Il faut bien, monsieur Raymond !...
J'ai pris le ton de l'artisan sévère, il rigole... Il a le rire
bref et rond. Et puis, un coup de paume à la tignasse, en
zouave, en fugue. Je sens qu'il a des réserves...

— Il y a des choses que j'aime moins, je l'avoue... Oh !
des détails !... Tenez, je pense à ça : le personnage de la
concierge par exemple — comment s'appelle-t-elle ? Valentine ?

— Alphonsine.

— Je sais bien qu'elle est très épisodique — mais je la
trouve, comment vous dire ?... Un peu outrée. Moins réussie, quoi !

— Elle était comme ça.
Lui n'a jamais croisé des séjours aussi blêmes. Il ne peut
pas savoir... Chaque fois que nous avons travaillé ensemble,
plein de détails nous ont séparés, forcément...
Pauvre Alphonsine, pas réussie !... Si elle l'entendait...

. . . .

. . . .

. . . .

De nouveau le garçon, s'arrêta, il se pencha vers la bouteille, sur la table où nous buvions ; il murmura pour nous,
secret, d'une intonation presque coquine :

— Aujourd'hui nous avons une charlotte aux poires avec
du coulis de framboises.

Et j'ai repensé à Dora, très loin, sur les rives du fleuve...

Cet ouvrage a été réalisé sur
Système Cameron
par la SOCIÉTÉ NOUVELLE FIRMIN-DIDOT
Mesnil-sur-l'Estrée
pour le compte des Éditions Grasset
le 21 décembre 1989

Imprimé en France
Dépôt légal : décembre 1989
N° d'édition : 8098 – N° d'impression : 13541
ISBN 2-246-40511-4